C000142709

1 MONTH OF
FREE
READING

at

www.ForgottenBooks.com

By purchasing this book you are eligible for one month membership to ForgottenBooks.com, giving you unlimited access to our entire collection of over 1,000,000 titles via our web site and mobile apps.

To claim your free month visit:

www.forgottenbooks.com/free986055

* Offer is valid for 45 days from date of purchase. Terms and conditions apply.

ISBN 978-0-267-02890-0
PIBN 10986055

This book is a reproduction of an important historical work. Forgotten Books uses state-of-the-art technology to digitally reconstruct the work, preserving the original format whilst repairing imperfections present in the aged copy. In rare cases, an imperfection in the original, such as a blemish or missing page, may be replicated in our edition. We do, however, repair the vast majority of imperfections successfully; any imperfections that remain are intentionally left to preserve the state of such historical works.

Forgotten Books is a registered trademark of FB &c Ltd.
Copyright © 2018 FB &c Ltd.
FB &c Ltd, Dalton House, 60 Windsor Avenue, London, SW19 2RR.
Company number 08720141. Registered in England and Wales.

For support please visit www.forgottenbooks.com

Neue Spaziergänge eines Naturforschers.

(Zweite Reihe.)

Neue Spaziergänge
eines
Naturforschers.

(Zweite Reihe.)

Von

Dr. phil. William Marshall,

Professor der Zoologie und vergleichenden Anatomie
an der Universität Leipzig.

Mit Zeichnungen von Marie Gey-Heinze.

Leipzig

Verlag von E. A. Seemann

1907.

Druck von Richard Hahn (H. Otto) in Leipzig.

Dem Andenken

an

zwei dahingeschiedene Landsleute und teure Jugendfreunde,

an

Herrn Dr. med. Hermann Emminghaus,

weiland o. ö. Professor der Psychiatrie zu Freiburg i. B.

und an

Herrn Justizrat Dr. jur. Werner Voigt,

weiland Rechtsanwalt in Weimar,

gewidmet.

So, wenn ich vergang'ner Tage,
Glücklicher, zu denken wage,
Muß ich stets Genossen missen,
Teure, die der Tod entrissen!

Uhland.

Inhalt.

Seite

1. Am Strande der Nordsee 1
2. Auf der Heide 39
3. Vom Keller bis zum Söller 85
4. Die Dorfgasse 183
5. Der Gemeindeanger 232
6. Im Bauerngarten 283

1. Am Strande der Nordsee.

Der schönste Strand, der mir bekannt ist, erstreckt sich zwischen den beiden holländischen Seebadeorten Katwyk bei Leiden und Scheveningen bei dem Haag. Wie oft habe ich hier, als ich in Leiden jahrelang wohnte, Trost gesucht für mein an Heimweh nach Thüringen und seinen Wäldern und Bergen, Quellen und Bächen krankendes Herz und ihn auch leidlich gefunden.

Der Anblick des Meeres ist immer großartig und es ist stets der eines lebenden Wesens, ob es wie heute im leichten Schlummer seine Muschelwellen tändelnd auf- und niedersteigen, oder ob es vom Sturm gepeitscht seine brüllenden Wogen, die ungestümen Rosse Poseidons mit den weißen Schaummähnen, am Ufer zerschellen läßt. Herrlich ist es bei Vollmondschein in lauer Sommernacht, gewaltig und erschütternd, wenn bei nächtlichem Gewitter die blauen Blitze über es hinzucken, und Donnerschlag auf Donnerschlag ringsum betäubend erkracht.

Die Zustände, in denen es sich befindet, mögen sein, welche sie wollen, stets haben sie ihre besonderen, eigenartigen Reize, aber wer den Strand als zoologischer Schlenderer kennen lernen will, der suche sich zu seinen Spaziergängen die Zeit der tiefsten Ebbe an windstillen, sonnigen Sommertagen aus, und das reichste Beobachtungsfeld wird sich ihm eröffnen, wenn am Tage vorher ein starker Wind aus Westen auf die Küste stand.

Der Strandboden ist fest wie eine Tenne. Hin und wieder blieb auf ihm in einer zufälligen Vertiefung von der letzten Flut eine Pfütze zurück, und ein geschlängelter, aus allerlei Auswurf, namentlich aber aus Tang bestehender Saum markiert den höchsten Stand, den sie erreichte. Links dicht neben uns zieht sich die Dünenkette dahin und rechts breitet sich das Meer aus. Dorthin richten sich die Blicke zunächst. Fern an dem scheinbar hochgerückten Horizonte zieht ein langgestrecktes, schmales, schwarzes Wölkchen dahin, der Rauch eines großen, südwärts fahrenden Dampfers.

Aber hier, weiter vorn, es läßt sich für unsere ungeschulten Augen nicht abschätzen, wie weit oder wie nahe, erscheint im silbergrau schimmernden Wasser eine lebende, sich in Wellen krümmende zweite Linie. Hei! Sollten wir alten Erzlandratten gleich beim ersten Strandbesuche das unerhörte Glück haben, des Anblicks der berühmten Seeschlange teilhaftig zu werden? — Beinahe, aber nicht ganz! Es ist nicht die Seeschlange selbst, aber ein leiblicher Ersatz für sie, der auch oft, sehr oft für sie genommen wurde. Es ist eine Schar, eine sogen. Schule von der in der Nordsee häufigsten Delphinart, vom Braunfisch (Phocaena communis).

Der Braunfisch wird höchstens 2,5 m lang, ist oben schwarz, im frischen Zustande glänzend mit bläulichem oder violettem Schimmer, unten weiß. Sein Kopf ist verhältnismäßig klein, mit stumpfer Schnauze, und seine ungefähr in der Mitte des Rückens stehende Rückenflosse niedrig. Die Tiere heißen auf Deutsch auch Meerschweine, woraus die Franzosen marsouins gemacht haben, während der andere Name, den sie ihnen beilegen, pourpoises, von dem lateinischen porcus piscis „Schweinfisch“ stammt. Die Braunfische haben die Gewohnheit, in ihren Schulen in einem Zuge dicht hintereinander herzuschwimmen, der eine immer im Fahrwasser des andern, und da sie dabei auf der Oberfläche des Meeres „tummelnde“ Bewegungen ausführen, d. h. sich abwechselnd heben und senken, so werden sie wohl auch Tümmler genannt.

Eine Herde schwimmender Braunfische gewinnt für den Beschauer aus einer gewissen Entfernung eine überraschende Ähnlichkeit mit einer Schlange, die um so länger erscheint, je größer die Schule ist. Der erste Mann, der die Ansicht aussprach, daß der „Seeschlange“ eine derartige Verwechslung zu Grunde läge, war 1803 ein englischer Geistlicher, Allen Bradford.

Man hat verschiedene Versuche gemacht, die Fabel von der Seeschlange in ähnlicher Weise zu erklären und die zahlreichen über sie verbreiteten Erzählungen und von ihr gemachten Beschreibungen auf Verwechslungen mit wirklichen Tieren oder wohl auch mit auf der Oberfläche des Meeres treibenden Pflanzen bezw. Pflanzenteilen zurückzuführen.

Mitchel und Schlegel schlossen sich Bradford an, nur sagten sie, die hintereinander herschwimmenden Waltiere seien keine einfachen Delphine, sondern große Bartenwale oder gewaltige Potfische. Im Jahre 1873 beobachtete ein gewisser Drenn eine vermeintliche Seeschlange nahe der französischen Küste mit einem guten Fernrohre und erkannte, daß sie aus einer Reihe dicht hintereinander herfliegender Seevögel bestände, die bald einmal teilweise hinter den Köpfen der Wogen verschwand, bald einmal zwischen ihnen wieder zum Vorschein kam. Andere Forscher hielten Verwechslungen mit großen Seeschildkröten oder Thunfischen für möglich. Ein seinerzeit nicht unangesehener Naturforscher, Rafinesque Schmalz, bemerkte, die fabelhafte Seeschlange könne eine verkannte, wirkliche Seeschlange oder ein Riesenaal sein. Beide Vermutungen sind wenig wahrscheinlich. Die wirklich lebend vorkommenden Seeschlangen bilden eine Familie äußerst giftiger Kriechtiere, die die tropischen Teile des Stillen und Indischen Ozeans bewohnen, und nicht länger als höchstens 1 m werden. Eine Verwechslung mit Aalen würde, was wenigstens die Größenverhältnisse angeht, eher möglich sein, denn es sind tatsächlich Arten bekannt, die eine Länge von 3 m erreichen, freilich finden sich diese gerade nicht im Meere, sondern, merkwürdig genug, in den süßen Gewässern einiger Inseln des Stillen Weltmeers. Es wurde auch auf einen Tiefseefisch hingewiesen, der bisweilen tot auf der Oberfläche des Meeres angetroffen wird und vielleicht für die Seeschlange genommen sein könnte. Es ist das eine Art von Bandfisch, der Heringskönig (Regalecus Banksii), ein sehr stark zusammengedrücktes, dünnes, silberig glänzendes Tier mit roten Flossen, das unter Umständen wohl 6 m lang werden kann. Manche Naturforscher meinen, es könnten wohl einmal riesenhafte Haie für Schlangen gehalten worden sein, und in einem Falle ist das sicher auch geschehen. Im Jahre 1809 wurde an der Küste von Stronsa, einer der Orkneyinseln, die stark verstümmelte Leiche eines 9 m langen Geschöpfes gefunden, die man für die einer Seeschlange hielt. Sir Everard Home, ein erfahrener englischer Naturforscher, Anatom und Chirurg, wies nach, daß es sich um einen Riesenhai, vermutlich um den ganz unschädlichen, als Tranlieferant sogar recht nützlichen basking shark der Engländer (Selache maxima) handele, der bis 10 m lang werden kann. Dieser Fisch lebt nur in den nördlichen Meeren, aber ein unter Umständen noch größerer, der auch dem Menschen gefährliche Rondelethai (Carcharodon Rondeletii) könnte im Mittelmeere und eine, bisweilen sogar 20 m lange, aber auch harmlose Form (Rhinodon typicus) im Indischen Ozean Veranlassung zu Verwechslungen mit der Seeschlange geben.

Man hat wohl auch darauf hingewiesen, daß gar wohl einmal eine Boa oder eine Anakonda mit den Wassern des Amazonenstroms oder eine Felsenschlange (Python) mit denen des Kongo in das Atlantische Meer geraten könnte. Es liegen sichere Beobachtungen darüber vor, daß das tatsächlich zuweilen geschieht, und die Tiere, namentlich die Anakonda, die eine Wasserschlange ist, mögen wohl einige Zeit im Meere leben können. Ebenso hat man der Möglichkeit gedacht, daß ein Verkennen großer Krokodile stattgefunden habe, die freiwillig ins Meer gehen und nach hunderten von Seemeilen entfernten Inseln schwimmen.

Daß man riesenhafte Pflanzen für die Seeschlange genommen hat, scheint in einigen Fällen ziemlich gewiß zu sein. Namentlich glaube ich das von dem riesenhaften Wesen, das ein gewisser Dr. Biccard 1857 beim alten Leuchtturme Green Point in der Nachbarschaft der Kapstadt beobachtet hat. Es war etwa 60 m lang, glanzlos und von dunkler Farbe, nur am Kopfe befanden sich weiße Flecke. Nun wächst an der Küste des südlichsten Südamerikas eine Art von Blasentang (Nereocystis), die am freien Ende eines bis 80 m langen, dünnen, glatten, blattlosen Stengels eine eirunde, etwa 2 m lange, mit 10 m messenden Blättern gekrönte Blase trägt. Wenn ein solches Gewächs abgestorben ist und losgerissen wird, kann es wochen- und monatelang von den Meeresströmungen auf der Oberfläche der Ozeane herumgetrieben werden, wobei seine Kronenblätter verloren gehen mögen und der Stengel mehr oder weniger verwest, seine Glätte verliert und dicker wird. Die weißen Flecke am Kopf können auf der Endblase befindliche Kolonien von Moostierchen sein.

Man hat sogar schon die mehr als kühne Vermutung aufgestellt, die Seeschlangen seien Nachkommen gewisser Riesenechsen der Vorwelt, der Ichthyosauern oder Plesiosauern etwa. Diese Meinung sprach 1830 der englische Geologe Blackwell aus und in dem gleichen Jahre der Amerikaner Silliman, der sie später zurücknahm. Aber gerade er fand 1834 in den unteren Tertiärschichten von Arkansas in Nordamerika, also in weit jüngeren als die sind, in denen die Reste jener Riesenechsen vorkommen, große Gebeine, die er einem Reptile zuschrieb, das er Königsechse (Basilosaurus) nannte.

In den vierziger Jahren nahm sich ein deutscher Schwindler, ein gewisser Dr. Koch, der Sache an. Er brachte von jenen Knochen und besonders von Wirbeln so viele zusammen, wie er nur bekommen konnte, half auch mit künstlich aus Gips verfertigten und angestrichenen nach und verfertigte daraus ein gewaltiges Ungetüm, das er als fossile Seeschlange erklärte und mit dem wissenschaftlichen Namen Hydrarchus Sillimani, „Sillimans Wasserbeherrscher“, bezeichnete. Mit diesem betrügerischen Blendwerke bereiste er die größeren Städte der Vereinigten Staaten und ließ es für Geld sehen. Darauf begab er sich nach Europa und setzte den Schwindel fort. Der große Berliner Physiologe Johannes Müller wies aber nach, daß der „Wasserbeherrscher“ zum guten Teil ein Kunstprodukt sei, und der englische Anatom Richard Owen, daß es sich dabei gar nicht um eine Echsenart, sondern um eine Waltierform handle, der er den Namen Zeuglodon verlieh. Für die Beurteilung des Verhaltens Kochs war dieser letztere Irrtum gleichgültig, der entsprang seinen mangelhaften Kenntnissen und er hat ihn gewiß ohne irgendwelche bösartigen Nebengedanken begangen.

Der holländische Zoologe Oudemans, der ein von erstaunlichem Fleiße zeugendes, 37 Bogen starkes Werk in groß Oktav über die Seeschlange geschrieben hat, glaubt bestimmt an deren Vorhandensein und vermutet, daß sie eine langhalsige, den Robben verwandte Säugetierform sei.

Dem ersten Teile dieser Vermutung wäre entgegenzuhalten, daß sich die zahlreichen Berichte über das Wunderwesen in der auffallendsten Weise und meist in allen Punkten widersprechen, und daß sie sämtlich von Laien herrühren, — es ist kein einziger darunter, den ein wirklicher Fachmann als Augenzeuge verfaßt hätte. Seit der Mitte des 18. Jahrhunderts bis auf den heutigen Tag sind deren aber zahlreiche auf allen Meeren herumgefahren, und es wäre doch sehr zufällig, wenn freilich auch nicht unmöglich, daß keinem von ihnen das Geschöpf zu Gesicht gekommen wäre. Ein zweiter Punkt ist aber noch bedenklicher: nicht das kleinste Bruchstück, nicht das geringste Knöchelchen, nicht das winzigste Hautfetzchen ist bis jetzt jemals in ein Museum oder auch nur in die Hände irgend eines Menschen geraten. —

Die Meerschweine erscheinen am häufigsten in der Zuiderzee und auf dem Dollart. Sie sind auch in der Unterelbe zwischen Altenbruch und Otterndorf beobachtet worden, ja 1825 wurden zwei in der Mittelelbe im Dessauischen gefangen. In die Seine bis Paris verirren sie sich häufiger. In der Ostsee waren sie früher keine Seltenheit und noch Ende der fünfziger Jahre des vorigen Jahrhunderts sollen sie hier nicht gerade ungewöhnlich gewesen sein. Ihrer Schädlichkeit wegen — jeder frißt täglich 5 bis 7 kg Fisch, was in der Ostsee schon merklich ist — werden sie sehr stark verfolgt. Auf dem Dollart bereiten sie den Fischern durch das Zerstören der aufgestellten Netze vielen Verdruß.

Ob sich am Meeresstrand zwischen Katwyk und Scheveningen oder etwa an der bei ersterem Dorfe gelegenen Mündung des „alten“ Rhein Seehunde aufhalten, weiß ich nicht, ich habe dort niemals einen gesehen, auch nicht gehört, daß sie von anderen beobachtet worden wären. Im Dollart und vor den friesischen Inseln sind sie häufiger, und seit Anfang der siebziger Jahre sind sie in der Ostsee geradezu gemein geworden. Im ganzen Gebiete der holländischen und deutschen Küsten finden sich drei Arten: Der gemeine und der ringelfleckige Seehund (Phoca communis und annulata), beide im männlichen Geschlechte höchstens 1,5 m lang, und die Kegelrobbe (Halichoerus grypus), die bedeutend größer wird, eine Länge von beinahe 3 m und ein Gewicht von 300 kg erreichen kann.

Unsere Fischer hassen alle Seehunde von ganzem Herzen, einmal besonders in der Ostsee wegen des Schadens, den sie den Fischen zufügen, dann aber allenthalben wegen des Zerstörens der Netze. Benecke hat berechnet, daß die etwa 1000 Stück gemeinen Robben, die an der Küste Ost- und Westpreußens leben, jährlich ungefähr $1^1/_2$ Million kg Fisch fressen, eine Menge, die bei den Fischverhältnissen der Ostsee als recht bedeutend gelten muß. Während diese Art wohl ausschließlich Fische frißt, lebt die ringelfleckige hauptsächlich von Weich- und Krebstieren und wird daher viel weniger schädlich.

Dazu kommt noch, daß die Seehunde ungewöhnlich kluge Tiere sind, die sich den Verfolgungen mit großer Umsicht zu entziehen wissen. Ihre Ausrottung erscheint unmöglich, ihre Beschränkung sehr schwierig zu sein.

Dem unbefangen urteilenden Naturfreunde sind die Seehunde liebe, sympathische Tiere. Zufolge ihrer Klugheit lassen sie sich sehr leicht zähmen und werden außerordentlich anhänglich an ihren Herrn. Dann haben sie ferner mit ihren runden Köpfen und ihren sanften, runden Augen etwas sehr Bestechendes, ja geradezu Menschenähnliches, und wenn sie sich schwimmend im Wasser bewegen, so daß bloß der Kopf aus diesem hervorragt, erinnern sie tatsächlich an badende Kinder. Wie die Delphine mit zu der Fabel von der Seeschlange Veranlassung gegeben haben, so die Seehunde zu der von den Meermenschen, die bedeutend älter und auch bei Naturvölkern weit verbreitet ist, ja es dürfte, abgesehen vom hohen Norden keine Küstengebiete geben, wo diese Sage von den weniger gebildeten Teilen der Bevölkerung nicht erzählt und geglaubt wurde und noch geglaubt wird. Sagte doch ein englischer Edelmann, wie Sir Humphry Davy erzählt, im Jahre 1820, als von den vortrefflichen Charaktereigenschaften und der tiefen Gelehrsamkeit des eben verstorbenen Naturforschers Sir Joseph Banks in einer Gesellschaft die Rede war: „Alles ganz schön, er hatte aber auch seine Vorurteile." Als man ihn erstaunt frug: Wieso und weshalb? antwortete er: „Ja, er glaubte nicht an das Meermädchen." Noch 1819 behaupteten Fischer der Shetlandinseln einen Meermann gesehen zu haben und beschworen ihre Angaben sogar vor Gericht. Daß diese einfachen Leute geflunkert und sich eines bewußten Meineids sollten schuldig gemacht haben, erscheint völlig ausgeschlossen, offenbar lag eine Augentäuschung und Verwechslung vor, doch will ich nicht behaupten, daß diese letztere mit einem, den Shetländern doch sicher genau bekannten Seehunde stattgefunden hätte. Es ist viel wahrscheinlicher, daß es sich in diesem Falle, wie gewiß in vielen anderen ähnlichen um einen verschlagenen Lamatin gehandelt hat. Tatsächlich ist einmal ein solches Tier im Firth of Forth gefangen worden, und Stewarts hat darüber berichtet.

Die Gattung der Lamatins (Manatus) zählt zu der sehr merkwürdigen Säugetierordnung der Sirenen. Die hierher gehörigen Formen haben einen deutlichen Hals, einen rundlichen Kopf kleine Ohren, ansehnliche, mit Borsten besetzte Lippen, an der Schnauzenspitze stehende Nasenlöcher, flossenartige vordere und gar keine hinteren Gliedmaßen. Die Schwanzflosse ist wagerecht, und die Weibchen haben ein Paar runde, an der Brust stehende Zitzen, die namentlich bei säugenden Individuen durch ihre Lage und durch ihre Beschaffenheit viel Ähnlichkeit mit menschlichen Brüsten haben und die Hauptveranlassung zu der Fabel von den Seejungfern geworden sind, auf älteren bildlichen Darstellungen dieser auch immer ganz besonders hervorgehoben werden.

Die Lamatins leben für gewöhnlich unter den Wendekreisen, und zwar an der Ostküste Südamerikas sowie an der Westküste Afrikas, von wo aus sie in die hier mündenden großen Ströme, in letzterem Erdteile bis in den Tschadsee, vordringen.

Aber die Lamatins sind nicht die einzige Gattung der Sirenen und sie sind auch nicht die einzigen ihrer Angehörigen, die Veranlassung zu der Sagenbildung von den Meermenschen gegeben haben. An den Küsten Ostafrikas, des Roten Meeres, Ceylons, der Malaio-asiatischen Inseln bis zu den Philippinnen und Nordaustraliens leben die Dugongs, die eine zweite Gattung (Halicore) bilden. Sie gleichen in allen Hauptpunkten ihrer äußeren Erscheinung den Lamatins, begeben sich aber nie aus dem Meere in die süßen Gewässer. Es gab auch noch eine dritte, seit dem 18. Jahrhundert ausgestorbene Gattung von Sirenen, die des Borkentiers (Rhytina), die an der Küste von Kamtschatka lebte. Es ist nicht bekannt, ob auch bei den Eingeborenen dieser Gegend Fabeln von Meermännern und Meerweibern im Schwange waren.

Der Ursprung der ganzen Sage, wenigstens für Südasien und Europa ist wohl auf die Dugongs zurückzuführen. Sie mag bei den Indern entstanden und zunächst zu den asiatischen, dann zu europäischen Griechen durchgesickert sein, wenn diese sie nicht etwa schon aus der Wiege ihres Entstehens mitbrachten. Jedenfalls fand sie bei diesem Volke meeresfroher Küstenfahrer einen äußerst günstigen Boden Wurzel zu schlagen und sich weiter zu entwickeln. Es wimmelt in der Mythologie der Griechen von Götterwesen und Dämonen des Meeres von mehr oder weniger menschenartiger Gestalt.

Auf ihrem weiteren Wege fand dann die Sage an den Gestaden des Atlantischen Ozeans neue Anknüpfungspunkte in neuen Fabelwesen, deren Ursprung auf verschwommene Lamatins und auf ortsansässige Seehunde, vielleicht auch noch auf ein Drittes zurückzuführen sein dürfte. Dieses mögliche Dritte waren wirkliche Menschen, Indianer wahrscheinlich, die ihren Kurs auf dem Meere zufolge schwerer Stürme verloren hatten und in ihren Kanoes als Leichen oder vor Erschöpfung fast Sterbende an die Westküsten Europas verschlagen waren. Spuren solcher Ereignisse finden sich schon in der Literatur des Altertums, sichere Angaben liegen aus dem Jahre 1508 vor.

Schon Plinius erhielt von römischen Rittern Kunde von einem Meermanne an der gallischen Küste, der von menschlicher Gestalt war und nachts auf die Schiffe kletterte. Abu Hamid, ein arabischer Schriftsteller, erzählt von einem „der alte Jude“ genannten Meergreis an der spanischen Küste, und 1187 wurde unweit Oxford ein solcher Meermann gefangen, dem es aber gelang zu entwischen und in das Meer zurückzukehren. Im Jahre 1305 bemächtigte man sich eines völlig gewappneten Meerritters, der etliche Wochen zu Dokkum lebte, dann aber starb.

Marktweiber erwischten eines Morgens im Jahre 1404 oder 1405 an dem seitdem trockengelegten Purmer Meer eine Seejungfer, die der Stadt Harlem verehrt wurde, wo sie mehrere Jahre lebte. Man zog ihr Kleider an und lehrte sie spinnen, sie wollte aber immer ins Meer zurück. Auch die Käsestadt Edam beherbergte vor langer Zeit ein in der Zuiderzee gefangenes Meerweibchen in ihren Mauern. Es war von abschreckender Häßlichkeit, aber sehr verliebt und leider stumm, doch nicht ungeschickt in weiblichen Handarbeiten.

Auch vom Vorkommen eines Meermannes in der Adria weiß das Mittelalter zu berichten und die Dugongs nennt es geradezu Meermenschen. Von diesen erzählt es, sie würden im Roten Meere ihrer Haut wegen viel gefangen. Aus dieser mache man Schuhe, die genau 15 Jahre lang hielten.

Doch genug des alten Zaubers! —

Wenn wir auch auf unserem Spaziergange am Meeresstrande unsere Kenntnis, was Säugetiere anlangt, nicht erweitern können, so ist das betreffs der Vögel ein ander Ding, deren gibt es hier genug, wenn auch nicht gerade an Arten, so doch an Individuen. Wesentlich handelt es sich dabei um Langschwinger, um Möven und Seeschwalben und in erster Linie um Silbermöven (Larus argentatus), die die echten Nordseevögel sind, während die kleineren Sturmmöven (Larus canus) als die Ostseevögel bezeichnet werden können.

Möven gehören zum Meere, wie die Sperlinge zur Gasse. Es sind schöne, kühne Vögel und in der Tat „Langschwinger“, daher auch vortreffliche Flieger, die ihre langen, spitzen Flügel gar wohl zu gebrauchen wissen. Am schönsten erscheinen sie, wenn sie in mäßiger Höhe bei eintretender Ebbe entlang des Saumes des zurückweichenden Wassers langsam dahinziehen, damit sie alles für sie Genießbare, was angespült wird, sicher und sofort erspähen können. Sobald sie etwas Derartiges erblickt haben, schwingen sie sich rasch hernieder, um es sich anzueignen, geraten aber dabei häufig genug mit Kameradinnen, die die nämliche Absicht hegen, in von lautem Gekreisch begleitete Zänkereien, dic bald genug in Tätlichkeiten ausarten. Der Wettbewerb ist im Tierreiche groß und nichts weniger als lauter, wenn er auch nach einem der ältesten und einfachsten Rechten geregelt ist, nach dem des Stärksten nämlich. Die Möven sind zwar gesellige Vögel, aber trotzdem sehr futterneidisch und sehr streitsüchtig untereinander, und jede handelt nach dem bekannten weisen Grundsatz: Behalte, was du hast und nimm so viel du kriegen kannst!

An den holländischen und deutschen Küsten führen sie sonst für ihre Person immer noch ein leidlich friedliches Leben und werden von irgend einem mordlustigen Nimrod oder von einer edeln Jagdgesellschaft an bestimmten Tagen und an bestimmten Stellen höchstens des „Vergnügens“ halber geschossen, denn sie haben den großen Vorzug, dem Gaumen der sogen. „Herren der Schöpfung“ nicht zuzusagen. Man hat zwar stark gegen sie gehetzt und ihnen nachgerechnet, wieviel sie Fische fressen, und denn auch richtig herausbekommen, daß z. B. die etwa 6500 Pärchen von List jährlich beinahe 300 000 kg davon verzehren, aber ex officio stellt man ihnen doch nicht nach wie an unseren Flüssen den armen Wasseramseln und Eisvögeln. Wenn sie trotzdem und besonders seit den letzten 50 Jahren ganz bedeutend an Zahl abnehmen, so hat das seinen Grund darin, daß ihnen ihre sehr wohlschmeckenden Eier in geradezu unvernünftiger Weise geraubt werden. Zwar sammelte man wohl seit je viele Möveneier, doch blieb die Sache immer in gewissen Grenzen, denn mit dem Essen von Vogeleiern, und wenn sie noch so frisch und noch so wohlschmeckend sind, ist das eine eigene Sache, über ein gewisses Maß hinaus widerstehen sie dem Magen des Menschen, sogar dem eines friesischen

Fischers. Wer einmal zu viele verzehrt hat, den ergreift ein tiefgehender Ekel vor ihrem Genusse, und er hat auf Jahre genug davon. Aber jetzt, wo man zufolge der großartigen Eisenbahnverbindungen Möveneier, die heute auf Sylt gesammelt wurden, morgen in Berlin verspeisen kann, liegt die Sache ganz anders. Doch sind die Brutplätze und die Eier jetzt, wenigstens in den deutschen Gebieten und, soviel mir bekannt ist, auch auf Rottum gesetzlich geschützt.

Weiter im Norden, schon an den englischen Küsten, haben die Möven unter einem Übel zu leiden, dem sie an unserer Nordsee und an allen Küsten der Ostsee nicht ausgesetzt sind, nämlich unter den Brandschatzungen seitens der Raubmöven (Lestris cataractes und parasitica). Diese sind zwar schneller und stärker, man möchte auch noch sagen, wilder und tatkräftiger als die eigentlichen Möven, aber weit ungeschickter im Fischfange und entschließen sich auch nur selten ihn zu betreiben, ziehen es vielmehr, sich auf ihre Kraft und Frechheit verlassend, vor, durch Raub ihren Unterhalt zu erwerben. Sobald eine hungrige Raubmöve, und hungrig ist sie fast immer, bemerkt, daß einer anderen gewöhnlichen Möve in ihrer Nachbarschaft ein Fang gelungen ist, so macht sie sich an sie, stößt nach ihr, schlägt sie mit den Flügeln und beunruhigt sie in jeder Weise ohne Unterlaß. Darob wird die glückliche Fischerin, die keine Möglichkeit sieht von dem zudringlichen Quälgeiste loszukommen, nervös und läßt den eben gefangenen Fisch fallen. Das entspricht der Absicht des sie beängstigenden Weglagerers, der den fallenden Fisch in der Luft erschnappt, bevor er ins Meer zurückstürzt. Es ist so bequem andere für sich arbeiten zu lassen, das wissen die faulen Schlingel unter den Vögeln genau so gut wie unter den Menschen!

Doch nicht nur das Meer vor uns und die Luft über uns, auch der Strand um uns zeigt reges tierisches Leben. Verschiedene Vögel, Strandläufer, Austernfischer, vielleicht auch ein hochbeiniger Säbelschnäbler und die eine oder die andere Krähe, die, genau darüber unterrichtet, wenn die Ebbe eintritt, vom Lande drinnen herbeieilte, wollen nachsehen, ob das Meer nicht etwa was für ihre Schnäbel zurückließ. Ohne Lärmen, besonders von seiten der Austernfischer, die die Holländer viel bezeichnender „Flunderelstern“ nennen, geht das selbstverständlich nicht ab.

Auch kleineres Getier treibt sich hier im Sonnenschein herum. Fliegen besonderer Art umschwirren uns, und zahlreiche Sandkäfer (Cicindela maritima) mit langen schlanken Beinen, lebhaftem, kupferig-purpurrot glänzendem Körper und braunen, weißgefleckten Flügeldecken erheben sich vor unseren Füßen, fliegen 5 oder 6 Meter weit, lassen sich wieder nieder und laufen flink ein Stückchen. Wir wollen den einen, der da vor uns sitzt, zu haschen versuchen. Wir nahen uns ihm vorsichtig, er aber ist wachsam und macht, bevor wir ihm zu sehr auf den Leib rücken können, daß er weiter kommt, und so äfft er uns fort und fort und, wenn es uns nicht glückt ihn mit dem Hute zu Boden zu schlagen, können wir ohne Netz im heißen Sonnenscheine lange vergeblich hinter ihm herlaufen. Wenn es aber trübes, kühles Wetter ist und sich einer aus seinem Verstecke hervorgewagt hat — du liebe Zeit, wie zahm ist dann der kleine, hübsche Lümmel!

Wenn wir viel Glück haben und unsere Augen zu benutzen verstehen, können wir noch einen anderen, ausschließlich an den Küsten der Nordsee und an den europäischen des Atlantischen Ozeans vorkommenden Käfer erwischen, auch einen Laufkäfer, einen winzig kleinen Kerl mit grünlich erzfarbenem Kopfe und Halsschilde und mit bräunlich-schwarzem, schwach glänzendem Körper, blaßgelblichen Beinen und Flügeldecken. Einen deutschen Namen hat er nicht und sein wissenschaftlicher ist Cillenum laterale. Sein Fang würde uns wenig Schwierigkeiten machen, er läuft zwar flink im Sonnenscheine umher, kann aber nicht fliegen, denn er hat keine Unterflügel, wenigstens hier im Norden nicht. Im Süden, z. B. an den Küsten Portugals, wird das anders, da hat er Unterflügel, ob immer, weiß ich nicht, aber wenigstens unter Umständen, das steht fest.

Diese Erscheinung kommt übrigens häufiger vor und besonders gerade bei Laufkäfern. So lebt in der norddeutschen Ebene an feuchten Stellen eine stattliche Form (Carabus clathratus) von dunkel-bronzebrauner Farbe mit drei Längsreihen großer und tiefer, runder, rotgoldiger Gruben auf jeder Flügeldecke und ohne Unterflügel. Diese Art tritt, indem sie in ihrer Verbreitung eine große Strecke Landes überspringt, unter ähnlichen Verhältnissen in Südfrankreich wieder auf, besitzt hier aber meist Unterflügel.

Auch andere Insekten als Käfer verhalten sich ähnlich. Nicht selten findet sich in ganz Europa vom Süden bis hinauf nach Schweden, bei uns besonders am Fuß großer Lindenbäume, eine schöne rot und schwarz gezeichnete, gesellig lebende Wanzenart, die Feuerwanze (Pyrrhocoris apterus), vom Volke auch Dragoner oder Soldat genannt. In Mitteldeutschland ist etwa die Hälfte der geschlechtsreifen Individuen mit Unterflügeln versehen, nach Süden zu werden diese aber immer häufiger und nach Norden zu immer seltener. Der Schwede Linné scheint, als er die Art benannte, gar keine geflügelten Individuen von ihr gekannt zu haben, sonst würde er ihr wohl kaum den Namen Cimex aptera, „flügellose Wanze“, beigelegt haben. Es ist mir übrigens nicht bekannt, ob die mit Unterflügeln versehenen Individuen je von diesen Gebrauch machen.

Die mittelbare Ursache solcher klimatischen Verschiedenheiten bei Wanzen und Käfern kennen wir vorläufig noch nicht, die unmittelbare ist jedenfalls, wie immer in ähnlichen Fällen im Nichtgebrauch zu suchen. Diese Insekten flogen nicht etwa deshalb nicht, weil sie ihre Hinterflügel verloren hatten, sie verloren diese umgekehrt vielmehr deshalb, weil sie sich das Fliegen abgewöhnten.

Doch kehren wir zurück zu unserem Cillenum, von dem noch zu bemerken wäre, daß es sich bloß an solchen Stellen des Meeresufers aufhält, die bei der Flut von Wasser bedeckt sind, und daß es, so lebhaft es auch, solange die Ebbe dauert, umherläuft, während jener in eine Art von Starrkrampf verfallen bewegungslos in irgend einem Verstecke liegt.

Auch verschiedene Raubkäferarten bleiben als Larven und Imagines bei der Flut unter Wasser, so Mircrolymma brevipenne und Diglossa mersa, ob sie aber schon an den holländischen Küsten gefangen wurden, weiß ich nicht. Die erstere Form wurde in Schweden, Norwegen und Schottland am Strande gefunden, die letztere in England und Frankreich und der französische Naturforscher Fauvel hat beobachtet, daß sie während der sechs Stunden, die sie an den Küsten der Normandie bei der Flut unter Wasser ist, wie jenes Laufkäferchen in Erstarrung verfällt. Auch die Raupe eines Schmetterlings (Heliothis maritima), die auf einer Pflanzenart (Spergularia maritima), deren deutschen Namen ich nicht kenne, lebt, wird nach dem Franzosen Graslin täglich während der Flut ohne Schaden unter Wasser gesetzt. Ähnliches gilt auch von den Larven gewisser Fliegen aus der Gattung der Stachelfliegen (Stratyomys).

Die Larven mancher Arten von Köcherjungfern leben unmittelbar im Seewasser, so von einer aus der Gattung Philanisus bei Neuseeland und eine andere aus der Gattung Molama an der Küste von Neuengland.

Besonders reich ist der Nordseestrand nicht an Insektenarten, und die auf ihm vorkommenden sind nicht gerade auffallend. Manche und mancher geht hier spazieren und hat keine Ahnung von der Gegenwart der von uns erwähnten Geschöpfe, andere Formen von Gliederfüßern machen sich unter Umständen bemerklicher.

Ich gedachte vorher der Pfützen, die das zurückweichende Meer bei der Ebbe an tieferen Stellen des Strandes hier und da zurückläßt. Oft bleiben auch allerlei Tiere in ihnen zurück, die eine Art in dieser, die andere in jener und am häufigsten sind das langschwänzige, zehnfüßige Krebse, gelegentlich wohl auch einmal eine Krabbe.

Was unter diesem Namen in den Delikatessengeschäften der binnenländischen Städte verkauft wird, sind gar keine wirklichen Krabben, sondern Garneelen, den Hummern und Flußkrebsen verwandte Wesen mit langem, gewöhnlich „Schwanz" genannten Hinterleib. Eine wirkliche Krabbe sieht ganz anders aus, und wir können hier vielleicht eine gemeine (Carcinus maenas) aufstöbern oder ein Exemplar einer anderen Art, die unter dem Namen Taschenkrebs (Cancer pagurus) bekannt ist.

Die Krabben gehören wie die Hummern, Flußkrebse und Garneelen zu den zehnfüßigen Krebsen, aber bei ihnen und zumal bei den beiden eben namhaft gemachten Formen ist das Kopfbruststück, der Körperteil, der bei den Flußkrebsen „Nase" genannt wird, vorn abgerundet und es ist breiter als lang. Der Hinterleib oder „Schwanz", der beim Weibchen breiter als beim Männchen ist, hat nur eine geringe Länge, ist überhaupt nur schwach entwickelt und wird unter das Kopfbruststück bleibend in einer entsprechenden Rinne vor- und aufwärts geschlagen gehalten.

Nun der Zufall ist uns heute günstig, und wir haben es gut getroffen, — in der ansehnlichsten Pfütze hockt richtig ein Taschenkrebs, der sich offenbar in diesen beschränkten Verhältnissen nichts weniger als behaglich fühlt. Er gehört noch lange nicht zu den größten Stücken seiner Art, denn er ist knapp 8 cm breit, die Taschenkrebse können aber eine Breite von 20 cm und ein Gewicht von 2,5 kg und mehr erreichen. Wir können auf unsere Entdeckung stolz sein. Diese Tiere sind nämlich an der holländischen Küste durchaus keine gewöhnlichen Erscheinungen, wie an den englischen, wo man sie in einer Art von, mit Flundern oder zerstampften anderen Krabben, auch mit Taschenkrebsen geköderten, crab-pots (Krabbentöpfen) genannten Reusen, die aus Weidenruten verfertigt sind, fängt.

Sie bilden drüben in England ein sehr beliebtes Nahrungsmittel, und es gibt in London Delikatessengeschäfte, die täglich während der Saison durchschnittlich 4000 Stück beziehen. Die Männchen sollen viel besser schmecken als die Weibchen.

Sie sind große Räuber und bei den Fischern deshalb sehr verhaßt, da sie ihnen die gefangenen Fische aus den Stellnetzen und von den Leinen wegfressen. Sie sind auch große Kannibalen. Ein englischer Naturforscher, Rymer Jones, tat einmal ihrer sechs von verschiedener Größe zusammen in ein Aquarium. Am nächsten Morgen waren nur noch die beiden größten vorhanden, die sich in zwei möglichst weit voneinander entfernte Ecken zurückgezogen hatten und sich mißtrauisch betrachteten.

Die Fähigkeit, sich selbst, wie man es nennt, „freiwillig" zu verstümmeln, das heißt in diesem Falle sich eines Beines oder einer Schere ohne weiteres zu entäußern, ist bei den zehnfüßigen Krebstieren weit verbreitet und ganz besonders stark bei den Krabben vorhanden. Die Bezeichnung „freiwillig" ist aber für derartige Vorgänge sehr übel gewählt. Das betreffende Individuum, das in dieser Weise verfährt, muß allerdings eine äußere Veranlassung dazu haben, die die Aufopferung einer Gliedmaße, um dadurch einer Gefahr zu entgehen, wünschenswert erscheinen läßt. Die Krabben handeln nicht so aus ererbtem Instinkte, oder gar mit bewußter Überlegung, wie etwa ein Fuchs, der sich das Bein, mit dem er in eine Schnappfalle geraten ist, abbeißt, sie handeln vielmehr so, weil sie gar nicht anders handeln können. Ein junges Mädchen, das über einen sein Schamgefühl verletzenden Anblick errötet, tut das auch nicht absichtlich. Solche Erscheinungen nennt man reflektorische.

Wenn man einer Krabbe an einer ihrer Gliedmaßen durch irgend einen Reiz, durch Kneipen oder Drücken, durch Verbrennen mittelst Feuers oder einer kräftig wirkenden Säure Schmerz verursacht, so wirft sie selbige ab, überläßt sie dem verdutzten Angreifer und sucht sich seine Überraschung zunutze zu machen, um während ihrer zu entfliehen. Reizt man das Tier im ganzen, indem man es z. B. in Weingeist tut, so kann es mehrere Beine, unter Umständen alle zehn verloren geben. Im letzteren Falle hat es freilich keinen Vorteil davon.

Eine Krabbengliedmaße, einerlei ob es eine Schere oder ein Bein ist, besteht aus sechs hintereinander gelegenen Stücken, die innen einen Hohlraum enthalten und derartig gelenkig verbunden sind, daß sie sich nach innen gegeneinander einknicken, aber nach außen nicht über den Streckungszustand hinaus sich bewegen können. Auch Drehungen, sowie Hebungen und Senkungen sind ausgeschlossen, nur die Art der Gelenkverbindung zwischen dem zweiten Stück und dem mit dem Körper festverbundenen ersten oder Hüftstück gestattet das. Die Schere besteht aus dem sehr großen, an der Innenseite stark verlängerten fünften und dem kleinen gegen diese Verlängerung einschlagbaren sechsten oder letzten Stücke der Gliedmaße. Der Bruch beim Abwerfen erfolgt nun nicht etwa an jeder beliebigen Stelle eines jeden Stückes, sondern immer am zweiten nahe seiner Gelenkverbindung mit dem ersten. Die Streckung und die Einknickung zweier Stücke gegeneinander erfolgt, wie bei unserem Ober- und Unterarm, Ober- und Unterschenkel durch zweierlei gegeneinander wirkende Muskeln, Strecker und Heber, die beide das Gelenk zwischen ihrer Ursprungs- und Ansatzstelle haben. Insoweit sind die Verhältnisse zwischen den gegeneinander zu bewegenden und beweglichen Abschnitten der Gliedmaßen bei Wirbeltieren und Gliederfüßern, bei Menschen und Krabben einander gleich, in einem anderen Punkte zeigen sie aber sehr wesentliche, ja sich entgegengesetzte Unterschiede: beim Wirbeltiere nämlich befinden sich Ursprungs- und Ansatzstellen der Muskeln der beiden gegeneinander zu bewegenden Stücke auf deren Außenseite, beim Gliederfüßer aber, wo sie Röhren sind, auf deren Innenseite. Wenn der Mensch seinen Arm krümmen, d. h. den Unterarm dem Oberarm nähern will, zieht er die über den Drehpunkt des Ellbogengelenkes weggehenden Muskeln zusammen, eine Krabbe aber, die das fünfte und sechste Stück ihres ersten Beines, die eigentliche Schere, der Reihe seiner übrigen Stücke nähern will, verfährt gerade umgekehrt, sie zieht die unter dem Drehpunkte der Gelenkverbindung befindlichen Muskeln zusammen.

In dem Beine nun, das von außen bis zum Schmerzen stark gereizt wird, geschieht dieses Zusammenziehen sowohl der Beuge- wie der Streckmuskeln plötzlich und krampfhaft. Vermutlich geschieht das in allen seinen einzelnen Stücken zugleich, aber im zweiten, von unten nach oben gezählt, ist das Verhältnis zwischen der Widerstandsfähigkeit der Wandung und der Zugkraft der Muskeln ein derartiges, daß die erstere nicht stark genug ist, die letztere aushalten zu können, und daß die Röhre deshalb an der Stelle zerbricht, wo die im ersten Stück ihren Ursprung nehmenden Muskeln sich ansetzen.

Die Bruchstelle ist ein rundes Loch, durch das eine Krabbe, die ja kein geschlossenes Gefäßsystem wie ein Wirbeltier, sondern Blut in allen Hohlräumen ihres Körpers hat, verbluten müßte, wenn die in dem mit dem Körper verbundenen Stumpse befindlichen Muskeln nicht zunächst noch in einem krampfhaften Zustande verblieben. Da sie selbst unverletzt aus der Selbstamputation hervorgingen, verschließen sie jenes Loch ganz genau, und nicht die geringste Spur von Blut geht nach einmal vollzogener Trennung verloren.

Das Preisgeben der von einem Feinde gepackten Gliedmaßen ist ja an und für sich schon eine recht vorteilhafte Sache, wenn sie sich aber während der Lebenszeit einer Krabbe gar zu oft wiederholen müßte, und das Tier von Jahr zu Jahr mehr Beine verlöre, würde sie schließlich doch bedenklich werden. Das zu verhüten ist aber eine andere natürliche Einrichtung vorhanden: die verloren gegangenen Beine und Scheren wachsen in verhältnismäßig kurzer Zeit wieder nach. Nach jeder Häutung erscheint der stehengebliebene Stummel verlängert, verstärkt und immer deutlicher gegliedert. Nach der vierten oder fünften, bei jüngeren Individuen eher als bei älteren, ist das verloren gegangene Bein oder die abgeworfene Schere ziemlich vollkommen ersetzt.

Es leben noch verschiedene andere Krabbenformen als Taschenkrebse und gemeine Krabben in der Nordsee, von denen die Meerspinne (Hyas aranea) besonders merkwürdig ist. Man braucht nur einem intelligenteren Fischer Auftrag zu geben und seinen Auftrag mit einigen in Aussicht gestellten kwartjes (Viertelguldenstückchen) zu unterstützen, so bringt er deren einige mit, denn sie sind sehr häufig, wenn man auch keine lebenden am Strande findet. Lebende muß man aber beobachten, darin liegt gerade der Hauptspaß.

Die Seespinnen sind gleichfalls Krabben, sehen aber wesentlich anders aus als die gemeine oder als der Taschenkrebs. Sie gehören auch in eine ganz andere Gruppe, bei deren Mitgliedern das Kopfbruststück vorn nicht am breitesten und bogenförmig abgerundet, sondern in zwei dicht nebeneinander liegende Stirnstacheln zugespitzt ist und, da es auch nicht flach, sondern gewölbt ist, hat es im ganzen die Gestalt einer stiellosen Birne. Es kann bis 10 cm lang werden und ist wie das ganze Tier von rötlicher Farbe. Während es bei jenen beiden Krabbenarten glatt ist und nur eine Anzahl flacher Gruben und wenig deutlicher Erhöhungen zeigt, hat es diese und zwar kräftiger ausgebildet auch hier, aber außerdem ist es noch mit verschiedenen Warzen besetzt. Von diesen stehen größere in der mittleren Gegend des Kopfbrustschildes, jederseits in einem engen, vorn offenen Bogen sowie in einer dreieckigen Gruppe. Weiter vorn in der Kopfregion, d. h. in der zugespitzten Verlängerung jenes nämlichen Körperteils, verlaufen jederseits zwei Reihen kleinerer. Während von den hinteren größeren Warzen nur einige mit harten Borsten besetzt sind, ist das bei den kleineren vorderen ohne Ausnahme der Fall. Auch sonst stehen noch Borstengruppen ohne Warzen hin und wieder auf dem Rückenpanzer verteilt. Diese Borsten sind nicht etwa gerade, sondern stark hakenartig gekrümmt und besonders die auf den beiden vorderen Doppelreihen kleinerer Warzen. Hier sind die der äußeren Reihen nach der Mitte des Stirnteils des Kopfbrustschildes zu, die der inneren nach der entgegengesetzten Richtung gekrümmt. So stehen sie sich in den beiden Reihen einander zugebogen gegenüber.

Fast ausnahmslos sehen diese Krabben, wenn man sie fängt, aus wie mit Algen, Polypenstöckchen, Schwämmen usw. bewachsen, sind es aber tatsächlich nicht, sondern sie sind mit solchen Fremdkörpern nur lose bedeckt, und man kann diese entfernen ohne dabei Gewalt anwenden oder sich nur besonders anstrengen zu müssen.

Wenn man eine Meerspinne „demaskiert" hat und setzt sie in einen mit

Seewasser gefüllten Zuber, auf dessen Boden man die ausgezogenen Maskenkleider gelegt hat und vielleicht noch einige weitere dazu, so kann man ein ergötzliches Schauspiel haben. Die Krabbe stelzt suchend auf den Spitzen ihrer Beine, wegen deren Länge sie eben die deutsche Benennung Meerspinne und den lateinischen Artennamen aranea „Spinne" hat, umher. Jetzt stößt sie bei ihren Forschungen auf einen jener Fremdkörper. Sie nimmt ihn in eine ihrer verhältnismäßig kleinen Scheren, hebt ihn auf und scheint ihn genau zu besichtigen und zu prüfen. Entspricht er ihren Anforderungen nicht, so läßt sie ihn einfach wieder fallen, findet sie aber in ihm, was sie braucht, so steckt sie ihn in den Mund. Hier bewegt sie ihn geraume Zeit ohne ihn zu kauen hin und her. Nun hat sie aber in der Mundhöhle zahlreiche hierher mündende Drüschen, die einen leimartigen, in Wasser sich nicht lösenden Stoff absondern. Mit diesem bedeckt die Meerspinne den Fremdkörper und bringt ihn mit dem äußerst beweglichen vordersten, die Scheren tragenden Beinpaare auf den Rücken. Hier versucht sie ihn mit einer der beiden Scheren unter einige Hakenborstchen zu schieben. Diese sind elastisch, geben dem von der Krabbe mit dem Fremdkörper ausgeübten Druck nach, schnellen aber, wenn er aufhört, in ihre Lage zurück, drücken das Polypenstöckchen, oder was es immer ist, nieder und halten es fest, was ihnen durch den Leim, mit dem dieses bedeckt ist, wesentlich erleichtert wird. So fährt die Krabbe fort, bis sie ihren ganzen Kopfrückenpanzer neu bepflanzt hat. Unter die rechts gelegenen Häkchen schiebt sie die Fremdkörper mit der rechten, unter die links gelegenen mit der linken Schere.

Bringt man eine Meerspinne, die sich mit grauen Schwammstückchen besteckt hat, in ein mit Seewasser gefülltes Gefäß, dessen Boden man mit roten oder mit grünen Algen belegte, so dauert es nicht lange bis das Tier sein Kleid wechselt, die grauen Fremdkörper von seinem Panzer entfernt und ihn statt dessen mit roten oder grünen versieht.

Diese Handlung macht es noch besonders deutlich, was das ganze Verfahren der Krabbe zu bedeuten hat: sie will sich gegen die Blicke ihrer Feinde und ihrer Beutetiere schützen. Natürlich muß ihr Fortbewegen — sie kann nur laufen, nicht wie manche andere Krabbenarten auch schwimmen — langsam vor sich gehen, sie muß schleichen, denn sie würde, wenn sie so flink rennen wollte, wie einer jener Sandkäfer auf dem Strande, von ihrer Maskerade nur wenig Vorteil haben und die Aufmerksamkeit ihrer sie umgebenden Mitgeschöpfe erst recht auf sich lenken.

In jener zurückgebliebenen Strandpfütze, in der wir den jungen Taschenkrebs auffanden, treiben sich weiter noch einige Stücke einer kleinen, langschwänzigen Art von zehnfüßigen Krebsen herum. Das sind gemeine Garneelen (Crangon vulgaris), die hier bis etwas über 7 cm lang werden, und die die Katwyker Fischweiber des Morgens in Leiden mit schnarrender Stimme auszurufen pflegen: „Ggarrrnat! Ggarrrnat!“ Die stattlichen, schlanken, blondhaarigen Weiber von urgermanischem Typus tragen große, runde, flache Körbe, die gehäuft voll von diesen Tieren in gekochtem Zustande sind und gewiß ein bedeutendes Gewicht haben mögen, auf den Köpfen und laufen so flink, wie die Wiesel.

Diese Garneelenart, es gibt in der Nordsee auch noch zwei andere so benannte langschwänzige Arten von Zehnfüßern, kommt auch in der Ostsee vor, ist hier weit verbreitet und häufig, mißt aber durchschnittlich 2 cm weniger. So hurtig die Angehörigen der beiden anderen Arten sind, so träge sind die dieser in ihren Bewegungen. Wenn man sie überrascht, wie es hier von uns geschieht, so suchen sie sich nicht wie jene durch schnelles Schwimmen, das durch kräftige Schläge des Hinterleibes und seiner wie beim Hummer und Flußkrebse fünfteiligen Endflosse bewerkstelligt wird, der drohenden Gefahr zu entziehen, sondern durch Einwühlen in den Sand, der den Boden der Pfütze bedeckt. Das geschieht schnell mittelst der Füße, und die Tiere scheinen dabei in den Grund zu versinken, aber bloß bis über die Beine, der gewölbte Rücken bleibt zunächst noch frei, verschwindet aber auch bald. Sie streichen mit ihren langen Fühlern, abwechselnd mit dem rechten und mit dem linken zwar nur kleine Massen, aber in rascher Folge über ihn hin und in kürzester Zeit sind die Tiere verschwunden. Dann vermag auch ein scharfäugiger Zuschauer, wenn er nicht ununterbrochen aufgepaßt hat, nicht mehr mit Sicherheit anzugeben, wo sich die Garneele eigentlich befindet, obwohl sie ihre gestielten Augen und ihre Fühler, die sie jetzt aber nur noch schwach zuckend bewegt, nicht mit eingescharrt hat.

Die Garneelenweibchen laichen zweimal jährlich, das erstemal von Mitte April bis Anfang Juni und das zweitemal im Oktober und November, es sind aber nicht die nämlichen, so daß es gewissermaßen an den Nordseeküsten zwei Formen der gemeinen Garneele gibt, die sich nur durch die Laichzeit unterscheiden. Wie beim Flußkrebs und beim Hummer befestigt das Weibchen seine zusammenklebenden Eier an auf der Unterseite der vordersten Hinterleibsringe befindliche Borsten und trägt sie mit sich herum bis die Jungen ausschlüpfen.

Der Fang dieser an Ort und Stelle sehr wohlschmeckenden, im Binnenlande aber meist zu stark gesalzenen Krebse geschieht hauptsächlich während der Zeit von Juni bis November und besonders durch alte Leute, Weiber und Kinder, während die kräftigen Männer auf dem Fischfange aus sind.

Man hat dazu besondere Handnetze, die dicht über den Boden durch das flache Wasser gezogen werden. Ein solches Garneelennetz besteht aus einer etwa handbreiten, meterlangen, am vorderen Rande mit einer ziemlich stumpfen Schneide versehenen Holzleiste; auf ihr erhebt sich ein beinahe halbkreisförmiger eiserner Reifen. An diesen und an die Leiste ist das grobe Beutelnetz befestigt. Von der Mitte der Leiste erhebt sich eine etwa 1½ m lange Stange, die jene mit der Mitte des Reifens verbindet. Beim Gebrauch wird das Netz mit dem Vorderrande der etwas schräg stehenden Leiste dicht auf den Boden gedrückt und an der Stange über diesen hingezogen. Das scheucht die halb in dem Sande liegenden Garneelen auf, sie geraten aber sofort in das Netz, das sie des vom Eingange her nach hinten zu wirkenden Wasserdrucks wegen nicht wieder verlassen können.

Der Genuß der Garneelen ist nicht immer ohne Gefahr, bisweilen hat er schwere Vergiftungserscheinungen im Gefolge. Diese haben eine gewisse Ähnlichkeit mit den die Cholera begleitenden Erscheinungen und zeigen sich, wenn die Krebschen bei heißem Wetter gefangen, sowie gekocht wurden und dann einige Zeit zum Abkühlen in einem sehr warmen, dunstigen Raume liegen blieben. Die Tiere brauchen, wenn sie genossen werden, noch keine für den Menschen wahrnehmbare Spur von Fäulnis zu verraten, das wird man erst gewahr, wenn sie verzehrt sind, und das ist eigentlich das Niederträchtigste an der ganzen Geschichte. Das einzig sichere Mittel gegen die Vergiftung mit Garneelen ist, daß man keine ißt, das ist aber auch unfehlbar.

Auf dem Strand liegt noch vielerlei herum: mehr oder weniger abgerollte Stücke Holz, von denen vielleicht manches eine traurige Geschichte erzählen könnte, halbverweste Reste von Fischen und vor allem zahlreiche teils leere, teils das verfaulende oder das kaum abgestorbene Tier noch enthaltende Gehäuse von Seeschnecken und Schalen von Muscheln.

Da wären zunächst einige noch recht frische, ansehnliche Klaffmuscheln und zwar zwei Arten, die bis 15 cm lange Sandklaffmuschel (Mya arenaria) und die um den dritten Teil kleinere abgestutzte Klaffmuschel (Mya truncata). Ihre beiden Schalenhälften sind fast gleich gestaltet, dick, mit unregelmäßigen Längsrippen, glanzlos, schmutzigweiß und von einem graulich-, grünlich- oder gelblichweißen Oberhäutchen überzogen. Zusammen haben die Schalen eine länglichrunde Form, sind am stumpferen Ende etwas aufgetrieben und stehen am spitzeren auseinander. Aus dem so zustande gekommenen Spalt, wegen dessen diese Muscheln auf Englisch und auf Holländisch gaper, „Gähner“, heißen, ragt ein mit queren Runzeln bedeckter, dunkelgrünlich- oder bräunlichgrauer, walzenförmiger Fortsatz heraus, der länger als die Schalen und etwa fünfmal so lang wie breit ist. Er ist von derber, lederartiger Beschaffenheit und seiner ganzen Länge nach von zwei dicht nebeneinander liegenden Röhren durchzogen. Durch die untere tritt Meereswasser mit dem zur Atmung nötigen Sauerstoff und den feinen Teilchen der zur Nahrung dienenden Dinge (verwester Pflanzen und Tiere) ein, aus der oberen wird es, nachdem es an die Kiemen seinen Sauerstoff und an die Mundöffnung die winzigen Futterbröckchen abgegeben hat, nebst der abgeschiedenen Kohlensäure, dem Kote und den Eiern bezw. jungen Larven nach außen befördert. Diese Vorrichtung kann bei den Klaffmuscheln nicht zwischen die beiden Schalenklappen zurückgezogen werden, was bei anderen Muschelarten häufig der Fall ist, und das diese überziehende feine Hornhäutchen setzt sich ohne Unterbrechung auf jene fort.

Es würde uns nicht allzuschwer fallen, uns wenigstens die Sandklaffmuschel lebend zu verschaffen. Wir brauchten bloß hier, gerade da, wo jetzt bei tiefster Ebbe der Saum des Wassers hin und her spielt, bald etwas vordringt, bald sich etwas zurückzieht, an den Stellen, wo oben ein Loch, groß genug, daß wir den kleinen Finger hineinstecken können, im Sande ist, etwa 20 cm tief nachzugraben, und wir würden eine finden. Ein Werkzeug hierzu oder einen Jungen, der sich für uns bemühte, wenn wir zu faul wären, würden wir in Katwyk leicht auftreiben.

In England werden die Klaffmuscheln von der ärmeren Bevölkerung vielfach gegessen, von manchen Personen aber nicht vertragen, die schon vom Genusse einer einzigen ernstlich krank werden.

Die Sandklaffmuschel ist weit verbreitet, wird in Nordamerika in großen Mengen auf den Markt gebracht und von reichen und armen, hochgestellten und geringen Leuten mit gleich großem Behagen verspeist. Man hat sie sogar von der Ostküste, an der sie immer heimisch war, an die Westküste verpflanzt und jetzt ist sie in San Franzisko ein begehrtes Nahrungsmittel. Auch in China schätzt man die Klaffmuschel als Leckerbissen und zwar soll es eben diese Art sein. Der englische Kapitän Tuckey beobachtete, daß die Eingeborenen an der Westküste von Afrika eine Art dieser Muschelgattung eifrig suchten. Er traf bei der Draperinsel 300 bis 400 Kanoes, deren Besatzung dem Fange dieser Weichtiere emsigst oblag. Die Leute hatten sich am Ufer aus frischen Baumzweigen Hütten gemacht, in denen sie, wie auch in verschiedenen benachbarten Felsenhöhlen mit ihren Familien während der Fischzeit lebten. Sie öffneten die Schalen der Muscheln, nahmen die Tiere heraus und trockneten sie an der Sonne.

An der Westküste Europas sowie an der Ostküste Nordamerikas stellt man den Klaffmuscheln, von denen ich nicht weiß, ob die Holländer sie essen, noch stärker nach, um sie zum Köder an die Angeln zum Schellfischfang zu benutzen. Es sind geradezu ungeheuere Mengen dieser Weichtiere in Millionen von Kilogrammen und im Werte von Millionen von Mark, die jährlich hierzu Verwendung finden.

Die Klaffmuscheln, die bis in das nördliche Eismeer vorkommen, bilden auch einen Hauptbestandteil des Futters der Walrosse, die sie mit ihren Hauern aus dem Sande und Schlamme herauswühlen.

Wenn wir eine größere Anzahl dieser Geschöpfe näher untersuchen, wozu wir am besten tot hier umherliegende wählen, denn die lebenden sind doch etwas umständlich zu beschaffen und, wenn wir genug haben, noch schwierig ohne Beschädigung zu öffnen, so werden wir finden, daß mindestens drei unter zehn mit einem eigentümlichen, schmarotzenden Wurm behaftet sind. Er liegt zwischen dem Mantellappen und den Kiemen der rechten oder linken Seite, ist von rötlich weißer Farbe und kurzer breiter Gestalt und hat am Hinterende seines Körpers einen runden Saugnapf. Die Lage, die dieser am Leib des Wurmes hat, beweist, daß er zur Nahrungsaufnahme keine Beziehungen hat, sondern lediglich dazu dient, den Wurm zu befestigen. Früher hielt man das Tier, eben der Anwesenheit dieses Saugnapfes wegen, für eine Art der Wurmgruppe der Saugwürmer, der auch der Leberegel angehört, das ist es aber nicht, es ist vielmehr eine durch Schmarotzertum sehr wesentlich abgeänderte Form der Schnurwürmer (Nemertini) und sein wissenschaftlicher Name ist Malacobdella Valenciennesii.

Unter den Muscheln hier am Strande Austern zu finden dürfen wir nicht erwarten, die kommen in diesem Teile der Nordsee nicht vor, wohl bei Zeeland drunten im Süden und beim Helder und der Insel Texel droben im Norden und auch da ist es unwahrscheinlich auf eine angespülte zu stoßen, denn diese Weichtiere sind mit der unteren Schale festgewachsen, werden also auch bei stark bewegter See nur schwer ein Spiel der Wellen werden. Eher wäre es möglich, daß wir eine Miesmuschel antreffen könnten, denn die leben in der Mündung des „alten“ Rheins bei Katwyk. Aber auch sie sind seßhafte Tiere, wenn auch nicht in dem Grade wie die Austern, denn sie sind nicht mit einer ihrer Schalen festgewachsen, sondern verankern sich mittelst eines Bündels goldigbrauner Hornfäden, des sogen. Byssus, die ein erstarrter, von einer besonderen Drüse im Fuße abgesonderter Stoff sind.

Miesmuscheln werden in großen Mengen, jetzt auch in den bedeutenderen Städten des Binnenlands, verzehrt. Ihr Genuß kann unter Umständen, auch wenn sie erst unmittelbar vor dem Verzehrtwerden gekocht oder sogar, wenn sie roh gegessen wurden, schreckliche Vergiftungserscheinungen, ja den Tod zur Folge haben. So erkrankten im Herbst 1885 in Wilhelmshafen 19 Personen, die Miesmuscheln gegessen hatten, sehr schwer, und fünf von ihnen starben, und zwar eine davon schon $1^3/_4$ Stunden nach der Mahlzeit.

In Edinburgh und Leith allein werden laut Lovell jährlich etwa 400000 Stück Miesmuscheln verspeist, aber ihre Bedeutung als Köder an die Angeln der langen Leinen zum Fang von Schellfisch, Dorsch, Butt, Scholl usw. ist weit größer. Allein für Newhaven rechnet man jährlich 40 Millionen Stück. Man glaubt in sachverständigen Kreisen, daß diese Tiere den besten Köder für Seefische abgeben und daß sie aus der Schale genommen und an die Angel gesteckt noch zwei Tage am Leben bleiben. Das ist ein zwar scheußlicher Umstand, denn auch eine Miesmuschel hat Empfindungsvermögen, aber es ist sehr wichtig, daß sie frisch bleiben.

Es gibt verschiedene Miesmuschelarten und sie werden überall, wo sie vorkommen, von Menschen genossen. Die aus dem Mittelmeer gehören der nämlichen Art an wie die aus der Nord- und Ostsee und sie waren schon im Altertum ein beliebtes Nahrungsmittel. Athenäus sagt um das Jahr 200 n. Chr. in seinem „Deipnosophisten“ betitelten Buche von ihnen, sie seien ziemlich nahrhaft und verdaulich. Die besten kämen von Ephesus und sie wären gegen Ende des Herbstes besonders gut.

Ein gewisser Kapitän O'Brien beschreibt, wie man die Tiere an der Küste von Chili bei Conception fängt. Er sah einen Mann und ein Weib in einem Kanoe vom Ufer abstoßen und ein Stück ins Meer hinausfahren, wo der Mann sich mittelst einer langen Stange versicherte, wie tief der Fischgrund mit den Muscheln liege. Diese am Ende zugespitzte Stange wurde dann hier in den Boden gestoßen und diente wie eine Art Anker zum Festlegen des Fahrzeugs. Darauf schlang das Weib ihre beiden Arme um sie und glitt an ihr hinab ins Wasser. Bald tauchte es wieder auf, hielt die Stange abermals umschlungen und hatte beide Hände so voll wie nur möglich mit Muscheln. Nachdem es diese in den Kahn geworfen hatte, rutschte es wieder hinab und so sechs- oder achtmal hintereinander, bis es eine genügende Menge gesammelt hatte. Als O'Brien dem Manne Vorstellungen darüber machte, daß er einem Frauenzimmer diese schwere Arbeit aufhalse, anstatt sie selbst auszuführen, erhielt er von ihm zur Antwort, das sei dortzulande ein Vorrecht des weiblichen Geschlechts, und daß kein Mann wagen dürfe, es ihm streitig zu machen. Die Schalen werden nach Conception zur Herstellung von billigen Schmucksachen verkauft. Auch bei uns wird die der europäischen Art vielfach poliert und zu allerlei Galanteriewaren verarbeitet.

Es liegen hier auf dem Strande noch die Schalen verschiedener Muschelarten herum, von denen die Mehrzahl auch gelegentlich verspeist werden. Da sind unter anderen zahlreiche, quergerippte, stark bauchige der eßbaren Herzmuschel (Cardium edule), des kokhaans der Holländer. Um den scheinbar wenig passenden Namen Herzmuschel zu verstehen, muß man ein solches Weichtier mit den beiden spiegelbildlich gleichen, geschlossenen Schalen von der stumpferen Seite ansehen, dann wird einem die Ähnlichkeit mit einem etwas stilisierten Herzen sofort auffallen. Wie die Tiere in das Wappen der doch echt kontinentalen Familie der Strachwitze geraten sind, weiß ich nicht, dazu fehlen mir leider die Kenntnisse in der Heraldik, einer der nützlichsten, geistreichsten und fruchtbringendsten Wissenschaften. Der Engländer Baines berichtet übrigens, daß die Damaraneger diese Muscheln auch sehr hochschätzen und sie sich ins Haar flechten. Er fügt hinzu, wenn einer seiner Freunde in England ein paar Groschen daran wenden wollte, sich ein Gericht Herzmuscheln zu kaufen und ihm die leeren Schalen zu schicken, so könne er sich damit ein Vermögen machen. Wir finden hier ferner, wenn auch seltener, die glatten, dünnen Schalen der roten Plattmuschel (Tellina incarnata) mit abwechselnd helleren und dunkleren rosenfarbigen, vom oberen Winkel zum unteren Rand verlaufenden und dabei breiter werdenden Binden. Die dicken Schalen der „Narrenherzen“ (Mactra stultorum) sind nicht selten. Es ist mir noch nicht gelungen, dahinter zu kommen, woher diese Geschöpfe ihren wunderlichen, deutschen Namen und lateinischen Beinamen haben.

Von auffallender Gestalt sind die Scheidenmuscheln (Solen), von welcher Gattung mehrere Arten in der Nordsee vorkommen. Die häufigste ist die gemeine Messerscheide (Solen ensis), die 7 bis 8 cm lang, aber nur den siebenten Teil so breit ist. Die Schalen sind glatt, dünn, fast durchscheinend, von hellrötlicher Farbe und ziemlich zerbrechlich. Ihre Längsränder verlaufen parallel, ihre Seitenränder aber weichen unten etwas auseinander, so daß der untere Längsrand um eine Kleinigkeit länger als der obere ist. Ihre Zartheit wird dadurch erklärlich, daß sie sich mittelst ihres Fußes bis 0,50, unter Umständen bis 2 m tief in den feuchten Sand einbohren, was mit sehr überraschender Schnelligkeit geschieht. Scheidenmuscheln sollen sehr wohlschmeckend sein, werden aber, soviel ich weiß, in Holland nicht gesammelt, wohl aber in Großbritannien, in Frankreich und Portugal, sowie an allen Küsten des Mittelmeeres. Verschiedene Arten galten schon im Altertume als hervorragende Leckerbissen und auch die Chinesen legen großen Wert auf sie. Nach Angaben eines gewissen John Harper werden sie in Japan so hoch geschätzt, daß es verboten ist, sie allgemein zu fischen, bevor eine genügende Masse von ihnen für die kaiserliche Tafel beschlagnahmt ist. In Neapel sind sie zu teuer für den ärmeren Teil der Bevölkerung, da ein leidliches Gericht von ihnen mit zwei Mark nach unserem Gelde bezahlt wird.

Da sie sich so tief in den nassen Sand einbohren, ist es selbstverständlich nicht leicht, sich ihrer zu bemächtigen. Nach Lovell werden an gewissen Stellen der englischen Küste große Mengen dieser Tiere gesammelt. Man bringt vielfach Kochsalz in die von ihnen gegrabenen und bewohnten Röhren, was sie veranlaßt, diese zu verlassen. Forbes und Hanley sagen, daß man anderwärts ein anderes Verfahren bei ihrem Fange in Anwendung bringe: man nimmt einen langen, dünnen, am unteren Ende zugespitzten und gebogenen Draht, den man schnell in ihr Bohrloch stößt und damit zwischen ihre Schalen. Wenn nun der Draht zurückgezogen wird, bringt sein hakenartig gebogenes Ende das Tier mit zum Vorschein. Ebenso verfährt man auf Sylt.

Doch zu lange schon haben uns die zweischaligen Weichtiere beschäftigt, die einschaligen oder die Schnecken haben auch ein wohlbegründetes Recht, Anspruch auf unsere Beachtung zu erheben, aber nur zwei Arten können und wollen wir sie schenken: den Strandschnecken und den Wellhörnern.

Die Strandschnecken (Litorina) kommen in vier Arten in der Nordsee vor, aber nur die wichtigste, die gemeine (Litorina litorea) soll uns einen Augenblick beschäftigen. Ihre Schale ist dick und kräftig, denn sie muß einen Puff vertragen können, hat sechs bis sieben Umgänge und ist oben stark zugespitzt. Über sie verlaufen Längsrippen, und ihre runde Öffnung ist weit. Sie hat einen runden, hornigen und auch hornbraunen Deckel, der oben auf dem hinteren Körperende sitzt. Dieses läßt das Tier, wenn es sich in seine Schale zurückzieht, zuletzt verschwinden, und der Deckel legt sich dann vor die Mündung und schließt sie ab.

Die Farbe der Schalen der Strandschnecken ist sehr verschieden, manche sind dunkel olivengrün, beinahe schwarz, andere sehr hell, grünlich weiß, andere rötlich braun mit dunkleren Längsbinden, und zwischen den Extremen kommen allerlei Übergänge vor. Die Länge scheint nach den Örtlichkeiten sehr zu schwanken, beträgt aber durchschnittlich 3 cm. Um ordentlich auswachsen zu können, sollen sie ein tägliches zweimaliges völliges Untertauchen in Seewasser verlangen, sonst blieben sie klein. Auf der Kanalinsel Jersey sind sie nach Morton von so geringer Größe, daß sie sich zum Gegessenwerden nicht eignen, und man sie zu diesem Behufe von Southampton bezieht. Die Tiere selbst sind graugelb bis graubraun mit dunkleren Zeichnungen und scheinen verhältnismäßig sehr alt werden zu können, man weiß von 20 Jahre alten Greisinnen, die sehr dicke Schalen bekommen hatten.

Die Strandschnecken leben hauptsächlich von Tang, sollen aber auch tierische Kost nicht verschmähen. Sie sind wie die Bernsteinschnecken unserer stehenden süßen Gewässer wahre Amphibien, und wo der Strand mit Tang bewachsen ist, wimmelt dieser während der Ebbe von ihnen. Hier ist das nicht der Fall, und wir dürfen kaum erwarten lebende Stücke zu finden. Sie verlassen das Wasser zwar auch freiwillig, aber die Anwesenheit von Pflanzen ist für die Wahl ihrer Aufenthaltsorte ausschlaggebend.

Sie sind getrennten Geschlechts und legen Eier, während die drei übrigen Nordseearten lebendige Junge gebären. Die Schalen der Männchen haben eine weniger bauchige unterste oder vorderste Windung als die der Weibchen und erscheinen daher spitzer.

Die Strandschnecken kommen an allen europäischen Küsten vor und führen unter Umständen seltsame, zum Teil unerklärliche Namen. So nennen die Engländer sie periwinkles, die Holländer alikruike und die Franzosen unter anderem sabot, „Holzschuh." Sie werden von den geringeren Schichten der Bevölkerung in großen Mengen gegessen und zwar in England besonders im Mai und Juni oder in Holland in der Zeit von Ostern bis Pfingsten, was so ziemlich auf das Nämliche hinausläuft. Ihre Zubereitung ist sehr einfach: man kocht sie in heißem Wasser, bis daß das Tier soweit aus der Öffnung der Schale hervortritt, daß man es herausziehen kann, was in der Regel mit einer gekrümmten Stecknadel geschieht. Man macht auch eine Art Suppe aus ihnen, die ich aber nicht kenne. Die auf gewöhnliche Weise zubereiteten sind so ziemlich das abscheulichste Gericht, das oder richtiger von dem ich je genossen habe, denn nachdem ich ihrer zwei verzehrt hatte, war ich für den Rest meines Lebens befriedigt. Sie sind hart, knirschen zwischen den Zähnen und schmecken wie nichts mit Salz und Schmutz daran und zwar von beidem nicht zu wenig! Professor Simmonds schätzte aber schon 1858 den Wert der jährlich allein in London auf den Markt gebrachten Strandschnecken auf dreimalhunderttausend Mark.

Häufig findet man hier auf diesem Strande und besonders nach westlichen Stürmen so wie heute die stattlichen Gehäuse der Wellhörner, teils leer, teils mit den Leichen der Erbauer und ursprünglichen Besitzer oder mit denen eigentümlicher Krebse darin.

Das gemeine Wellhorn (Buccinum undatum) hat eine in ihren Gesamtumrissen ei- oder gedrungen spindelförmige, bis 12 cm lang werdende Schale mit acht bei verschiedenen Individuen in nicht ganz gleichem Grade aufgetriebenen Umgängen. Sie sind mit breiten, stumpfen Quer- und weit zahlreicheren, dicht beieinander stehenden, etwas wellig verlaufenden, schwachen Längsrippen, sowie von einer zarten, gelblichbraunen Oberhaut bedeckt. Die Farbe ist heller oder dunkler gelblichgrau, häufig mit einigen mehr oder weniger deutlichen, dunkleren, bräunlichen Längsbinden. Das Tier, das dieses Gehäuse bewohnt, ist graulichgelb mit schwärzlichen Flecken und trägt auf der Oberseite des Fußendes einen hornigen Deckel.

Wellhörner sind in der Nordsee sehr häufig, finden sich aber auch in der Ostsee bis vor der Kolberger Heide. Hier können sie nicht viel Schaden tun, wohl aber in der Nordsee. Nicht selten findet man am Strande Schalen von Herz-, Trog- und anderen Muschelarten, die von einem kreisrunden Loche durchbohrt sind. Das sind die Werke der Tätigkeit mehrerer Schneckenarten, unter anderen auch der Wellhörner verschiedenen Alters. Wenn sie immer bei den namhaft gemachten und ähnlichen Muscheln blieben, hätte ja die Sache nicht viel auf sich, aber sie vergreifen sich mit besonderer Vorliebe an den Austern, wodurch sie den Menschen stark ins Gehege kommen und die Interessen der Herren der Schöpfung bedenklich schädigen. Sie machen die Löcher mit Hilfe eines langen und in seiner ganzen Länge aus- und einstülpbaren Rüssels. Wenn ihnen das gelungen ist, lecken sie den Inhalt der Schalen, das Tier, mittelst ihrer raspelartigen Zunge auf.

Auch die Laichpakete der Wellhörner findet man häufig am Strand. Es sind das Massen von der Größe eines mäßigen Apfels und von rundlicher Form. Sie bestehen aus mehreren Hunderten von unregelmäßig runden Kapseln von Erbsengröße und von weißlichgelber Farbe, die nicht allzu innig aneinander haften. Die Schale einer solchen Kapsel hat ungefähr die Festigkeit von Pergament, und an ihre Oberfläche ist Sand angebacken, daher die Fischer einen solchen Laichklumpen gelegentlich als eine Art von Seife benutzen, um von ihren zarten, zierlichen Händen den Schmutz zu entfernen.

Man darf nun nicht glauben, daß die einzelnen runden Körper, die die Masse zusammensetzen, Eier wären. Das sind sie nicht, sie sind vielmehr

Kapseln, deren jede erst mehrere, in der Regel vier Eier enthält. Diese liegen in einer bedeutenden, gemeinsamen Menge von Eiweiß eingebettet.

Sehr auffallend muß auch das Mißverhältnis zwischen der Größe der Laichklumpen und der der Schnecke selbst erscheinen. Aber jene nehmen, wenn sie eben abgesetzt sind, einen viel kleineren Raum ein. Die Wandungen der Eikapseln sind durchlässig für Wasser, und das in diesen enthaltene Eiweiß hat eine sehr große Fähigkeit zu quellen, so daß sie kurz nach der Ablage prall gefüllt sind. Die an der Küste angespülten Laichmassen bestehen in der Regel aus leeren Kapseln.

Wir dürfen nun kaum erwarten, hier ein Wellhorngehäuse mit dem Tiere darin anzutreffen. In der Regel sind sie viel zu sehr und zu lange von den Wellen umhergeworfen worden, bevor sie hier am Strand ihre Ruhestelle fanden, als daß das möglich wäre. Aus dem gleichen Grunde ist es auch wenig wahrscheinlich, daß wir auf eins stoßen, das einen Krebs beherbergt. Das ist unter anderen Verhältnissen allerdings häufig der Fall. Die betreffenden Krebsarten sind Zehnfüßer, wie die Hummern und Garneelen, gehören aber zu einer besonderen Familie, zu der der Einsiedler-, Diogenes- oder Bernhardskrebse (Paguridae). Die Franzosen nannten sie schon im Mittelalter, jedenfalls im 16. Jahrhundert Bernards les Hermits. Die volkstümlichen Namen dieser Tiere rühren von ihrer Gepflogenheit her, sich in den leeren Gehäusen von Seeschnecken Wohnungen zu suchen, wie Diogenes und Bernhard, der Eremit, ihrer Zeit in alten Tonnen. Je jünger und kleiner sie sind, desto kleiner sind auch die betreffenden Schneckenhäuser und in dem Maße wie sie wachsen, sind sie genötigt, sich größere zu suchen. Ein Krebs wächst, nach seinem Äußeren zu urteilen, gewissermaßen ruckweise. Von Zeit zu Zeit wird ihm sein Panzer zu eng, er muß ihn abwerfen und sich häuten, worauf er merklich größer erscheint. Wie sein Panzer ihm zu eng wird, wird ihm auch sein Wohnhaus zu klein, und er muß, wenn er sich häuten will, darauf bedacht sein, daß ihm zugleich ein neues und größeres Schneckenhaus zur Verfügung steht.

Der alte provenzalische Naturforscher Rondelet wußte das schon im Jahre 1554 sehr genau, doch Swammerdam, der zwar ein vortrefflicher Zergliederer, aber sonst ein ziemlicher Schwachkopf war, dem auch sein Herausgeber Boerhave das Zeugnis gibt, daß er nicht gerade der Gescheiteste gewesen sei, glaubte, die Einsiedlerkrebse wären selbst die Verfertiger ihrer Wohnhäuser, ebenso wie die Weichtiere.

Jene seltsame Gewohnheit hat den Körper der Tiere in verschiedenen

Punkten eigentümlich beeinflußt und namentlich den Hinterleib oder Schwanz. Während er bei den übrigen langschwänzigen Zehnfüßern oben gewölbt, unten abgeflacht ist, erscheint er bei den Einsiedlerkrebsen, wo er auch im Verhältnis kürzer ist, im Querschnitte rund. Er ist hier auch kein Ruder, denn diese Formen schwimmen nicht. Wenn man eins dieser Geschöpfe aus seinem Gehäuse entfernt und es ins Wasser wirft, so führt es zwar mit seinen Beinen lebhafte Bewegungen aus, sinkt aber gleichwohl zu Boden. Übrigens bedarf es bedeutender Gewalt, um einen solchen Diogenes aus seiner Tonne herauszubekommen, denn er besitzt die Fähigkeit, sich in dieser festzuhalten. Da man ihn in der Regel verletzt, wenn man ihn aus der von ihm bewohnten Schale ziehen will; so tut man am besten, diese vorher zu zerschlagen.

Um sich festzuhalten, benutzt er mehrere Organe: zunächst die nicht mehr beim Schwimmen verwendete Schwanzflosse, die keinen Fächer darstellt, sondern jederseits einen Haken bildet, und weiter die beiden hintersten, am Kopfbruststück befindlichen Gehbeine, die sehr stark verkürzt sind und nicht zum Gehen dienen, sondern vom Körper abgespreizt und an die Wandung des Gehäuses angestemmt werden. Das erste Beinpaar, das die Scheren trägt, ist wie bei vielen zehnfüßigen Krebsarten, ungleichartig entwickelt, indem die rechte Schere bedeutend größer und stärker zu sein pflegt. Wenn ein Einsiedlerkrebs beunruhigt wird oder wenn er überhaupt Ruhe vor der Welt haben will, so zieht er sich vollständig in seine entliehene Schale zurück und schließt deren Öffnung durch die quervorgelegte rechte größere Schere.

Sonst ist er ein geistig und körperlich ungemein reger Geselle, der unruhig hin- und herläuft und sein Schilderhaus allenthalben und immer mit sich herumschleppt, er weiß wohl warum. Sein „Schwanz“ ist nämlich unvollständig gepanzert, nur auf der Oberseite der fünf ersten Ringe finden sich diese nicht einmal ganz bedeckende Hornplatten. Daher ermangelt der Hinterleib seines natürlichen, sozusagen angeborenen Schutzes, er ist größtenteils weich und wäre, wenn er nicht künstlich geborgen würde, zahlreichen Verletzungen ausgesetzt. Entsprechend der Windung des Schneckenhauses ist er auch nicht gerade, sondern bildet eine halbe Spirale nach links.

Meist steht in den Büchern, die sich mit unserem Diogenes beschäftigen, zu lesen, er habe die Gewohnheit, sich in fremde Schalen zu verkriechen, angenommen, um seinen weichen Hinterleib zu sichern. Ich glaube, die Sache verhält sich gerade umgekehrt: der Hinterleib wurde weich, weil die Tiere in vielen aufeinanderfolgenden Generationen während langer Zeit die Sitte angenommen hatten, ihn künstlich zu bedecken.

Es gibt verwandte frei umherkriechende Formen (Thalassina), die völlig hartschalig sind, aber kleine, verkümmerte Schwanzflossen und ein ungleich entwickeltes Scherenpaar haben. Andere (die „Maulwurfskrebse", Calianassa) haben eine Körperbedeckung, die nur an den Scheren hart, sonst aber ganz weich ist, und diese haben die Gewohnheit, sich in den Sand auf dem Meeresboden einzugraben. Sie sind daher vor feindlichen Angriffen gleichmäßig geschützt. Daß ihre Scheren hart blieben, ist natürlich, denn die gebrauchen sie unter allen Umständen, und sie kommen beim Nahrungserwerb, beim Fressen, beim Wühlen im Sande usw. mit umgebenden Dingen in mehr oder weniger derbe Berührung. Ich kann mir ganz gut vorstellen, daß es in der Vorwelt, vielleicht beim Beginn der Kreidezeit, langschwänzige, zehnfüßige Krebsformen gab, von deren Nachkommen einige die Lebensweise der Ahnen beibehielten und frei sich auf dem Meeresboden herumtummelten, andere sich zunächst nur hin und wieder einmal, dann aber immer häufiger und zuletzt dauernd in den Sand einscharrten oder in leere Schneckenhäuser verkrochen. Die Folgen der veränderten Lebensgewohnheiten konnten nicht ausbleiben: die Maulwurfskrebse wurden im ganzen weichhäutig, die Einsiedlerkrebse bekamen weichhäutige Schwänze und die Thalassinen veränderten die Beschaffenheit ihres Panzerkleides wenigstens nicht.

Die Diogeneskrebse durchlaufen nach Art der zehnfüßigen Krebse des Meeres, nachdem sie das Ei verlassen haben, eine Verwandlung, nach deren Abschluß sie zunächst noch sehr klein sind, keine Schneckenhäuser aufsuchen, sondern sich im Sand aufhalten. Ihre beiden hintersten Gehbeinpaare sind dann noch nicht verkürzt, ihr Hinterleib ist noch gerade, trägt noch eine wohlentwickelte Endflosse und ist nicht weichhäutiger wie der übrige Körper, dessen Bedeckung überhaupt nicht besonders hart ist. Nach mindestens einer Häutung, vielleicht nach mehreren sucht sich der Krebs, der nunmehr bedeutend größer geworden ist, eine entsprechend große Schneckenschale, und nun beginnen die Veränderungen, die Folgen dieses Aufenthalts: die hintersten beiden Beinpaare des Kopfbrustteils bleiben im Wachstum zurück, der Schwanz krümmt sich, wird fast ganz weichhäutig, und seine Endflosse gestaltet sich um.

Die ältesten und größten Einsiedlerkrebse der Nordsee, sie gehören zur Art Pagurus Bernardus, finden sich in den Gehäusen ausgewachsener Wellhörner und Spindelschnecken (Fusus antiquus), denn das sind die beiden ansehnlichsten Schneckenarten dieses Meeres. Ob wir hier einen jener seltsamen Burschen antreffen werden, bezweifle ich, wie gesagt, sehr, soviele Wellhornschalen umherliegen. Wohl sind sie etliche Kilometer weiter draußen in der See keine Seltenheiten. Swammerdam hatte die Exemplare, die er untersuchte, durch einen gewissen Herrn van Nyenrode von Fischern aus Scheveningen, dem nahebeigelegenen jetzigen Weltseebad erhalten. Die Krebse, die doch, wenn sie tot sind, nicht fest mehr in den Schneckenhäusern stecken, sind aus den hier umherliegenden längst von den Wellen herausgespült.

Auf frischen, von Eremiten bewohnten Wellhornschalen sitzen bekanntlich sehr häufig Seeanemonen oder Aktinien, die mit den Krebsen in einem innigen Freundschaftsverhältnis leben. Die großen Polypen haben eine sehr bedeutende Brennkraft und nesseln sehr stark, wodurch sie Feinde, besonders Fische, von sich und ihren Freunden, den Eremiten, abhalten. Diese legen daher großen Wert auf die Gegenwart der Anemonen. Wenn einer von ihnen, der sich der Genossenschaft einer solchen erfreut, genötigt ist, sich ein größeres Quartier zu suchen, so nimmt er erst seine Freundin mit der größeren seiner beiden Scheren vom bisher gemeinsam bewohnten Schneckenhause herab und verpflanzt sie auf das zu beziehende, was sich die sonst sehr empfindliche Aktinie, ohne sich im mindesten dagegen zu sträuben, ja ohne nur ihre zahlreichen Fühler zu bewegen, gefallen läßt. Wenn der Krebs, der von anderen Tieren und vom Aase lebt, etwas zu fressen gefunden hat, so reicht er von Zeit zu Zeit seiner Seeanemone einen Brocken davon, indem er mit der Schere über sich langt, während sein Gast sich zu ihm herabbiegt und die Gabe mit einigen seiner Fühler in Empfang nimmt und sie weiter ins Maul spediert.

Die Entstehung des Freundschaftsbündnisses ist leicht zu erklären. Die Seeanemonen pflegen sich auf feste Gegenstände, Steine u. dergl., auch auf Schalen von Weichtieren niederzulassen. Die Beweglichkeit ist bei den meisten Formen eine sehr geringe, sie kriechen äußerst langsam auf ihren Fußscheiben und nur ein Paar verstehen zu schwimmen, oder besser sich im Wasser treiben zu lassen.

Die Ernährungsbedingungen liegen bei den Aktinien in der Regel nicht allzu günstig, und es fällt ihnen schwer, nahrungsreiche Stellen aufzusuchen und ihre Lage zu verbessern. Plätze, die ihnen ein einigermaßen behagliches Dasein für einige Zeit sichern, finden sich im Meere nicht allzu viel und sind namentlich an einer Sandküste selten. Die Einsiedlerkrebse sind aber, wie bereits gesagt, unruhige, lebhafte Geschöpfe, die es nicht lange an einem Flecke aushalten, sondern immer auf dem Boden herumkutschieren. Machen sie ja einmal eine Pause, während der sie nicht mit dem Aufknabbern eines größeren Bissens beschäftigt sind, so wirbeln sie mit ihren Kieferfüßen oder Hilfskiefern den umgebenden Sand auf, der nun wie eine Wolke in dem Wasser um den

Krebs herumschwebt. In dem Sande befinden sich auch allerhand kleinere Nahrungsmittel, die den Eremiten sowohl, als ihren Freundinnen zugute kommen. Man sieht daraus, eine Aktinie kann gar nichts Besseres tun als sich auf ein von einem Bernhardskrebs bewohntes Wellhornhaus niederzulassen, und manche Naturforscher behaupten auch, manche Arten kämen nur in Gesellschaft eines solchen vor und seien unmittelbar auf sie angewiesen.

Ich glaube das nicht recht, und daß der Eremit nicht ohne Seeanemone hausen könnte, was auch gesagt wird, glaube ich nun einmal gar nicht, wohl aber bin ich davon überzeugt, daß eine andere Polypenform sich nur auf von diesen Krustentieren bewohnten Wellhörnern ansiedelt. Unter den hier umherliegenden werden wir sicher eins finden, das mit diesem Gaste, oder wenigstens mit seinen Resten behaftet ist. Sieh, ohne langes Suchen ist mir schon eins, das freilich seinen einsiedlerischen Mietsmann längst verloren hat, mit den Spuren des Polypen in die Hände gefallen. Wie? Du sagst, du könntest auf dem alten, verwitterten Schneckenhause keinen Polypen entdecken? Zunächst sprach ich nur von Resten und Spuren, dann aber sind die meisten Arten dieser Tiere klein und bilden Kolonien oder Stöckchen, und sind nicht, wie jene Aktinien, 5 bis 6 cm hohe und 4 bis 5 cm breite, walzenförmige Einzelwesen von lebhafter Farbe!

Betrachte dir das Ding nur noch einmal genauer: Sieht die Oberfläche der Wellhornschale stellenweise nicht aus wie ein des Rasiertwerdens stark bedürftiges Männerkinn, ganz stachlig, was der Lateiner „echinatum“ nennt? Diese Borsten sind noch nicht einen Millimeter hoch und nicht zylindrisch wie Bartstoppeln, sondern kegelförmig, ungefähr von den Proportionen eines Zuckerhuts. Es steht ihrer eine größere Anzahl auf einem Quadratzentimeter Oberfläche und sie erheben sich von einem gelblichen Hornhäutchen, das den größten Teil des Schneckenhauses überzieht. Dieses Häutchen und jene Borstchen sind nun die Reste der Polypenkolonie.

Der zarte Hornüberzug läßt sich ablösen, jetzt freilich, wo er wer weiß wie lange schon abgestorben ist, nur noch in kleinen Stücken. Betrachtet man ein solches Stückchen, wenn es nicht gar zu alt ist, bei durchfallendem Lichte mit einer Lupe, oder noch besser mit einem schwachvergrößernden Mikroskope, so sieht man, daß es von zahlreichen feinen Löchern durchbohrt ist.

Viel zu sehen ist freilich nicht an den vertrockneten Hautfetzchen, aber wir wollen den Fall setzen, wir hätten einen Katwyker Fischer vermocht — auch diese Seehunde sind wie ihre Jungen der Überzeugungskraft eines kwartje zugänglich! — uns von seiner letzten Fischexpedition einige von lebenden Eremiten bewohnte Wellhörner in einem Zuber mit Seewasser mitzubringen, und wir hätten das sehr wahrscheinlich stattfindende Glück gehabt, daß das eine oder das andere mit einer solchen Polypenkolonie besiedelt ist.

Zunächst würden wir auch nicht viel mehr sehen als an den vertrockneten Resten hier, und auch der verdutzte und verschüchterte Krebs würde sich möglichst tief zurückgezogen haben, denn er ist klug, daher mißtrauisch, und die veränderten Verhältnisse würden das Mißtrauen nur allzusehr rechtfertigen. Zur allgemeinen Beruhigung und zur Wiedererweckung des verloren gegangenen Vertrauens würden wir am besten tun, die Gesellschaft in ein mit Seewasser gefülltes Gefäß zu setzen, dessen Boden mit Sand bedeckt wäre. Wenn wir uns beobachtend danebenstellten und uns möglichst ruhig verhielten, so würden wir nach geraumer Zeit bemerken, wie der Krebs nach und nach aus seiner Klause zum Vorschein käme und langsam umherschreitend alles, was ihm aufstieße, mit seinen Fühlern betastete und mit seinen langgestielten Augen beguckte. Wir würden auch sehen, daß die Stellen der Schale, auf denen vorher die Hornhaut lag, mit einem weißlich-grauen Überzug wie mit Schimmel bedeckt sind. Würden wir eins dieser Schimmelpflänzchen berühren, so würde der ganze Rasen verschwinden, — er ist nichts als eine Kolonie sogen. Hydroidpolypen, und die weißgrauen Fäserchen, die ihn bilden, sind deren Einzeltiere.

Unter dem der Muschelschale aufliegenden hornigen Häutchen und zwischen jener und diesem dehnt sich eine blattartige Fläche weichen, durchscheinend weißen, tierischen Stoffes, das Polyparium, wie es wissenschaftlich heißt, aus, die Grundlage des ganzen Rasens. Sie ist von Kanälen durchzogen, von denen sich Fortsätze nach oben in die, dadurch auch hohl werdenden für das bloße Auge Fäserchen darstellenden Einzeltierchen erstrecken. So befindet sich in allen Teilen der Kolonie ein System zusammenhängender Röhrchen, die mit den ernährenden Säften gefüllt sind. Die Einzelwesen der Kolonie sind nun durchaus nicht von einerlei Art, sie haben zufolge eingetretener Arbeitsteilung für die auf das innigste verbundene Gesellschaft verschiedenes zu leisten und zeigen dementsprechend auch einen verschiedenen Bau.

Da wären zunächst jene erwähnten kegelförmigen und von uns mit Bartstoppeln verglichenen Fortsätze des hornigen Häutchens, die durch entsprechende Fortsätze des Polypariums gehoben werden. Diese sind zwar hohl und ihr zentraler Hohlraum hängt mit dem allgemeinen Kanalsystem der Kolonie zusammen, öffnet sich aber nicht nach außen. Mit diesen Gebilden weiß ich nichts Rechtes anzufangen, vielleicht dienen sie nach Vernichtung der sonstigen Bestandteile des Stöckchens durch Kälte, Austrocknen, Feinde usw. als Knospungsherde, aus denen neue Kolonien durch Sprossung hervorgehen können.

Im übrigen sind durch die Arbeitsteilung noch viererlei Arten von Individuen hervorgegangen: Ernährungs-, Fortpflanzungs-, Verteidigungs- und Tasttiere, für deren Durchtritt in dem hornigen Deck- und Schutzhäutchen des Polyparium selbstverständlich entsprechende Löcher vorhanden sind.

Die Ernährungstiere sind die zahlreichsten und stehen über das ganze Polyparium ebenso wie die Fortpflanzungstiere verteilt. Sie sind fleischige, etwa 15 mm hohe, zylindrische Stämmchen, deren innerer Hohlraum am oberen Ende als Mund auf dem sehr dehnbaren Mundkegel nach außen durchbricht. Um diesen Kegel stehen 8 bis 30, ebenfalls hohle, aber oben geschlossene Fühler oder Tentakel in zwei Reihen oder Kränzen wechselständig angeordnet. Die des oberen Kranzes sind zweimal so lang als die des unteren.

Die Fortpflanzungspolypen bestehen aus dem Träger der Fortpflanzungsorgane und diesen selbst. Ersterer ist den Ernährungstieren oder Freßpolypen ähnlich, aber kürzer und sein zentraler Hohlraum öffnet sich nirgends nach außen. Die Tentakel sind nur in Gestalt niedriger, mit Brenn- oder Nesselorganen dicht besetzter Wärzchen entwickelt. Die Geschlechtsorgane, die man auch als besondere Polypen auffassen kann, legen sich zu mehreren durch Sprossung vom zentralen Hohlraum des Trägers aus in einer bestimmten Zone ungefähr in dessen Mitte an. Es sind hohle, allseitig nach außen geschlossene Kapseln, an deren Wandungen die Geschlechtsstoffe entstehen. Manchmal bilden sich derartige Geschlechtskapseln unmittelbar am Polyparium, ohne den Umweg eines besonderen Trägers.

Wie und wo die Eier befruchtet werden, weiß ich nicht, aber jedenfalls entwickeln sie sich zu hohlen, mit sehr beweglichen Flimmerhärchen bedeckten Larven, die aus der Kapsel gelangen, umherschwimmen, sich auf ein Wellhorn niederlassen, zu einfachen Freßpolypen werden und durch fortgesetzte Sprossung ihres inneren Hohlraumes endlich zu einer neuen Kolonie heranwachsen.

Die Waffenpolypen oder Verteidigungstiere, wie ich sie nannte, oder Spiralzooide, wie sie in der Sprache der Wissenschaft heißen, sind kleinen weißen Schlangen ähnlich. Sie sind wie die Freßpolypen gestreckt walzig, haben aber keinen Mund und nur verkümmerte Tentakeln und liegen in zwei oder drei Umgängen spiralig aufgerollt, nicht in einer Ebene wie eine Uhrfeder, sondern in einer Walze wie der Tabak in einer Knasterrolle. Wenn man ein einzelnes von ihnen berührt, so duckt es sich bloß, indem es seine Spiralumgänge einander nähert, wird aber eine noch so weit entfernte Stelle des Polypariums irgendwie behelligt, so entrollen sich alle zugleich, strecken sich, bewegen sich kräftig und lebhaft vor- und rückwärts und ziehen sich dann wieder rasch spiralig zusammen. Da stets alle zugleich die nämlichen Bewegungen ausführen, so ist es, als ob sie auch alle von einem gemeinsamen Willen beseelt wären. Eine solche Kolonie von Polypen hat ein „Kolonialnervensystem“, wie man es genannt hat, d. h. es ist von sehr feinen Nervenfäserchen, die alle zusammenhängen, durchzogen, und ein Reiz, der an einer Stelle sich vollzieht, wird von der ganzen Gesellschaft empfunden. Die Waffenpolypen sind bei den einzelnen Kolonien sehr verschieden an Zahl, fehlen aber selten ganz. Die Gegenden um die Mündung des Wellhorns oder um zufällige Löcher in der Schale herum sind durch ihre Gegenwart besonders ausgezeichnet.

Sehr merkwürdig sind auch die Tastpolypen. Sie sind drei-, vier-, selbst fünfmal länger als die Freßpolypen, erreichen also eine Länge von 45 bis 75 mm, stehen nicht aufrecht wie diese, haben auch nicht die Fähigkeit, sich ein- und aufzurollen wie die Spiralzooide, sondern hängen einfach herab und flottieren im Wasser. Sie befinden sich am Rande der Kolonie und sind in ihrem vordersten Ende mit zahlreich in Gruppen zusammenstehende Brennorgane, sogen. Nesselbatterien ausgestaltet. Sie scheinen zum Teil das Tasten auszuführen, zum Teil aber auch als Waffen zu dienen. Vielleicht fangen sie auch Beute oder holen welche von den Brocken, die der in der Wellhornschale hausende Bernhardskrebs bei seinen Mahlzeiten fallen läßt, herauf für die Freßpolypen.

Die Hydraktinienkolonien haben einen Feind, eine Nacktschnecke (Aeolis nana), der ihre Rasen abweidet, wie ein Schaf ein Stück Klee. Diese Schnecke hat auf dem Rücken zahlreiche zapfenförmige, längliche Fortsätze, in deren jeden eine Ausstülpung des Darmrohrs, ein sogen. Leberschlauch tritt. An ihrer Spitze liegt eine kleine Blase, die Nesselorgane enthält. Solche finden sich bei mehreren Meeresnacktschnecken. Ein englischer Forscher, namens Strathill Wright, der sie bei der Aeolis beobachtete, sagt, sie seien genau so wie die der auf den Wellhornschallen schmarotzenden Polypenkolonien, die die Schnecke frißt, beschaffen. Sie seien tatsächlich auch nichts als solche, die unverdaulich wären, vom Darm her in die Leberschläuche übergingen und sich zunächst in der Spitze der Rückenpapillen sammelten. Diese hätten am Ende ein Loch, durch das die fremden, unverdaulichen Nesselfäden nach außen entfernt würden. Diese Angaben sind sämtlich unrichtig.

Derartige Kolonien bildende Polypen finden sich in allen Meeren in vielen Arten, eine Menge von ihnen aber unterscheiden sich in einem sehr wichtigen Punkte, nämlich darin, daß die Geschlechtsorgane sich nicht in mit dem Stöckchen verbundenen bleibenden Kapseln entwickeln, sondern in kleinen Quallen. Jene Kapseln haben, wie bemerkt wurde, einen mit dem übrigen Kanalsystem der Kolonie zusammenhängenden Hohlraum, sind also in gewissem Sinne auch Polypen, die sich bei anderen Formen eben zu Quallen entwickeln und, wenn sie geschlechtsreif geworden sind, ablösen, fortschwimmen und ein freies Leben selbständig auf eigene Faust führen, ja unter Umständen noch bedeutend an Größe zunehmen. Aus den befruchteten Eiern dieser Quallen geht wieder je ein Einzelpolyp hervor, der nach und nach durch Wachstum, Sprossung und hinzutretende Arbeitsteilung zur Kolonie wird, die abermals Quallen erzeugt.

Es folgt also immer eine geschlechtlich sich fortpflanzende Generation (Quallengeneration) auf eine ungeschlechtliche sich vermehrende (Polypengeneration), und die Kinder gleichen nicht ihren Eltern, sondern die Enkel jedesmal den Großeltern.

Diese in der Natur öfters vorkommende Erscheinung nennt man den Generationswechsel und sie wurde von dem Dichter und Naturforscher Adalbert von Chamisso auf der Weltumseglung, die er mit von Kotzebue machte, entdeckt, allerdings bei ganz anderen Tieren und auch in anderer Weise als bei Polypen. Hier fand sie zuerst der norwegische Naturforscher und Pastor, spätere Universitätsprofessor der Zoologie Michael Sars.

Aber „was kein Verstand der Verständigen sieht, das ahnet in Einfalt ein kindlich Gemüt“. In der Sagenwelt des nordwestlichen Europas, besonders Englands spielt durch das ganze Mittelalter hindurch bis weit in das 18. Jahrhundert hinein eine Geschichte eine bedeutende Rolle, der eine mythische Art von Generationswechsel zu Grunde liegt.

Es wäre leicht möglich, wenn wir hier die Küste genau absuchen wollten und Zeit genug hätten, es zu tun, daß wir dann die ungeschlechtliche Stufe dieses fabelhaften Generationswechsels finden würden. Die Sache hängt so zusammen: wohl während des Winters jeden Jahres erscheint an den großbritannischen Küsten eine Gänseart, aber so vereinzelt, daß sie der dortigen Bevölkerung nicht weiter auffällt. Das ist die Bernickel- oder Ringelgans (Branta bernicla), ein schöner Vogel von 62 cm Körperlänge und 1,24 m Flügelklafterung. Kopf, Hals, Schwung- und Steuerfedern sind schwarz, Rücken, Brust und Vorderbauch dunkelgrau, Bauchseiten, Unterschwanzfedern und Deckfedern des Oberschwanzes, sowie ein vorn und hinten nicht ganz geschlossener Halsring weiß.

Die eigentliche Heimat dieses Vogels ist der hohe Norden Nordamerikas, Grönland, Spitzbergen, die Tamyrhalbinsel, Novaia Zemlia und Franz

Josefs-Land. In manchen Jahren, wahrscheinlich in sehr schweren Wintern, wandert die Bernickelgans durch das Wetter vertrieben, südwärts, und erscheint dann in ungeheuren Mengen an den Küsten des nordwestlichen Europas.

Da man bis in die zweite Hälfte des 16. Jahrhunderts hinein, namentlich in den breiteren Schichten des Volkes von jenen hochnordischen Gegenden so gut wie nichts wußte, so konnte man sich durchaus nicht vorstellen, wo die gewaltigen Massen von Vögeln eigentlich herkämen. Flugs braute man sich ein Märchen zusammen und versuchte dabei eine unbegreifliche Erscheinung durch eine andere, auch nicht viel deutlichere zu erklären und schlug auf diese auch ziemlich beliebte Art zwei Fliegen mit einer Klappe.

Am Strande der Nordsee findet man gelegentlich Stücke mehr oder weniger verwitterten, von den Wellen abgeriebenen Holzes, an denen in größeren oder kleineren Gruppen eigentümliche, rätselhafte Gebilde von verschiedener Größe, bis zu höchstens 7 cm Länge hängen. Zunächst scheinen sie aus zwei Teilen zu bestehen. Erstens aus einem runden Stiel von lederartiger Beschaffenheit und von schmutziger, graugelber Farbe, der etwa drei Fünftel der Gesamtlänge einnimmt. Dieser Stiel ist mit dem einen Ende an das Holzstück angewachsen, an seinem anderen trägt er den zweiten Teil: ein muschelartiges Etwas von dreieckiger, keilförmiger, flacher Gestalt, dessen Höhe mehr als doppelt so viel mißt als die Breite seiner Basis, mit der es dem Stiele aufsitzt. Während dieser nackt ist, erscheint der obere Abschnitt mit einem aus fünf ungleichgroßen Stücken bestehenden Panzer bedeckt. Je zwei von diesen Stücken befinden sich an jeder Seite des Keils, sie sind dreieckig, kürzer und fügen sich derart aneinander, daß sie die rechte und die linke Klappe einer Schale bilden, über die die ziemlich breite Naht, in der jene beiden Stücke locker zusammenstoßen, verläuft. An der einen Kante des Dreiecks befindet sich ein langes, schmales Stück, der Kiel, das zu beiden Klappen gehört, an der anderen sperren sich diese bei toten Exemplaren auseinander, und aus dem dadurch entstandenen Spalt der Schale treten sechs Paar nach abwärts gekrümmte, hornige, feingegliederte, dicke Borsten. Die Klappenstücke sind glatt, weiß und kalkiger Natur, so daß das ganze Ding in der Tat aussieht wie eine etwas fremdartige Muschel. Für Muscheln sind diese Gebilde auch immer gehalten worden und sie hießen seit je „Entenmuscheln" und heißen noch so. Selbst der große Cuvier zählte die Entenmuscheln anfangs noch zu diesem Tierstamm. Später nahm er allerdings diese Ansicht stillschweigend zurück.

Im Jahre 1829 wurde durch den Engländer Thompson die Entwicklungsgeschichte dieser Geschöpfe bekannt und durch sie stellte sich heraus, daß sie keine Weichtiere waren, sondern zum Stamme der Krebse gehörten. Aus dem Eie geht nämlich ein winziges Wesen hervor, dessen zarte Körperhaut horniger Natur ist, das drei Paar von gegliederten Gliedmaßen besitzt und dessen ganzer Bau durchaus krebsartig ist. Nachdem dieser „Nauplius", wie sein wissenschaftlicher Name lautet, sich festgesetzt hat, durchläuft er eine verwickelte Verwandlung, deren Einzelheiten uns nicht weiter interessieren, bis er endlich eine Entenmuschel geworden ist, deren Organisation eingehender zu betrachten, als es bereits geschah, uns ebenfalls fern liegt. Die besondere Ordnung des Krebsstammes, zu der die Entenmuscheln gehören, heißt die der Rankenfüßer (Cirripedia) und bewohnt das Meer und das Brackwasser.

Diese für die Menschen früherer Zeiten, auch für die Gelehrten und für diese erst recht, rätselhaften Geschöpfe und die durch ihr plötzliches und massenhaftes Erscheinen nicht weniger rätselhaften Ringelgänse brachte man durch die Annahme einer Art von Generationswechsel in Zusammenhang.

Die ersten beiden Männer, so viel mir bekannt ist, die sich darüber äußern, sind zwei englische Geistliche: Sylvester Giraldus von Cambray um das Jahr 1184, und der Benediktiner Ranulph Hidgen von der St. Werburgsabtei in Chester um 1350. Der erstere erzählt, die „Barnakal" entständen aus Fichtenholz, das auf der Meeresoberfläche treibe, und sähen anfangs aus wie Harztröpfchen. Später hingen sie an ihren Schnäbeln und bildeten der Sicherheit wegen eine Schale um sich. Nach einiger Zeit wüchse ihnen ein dichtes Gefieder, sie lösten sich ab und fielen ins Wasser oder flögen davon. Er habe selbst mehr als tausend an altem, aus dem Meere gezogenen Holze hängen sehen. Die Erwachsenen hätten keine Nester, legten keine Eier und brüteten nicht. Durch diese ganze, letzte Bemerkung allerdings hinkt der Vergleich der fabelhaften Entstehung der Ringelgänse mit dem Generationswechsel, denn nach dessen Wesen müßte aus den Gänseeiern das Holz, auf dem die Entenmuscheln wüchsen, hervorgehen. Der gute Hidgen faßt sich kürzer als Giraldus: „Es gibt hier (d. h. in Irland) Vögel, die Bernaces heißen, die den Waldgänsen ähnlich sind und aus Fichtenholz gleichsam contra naturam entstehen."

In einem berühmten, zwar lateinisch, aber in Deutschland geschriebenen Buche vom Ende des 15. Jahrhunderts, dem Hortus sanitatis (Garten der Gesundheit), wird die Entwicklung der Ringelgans, die hier Barliata heißt, ebenso erzählt, desgleichen in einer Beschreibung einer Reise nach dem Osten von dem Bischof Jakobus von Athen. Ein wenig anders wird die Geschichte von dem bekannten Hektor Boethius, Boeceus oder Boyce, auch einem geistlichen Herrn und zwar Kanonikus von Aberdeen, dargestellt. Danach wird alles Holz, das ins Meer fällt, wurmstichig und in seinen Löchern wachsen kleine Wesen, die zuerst nur Kopf und Füße erkennen lassen, später auch Federn bekommen und schließlich als Vögel fortschwimmen oder von dannen fliegen. Olaus Magnus, gleichfalls ein katholischer Geistlicher und Bischof von Upsala, allerdings nur in partibus infidelium, den ich, was Glaubwürdigkeit betrifft, noch über den seligen Baron von Münchhausen stelle, erzählt die Geschichte wieder wie Giraldus und Hidgen. Mittlerweile ist nun auch die Fabel nach Deutschland durchgesickert, und wird von Adam Lonitzer, oder dem Geschmacke der Zeit entsprechend lateinisiert Lonicer, der der Pate des Jelängerjeliebers auf Lateinisch (Lonicera) ist, Professor der Arzneikunde in Mainz, in seinem 1546 erschienenen Kräuterbuche nach der alten Art erzählt. Er fügt hinzu: „Wer solchem nicht glauben geben will, der mag in dieselbige Land hineinreisen, und den Augenschein dieser Dinge selbst einnehmen.“

Einen noch drolligeren Zusatz macht der Londoner Chirurg John Gerard in seinem „Herball“ genannten Buche zu der Geschichte, um ihre Glaubwürdigkeit zu belegen, indem er sagt, er habe sowohl die am Holze festgewachsenen Jungen, wie die Alten freigewordenen selbst gesehen, also sowohl Entenmuscheln wie Ringelgänse. Na, da muß die Sache freilich notwendigerweise wahr sein! —

Da rückt die wiederkehrende Flut heran und bildet parallel zur Küste eine Art von Wassermauer sich überschlagender, aufschäumender Wellen. Wie das braust! Meine gute verewigte Mutter hatte auf ihrer Kommode neben anderen Raritäten die Schale eines Tritonshorns liegen, ich besitze sie noch, die durfte ich als Junge, wenn ich artig gewesen war, mit der Öffnung ans Ohr halten, um zu hören, wie das Meer brause. Das hörte ich denn auch und das hatte für mich etwas Spukhaftes, als ob das leere, tote Gehäuse sich der alten Heimat erinnere.

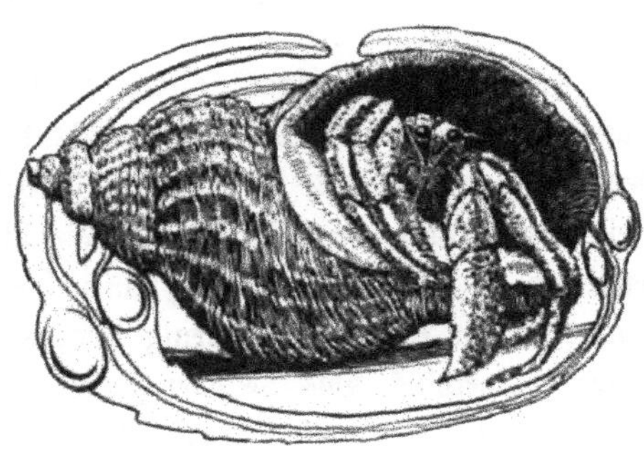

2. Auf der Heide.

Weit draußen auf einsamer Heide liegt das Hünengrab. Welcher alte König mag darinnen ruhen? welcher gewaltige Recke mag hier seinen letzten Schlaf schlafen? vielleicht ein getreuer Mann, der für sein Volk, für dessen Wohl und Freiheit sein Heldenleben ließ, vielleicht ein wüster Schlagetot, der auf einem wilden Raubzug eines übeln Lebens übeln Abschluß fand. Wie viele Jahre mögen vergangen sein seit dem Tage, da er zum letzten Male das Schwert oder das Methorn schwang? Tausend Jahre, fünfzehnhundert? Wer vermag Kunde zu geben? Niemand auf Gottes weitem Erdenrund! Die große Glocke hat längst ausgeklungen:

> Des Königs Namen meldet kein Lied, kein Heldenbuch;
> Versunken und vergessen! —

Es heißt zwar: „Wer den Besten seiner Zeit genug getan, der hat gelebt für alle Zeiten“, aber wissen möchte ich doch, ob im Jahre 11906 nach Christi Geburt noch von Luther, Goethe und Bismarck gesungen und gesagt werden wird!

Ich habe als Knabe schon gern an einsamen Grabstätten und auf alten Friedhöfen geweilt und tue es noch. Da kommen einem so allerlei Gedanken, die einem sonst ferne bleiben. Nicht etwa trübselige und schwermütige, Gott bewahre! oft sehr humoristische, wie z. B. heute und hier. Da streiten sich fromme Leute und moderne „starke“ Geister in den Zeitungsblättern und in den Parlamenten darüber hin und her: sollen wir die Leichen unserer Verstorbenen der Erde oder dem Feuer übergeben, sollen wir sie langsamer oder rascher verbrennen lassen? — Nach meiner Meinung ist der Unendlichkeit der Zeit, der Ewigkeit gegenüber kein Unterschied zwischen drei Stunden und zehn Jahren! Wenn einer als praktischer Mann die Frage nach dem Raume, den die Friedhöfe bei großen Städten nutzlos wegnehmen und nach der möglichen Schädigung der allgemeinen Gesundheitsverhältnisse durch sie aufwirft, da kann ich ihn verstehen, wenn mir aber ein anderer, eine empfindsame Seele, kommt und sagt, es sei ein greulicher, alles feinere Fühlen beleidigender Gedanke, da draußen langsam verfaulen zu müssen, für den bin ich nicht zu haben.

Im alten Studentenliede heißt es:

Es lassen sich die toten Fürsten balsamieren,
Um desto länger im Tode zu sein.

Na ja! Der gute König Ramses, den sie den Großen nennen, was hat er nun davon! über 3000 Jahre hatte seine gewiß auf das kunstgerechteste zubereitete Mumie in stiller Grabkammer geruht, da haben sie sie herausgeholt, haben sie sogar photographiert und in ein Museum gesteckt, wo sie sich angaffen lassen muß von jedem greulichen Weltbummler männlichen und weiblichen Geschlechts. Den Trost hat sie freilich, weitere 3000 Jahre hält sie nicht mehr zusammen! Auch sie muß endlich einmal wieder hinein in den ewigen Stoffwechsel aller bestehenden körperlichen Dinge!

Und wir sitzen hier in den warmen Sonnenstrahlen eines herrlichen Hochsommertags so mitten drinnen im Getriebe des regsten Stoffwechsels. Runde, abgeschliffene Blöcke roten, hochnordischen Granits, „Findlinge" oder „Schwedensteine", wie man sie in Thüringen, lange bevor man von der Eiszeit wußte, nannte, sind unsere Sitze. Zwischen ihnen spreizen starre Ginsterbüsche ihre Drahtzweige und schlängeln sich anmutig die zierlichen Ranken der Brombeeren, bedeckt mit roten und schwarzen glänzenden Beeren und weißen Blüten, als ob es immer Sommer bleiben sollte und der Winter abgeschafft wäre für ewige Zeiten. Vor uns dehnt sich bis zum fernen Horizonte im purpurnen Schimmer von Milliarden zierlicher Blüten die wellige Heide, hin und wieder unterbrochen von einem Trüppchen kleiner, flatterhafter, hellblätteriger Birkenbäumchen mit ihren weißen Stämmchen, „als wär in einer lichten Nacht, der Mondschein dran blieben hangen", oder von einem ernsthaften, fast schwarzen Wacholderbusche. Ab und zu ist ein tiefer gelegener Fleck offenbar sumpfiger Natur, mit bläulich-grünen Binsen bestanden, während links von uns die Vorposten des großen Kiefernwaldes mit ihren fuchsroten Stämmen, phantastisch gewundenen Ästen und dunklen Nadelquasten im warmen Sonnenscheine Harztränen weinen.

Wohl ist sie eintönig die „schöne Lüneburger Ebene, wohin des Rufs Trompete“ einst Platen von fern gelockt, wohl auch gilt für ihre Pflanzen- und Tierwelt das im Norden zu Wasser und zu Lande allgemein gültige Gesetz, „arm an Arten, aber reich an Individuen“, aber langweilig ist sie doch nicht — wo wäre die freie Gottesnatur überhaupt je langweilig?

Wohl ist das Pflanzen- und Tierleben bei weitem nicht so mannigfaltig entwickelt wie auf den Bergen und in den Tälern des Harzes und des Thüringer Waldes, aber so gar artenarm ist es denn doch nicht. Schon hier das kleine weiße Sandfeld vor unseren Füßen gewährt einigen seltsamen Geschöpfen Herberge in seinem Schoße. Freilich sind's bereits Tiere, aber so recht fertige doch noch nicht, die sollen sie erst noch werden, aber bald. Larven sind es und zwar von Sandkäfern und von Ameisenlöwen.

Eine Art der Sandkäfer lernten wir schon am Nordseestrande kennen, den Meeressandkäfer (Cicindela maritima), die aber nichts ist als eine örtliche Varietät oder lokale Rasse des im Binnenlande häufigen braunen Zwittersandkäfers (Cicindela hybrida), der wahrscheinlich auch hier in der Nähe sein unruhiges Wesen treiben wird.

Der Meeressandkäfer wurde vom Grafen Dejean, einem vortrefflichen Insekten- und besonders Käferkenner als eine eigene Art aufgestellt, fand aber als solche nicht die allgemeine Anerkennung. Dejean war übrigens nicht nur ein ganz hervorragender Naturforscher, der die größte Käfersammlung, die seinerzeit in Privathänden war, besaß, sondern auch ein sehr ausgezeichneter General und als solcher in der Schlacht von Waterloo Adjutant Napoleons I. Er starb 1845 als Paire von Frankreich. Während seiner Feldzüge, die besonders in Spanien und den anderen europäischen Mittelmeerländern stattfanden, führte auf seine Veranlassung ein jeder ihm untergebener Soldat ein Sammelglas mit Spiritus mit sich, mit dem Auftrage, alle Insekten, die ihnen aufstießen, hineinzutun; wegwerfen konnte man ja nachher immer noch beim Auslesen. Es war bei den Feinden Sitte geworden, alle Käfergläser, dic man bei getöteten, verwundeten und gefangenen Leuten des Grafen etwa vorfand, diesem mit höflichen Empfehlungen wieder zukommen zu lassen.

Die Larven der Sandkäfer graben sich in dem Sande gerade, meist senkrechte, zylindrische Röhren, je nach ihrer Größe von verschiedener Länge und Weite, verhältnismäßig aber immer recht tief. Die von einer ausgewachsenen Larve unseres gemeinen Feldsandkäfers hergestellten sind etwa 18 cm tief, enden in einer erweiterten Kammer oder in einem Kessel von geringer Größe und sind so weit wie der Kiel einer Gänseschreibfeder. Die Larve selbst ist ein merkwürdiges Tier und hat einen merkwürdigen Bau. Sie ist vor der Verpuppung fast 30 mm lang, ziemlich schmächtig. Die Farbe des Kopfes und ersten Leibesringes ist dunkelbraun, die des übrigen Körpers schmutzig weiß, ins Bräunliche ziehend. Der Kopf ist oben löffelartig vertieft, unten sehr stark vorgewölbt und die krummen, sehr kräftigen Oberkiefer sind schräg vor- und aufwärts gerichtet. Die Sehwerkzeuge, obwohl nur einfache sogen. Nebenaugen, sind ungewöhnlich gut entwickelt. An jeder Seite des Kopfes stehen zwei Paare: das eine auffallend große und gewölbte oben, das kleinere unten. Die drei Beinpaare sind kräftige Gehwerkzeuge. Der achte Körper- oder der fünfte Hinterleibsring ist sehr stark ausgebildelt, oben buckelartig aufgetrieben und trägt ein Paar nicht sehr lange, aber kräftige, nach vorn gerichtete, mit steifen Haaren an der Spitze besetzte Haken. Im oberen Ende der Röhre steckt die Larve, so daß ihr Kopf und das Rückenschild ihres ersten Leibesringes deren Eingang abschließen und ihr geöffnetes Kieferpaar zufolge seiner Stellung eine sozusagen „abwartende" Lage annimmt. Sie hält sich gekrümmt und stemmt sich oben mit dem Kopfe und dem Rand des ersten Vorder- und weiter unten mit den Haken der Rückenseite des fünften Hinterleibsringes gegen die Wandung der Röhre. So lauert sie in dieser auf vorübergehende Insekten. Tritt ihr eins von diesen auf den Kopf, so schließt sie ihre Kiefer und packt es, sie packt auch, indem sie ein Stückweit aus ihrem Schlupfwinkel hervorkommt, nahe vorbeigehende überhaupt und zieht sie in ihre Behausung, wo sie sie abschlachtet und verzehrt. Nachts soll sie ihre Klause verlassen, umherstreifen, Beute fangen und auch diese in ihre Röhre schleppen.

Die Reste ihrer Nahrung und in ihren Schacht gestürzte Fremdkörper nimmt sie auf ihren zu diesem Behufe ausgehöhlten Kopf, trägt sie bis an den Eingang und schleudert sie mit bedeutender Kraft vollends heraus. Fühlt sie das Bedürfnis der Entleerung, so krümmt sie den Hinterleib vor- und aufwärts neben dem zurückgebogenen Kopfe vorbei aus der Röhre heraus und spritzt ihren Kot in Gestalt eines roten Saftes von sich.

Wenn die ausgewachsene Larve die Zeit ihrer Verpuppung herannahen fühlt, so erweitert sie die am Ende ihres Wohnraumes befindliche Kammer und wirft den dabei gelockerten Sand mit dem Kopfe aus ihm heraus. Erst, nachdem sie hier vier Wochen geruht hat, wird sie zur Puppe und der aus dieser nach Verlauf von vierzehn Tagen geschlüpfte Käfer verbleibt bis zum nächsten Mai an Ort und Stelle, selten einmal, wenigstens in unserem Klima zeigt er sich schon in dem nämlichen Herbst, in dem seine Larve zur Verpuppung schritt.

Diese riecht immer schwach nach Rosen und manchmal, aber nicht beständig, tut das auch das vollendete Insekt. Darüber fand einmal in einer englischen naturwissenschaftlichen Zeitschrift zwischen einigen Käfersammlern eine freundschaftliche Auseinandersetzung statt. „Der Feldsandkäfer", sagten die einen, „riecht schön nach Rosen", „fällt ihm gar nicht ein", die anderen. Ein Dritter bemerkte: „Ja, in Deutschland, da tut er es, da habe ich es auch bemerkt, aber nicht bei uns in old England." Die Sache ist die, daß die Tiere den Geruch nur entwickeln, wenigstens so stark, daß er auch für uns wahrnehmbar ist, solange sie ihre Puppenkammer erst kürzlich verlassen haben. Wer also frische oder doch vor noch nicht langer Zeit aus der Erde gekommene Exemplare erwischt, dem duften sie lieblich, es sei denn, daß er den Schnupfen hat, wer sich aber abgeflogene erhascht hat, merkt nichts von Wohlgeruch.

Im glühenden Sonnenschein an einem heißen Julimittag auf flimmerndem, weißem Sandboden Cicindelen jagen ist ein Vergnügen eigener Art, das, wenn man dabei nicht mit einem Netze ausgerüstet ist, von nicht allzu großem Erfolg gekrönt zu sein pflegt. Wir schleichen mehr, als daß wir gehen, im Schweiße unseres Angesichts, da fliegen einige Kerbtiere vor uns auf, um sich drei oder vier Meter weiter vor uns wieder niederzulassen und ehe wir herankeuchen, ein Stückchen rasch zu laufen. Wir nähern uns wieder, und wieder ist es die nämliche Geschichte und so fort und fort. Endlich wird uns das Ding langweilig und wir werfen den Rock, den wir lose über die Schulter gehängt tragen, auf eine, die uns nahe genug hat herankommen lassen, ehe sie Miene zum Fortfliegen gemacht hat. So gescheit hätten wir lange sein können, denn das Verfahren hat eingeschlagen, und Freund Sandkäfer sitzt unter dem Rocke. Wahrscheinlich wird er über das Ereignis etwas verdutzt sein und die Gefahr, daß er, wenn wir unser Kleidungsstück aufheben, gleich wieder davonfliegen wird, ist nicht groß. Nein, siehe, es ist alles nach Wunsch gegangen, und da habe ich unseren Freund, der unsere persönliche Bekanntschaft gleich damit eröffnet, daß er mich derb in den Finger beißt. Es ist der gemeine Feldsandkäfer (Cicindela campestris), wie ich von vornherein vermutete. Ein hübscher Bursche! Dieser ist für seine Verhältnisse groß, — 15 mm lang, er kommt auch kleiner bis zu 11 mm vor. Sein Körper und seine Beine sind glänzend grün, blau und kupferrot schillernd, seine matten Flügeldecken sind hellgrün und jede ist mit sechs weißen Punktflecken geziert, von denen fünf am Außenrande und einer in der Mitte steht. Außerdem hat er eine weiße Oberlippe, wie das bei sechs von den sieben in Deutschland häufiger oder seltener vorkommenden Arten der Fall ist. Eine Art, die größte und flinkste, der Waldsandkäfer (Cicindela sylvatica) zeichnet sich durch den Besitz einer schwarzen Oberlippe aus. Weshalb gerade diese Art? ja wer das wüßte! Natürlich hat die Sache ihren Grund, denn „es gibt keinen Zufall", obgleich eine moderne Richtung in den Naturwissenschaften ihn gern wieder einführen möchte. Die Herren denken, wenn sie die Ursachen der Erscheinungen nicht gleich einsähen, da gäbe es keine!

Alle unsere einheimischen Formen von Sandkäfern haben die Gewohnheit, im heißen Sonnenschein sich abwechselnd, und besonders wenn sie verfolgt werden, laufend und fliegend zu bewegen, nur eine nicht, die kleinste von allen, der 8 bis 12 mm lange grüne Ackersandkäfer (Cicindela germanica), der in Thüringen auf Äckern im Muschel-, Kalk- und Keupergebiete nicht selten ist. Jene Eigenschaft ist merkwürdig, denn die Hinter- oder Unterflügel, die eigentlichen Flugwerkzeuge, sind bei dieser Art ebensogut entwickelt wie bei den übrigen.

Weshalb Vater Linné gerade diese Käfergattung Cicendela genannt hat, ist schwer begreiflich. Dieser Name, der offenbar mit candela, Kerze, und candere, schimmern, glänzen, verwandt ist, kommt allerdings bei Plinius vor, aber in der leicht verständlichen Bedeutung von „Leuchtkäfer".

Die fast in allen Teilen der Erde vertretene Familie der Sandkäfer, die man neuerdings „Fluglaufkäfer" zu nennen vorgeschlagen hat, umfaßt sehr viele und sehr verschiedene, etwa gegen 700 zum Teil sehr schöne Arten. Diese leben nicht alle, wenn auch die meisten nach der Weise unserer Landsleute, es kommen auch nächtliche, und sogar sich am Tage unter der Erde verborgen haltende vor. Die Arten einer auf Madagaskar lebenden Gattung, die den martialischen Namen Pogonostoma, „Bartmaul", erhalten hat, sitzen mit dem Kopfe nach unten an Baumstämmen, um die sie beunruhigt mit großem Geschick in Spiralwindungen herumlaufen, während sie sich auf dem flachen Boden nur äußerst schwerfällig bewegen.

Vielleicht finden wir hier noch einen anderen, wunderbareren Sandgräber, aber sicher bin ich meiner Sache keineswegs. O doch! Da habe ich ihn schon und zwar in mehreren Stücken! Siehst du nicht die runden, schön regelmäßigen Grübchen in dem feinen Sande? Ich werfe ein kleines, kaum hirsekorngroßes, abgebrochenes Stückchen dieses dürren Stengelchens in den sauberen Trichter, sofort regt es sich in seinem Grunde, der störende Fremdkörper springt verschiedentlich in die Höhe und endlich über den Rand der Vertiefung hinaus, wo er ruhig liegen bleibt. Seltsam! nicht wahr? Wie geht das zu? Du brauchst nur ein wenig näher zuzusehen und schärfer zu beobachten, dann wird dir die Sache bald klar werden.

In der Mitte des Trichters, an seiner tiefsten Stelle ragen zwei kleine, dunkle, nach innen gekrümmte Haken aus dem Sande. Ich werfe das nämliche Stengelstückchen nochmals hinab, und sofort nähern sich diese so weit wie möglich, so daß sie sich am oberen Ende zusammenschließen und eine schmale, in der Mitte in geringem Umfange durchbrochene Platte darstellen. Auf diese kommt der Fremdkörper zu liegen und von ihr wird er empor und endlich herausgeschleudert. Das hätten wir erkannt, aber viel haben wir damit noch nicht gewonnen. Wir müssen das Ding anders anfangen und da bleibt uns denn freilich zunächst nichts anderes zu tun übrig, als mit unseren Fingern das kleine Kunstwerk zu zerstören und den Sand auseinanderzubreiten.

Da habe ich ein wunderliches Tier, offenbar ein Insekt, zutage befördert. Hier liegt es auf meiner flachen Hand. Es sperrt drohend seine Kopfzange gegen mich aus und geht dabei langsam und ruckweise rückwärts. Es ist etwa 12 mm lang und sieht fast aus wie eine kurzbeinige, träge Spinne, hat aber nur drei Beinpaare, nicht vier, wie diese. Seine Gestalt ist kurz und breit, seine Farbe bräunlichgrau mit zahlreichen kleinen, dunkleren Flecken, und seine Körperoberfläche ist kurz behaart. Das ist ein Ameisenlöwe, die Larve einer Ameisenjungfer, eines geflügelten Insektes aus der Ordnung der Netzflügler. Die Ameisenjungfer gleicht einigermaßen einer Libelle. Sie hat wie eine solche zwei gleichgroße, genetzte oder gegitterte Flügelpaare, einen schlanken Leib und große halbkuglige, zusammengesetzte Augen, unterscheidet sich aber darin von ihr, daß sie beim Sitzen ihre Flügel nicht gerade ausgestreckt seitlich von sich abhält, sondern sie dachförmig an ihren Leib andrückt, und daß ihre Fühler nicht ganz kurze Borsten, sondern etwas länger und nach dem freien Ende zu keulig verdickt sind. Auch sind es sehr im Gegenteil zu den am Tage äußerst lebhaften, überaus räuberischen Libellen, träge Geschöpfe, die meist ruhig an einer Stelle sitzen bleiben, allenfalls gegen Abend fliegen und keine Nahrung zu sich zu nehmen scheinen.

Ihre Larven, die Ameisenlöwen, denn der Name kann eigentlich bloß für diese gelten, sind dagegen sehr gefräßig, obwohl sie nicht einmal eine

Mundöffnung haben. Das klingt wie ein unmittelbarer Widerspruch, ist aber nichtsdestoweniger buchstäblich wahr. Wir wollen nun den Bau und die Bedeutung der beiden, die Kopfzange bildenden Häkchen erörtern, um zu sehen, wie die Sache zusammenhängt.

Ein jedes der kräftigen, harten, hornigen, 2,75 bis 3 mm langen Häkchen ist an seiner inneren Seite mit zahlreichen scharfen Zähnchen besetzt und hat auch eine scharfe Spitze. Es besteht aus zwei Stücken: einem größeren äußeren, das eine nicht ganz geschlossene Röhre oder eine Rinne darstellt, in diese legt sich ein dünneres, feineres, das sie schließt, aber nicht ganz bis zum oberen Ende reicht, vielmehr kurz vor ihm aufhört. Daher findet sich hier eine feine Öffnung. Das äußere größere Stück ist der Oberkiefer und das innere feinere der Unterkiefer. Die Röhre, die sie auf diese Art bilden, mündet in den Schlund, und eine an jeder Seite.

Wenn die Larve im Grunde ihres Trichters sitzt, hält sie, wie wir bereits sahen, die beiden Hälften ihrer Zange, jene beiden Röhren auseinandergesperrt. Fällt nun ein anderes kleines Kerbtier, in der Regel eine Ameise, in die Trichtergrube, so gerät es in die offenstehende Zange, die sich daraufhin schließt und ihre durchbohrten Spitzen der unglücklichen Beute in den Leib treibt. Nun saugt der Ameisenlöwe diese in aller Ruhe und Behaglichkeit aus, wozu die beiden Röhren vollkommen genügen, und er keiner Mundöffnung weiter bedarf. Die Reste seiner ausgesaugten Opfer wirft er mit der Zange zur Grube hinaus. In diese hineinzufallen, kann einem kleinen Kerbtierchen, einer Ameise, einem Käferchen oder Spinnchen gar leicht geschehen, — der überaus lockere Sand an ihrem Rande gibt auch unter den leisen Tritten der zarten Geschöpfchen nach, stürzt und reißt den winzigen Urheber des Sturzes mit sich und in sein Verderben. Man sagt, die Larve schleudere auch Sand nach vorübergehenden Insekten, um sie auf diese Art zu Falle zu bringen. Möglich — aber ich habe es nie gesehen, obwohl ich als Knabe in mit Streusand gefüllten Zigarrenkasten viele jener seltsamen Tiere zu halten pflegte.

Jetzt will ich diesen Löwen hier auf den Sand setzen. Sofort drückt er den Hinterleib in diesen und fängt nun an in einer ganz engen Spirale, deren Umgänge aneinanderstoßen, rückwärts zu gehen, und einen Trichter anzufertigen, wobei er fortwährend Sand herauswirft. Wird ihm seine Grube aus irgend einem Grunde unbehaglich, so begibt er sich, aber dabei immer im Sande fortkriechend, an eine andere Stelle in der Nachbarschaft, um sich eine neue herzustellen.

Die Ameisenjungfern scheinen zwei Jahre im Larvenzustande zu leben, wie man wohl aus den sehr bedeutenden Größenunterschieden der nebeneinander vorkommenden schließen darf. Will sich eine verpuppen, so spinnt sie sich einen sehr festen Sandkokon. Wo nimmt sie aber den Spinnstoff dazu her? Sie hat ja doch keine Mundöffnung und keine Mundhöhle, kann daher auch keine Spinndrüsen haben, wie sie bei anderen Insektenformen in diese zu münden pflegen, oder sitzen sie etwa in der Art wie bei den Spinnen am Hinterleib? Unbesorgt! Mutter Natur ist keine philiströse Prinzipienreiterin, sie weiß den Bedürfnissen ihrer Kinder in der verschiedensten Weise entgegenzukommen. Geht's nicht hier, so geht es dort und bisweilen an der entgegengesetzten Stelle, wie z. B. gerade hier — hier liegen die nötigen Spinndrüsen im Mastdarm und die zur Bildung des Kokons nötigen Fäden treten aus der Afteröffnung.

Nachdem die Ameisenjungfern ihre Puppenwiege verlassen haben, müssen sie sich, ähnlich wie die meisten Schmetterlingsarten, entleeren, sie müssen ihr „Kindspech“ wegschaffen. Während dieses aber bei jenen Insekten aus einer roten, mehr oder weniger flüssigen Masse besteht, die bekanntlich die Sage vom „Blutregen“ veranlaßt hat, ist es hier ein wurstförmiges, etwa 3 mm langes Gebilde, das frühere Naturforscher wohl für Eierpakete gehalten haben. Das sind sie aber, wie gesagt, nicht, die Eier lassen vielmehr die dicht über eine Sandfläche hinfliegenden Mütter einzeln fallen.

Was nun die eben ausgekrochenen jungen Löwen zunächst beginnen, weiß ich nicht. Wahrscheinlich werden sie sich oberflächlich in den Sand einwühlen und hier auch geraume Zeit verbleiben, bis sie groß und kräftig genug sind, um sich Trichter zu graben. Was sie während der Zeit fressen und wie sie zu ihrer Nahrung gelangen, das weiß ich erst recht nicht und wage auch gar keine Vermutung darüber aufzustellen. Andere Tierkundige scheinen es auch nicht zu wissen, gestehen es aber nicht einfach ein, sondern hüllen sich in Stillschweigen darüber. Ein kluger Gelehrter, und das bin ich nicht, gesteht überhaupt niemals zu, daß er etwas nicht weiß. Sein Ansehen könnte darunter leiden — und nun vollends bei einer gewissen Sorte deutscher Professoren! Ehe sie dulden, daß ihr Ansehen leidet, schweigen sie immer noch lieber still, was sie auch nicht gern tun!

In unserer Heide kommen zwei verschiedene Formen dieser merkwürdigen Insekten vor und zwar öfters unmittelbar nebeneinander, wie z. B. hier bei Lüneburg, also in der klassischsten Heidegegend: der eigentliche Ameisenlöwe (Myrmecoleon formicarius) und der Ameisenluchs (Myrmecoleon formica lynx): bei dem vollkommenen Tiere jener Art sind die Vorderflügel braun gefleckt, bei dem der letzteren sind sie es nicht.

Wären wir in einer Sandgegend Südeuropas, ja schon einzelner Teile Süddeutschlands, so könnten wir ganz ähnliche Trichter finden, die aber nicht von Ameisenlöwen herrühren, sondern von der Larve einer himmelweit davon entfernt stehenden Insektenart, einer Fliege und zwar einer Schnepfenfliege, nämlich des Wurm- oder Gewürmlöwen (Leptis vermileo). Ich habe niemals eine solche Made oder eine von ihr herrührende Fanggrube gesehen. Es ist merkwürdig, daß eine so ganz besondere Lebensgewohnheit bei zwei Tieren vorkommt, deren einzigen verwandtschaftlichen Beziehungen eben nur darin bestehen, daß sie beide Insekten sind.

Wenn wir die Zeit und die Mühe daran wenden wollten, würden wir hier wahrscheinlich noch eine oder die andere Art charakteristischer Sandkäfer auffinden, einen Scharrkäfer etwa oder einen Staubkäfer. Die Gattung der Scharrkäfer (Trox) gehört in die große Familie der Blatt- oder Fächerhörner, zu der auch die Mai- und Rosenkäfer zählen, von der Schar der Mistkäfer zu schweigen, denen sie übrigens unter den einheimischen Formen am nächsten stehen. Sie sind durchschnittlich 6 bis 7 mm lang, ziemlich breit und hochgewölbt von dunkelgrauer Farbe. Ihre Flügeldecken sind auf der Oberseite mit Reihen borstentragender Wärzchen ausgestattet, auf der Unterseite merkwürdig glatt. Sie besitzen auch Unter-, Hinter- oder Flugflügel, aber ich habe nie ein Stück der fünf deutschen Arten, die ich und zum Teil sehr oft gesammelt habe, fliegen sehen, was immerhin Zufall sein mag. Wenn man einen Scharrkäfer anfaßt, so läßt er zunächst einen piependen Ton hören, den er dadurch zustande bringt, daß er die rauhen, umgeschlagenen Seiten seines Hinterleibes an einer Reihe erhabener Punkte an den Außenrändern seiner Flügeldecken reibt. Dann „stellt er sich tot“, wie man zu sagen pflegt, d. h. er wird hypnotisch, eine Art von Starrkrampf überfällt ihn, er zieht unwillkürlich Fühler und Beine fest an sich und rührt sich geraume Zeit nicht. Diese Käfer finden sich im Sommer auf sandigen Plätzen wie diesen hier, und am sichersten, wenn die verdorrte Leiche eines kleinen Säugetieres oder Vogels oder ein trockener Knochen darauf liegt und wenn man sie nicht an diesen antrifft, so braucht man noch nicht gleich die Hoffnung aufzugeben, denn es ist sehr leicht möglich, daß sie unter diesen Kostbarkeiten oberflächlich im Sande eingescharrt liegen.

Der Staubkäfer (Opatrum sabulosum), die häufigere der beiden deutschen Arten seiner Gattung, gehört zu der in unserem Vaterlande überhaupt sehr schwach vertretenen Familie der Schwarzkäfer, zu der auch der Müller zählt, den wir als Larve, „Mehlwurm“ genannt, weit besser kennen. Jener erreicht eine Länge von 7 bis 8 mm, ist von gedrungener, länglich viereckiger, schwach gewölbter Gestalt und von dunkelgrauer bis schwarzer Farbe ohne Glanz. Jede Flügeldecke trägt drei Längsrippen und zwischen diesen Reihen glänzender Höckerchen. Er ist ohne Unterflügel, während diese anderen Arten, auch der zweiten deutschen (Opatrum tibiale) wohl zukommen. Seine Larve gleicht den Mehlwürmern sehr, ist aber natürlich kleiner.

Ich würde hier nicht näher auf die Staubkäfer eingehen, wenn es sich nicht darum handelte, sie als Heuchler bekannt zu machen, und ein solches Vergnügen kann ich mir nie versagen, weder wenn es sich um Tiere noch um Menschen handelt, — im letzteren Falle erst recht nicht! nur kann man gegen einen Käfer nach Herzenslust losziehen, der kann einen nicht verklagen, ein Menschenheuchler wohl, und wenn ich auch den Wahrheitsbeweis antrete, werde ich doch verknurrt. Leider!

Bis zum Jahre 1887 galten die beiden deutschen Staubkäferarten als durchaus harmlose, unschädliche Tiere, wenn man auch wußte, daß die Larven einer russischen Art in Bessarabien wiederholt schon die Tabakspflanzungen vernichtet hatten. In dem genannten Jahre wurde festgestellt, daß die zweite, etwas seltenere Art (Opatrum tibiale) unterirdischer- und heimtückischerweise in der ausgebildeten Form als Käfer den Kiefern sehr schädlich werden könne. Er haust in zahlreichen Stücken 5 bis 10 cm tief im Sandboden und beißt die zarten Würzelchen junger Bäume ab. Sein Kollege und Vetter, der Sandstaubkäfer, verfährt wenigstens nicht so versteckt, indem er jungen einjährigen Kiefern öffentlich die Kronen wegfrißt und dadurch auch erst in neuerer Zeit als ein nichts weniger als harmloser Gast erkannt worden ist.

Fiel es dir noch nicht auf wie die Bienen hier eifrig sind und wie massenhaft sie die Blütenrispen des Heidekrautes besuchen? Sieh

> Die unverdross'ne Bienenschar
> Fleucht hin und her, sucht hier und dar
> Sich edle Honigspeise,

wie unser trefflicher Paul Gerhardt singt.

Wir sitzen hier aber auch mitten im Bienen- und Honiglande und der Heidehonig ist seit alters berühmt. Im Kreise Fallingbostel, der in der Lüneburger Heide liegt, kommt auf je zwei Einwohner ein Bienenvolk und im Amte Bergen gar auf deren 50 nicht weniger als 44. Freilich gehören diese Gegenden durchaus nicht zu den dichtbevölkerten. Die hiesige Bienenzucht ist eine eigenartige, indem die Imker die Körbe mit ihren Bewohnern während der Blüte der Heide auf Wagen hin- und herfahren: halten sie einen Strich für erschöpft, so suchen sie einen anderen noch nicht beflogenen auf.

Freilich die Bienenzucht mag auch hier wie in ganz Deutschland und namentlich im protestantischen gar sehr zurückgegangen sein. Im Mittelalter war Zucker noch sehr wenig verbreitet und verwandte man statt seiner Honig und ebenso bei der Bereitung des Mets, eines Getränkes, das gegenwärtig in unserem Vaterlande fast ganz verschwunden ist, von fünf-, vierhundert Jahren aber noch sehr allgemein war. Auch die Nachfrage nach Wachs ist und besonders seit Verbreitung der Reformation sehr stark zurückgegangen. Die Einführung der modernen Beleuchtungsmittel: Petroleum, Gas, elektrisches Licht usw. haben die Bienenzucht wenigstens in Thüringen auf mittelbarem Wege schwer geschädigt; früher wurde der Ölgewinnung wegen ganz unverhältnismäßig viel mehr Raps gebaut, und dieser ist eine der wichtigsten Arten der Bienenpflanzen.

Gelegentlich wimmeln die Blüten des Heidekrautes wohl auch von anderen sie besuchenden Insekten, von Nachtschmetterlingen, so von den Gamma- oder Pistoleneulen. Diese Art gehört in die Gattung der Metalleulen oder der „Reichen“ (Plusia), die durch goldene oder silberne Zeichnungen der Vorderflügel ausgezeichnet sind und heliophil, d. h. Freundinnen des Sonnenlichtes zu sein pflegen und als solche am Tage fliegen. Geboren sind diese bisweilen in ganz ungeheuren Scharen auftretenden Tierchen hier nicht, sie gehören zu den Wanderschmetterlingen. Sehr merkwürdig ist die Tatsache, daß sie, wie öfters beobachtet wurde, mit einer Tagschmetterlingsart, die auch eine Wanderform ist, dem Distelfalter nämlich, zusammenziehen.

Ein derartiger gemischter Zug wurde einmal im August an der französischen Nordwestküste beobachtet. Die Tiere kamen alle aus Nordwesten über See und zogen nach Südosten. Die Distelfalter gingen bis 40 Meter hoch in die Luft, die Gammaeulen blieben viel niedriger und flogen weit unregelmäßiger. Die Blüten der Brombeersträucher waren von ihnen bedeckt, man sah in der Regel ihrer drei oder vier an einer Blume. Um 10 Uhr vormittags sah man in einem Gesichtsfeld von 50 Fuß ihrer durchschnittlich 30 in der Minute und um dreiviertel auf 11 Uhr war es noch so. Es wurden zwischen den Eulchen einzelne Libellen beobachtet. Der Berichterstatter meint, diese hätten sich jenen angeschlossen, um von ihnen welche wegzufangen und zu fressen, wie es gewisse Raubvogelarten mit wandernden Zugvögeln machen, oder im hohen Norden mit Lemmingen, oder Delphine und Raubfische mit den ziehenden Heringen. Der Beobachter fuhr mit der Bahn von Trouville nach Honfleur, das ist eine Strecke von zehn Kilometer ununterbrochen durch einen Schwarm von Gammaeulchen. Die Tierchen flogen um Hindernisse, auf die sie bei ihrer Wanderung stießen, nicht herum, sondern über sie weg, selbst über Kirchtürme. Unser Berichterstatter berechnet die Zahl der Eulchen, die auf einer Küstenstrecke von zehn Kilometer Länge von früh 1/2 8 bis abends 1/2 9 Uhr einwanderte, auf mindestens acht Millionen Stück. Der Zug dauerte auch noch am 13. August bis 12 Uhr mittags.

Im Juni und August des Jahres 1735 trat eben dieses Insekt in ungeheuerer Menge, aber als Raupe in Frankreich auf. Die Raupen waren auf allen Wegen und rückten kolonnenweise von Feld zu Feld. Sie fraßen hauptsächlich Gemüse und Suppenkräuter. Da man sie für giftig hielt, so verbot die Polizei von Paris den Verkauf dieser Gewächse auf dem Markte. Später, als die anfänglichen Lieblingsfutterpflanzen aufgefressen waren, wurden die Raupen weniger wählerisch und machten sich sogar an die Tabaksstauden.

Das Volk, dem die Geschichte ganz unerklärlich und infolgedessen äußerst unheimlich war, schrieb sie der Hexerei zu und behauptete, die Tiere seien von verabschiedeten und ungerecht behandelten Soldaten „angewünscht" worden.

Interessant ist die Tatsache, daß die Gammaeule wahrscheinlich das einzige freilebende europäische Insekt ist, das als Ei, Larve, Puppe und Imago überwintert, sich also nur sehr wenig an die Jahreszeit bindet.

Die Gammaeulen sind nirgends in Europa und einem großen Teil von Westasien seltene Schmetterlinge, aber eine wirklich seltene, auf die nordeuropäische Heide beschränkte Art gibt es hier auch — den Heidespinner (Orgyia ericae), dessen Bürstenraupe auf Heidekraut lebt. Sie wurde in den zwanziger Jahren des vorigen Jahrhunderts hier bei Lüneburg entdeckt.

Wir haben in Deutschland noch zwei weit verbreitete Arten dieser Gattung, den Sonderling und den Aprikosenspinner (Orgyia antiqua und gonostigma), die ebenso merkwürdige Raupen haben, wie der Heidespinner. Der Name „Sonderling" ist eigentlich nicht ganz richtig, er bezieht sich nur auf das Weibchen, das wie bei allen Arten der Gattung in mehreren Punkten verkümmert ist, bloß Flügelstummelchen besitzt, nicht fliegen kann und am besten als eine „Eierpatrone" bezeichnet werden könnte, denn es ist mit Eiern fast bis zum Bersten gefüllt.

Die Raupen der Bürstenspinner, wie man diese Gattung der Nachtschmetterlinge nebst einigen anderen nicht zu ihr gehörenden Arten genannt hat, verpuppen sich oberirdisch an Pflanzenteilen in einem mit Haaren vermischten, fest gesponnenen Kokon, auf dem das Weibchen des Sonderlings, nachdem es ausgeschlüpft ist, bewegungslos sitzen bleibt, den Besuch in der Regel von mehreren Männchen empfängt, von denen eins das glückliche ist, worauf es dann seine Eier ablegt. Noch weniger entgegenkommend sind die Damen des Heidespinners, die den werbenden Kavalieren die Hinterleibsspitzen aus dem Gespinste zustrecken, sie aber nie zu sehen bekommen, so wenig, wie sie je von ihnen gesehen werden. Sie legen ihre Eier innerhalb des Kokons ab. Diese weiblichen Wesen haben nicht nur verkümmerte Flügel, sondern, da sie nicht nur nicht fliegen, sondern nicht einmal den kurzen Weg auf das Puppengespinst kriechen, außerordentlich kurze, jedenfalls nicht leistungsfähige Beine. Bei einer südrussischen Art (Orgyia dubia) kriecht das Männchen gar zu dem Weibchen in den Kokon, den es, natürlich übel zerzaust und jämmerlich abgeflattert wieder verläßt.

Es möchte widersinnig erscheinen, daß es Schmetterlinge, die wir so recht als Flugtiere ansehen und im großen und ganzen auch anzusehen berechtigt sind, gibt, die zu fliegen nicht vermögen. Das ist, mit einziger Ausnahme einer Motte von der Insel Kerguelen, immer nur bei Weibchen aus verschiedenen Familien, bei Spinnern, Spannern und Motten, der Fall. Die Flügel sind dabei in verschiedenem Umfange verkümmert, am meisten bei einer Gruppe der Spinner, den Psychiden, und bei einigen Mottenarten, die sogen. Sackträger sind, d. h. deren Raupen in selbstgesponnenen, durch hinzugenommene Fremdkörper verstärkten Säcken und Futteralen leben, in denen sie sich auch verpuppen. Die männlichen Raupen kehren sich, bevor sie das tun, um und die ausgekrochenen Falterchen verlassen ihre Behausung am oberen offenen Ende. Die Weibchen tun das nicht, sie bleiben unverändert an Ort und Stelle, haben keine Spur von Flügel und sind von Madenform.

Es gibt aber auch Spinnerarten, deren Weibchen, obwohl sie gut entwickelte Flügel haben, doch nicht fliegen, sondern höchstens ungeschickt und direktionslos flattern. Das ist z. B. beim Schieferdecker oder Nagelfleck, beim Schildkrot- und Schwammspinner u. a. m. der Fall und bis zu einem gewissen Grade auch bei einigen Tagschmetterlingen, den Schillerfaltern und mehr noch den Eisvögeln (Limenitis populi), deren Weibchen ziemlich hoch in den Ästen und im Laube der Futterbäume sitzen bleiben.

Wie finden sich aber nun die Geschlechter, wenn die Weibchen sich nicht zeigen? Einfach durch den Geruch! Die Männchen aller der betreffenden Spinner-, Spanner- und Kleinschmetterlingsarten haben bedeutend entwickelte, an beiden

Seiten mit kammartig geordneten Anhangsblättchen versehene Fühler, und daß diese bei den Insekten der Sitz des Geruchssinns zu sein pflegen, ist durch das Experiment bewiesen. Vor mehr wie 60 Jahren bemerkte schon Freyer, ein ausgezeichneter Schmetterlingskenner, über den Schieferdecker (Aglia tau): „Man kann sich mit einem frischen Weibchen, wenn man solches in einem mit Flor überzogenen Gefäße im Walde, wo viele dieser Spinner sich zeigen, aussetzt, ein wahres Vergnügen machen: die sehr gierigen Männchen kommen zahlreich herbei und umfliegen mit Heftigkeit das eingesperrte Tier.“ Wir können, auch wenn wir höchst empfindliche Nasen haben, den Schieferdeckerinnen aus unmittelbarer Nähe gar nichts abriechen. Wie außerordentlich fein muß das Witterungsvermögen jener männlichen Schmetterlinge sein, die beim Vorbeifliegen, und sie fliegen ungemein schnell, ein versteckt sitzendes Weibchen wahrnehmen? Wie sich von vornherein vermuten läßt, ist die Zahl der männlichen Individuen bedeutend größer als die der weiblichen.

Was mag nun wohl die Ursache davon sein, daß die betreffenden Weibchen ihr Flugvermögen bis zum völligen Schwund der Flügel eingebüßt haben? Eine Ursache hat die seltsame Erscheinung ganz gewiß, so gut wie jede andere, und wenn es sich nur um das Herabfallen eines Haares von unserem Kopfe handelt — ich betone es noch einmal, ich glaube so wenig wie Wallenstein an den Zufall! Ich will den Versuch wagen, einen möglichen Grund mit aller Bescheidenheit zu entwickeln. Ich bin nicht mehr jung genug, um ihn als sicher, oder auch nur als besonders wahrscheinlich hinzustellen.

Die Weibchen der betreffenden Schmetterlingsarten legen zahlreiche Eier, werden daher starke und schwere Hinterleiber haben, — sie sind wie ich die der Bürstenspinner vorher nannte, „Eierpatronen“. Unter solchen Umständen ist es nur natürlich, wenn sie so anstrengende Körperbewegungen, wie der Flug eine ist, vermeiden. Geschah das durch viele Generationen hintereinander, so mußten die Flügel zufolge Nichtgebrauchs immer kleiner werden und die Flugfähigkeit immer mehr verschwinden.

Es tritt nun eine weitere Frage an uns heran, die wir zu beantworten versuchen wollen, wobei nicht ausgeschlossen bleibt, daß wir uns jämmerlich irren. Die Frage lautet: welche Umstände regeln wohl die Zahl der Nachkommen bei den Tieren, in diesem Falle der Eier der Schmetterlinge? Antwort: die Menge und Größe der Gefahren, denen diese Insekten als Eier, Raupen, Puppen und Falter ausgesetzt sind. Je größer und je mehr es deren sind, desto bedeutender muß die Zahl der Eier sein, wenn die betreffenden Arten nicht in absehbarer Zeit aussterben sollen.

Die flugunfähigen Weibchen, denen bei ihrem Leibesumfang und bei ihrer Schwere auch das Gehen so gut wie unmöglich wird, legen alle Eier zugleich auf einen Haufen und an wenig verborgener Stelle am oder im Kokon ab, da sie nicht in der Lage sind, verstecktere zu suchen. Wenn daher ihre Eier von einem Feinde entdeckt sind, oder von einem anderen örtlichen, etwa durch klimatische Ursachen hervorgerufenen Verderben betroffen werden, so gehen sie in den meisten Fällen alle mit einem Male zugrunde. Weibchen anderer Arten können durch größere Bewegungsfähigkeit solchen Gefahren vorbeugen, indem sie ihre Eier einzeln oder in kleinen Gruppen ablegen, oder sie schützenden Verstecken anvertrauen. Die anderer Formen wieder, wie z. B. des Ringelspinners, bringen ihr ganzes Gelege zwar auch auf einmal und an einer Stelle unter, aber die Eier sind so hart und so fest aneinander und an ihre Unterlage gekittet, daß ihnen sogar die größten Vertilger von Insekteneiern, die Meisen, außer der Kohlmeise, nichts anhaben können.

Die Natur schlägt eben verschiedene Wege ein, den Fortbestand einer Tierart zu sichern, und einer davon ist der, daß die betreffende Art eine sehr beträchtliche Menge von Nachkommen hervorbringt, so daß ihr Untergang nicht zu befürchten ist, wenn auch 80 Prozent von der Gesamtmenge dieser nicht das fortpflanzungsfähige Alter erreichen sollten. —

Doch zu lange schon sind wir hier beim Hünengrab sitzen geblieben, wir wollen uns einmal da nach rechts hinwenden, wo in einer Niederung die dunkelerdigen, mit Binsen bestandenen Stellen sich mehren und sich als das Grenzgebiet eines Moors ausweisen.

Die Heidemoore sind merkwürdig, aber mehr in bezug auf ihre Pflanzenwelt, als wie gerade wegen ihrer Fauna. Sie gleichen in einem Punkte den Alpen und den höheren Gebirgen Süd- und Mitteldeutschlands, sie beherbergen nämlich, wie diese, eine Reihe hochnordischer Gewächse, eine Reliktenflora, die aus den Tagen der Eiszeit hier hängen geblieben ist. Es wäre möglich, daß wir in einem oder dem anderen der kleinen Flüßchen, die im Heideland ihr Dasein fristen, auch ein nordisches Tier antreffen würden, wenn es nicht zu weitläufig und mühselig wäre danach zu suchen: das ist die Flußperlmuschel (Margaritana margaritifera). Diese Weichtierart ist ungeheuer weit verbreitet, da sie sich in den nördlichen Ländern dreier Erdteile: Amerikas, Asiens und Europas findet. Ihretwegen oder richtiger der von ihr hervorgebrachten Perlen wegen fuhr laut Sueton Julius Caesar nach Großbritannien hinüber und brachte einen mit diesen Kleinodien gezierten Brustharnisch mit, den er, wie uns Plinius erzählt, in dem Tempel der Venus in Rom aufhing.

In Deutschland ist diese Muschelart sehr versprengt verbreitet. Sie findet sich in einigen vom Riesengebirge kommenden Flüßchen Schlesiens, in solchen des westlichen Erzgebirges, des bayerischen und böhmischen Waldes, des Fichtelgebirges, des Westerwaldes, des Hundsrücks und der Vogesen, und eben der großen norddeutschen Heide, sowie in der Sauer im Nassauischen.

Auch die mit Wasser gefüllten, oft sehr ansehnlichen Torfausschachtungen der Moore enthalten ihre eigene Tierwelt, sogar kleine Arten von Weißfischchen. Es ist wohl möglich, daß die da rechts, die groß ist und schon lange zu bestehen scheint, von Bitterlingen oder von Moderlieschen bewohnt wird. Es würde zu umständlich sein, wenn wir nähere Nachforschungen anstellen wollten um uns zu überzeugen.

Am Moderlieschen (Leucaspius delineatus) ist eigentlich der deutsche Name das Interessanteste. Man sollte meinen, daß er „die kleine Elisabeth, die im Moder lebt" bedeute und der Moder paßt ja auch so ziemlich zur Lebensweise des kleinen, 6 bis 10, bisweilen wohl auch 12 cm lang werdenden Fischchens. Aber die Benennung beruht auf einem hochdeutschen Mißverständnis der plattdeutschen „Moderloseken". Sie hat aber weder mit dem Moder noch mit dem Lieschen etwas zu tun, sondern verdankt der im Mittelalter und für gewisse Tiere bis ins vorige Jahrhundert hinein bei der Masse des Volks und selbst bei Gelehrten verbreiteten Anschauung, daß manche Lebewesen ohne Zeugung „von selbst" entstünden. Zu diesen Wesen gehörte auch jene kleine Weißfischart, — sie ist „mutterlos."

Das Moderlieschen hat einen gestreckten, mäßig zusammengedrückten Körper, der fünfmal länger als hoch ist, eine tief ausgeschnittene Schwanzflosse und große Augen, deren weiße, silberglänzende Regenbogenhaut im oberen Teile einen grüngelben Fleck hat. Die Farbe des Rückens ist gelblich olivengrün, die der Seiten stark silberglänzend und entlang der hinteren Körperhälfte verläuft auf ihnen ein stahlblaues Längsband. Die Flossen sind schmutzig gelblich oder graulich. —

Das am meisten charakteristische und gelegentlich lauteste Tier dieser stillen, einsamen Moorstriche ist der Kiebitz, den das Volk, das innigen Anteil an ihm nimmt, meist auf die Heide versetzt, und der mit seinem schwermütigen Rufen und seltsamen Flugkünsten etwas unheimlich auf seine Phantasie einwirkt. Diese Vögel sind verwandelte alte Jungfern, die ihren Beruf verfehlt hatten und nun von ewiger Unruhe und Neugierde geplagt auf der Heide ihr Spukdasein vertrauern müssen. In anderen Gegenden Norddeutschlands heißt es, der Kiebitz sei eine verwünschte Magd, die bei Lebzeiten der Jungfrau Maria eine Schere gestohlen, diesen Diebstahl aber geleugnet hatte und nun dazu verdammt wurde, ruhelos umher zu flattern und „stibitz, stibitz" zu schreien.

Der Kiebitz ist ein hübscher Vogel und hat mit seinem koketten Federhäubchen etwas Chinesisches an sich, und ist auch in Nordchina an geeigneten Stellen überaus häufig. Sonst haust er im mittleren und nördlichen Europa und Asien von den Küstenländern des Atlantischen Ozeans bis Japan und geht ziemlich weit nach Norden. In Schweden findet er sich nördlich bis zum 62. Grad nördlicher Breite, an der zufolge des Golfstroms milderen Küste Norwegens bis zum 65,50, einzeln sogar bis zum 67,15 Grad. In Südeuropa brütet er nicht, überwintert hier aber häufig, während er bei uns ein Zugvogel ist, der sich im März einstellt und im September und Oktober wieder verschwindet. In England soll er bisweilen Standvogel sein und den Winter über bleiben. Das Zurückkehren im Frühling nimmt er sehr leichtsinnig. Einige zeitige, schöne Märztage veranlassen den Sanguiniker leicht, das Wetter beim Worte zu nehmen und zu uns zurückzukehren, — oft sehr zu seinem Schaden, denn stärkeren Nachwintern ist er nicht gewachsen. Die Schneestürme, die sich in Großbritannien häufig nach Wiederkunft der Kiebitze noch einstellen, vernichten viele und heißen nach ihnen lapwing storms „Kiebitzstürme".

Wenn ein Männchen einem Weibchen den Hof macht, nimmt es wohl ein Blatt, einen Strohhalm oder etwas Derartiges in den Schnabel und wirft es hinter sich. Brehm sieht darin eine Hindeutung auf den Nestbau und sagt, keine andere Vogelart verfahre ähnlich. Die Richtigkeit der ersteren Angabe bezweifele ich und die der zweiten stelle ich geradezu in Abrede. Der Nestbau spielt beim Kiebitz eine nur sehr beiläufige und nebensächliche Rolle und das Männchen beteiligt sich so wenig daran wie am Brüten, das dem Weibchen allein obliegt. Gern werden die Eier in die einfache Fußspur eines Rindes oder Pferdes gelegt, die höchstens mit ein paar Stengelchen ausgelegt, oft aber auch ohne weitere Auskleidung ist. Blätter und derartige Fremdkörper heben auch die um die Weibchen werbenden Männchen der Laubenvögel, der Kraniche und anderer Vogelformen mit dem Schnabel auf und tragen sie umher. Ein Aberglaube, der uralt sein mag, spukt immer noch und hat, bei dem bedauerlichen Hang zu und der blödsinnigen Vorliebe für das Unerklärliche, Geheimnisvolle, Übernatürliche der reaktionären Richtung der modernen Zeit alle Aussichten auf ein fröhliches Gedeihen und eine muntere Weiterentwicklung, nämlich der, daß der Kiebitz „wochenlang" vorher bevorstehende Überschwemmungen empfinde und seine Niststelle dann so wähle, daß sie sich außerhalb deren Bereich befände. Nun tragen ja die Vögel zufolge ihrer Luftsäcke gewissermaßen einen Barometer im Leibe herum, das ist richtig, daß sie aber die Witterung so lange vorher verspüren, ist einfach unmöglich. Wir sahen auch schon, daß gerade der Kiebitz im Frühjahr das bevorstehende Wetter sonst sehr schlecht zu beurteilen vermag.

Das Weibchen legt fast immer vier Eier von der bekannten Birn- oder Kreiselform und zwar in der Art, daß sie kreuzweise mit den spitzen Polen aneinanderstoßen und so die Gestalt der Blüte eines Kreuzblütlers, des Rapses etwa, darstellen. Die Mutter sorgt dafür, daß sie immer in dieser Lage bleiben. Der Verbrauch an Kiebitzeiern ist zufolge der bequemen Eisenbahnverbindungen der Gebiete ihres Vorkommens mit dem Binnenlande und den Großstädten unverhältnismäßig gestiegen und das Vorhandensein der Kiebitze vielerorts ernstlich bedroht, wo sie vor 50 Jahren noch die häufigsten Vögel des Landes waren. Lieferte doch allein die holländische Provinz Friesland jährlich 800000 Eier, wenigstens noch vor 30 Jahren! Ich weiß wohl, daß es verständige Gesetze gibt, die das Sammeln der Eier der Kiebitze nach dem 30. April verbieten und es dadurch in der Art regeln, daß ihr Bestand sich in genügender Höhe halten kann. Aber Gesetze geben ist ein Ding — und Gesetze befolgen ein anderes! Wer will in diesen öden, einsamen Moor- und Heidegegenden, so ziemlich die ödesten und einsamsten Gebiete von bedeutenderem Umfange, die es in Deutschland gibt, darauf achten, daß sie auch immer befolgt werden?

Die Kiebitze selbst gehörten früher allgemein zur niederen Jagd, werden jetzt aber nur in einzelnen Jagdordnungen noch als jagdbare Tiere aufgeführt. Der anonyme Verfasser einer Schrift von 1707 ist nicht gut auf den Kiebitz zu sprechen: „Dieser Vogel“, sagt er, „ist trotz der Krone, die er auf dem Kopfe trägt, nicht sehr geachtet, denn seine Federn sind nicht schön, sein Geschrei ist niemals lieblich und sein Wildpret hat keinen guten Geschmack.“

Über den letzten Punkt war man anderwärts anderer Ansicht, z. B. in Lothringen, wo man zu sagen pflegte, wer noch keinen Kiebitz gegessen habe, der wisse nicht, was Vogelwildpret sei. Bechstein bemerkt, das Fleisch rieche zwar nicht angenehm, sei aber doch schmackhaft, leicht verdaulich und gesund. Er erzählt weiter, ein Schäfer in einem gothaischen Dorfe habe die Gewohnheit gehabt, die Jungen aufzusuchen, ihnen das erste Flügelgelenk zu zerbrechen oder abzuschneiden, so daß sie nicht mehr fliegen konnten, und sie darauf bis zum Herbste, wo sie recht fett geworden waren, laufen zu lassen. Dann habe er sie mit Hilfe seines Hundes eingefangen und sie als Leckerbissen nach Gotha verkauft.

Es wurde ferner in früheren Zeiten behauptet, der Genuß des Fleisches der Kiebitze und ihrer Eier sei ein vortreffliches Mittel gegen Gicht und Podagra. Man glaubte das vermutlich gemäß den damaligen Anschauungen deshalb, weil der Vogel außerordentlich gut zu Fuße ist. Ich kann aus eigener Erfahrung versichern, daß es auch für einen kräftigen, gewandten Menschen von 25 Jahren ein Kunststück ist, junge, noch nicht flugfähige Kiebitze im Laufe einzuholen und zu fangen. Zu Gesners Zeit ließ man diese Vögel in England mit verschnittenen Flügeln frei in den Gärten als Polizei herumlaufen, damit sie Schnecken, Würmer und Insekten wegfingen. Laut Gatterer (1781) verkaufte man lebende im Bremischen zu eben dem Zwecke auf den Wochenmärkten.

Es ist jetzt schon zu spät im Jahre, als daß wir den Kiebitz so recht nach Verdienst würdigen könnten, dazu sind der April und Mai, wenn er Eier und Junge hat, die rechten Monate. Das Tierleben auf den Mooren ist überhaupt kein reiches. Wir wollen dem Kiefernwalde drüben noch ein Stündchen widmen, und ich denke, wir werden da eher unsere Rechnung finden.

Die Kiefer wird von vielen Feinden aus der Insektenwelt heimgesucht. Es sind ihrer in Deutschland etwa 70 Arten, daneben finden sich noch zahlreiche, die von toten Teilen dieses Baumes leben, in den stehengebliebenen Stukken, in seinem gefällten Holze usw. Auf irgend einer Stufe der Entwicklung müssen alle diese Insekten immer, also auch in der gegenwärtigen Zeit, anwesend, aber natürlich nicht gleich leicht zu finden sein. Manche sind jetzt Eier oder winzige Räupchen, andere schlummern im Puppenzustande in der Erde. Unsere Zeit erlaubt uns nicht, nach ihnen zu suchen, wir müssen für das Auge mit wenigen Formen vorliebnehmen, aber nichts verbietet uns über die, wenn auch nicht abwesenden, so doch für uns verborgenen zu reden, wenn wir es für passend halten.

Auf uns Thüringer, die wir an die großen Fichtenwälder unseres Heimatlandes gewöhnt sind, will ein solcher Kiefernwald gar nicht so recht als Wald wirken. Er hat für unsere Augen und für unser Herz etwas Unfertiges, um nicht zu sagen, Unordentliches. Ich gebe es zu, eine ausgewachsene Kiefer ist wie eine Tanne im allgemeinen malerischer als eine Fichte, sie hat mehr Individualität. Die Fichten haben bei ihrer großen Einförmigkeit etwas von Dutzendware, wenn sie so dastehen wie aus der Schachtel gepackt, eine wie die andere. Wenn sie einzeln oder in kleinen

Gruppen vom Wetter zerzaust auf den Simsen und Graden steiler Felsen ragen, dann gewinnen freilich auch sie Individualität und werden malerisch. Prachtvoll sind sie auch, wenn ihre Wipfel voll Zapfen hängen und unter den Strahlen der Morgen- und Abendsonne wie vergoldet erscheinen, oder wenn das lustige Maigrün ihrer jungen Triebe gegen die dunkle, ernste Farbe der älteren Äste und Zweige lieblich absticht.

Arm sind die Kiefernwälder an Blumenschmuck und an beerentragenden Sträuchern, an Weichtieren und Pilzen. Während der Boden der Fichtenwälder stellenweise bedeckt ist von Heidelbeeren, denen sich Weidrig, Fingerhut und Farrenkräuter zugesellen, trägt er in den Kiefernwäldern höchstens einen Moosteppich, der aber auch weniger dicht und schwellend ist als dort. Die dicken, fetten, schwarzen und roten Waldschnecken, die sich in Thüringens Forsten so behaglich und häufig an den verschiedensten Pilzarten mästen, sind hier wie diese höchstens in verschwindender Menge vorhanden. Vor allem aber fehlen den Gehölzen der Heiden die herrlichen Waldwiesen, die uns unter unseren Bergfichten den Winter, wenn just kein Schnee liegt, vergessen lassen, und im Januar so herzerquickend grünen können, wie zur Johanniszeit. Wo fänden wir in diesen öden Kiefernwäldern an einem heißen Sommertage jenen lieblichen Schatten, der uns zwingt, uns niederzulegen in seinem Bereiche, der uns nicht wieder entweichen lassen will und uns nicht wieder aus seinem Banne freigeben mag?

Nun, man muß, wenn man klug ist, die Feste feiern, wie sie fallen und die Gelegenheiten ausnutzen, wie sie sich bieten. Heute sind wir einmal im norddeutschen Kiefernwald und weilen nicht unter Thüringens Fichten und Tannen.

Du kennst meine alte Gewohnheit, die Gewebe der Spinnen auf ihren Inhalt hin zu prüfen. Der Sammler findet zwar in der Regel nicht allzuviel Brauchbares darunter, aber die Zeit des Insektensammelns liegt hinter uns und wir wollen nur feststellen, was wohl so alles hier vorkommt, und dazu genügen uns Reste und verstümmelte Leichname von Insekten genau so gut, wie die besterhaltenen, prachtvollsten ganzen Stücke.

Siehe, da habe ich schon etwas gefunden, wonach wir daheim wohl vergeblich suchen würden. Es ist nur eine Flügeldecke einer Käferart, aber sie ist so scharf gekennzeichnet, daß wir sie nicht mit der Flügeldecke irgend einer anderen Form verwechseln können. Sein Ende kann der Käfer in diesem Spinnennetze nicht gefunden haben, dazu war er zu groß und zu stark, denn er war ein Bursche von mindestens 30 mm Länge, aber vermutlich hat der Wind dieses Bruchstück des stolzen Kerbtieres hineingetrieben und das mag vor 14 Tagen schon stattgefunden haben, denn so lange mindestens liegt seine Flugzeit hinter uns. Es hat sich bei dem trocknen Wetter vortrefflich gehalten, ist von schokoladenbrauner Farbe, leicht punktiert und schwach gerunzelt und mit unregelmäßigen, kreideweißen Flecken und Schnörkeln verziert. Die gezeichneten Stellen sind, wovon uns die Lupe bald überzeugt, mit feinen Schüppchen bedeckt. Sonst gleicht die Flügeldecke, abgesehen von der Größe, der einer Maikäferart und das ist sie auch. Es ist die eines Walkers (Polyphylla fullo). Außer den Flügeldecken sind auch Kopf, Halsschild und jener dreieckige, Schildchen genannte Zipfel, der sich oben zwischen die beiden Flügeldecken und dem Halsschilde einschiebt, weiß gefleckt. Die Brust ist unten grau und ziemlich lang behaart.

Da der Walker zu den blatt- oder fächerhörnigen Käfern gehört, ist seine Fühlerkeule, wie beim gemeinen Maikäfer, blättrig und zwar zerfällt sie im männlichen Geschlechte, wie bei diesem, in sieben Blätter, beim weiblichen aber nur in fünf, anstatt in sechs, wie dort. Da, wie wir schon hervorhoben, die Fühler der Insekten der Sitz des Geruchsvermögens sind, ist der Unterschied ihrer Größe, d. h. ihrer Oberfläche und damit ihrer Leistungsfähigkeit bei beiden Geschlechtern leicht erklärlich, aber nicht der zwischen den Weibern beider Arten. Weshalb sind diese beim gemeinen Maikäfer in dieser Beziehung besser gestellt als beim Walker? Ich weiß es nicht und finde auch keine möglich scheinende Erklärung für diese befremdliche Tatsache, obwohl auch sie ihren guten Grund haben wird.

Der Käfer findet sich in sandigen Gegenden und, wie diese selbst, zerstreut in Deutschland, aber im nördlichen häufiger als im südlichen. Er frißt sowohl die Blätter von Laubhölzern wie die Nadeln der Nadelbäume, auch niedere Pflanzen, wird aber kaum jemals ernstlich schädlich. Anders liegt die Sache bei der Larve, die aussieht, wie ein großer Maikäferengerling. Sie nährt sich von den feinen Wurzeln von allerlei Pflanzen, z. B. mit Vorliebe von denen der Kiefer, doch auch darin liegt noch keine sehr große Gefahr, wohl aber darin, daß sie auch, und zwar unter Umständen im hohen Grade, denen der in den Dünen zu deren Befestigung angepflanzten Gräser verderblich wird. Hierdurch wird dem sehr bedenklichen Wandern und Verstäuben den Dünen Vorschub geleistet und zugleich ihre schützende Kraft gegen das Einbrechen des Meeres vermindert. Durch den letzteren Umstand kann die Larve dieses Käfers Menschenleben mittelbar in Gefahr bringen.

Die Zahl der kieferfeindlichen deutschen Insektenarten aus der Ordnung der Käfer mag etwa 36 betragen. Zum Teile werden sie als Larven, zum Teile im völlig ausgebildeten Zustande gefährlich, in der Regel aber auf diesen beiden Stufen ihres Daseins. Kein Teil des Baumes ist vor ihren Angriffen sicher: die einen bedrohen die Wurzeln, andere seine Rinde und sein Holz und sowohl am Stamme wie an den Ästen und Zweigen, wieder andere die Nadeln, ja sogar die Zäpfchen haben ihre Feinde, die sich von ihnen ernähren und sie zerstören. Diese Schädiger der Kiefer rekrutieren sich hauptsächlich aus den Familien der Borkenkäfer und der Rüsselkäfer, von jenen sind es 17, von diesen 16 Arten.

Von allen diesen Käfern würden wir jetzt im August wenig sehen, da die einen sich im Larven-, die anderen im Puppenzustande befinden. Zwar gibt es unter ihnen Arten, die schon jetzt völlig entwickelt sind, aber, abgesehen von einigen naseweisen Stücken, die sich zu früh herausgemacht haben, liegen sie, wenn auch durchaus fix und fertig, bis zum nächsten Frühjahre in ih·en Puppenwiegen. Das ist eine sonderbare Sache! Wenn diese Käferarten sich einmal der günstigen Ernährungsverhältnisse für ihre Larven wegen erst im nächsten Frühling fortpflanzen, weshalb überwintern sie nicht selbst als Larven oder wenigstens als Puppen, wie es so viele Kerbtiere tun? Vielleicht ist aus uns noch unbekannten Gründen die Möglichkeit, über den Winter zu kommen, für diese Arten im Käferzustande größer, als in irgend einem anderen. Auch die gewöhnlichen Maikäfer, die zu ihrer Entwicklung mindestens drei Jahre gebrauchen, überwintern entweder als unfertige Larven oder als vollkommene Insekten, nie als Eier oder Puppen. Wie wenig wissen wir doch noch über die Lebensweise der Tiere und noch dazu über die der allerhäufigsten, die in unserer nächsten Nachbarschaft mit uns hausen und die man seit Jahrhunderten kennt und beobachtet hat! Und da reden wir sehr weise über die Ökonomie der Tiefseewesen, von deren Vorhandensein man erst seit einem Paar Dutzend Jahren überhaupt weiß, und deren Lebensbühne uns so fern liegt, daß wir Einzelheiten, die auf ihr vorgehen, nicht erkennen können!

Die Lebensweise vieler Käferarten und besonders ihrer Larven ist aber auch schwierig zu studieren, da sie sich in der Regel versteckt halten. Die meisten Leute, wenn sie sich nicht gerade besonders mit solchen Dingen beschäftigen, werden z. B. noch keine Larve von einem Rüsselkäfer, es sei denn etwa einen sogen. „Wurm“ in einer tauben Haselnuß, und von einem Borkenkäfer gesehen haben. So zahlreich auch diese Insekten als vollentwickelte Käfer erscheinen, wenn ihre Flug- und Schwärmzeit ist, so selten trifft man sie sonst und doch nur zufällig, wenn man nicht nach ihnen sucht, wozu uns heute die Zeit fehlt.

Ich will bloß zweier der allerschlimmsten Kunden kurz gedenken, wenn ich sie dir auch nicht in natura vorführen kann — des großen braunen Rüsselkäfers und des schwarzen Kiefernmarkkäfers.

Jener ist eine Art der Gattung Hylobius, „die im Walde lebt“, und heißt als Art abietis, „der zur Fichte Gehörige“. Vater Linné hat ihn so genannt und er nannte die Fichte Pinus abies, während er der Kiefer den Namen Pinus silvestris beilegte. Deshalb ist die Bezeichnung abietis noch nicht falsch, denn der Käfer ist kein Kostverächter und er frißt allerdings Kiefer am liebsten, doch Fichte und Tanne nicht viel weniger gern, und wahrscheinlich hatte ihn Linné an der Fichte beobachtet. Er ist dunkelbraun, ohne Glanz und mit gelben Schuppen hin und wieder fleckenweise besetzt, namentlich zeigt er über den Flügeldecken zwei derartige Binden. In der Größe unterliegt er bedeutenden Schwankungen von 7 bis 14 mm. Er ist ein sehr kräftiges Insekt mit harter Körperbedeckung. Seine Fühler sind geknickt und er hat wohlentwickelte Unter- oder Hinterflügel, von denen er auch zum Vorteil der Verbreitung der Art umfassenden Gebrauch zu machen versteht. In Jahren, in denen er häufig ist, zeigt er sich während seiner Flugzeit im Mai und Juni nicht nur in den Nadelwäldern, sondern auch in den Dörfern und Städten ihrer Nachbarschaft. Ein Beweis seiner bisweilen stattfindenden Häufigkeit liegt wohl auch darin, daß gerade er von den etwa 800 deutschen Rüsselkäferarten vom Volke der „Rüsselkäfer“ schlechthin genannt wird.

Diese Art ist nicht als Larve schädlich, denn als solche lebt sie in den abgestorbenen Wurzeln der Bäume, aber wohl als fertiger Käfer, der die Rinde bis auf den Splint und Bast benagt, und das macht bei der ungeheuren Menge, in der er auftritt, schon etwas aus!

Der andere Plagegeist der Kiefer aus dem Käfergeschlechte ist der schwarze oder große Kiefernmarkkäfer (Hylesinus piniperda) oder der „Waldgärtner“, auch eine Art von Bock, die zum Gärtner gesetzt ist und zur allerschlimmsten Sorte von Gärtner. Schon Linné nannte ihn, zwar nicht als Art, denn da wandte er für ihn eben den Namen piniperda, „Kiefernverderber“, an, aber mehr beiläufig hortulanus naturae, „Naturgärtner“, weil er gewissermaßen die von ihm befallenen Bäume beschneidet, was eine Hauptaufgabe eines tüchtigen Parkgärtners der Rokokozeit war.

Er gehört zu den Borkenkäfern, und das ist eine wunderliche Gesellschaft und sie stehen den Rüsselkäfern nahe, — es sind gewissermaßen Rüsselkäfer ohne

Rüssel, wenigstens ohne deutlichen, denn manche haben eine Spur von ihm. Sie sind durch die Bank kleine, etwa 3,5 bis 4 mm lange Insekten, obwohl der die Fichten heimsuchende Riesenbastkäfer (Dendroctonus micans) bis 9 mm lang wird und daher für seine Verhältnisse in der Tat mit Fug und Recht als ein Riese bezeichnet werden darf. Ihre Gestalt ist walzenförmig und so recht zum Bohren eingerichtet, wie beim Maulwurf und der Werre. Ihre vordere Körperhälfte (Kopf und Bruststück) ist im Verhältnis zum Hinterleib sehr lang, öfters fast ebenso lang wie dieser, und sie fallen dadurch unter unseren einheimischen Käferformen auf. Sie haben geknickte, meist in einem Knopf, selten in einer Keule endende Fühler und als bohrende Tiere kurze Beine. Bei gewissen Gattungen ist das gemeinsame Ende der Flügeldecken eingedrückt und am Rande des Eindrucks stehen Zähnchen, deren Zahl, Anordnung und Beschaffenheit für die Bestimmung der Arten wichtig sind. Wahrscheinlich steht dieser Eindruck samt den Zähnen mit dem Geschlechtsleben der Tiere irgendwie im Zusammenhange, es gibt wenigstens Formen, bei denen sie nur den Männchen zukommen. Es gibt überhaupt Arten, deren Geschlechter sich bedeutend unterscheiden. Eine solche ist namentlich der ungleiche Holzbohrer, bei denen die Weibchen über 3, die Männchen aber nur 2 mm lang sind. Sonderbarer und ungewöhnlich ist, daß, während jene Unterflügel haben und fliegen können, diese ihrer und damit natürlich auch des Flugvermögens entbehren. Wir sind, wie wir das bei Gelegenheit der Betrachtung der Borstenspinner schon sahen, viel eher gewohnt, zu finden, daß, wenn ein Geschlecht bei den Kerbtieren flugunfähig ist, das weibliche von diesem Mangel betroffen wird. Vielleicht findet sich später im Verlauf unserer Spaziergänge einmal Gelegenheit auf diese Art von Holzbohrer, die auch in anderer Beziehung recht merkwürdig sind, zurückzukommen.

Die weißen Larven der Borkenkäfer gleichen denen der Rüsselkäfer außerordentlich, so daß auch ein Fachmann, wenn er eine einzelne nicht an Ort und Stelle, wo sie beheimatet ist, also in der Rinde oder im Holze ihres Futterbaumes sieht, nicht entscheiden kann, ob sie zu diesen gehört oder zu jenen. Sie halten sich, wie die Engerlinge des Maikäfers, bauchwärts gekrümmt, sind auch, wie diese, auf dem Querschnitte rund, aber sie sind nach vorn zu verdickt und haben keine Beine, während die Maikäferlarven drei lange Beinpaare besitzen und im hinteren Körperabschnitte angeschwollen erscheinen. Die der meisten Arten leben in der Rinde, dem Baste, Splinte (Rindenbrüter) oder dem Holze (Holzbrüter) von Laub- und Nadelbäumen, manche aber auch in anderen Pflanzen, z. B. dem Efeu, der Waldrebe, dem

Knoblauchgamander, dem roten Kopf- oder Wiesenklee, dem weißen Bienensauge und dem Besenginster.

Jede Art frißt oder nagt ihre Gänge in besonderer, bisweilen sehr zierlicher Weise, an der sie der Fachmann sicher erkennt, was ihm, wie bemerkt, an der Larve allein nicht möglich ist. Uns interessieren hier bloß die Arbeiten des Waldgärtners. Nachdem diese Tiere überwintert haben, erscheinen sie sehr zeitig im Frühjahr, meist schon in der zweiten Hälfte des März in bisweilen ungeheuren Schwärmen. Das Weibchen bohrt in mittelalten bis alten Kiefernstämmen ein Loch durch die Rinde und zunächst einen ganz kurzen Quergang, darauf senkrecht nach unten einen 7 bis 14 cm langen, geraden Gang, den Muttergang. In die rechte und linke Seitenwand dieses Ganges nagt es in gewissen Abständen Gruben oder Nischen, die es mit je einem Eie belegt; es nagt diese nicht etwa erst die eine Seite herunter und dann die andere, sondern wechselweise, bald rechts, bald links, wobei es sich ziemliche Zeit nimmt. In der Regel bohrt es von dem Gange aus noch ein „Luftloch“ durch die Rinde nach außen, manchmal deren mehrere. Nach etwa 14 Tagen erscheinen die Larven, die von ihren Eiernischen aus wenig geschlängelte Gänge nagen. Diese gehen von dem Muttergange in der Mitte in ziemlich rechten Winkeln ab, aber in um so spitzeren, je näher sie sich dessen oberem oder unterem Ende befinden. Je älter und je größer und dicker die Larven werden, desto weiter werden natürlich ihre Gänge, was die Mutter bei Anlage der Nischen, der Entfernungen zwischen diesen wegen berücksichtigen muß. Die Gänge endigen in einen größeren, länglich runden Raum, in dem die Verpuppung vor sich geht, und der danach die „Puppenwiege“ heißt. Das Insekt verbringt im Larvenzustande etwa sieben bis acht Wochen, aus der Puppe erscheint nach 14 Tagen der Käfer. Dieser überwintert entweder, bohrt sich aber durch die Rinde hindurch nach außen und pflanzt sich erst im nächsten Frühjahre fort, oder er vermehrt sich gleich, und seine Nachkommen erscheinen im nächsten März. Der Waldgärtner hat also entweder nur eine Generation oder deren zwei im Jahre, was von der Gunst oder Ungunst der Witterungsverhältnisse abhängt.

Die Massenentwicklung des Käfers kann so stark sein, daß nach Judeich und Nitsche an starkem Holze auf das laufende Meter bis 60 Muttergänge kommen, von denen jeder durchschnittlich mit 100 Eiern besetzt ist. Wenn wir bloß die Hälfte der Gänge für das Meter annehmen und weiter, daß bloß die Hälfte der Larven sich zu Käfern entwickeln, so würden Stämme von 10 bis 13 Meter Länge je etwa 20000 Käfer liefern!

Dieses Insekt wird aber den Kiefern nicht nur als Larve, sondern auch als fertiger Käfer, als Imago schädlich. Das lateinische Wort imago, auf deutsch wörtlich „Bild“, das so einfach ist, und das wir sonst immer weitläufig umschreiben müßten, wollen wir übrigens für unsere weiteren Unterhaltungen beibehalten, trotz der „geläuterten Vaterlandsliebe“ der Sprachreiniger, für die ich sowieso herzlich wenig übrig habe. Die Imago des Waldgärtners also bohrt zu ihrer eigenen Ernährung die jungen Triebe an und wird ihnen entsprechend der Menge, in der sie bisweilen auftritt, unter Umständen äußerst verderblich.

Aber Käfer sind es nicht allein, die als Larven und Imagines den armen Kiefern lästig fallen, es sind auch Blattwespen und Schmetterlinge, zwar nur als Larven, oder, wie man in diesen Fällen zu sagen pflegt, als Raupen und Afterraupen.

Unter dem Namen „Afterraupen“ versteht man die Larven der Blattwespen, und sie heißen so, weil sie den Larven der Schmetterlinge, den echten, wahren Raupen sehr ähnlich sehen und scheinbar solche sind. Sie stimmen mit diesen darin überein, daß sie, wie deren Mehrzahl, in der Regel frei leben, eine bunte Färbung und an den drei Brustringen je ein Paar kurze, hornige Füße haben, unterscheiden sich aber andererseits insofern von ihnen, daß sie bloß ein einziges Paar einfacher Augen, sogen. Nebenaugen (ocelli oder stemmata), anstatt deren fünf bis sechs Paare wie diese, hingegen zahlreichere häutige Füße am Hinterleibe haben. Bei den Raupen der Schmetterlinge beträgt deren Gesamtzahl höchstens zehn (fünf Paar), öfters aber, wie bei allen denen der Spanner und spannerartigen Eulen weniger. Auch haben die Afterraupen keine Hornborsten oder Kammzähne an deren Gehfläche, wie fast alle echten Raupen.

Von allen Übereinstimmungen in der Beschaffenheit der beiden sonst so sehr verschiedenen Arten von Wesen ist die bunte Färbung am leichtesten zu erklären, — eben daraus, daß weitaus die meisten von ihnen frei, d. h. den Blicken ihrer Mitgeschöpfe preisgegeben leben. Wir finden, daß auch die Larven in anderen Insektenordnungen unter den gleichen Umständen ähnlich lebhaft gefärbt sind. Ich denke, wir werden bei unseren weiteren Spaziergängen noch solche von Käfern und Netzflüglern kennen lernen, bei denen das der Fall ist. Bei versteckt im Innern von Pflanzen, unter der Erde, im Wasser und in selbstverfertigten Gehäusen und Futteralen hausenden ist die Sache umgekehrt. Sie können aus sehr verschiedenen Familien sein, stimmen aber darin überein, daß sie weiß, gelblich bis braun sind, und damit die Färbung des ihren Körper bekleidenden Hornstoffs, des Chitins haben. Es ist bemerkenswert, daß es einige Blattwespenarten gibt, deren Larven auch in Pflanzen oder in Pflanzenteilen leben, wie die der Pflaumensägewespe (Hoplocampa fulvirostris) in Zwetschen, die der Apfelsägewespe (Hoplocampa testudinea) in Äpfeln und die der bohrenden Rosenblattwespe (Monophadnus bipunctatus) in jungen Rosentrieben, und von dem allgemein gültigen Gesetz keine Ausnahme machen: sie sind ebenfalls einfarbig, rötlich oder gelblich weiß. Das ist nicht bloß bei Insektenlarven der Fall, die Erscheinung wiederholt sich bei sehr verschiedenartigen Arten von Geschöpfen, wenn sie nur ähnlich leben: mit wenig Ausnahmen sind die Eingeweidewürmer oder Binnenwürmer der Tiere und des Menschen hellfarbig, sowie die Höhlenbewohner von der Spinne bis zum Höhlenmolch oder Olm.

Diese Tatsachen mußten den Beobachtern selbstverständlich schon längst aufgefallen sein, und natürlicherweise suchten sie nach Erklärungen für sie. Da hieß es denn schon vor einigen Jahrhunderten: Das Licht ist schuld daran! Das ist ganz richtig, aber nicht bloß in der Art, wie die alten Naturforscher meinten. Die dachten nämlich bloß an den unmittelbaren Einfluß des Sonnenlichts und der damit verbundenen Wärme. Nur in heißen Ländern, hieß es, sind die Menschen von dunkler Hautfarbe, nur im Sommer werden bei uns die Leute braun, und es wird

So ein leuchtend Schätzchen
Im Mai getupft wie unsre Pantherkätzchen.

Wenn wir einen lebenden Olm jahrelang an einer dem Tageslichte zugänglichen Stelle aufbewahren, so verliert er nach und nach seine weiße Farbe und wird immer mehr dunkelgrau.

Aber dabei handelt es sich stets nur um eine gemeinsame, allgemeine Färbung, nicht um Zeichnungen und „spezifizierte“ Farben, die ihre Entstehung und Bedeutung zwar auch dem Lichte verdanken, aber in mittelbarer Weise. Wo kein Licht ist, können auch die Dinge nicht gesehen werden, folglich auch die Farben nicht, daher sind diese an solchen Stellen überflüssi gund es ist gleichgültig, ob sie vorhanden sind oder nicht. Ebenso ist es für ein Geschöpf, das sich anhaltend im Dunkeln befindet, völlig einerlei, ob es Sehwerkzeuge besitzt oder nicht, Gebrauch kann es doch nicht von ihnen machen. Es heißt zwar immer, die Natur teilt ihre Gaben mit verschwenderischen Händen aus, aber das ist eine sehr bedingte Wahrheit, das geschieht nur, wenn allein auf diese Weise die Erhaltung eines Individuums oder einer Art möglich ist, sonst ist sie eine gar sparsame Hausmutter: was Tiere nicht gebrauchen können, verschwindet bei ihnen immer mehr im Laufe der Generationen. Durch veränderte Lebensbedingungen werden früher sehr notwendige Organe und körperliche Eigenschaften zu rudimentären, und rudimentäre gehen nach und nach völlig verloren. So ist es auch, wenn der Aufenthalt der Tiere nicht mehr im Hellen stattfindet, mit den Augen, mittelst deren sie sehen, und mit den Farben, die an ihnen gesehen werden.

Du meinst, nicht bloß die Farben würden bei an verborgenen Stellen lebenden Tieren nicht gesehen, sondern schließlich alle äußerlichen Körpereigenschaften, die sie deshalb doch nicht einbüßten. Nun, das ist eben ein Beweis, daß sie sie auch im Dunkeln so wenig entbehren können, wie im Hellen. Könnten sie sie entbehren, dann würden sie sie nicht haben!

Die Imagines der Blattwespen besitzen keine Wespentaille, der meist flache und entsprechend breite Hinterleib ist bei ihnen vielmehr vorn in seiner ganzen Ausdehnung mit dem Bruststücke verbunden. Ihre Fühler sind bei den verschiedenen Arten von sehr ungleicher Länge, ungebrochen, faden- und borsten-, bisweilen auch keulenförmig oder, wenigstens im männlichen Geschlechte, auf beiden Seiten gekämmt. Die Flügel zeichnen sich durch eine sehr reich entwickelte Nervatur aus nnd sind von eigentümlich glasigem Glanze, oft mit rauchbraunem, gelblichem oder bläulichem Schimmer. Die Körperfarben sind zwar sehr mannigfach, aber Schwarz und Gelb, bis Braun verdunkelt oder bis Weiß abgeblaßt, die wahren Farben der Hautflügler, sind, allerdings in sehr verschiedener Verteilung und in sehr schwankenden Verhältnissen zueinander, doch die hauptsächlichsten.

Die Weibchen besitzen, wie die aller Hautflügler, am Hinterleibsende eine, wenn sie nicht in Tätigkeit ist, äußerlich nicht sichtbare Vorrichtung, die zur Brutpflege in unmittelbarer Beziehung steht, hier aber nicht als Legbohrer oder Stachel, sondern in anderer Art entwickelt ist. Sie ist nämlich eine Säge, daher die Blattwespen wohl auch „Sägewespen" genannt werden, und dieser Name ist, nebenbei bemerkt, eigentlich besser, da eine ganze Reihe ihrer Arten mit Pflanzenblättern nichts zu tun haben, aber alle im weiblichen Geschlechte mit einer Doppelsäge ausgerüstet sind. Diese Doppelsäge besteht aus einem rechten und linken, erst auf- dann abwärts gekrümmten und an der Vorder- und Unterseite gezähnelten Blatte, die beide zugleich in Tätigkeit treten, und dabei zwischen einer rechts- und linksseitigen Scheidenklappe hin und her laufen. Mit dieser Säge sägt die Mutter in der Regel entlang einer Blattrippe zwei Reihen von Täschchen, jederseits eine. In jedes solches

Täschchen schiebt sie ein Ei, das sofort unter dem Einflusse der Feuchtigkeit des Blattgewebes, die es in sich aufnimmt, und bisweilen sehr bedeutend anschwillt.

Die Larven der meisten Arten von Blattwespen verpuppen sich oberhalb des Bodens an ihrer Futterpflanze oder auf der Erde in einem allseitig geschlossenen oder gitterartig durchbrochenen Kokon von horniger Beschaffenheit. Gerade aber in Kieferwäldern lebt eine Form, die von dieser ziemlich allgemein gültigen Regel eine sonderbare, nicht zu erklärende Ausnahme macht. Das ist die Farrenkraut-Sägewespe (Strongylogaster cingulata), als Imago ein etwa 13 mm langes und 26 mm klafterndes schwarzes Insekt mit einer gelbrandigen Binde um den Hinterleib. Die Larve hat für Kerbtiere sehr ungewöhnliche Nahrungspflanzen, nämlich Farrenkräuter und zwar besonders das Laub des Adlerfarrens Sie verpuppt sich aber weder an diesem Gewächse noch auf dem Boden, sondern sucht zu diesem Behufe ältere Kiefern auf. In deren Rinde bohrt sie sich ein und macht in ihr einen aufwärtssteigenden Gang, aber ohne bis auf das Holz zu gehen. In diesem verpuppt sie sich ohne Kokon. Es ist das eine mir vorläufig noch ganz rätselhafte Tatsache. Schaden erfahren die Kiefern übrigens nicht durch sie.

Sonst hat gerade die Kiefer unter Sägewespen sehr zu leiden. Nicht weniger als sieben Arten, die teils zur Gattung der Buschhornwespen (Lophyrus, vier Arten), teils zu der der Gespinstsägewespen (Lyda, drei Arten) gehören.

Die Buschhornwespen haben im männlichen Geschlechte Fühler, die auf beiden Seiten zierlich gekämmt sind, also eine bedeutend vergrößerte riechende Oberfläche. Man sollte meinen, die sei hier im Grunde genommen überflüssig, denn Weibchen wie Männchen seien so häufig, daß es letztere gar nicht nötig hätten, erstere zu suchen. Das ist in manchen Jahren allerdings richtig, aber nicht in allen, sogar in den meisten nicht. Es wäre schlimm für die Kieferwälder, wenn es sich nicht so verhielte! Freilich leben die Larven gesellig, aber die Imagines zerstreuen sich und sind doch manchmal und stellenweise recht selten, so daß es für die Erhaltung der Art immerhin gut ist, wenn die Männchen besonders dazu geschickt sind die Weibchen zu finden. Wahrscheinlich werden diese auch keine großen Fliegerinnen sein und von den Männchen gesucht werden müssen.

Die schädlichste Art der auf der Kiefer lebenden Buschhornwespen ist die gemeine (Lophyrus pini), deren Geschlechter sich nicht allein durch die Beschaffenheit der Fühler unterscheiden, sondern auch noch durch andere äußere

Eigenschaften. Beim Männchen beträgt die Länge 6,5 und die Spannbreite 16 mm, beim Weibchen sind die entsprechenden Maße 8,5 und 18 mm. Jenes ist hauptsächlich von schwarzer, dieses von gelber Farbe, aber die Zeichnung ist bei beiden bedeutenden Schwankungen unterworfen.

Zeitig im Frühjahr verwandelt sich die Larve in dem sehr festen Kokon in die Puppe, die nach 14 Tagen die Wespe der ersten oder Frühlingsgeneration liefert. Die Mutter legt 10 bis 20 Eier in einen Schlitz, den sie von der Kante her in eine Nadel gesägt hat und darauf mit einem aus besonderen Drüsenanhängen des Eileiters stammenden Kitt verklebt. So verfährt sie mit 6 bis 12 einzelnen Nadeln, bis sie ihren aus etwa 200 Stück bestehenden Eiervorrat untergebracht hat. Die Färbung der Larven ist noch verschiedenartiger als die der Imagines, im allgemeinen ist sie grünlichgelb, bald heller, bald dunkler, bald reiner, bald weniger rein. Meist verändern sie auch ihre Farbe nach jeder Häutung, deren sechs stattfinden. Sie sollen des Morgens dunkler sein als des Mittags, was wahrscheinlich auf Verdauungserscheinungen beruht, indem sich während der nächtlichen Ruhe der Kot im Darme angesammelt hat und nun früh durch die Körperhaut hindurchschimmert.

Die Larven der Buschhornwespen führen, wenn sie sich beobachtet fühlen, wie die der meisten Blattwespen, seltsame Bewegungen aus. „Einst sah ich“, erzählt der berühmte Forstzoologe Ratzeburg, „zwei Gesellschaften von sechs bis zehn, wahrscheinlich aus einem und demselben Neste herstammenden Stücken auf zwei benachbarten Zweigen, welche beide regelmäßig alle 4 Sekunden mit dem Körpervorderteile schlugen; war dies sechs- bis achtmal hintereinander geschehen, so ruhten sie etwas.“

Ratzeburg nennt diese Bewegungen „Schlagen“ — „Schnippen“ oder „Schnicken“ wäre bezeichnender, denn sie haben etwas Krampfhaftes, Marionettenartiges. Es macht einen sonderbaren Eindruck, wenn eine Gesellschaft dieser Tiere, als ob sie von einem gemeinsamen Willen beseelt oder von einer unsichtbaren Hand an einem Bündel zusammenlaufender unsichtbarer Fäden geleitet würde, genau zu gleicher Zeit die gleichen Bewegungen ausführt. Werden die Larven anhaltend beunruhigt, so halten sie sich mit einigen der mittleren Bauchfüße, deren sie im ganzen acht Paare haben, fest und schnicken mit dem vorderen und hinteren Körperende zugleich.

Wenn es ein Freßjahr ist und die Larven sehr zahlreich sind, sammeln sie sich in größeren Klumpen zusammen und unternehmen, wenn sie an einer Stelle des Waldes die Kiefern kahl gefressen haben, Wanderungen auf benachbarte Bäume, deren Stämme sie dann unter Umständen so dicht bedecken, daß kaum etwas von der Rinde zu sehen ist, auch fallen sie bei solchen Gelegenheiten in solchen Mengen in Bäche, die ihren Weg kreuzen, „daß deren Wasser zu leben scheint".

Sie verpuppen sich im Juni in braungrauen Kokons an der Futterpflanze und nach 14 Tagen erscheinen die Wespen der zweiten oder Sommergeneration, deren Larven bis zum nächsten Vorfrühjahr überwintern, aber in Kokons an der Bodenoberfläche. Bisweilen findet aber keine zweite Generation statt und die in den Frühlingskokons befindlichen Larven bleiben den Winter über unverändert liegen, bisweilen sogar bis in den Sommer, also statt 3 Monate deren 15.

Solche ungewöhnlich verlängerte Fälle der Puppenruhe kommen gelegentlich auch bei Schmetterlingen vor. So erhielt August Speyer im Juni 1886 zwei Raupen des Kirschenspinners (Eriogaster lanestris), die sich bald zusammen einpuppten. Aus der einen erschien der Schmetterling schon, wie zu erwarten war, im April 1887, aber die andere lag noch Mitte Juni 1888 als Puppe, die aber durch ihre lebhaften Bewegungen bewies, daß sie völlig gesund sei.

Ich wage über den Grund solcher rätselhaften Erscheinungen nicht einmal Vermutungen aufzustellen. Wahrscheinlich werden sie aber zugunsten der Art stattfinden, was sie wenigstens den einzelnen Individuen nützen könnten, ist nicht recht einzusehen.

Sehr merkwürdig ist, wie Judeich und Nitsche hervorheben, die Tatsache, daß aus Larvenformen von sehr verschiedenartigem Aussehen hervorgehende Arten von Buschhornwespen sich zum Verwechseln ähnlich sein können, so die gemeinen Kiefernbuschhornwespe und die als Larve gleichfalls auf Kiefern lebend ähnliche Buschhornwespe (Lophorus similis), während andererseits Arten, die als Larven nicht zu unterscheiden sind, als Imagines sehr verschieden aussehen können, wie die Buschhornwespe des Lärchenbaums (Lophorus laricis) und die grüngelbe (Lophorus virens).

Die Larven der Gespinstblattwespen (Lyda), von denen drei Arten auf der Kiefer vorkommen, hausen, wie ihr deutscher Name sagt, in Gespinsten, mit denen sie die Zweige überziehen, und zwar gesellig.

Die Imagines sind größer als bei der vorigen Gattung und haben in beiden Geschlechtern einfache, borstenförmige Fühler, die Larven sind ohne Bauchfüße.

Die wichtigste jener drei Arten ist die bunte Gespinstwespe (Lyda stellata), deren Männchen 11 mm lang sind und 20 mm klaftern, während bei den

Weibchen die entsprechenden Maße 13 und 24 mm betragen. Außerdem ist bei diesen der Hinterleib bedeutend breiter als bei jenen, in der Färbung sind sich beide Geschlechter ziemlich gleich, nämlich schwarz mit gelbgezeichnetem Kopf und Bruststück, mit rot gerandetem Hinterleibe und rot und schwarzen Beinen. Aus den Eiern, die die Mutter in der Regel im Juni ohne weiteres einzeln, aber doch nicht allzu weit voneinander entfernt an die Nadeln etwa 30jähriger Kiefern klebt, gehen nach 14 Tagen die olivengrünen, auf dem Rücken braun- und an den Seiten gelbgestreiften Larven hervor, die sofort anfangen zu spinnen. Zunächst macht sich jede eine lockere Röhre, von der aus sie, immer dabei Faden spinnend, ihre Gänge zu den Weideplätzen nimmt. Sie frißt ältere Nadeln, die sie am unteren Ende abbeißt und einzeln in ihre Röhre zieht. Hat sie ein Zweiglein kahl gefressen, so spinnt sie sich nach einem benachbarten, benadelten mühsam fort. Ihre Bewegungen zwischen den Fäden und in der Röhre sind, obwohl sie keine Bauchbeine hat, oder vielleicht, weil sie keine hat, rasch und geschickt. Sie versteht die Kunst wie ein sogen. Schlangen- oder Kautschukmensch sozusagen unter sich selbst weg zu kriechen, wenn sie sich in ihrer Röhre wenden will, wobei sie sich ganz dünn und schmächtig macht, in wenig Augenblicken ihr Vorhaben ausgeführt hat und in der zur früheren Richtung entgegengesetzten munter fortwandert. Es ist ihr völlig gleichgültig, ob sich ihr Körper in der Bauch- oder in der Rückenlage befindet, sogar beim Fressen ist ihr das einerlei. Wenn sie ihren Kot lassen will, steckt sie ihr Hinterende zum Gespinst heraus, und er fällt zur Erde, gibt es aber viel Larven und hausen sie im erwachsenen oder nahezu erwachsenen Zustande dicht beieinander, so bleibt er, nebst fallengelassenen Nadeln zwischen den Fäden hängen. Er ist krümelich, ohne feste Gestalt und anfangs zufolge seines Gehaltes an Chlorophyll grün, wird an der Luft aber bald rotbraun. Wenn die Larve sich verpuppen will, läßt sie sich an einem Faden auf den Boden herab, in dem sie sich 5 bis 15 cm tief eingräbt. Am untern Ende dieses Schachtes macht sie eine bohnenförmige Kammer, in der sie liegen bleibt, um sich erst im kommenden Frühjahr, ohne einen Kokon zu verfertigen, einpuppt. Nach etwa 14 Tagen erscheint die Imago. Man hat aber auch Fälle beobachtet, in denen die eingegrabene Afterraupe sich erst nach Verlauf von zwei Jahren und sieben Monaten in die Puppe verwandelte.

Das Gespinst wird jedenfalls einen bedeutenden Schutz gegen die Nachstellungen von Raupenfliegen und Schlupfwespen, vielleicht sogar von kleineren Vögeln, denen Verunreinigungen ihres Gefieders höchst zuwider sind, bieten.

Weit mehr als unter Wespenlarven haben die Kieferwälder gelegentlich unter gewissen Schmetterlingsraupen zu leiden, die viel größere Gebiete befallen und weit gefräßiger sind. Nicht weniger als 18 Arten von Schmetterlingen aus allen Familien oder größeren Gruppen mit Ausnahme der Tagfalter treten als Schädlinge der Kiefer auf, die gefährlichsten aber sind Spinner. Da sind es besonders drei Arten, die in Betracht kommen, von denen wir eine ziemlich sicher und eine möglicherweise hier als Imagines finden können, nämlich die Nonne und den Kiefernspinner, von der dritten, dem Kiefernprozessionspinner, dürfen wir es nicht erwarten, denn die kommt so weit westlich im deutschen Tieflande nicht mehr vor.

Die Nonne (Ocneria monacha) ist ein hübscher Schmetterling, dessen Geschlechter ziemlich verschieden sind. Die Vorderflügel sind weiß, mit mehr oder weniger zahlreichen braunschwarzen Flecken und der Quere verlaufenden Zickzacklinien, die Hinterflügel einfach grau, ebenso die Grundfarbe des schwarzgefleckten Bruststückes. Der Hinterleib ist rosenrot mit schwarzen Zeichnungen. Die dunkle Farbe der Vorderflügel kann sich bis zu dem Grade ausdehnen, daß sie fast ganz schwarz erscheinen. So beschaffene Exemplare bilden dann die Abart des „Einsiedlers“ (eremita).

Das Männchen klaftert mit ausgespannten Flügeln 33 bis 45 mm und seine zusammengeschlagenen Flügel bilden im Sitzen ein gleichseitiges Dreieck. Es hat doppelt gekämmte Fühler, langbehaarte Beine und einen schmächtigen niedergedrückten Hinterleib mit wenig Rosenrot. Die Spannweite des Weibchens beträgt 40 bis 55 mm und es hat im Sitzen die Gestalt eines gleichschenkligen Dreiecks. Seine Fühler sind beiderseits gezähnt, seine Beine nur kurz behaart, der starke Hinterleib ist vollrund und hat weit mehr Rosenrot als im männlichen Geschlechte.

Die Falter fliegen im Juli und August, finden sich für gewöhnlich nur einzeln, ja sind jahrzehntelang geradezu selten, so daß kaum einmal einer zu sehen ist. Dann fangen sie langsam an häufiger zu werden: im ersten Jahre sind es ihrer nur noch sehr wenige, im zweiten kommt je einer auf den Stamm, im dritten schon 50 bis 60, und im vierten, wenn alles für die Tiere gut ging, hat man das schönste Massenflugjahr. Dann ist jeder Stamm bis hoch hinauf mit Nonnen bedeckt, und jeder Stockschlag in die Zweige scheucht Hunderte von ihnen auf. Dann tritt Übervölkerung ein und die Schmetterlinge fangen an freiwillig zu wandern, denn sie sind, besonders die männlichen, beweglich genug. Freiwillige Massenwanderungen finden immer nachts statt, besonders bei Mondenschein und gegen den Wind. Durch künstliche

Lichtquellen werden sie angezogen und von ihrem Wege abgelenkt. Wo Gaslicht und elektrische Beleuchtung zugleich ihren Einfluß geltend machen, fliegen sie immer nach letzterer. Sie fliegen auch nach und auf beleuchtete Nachtzüge und werden von diesen unter Umständen weit verschleppt.

Unfreiwillige Wanderungen werden durch schwere Stürme zur Schwärmzeit veranlaßt. So war es in der zweiten Hälfte des Juli des Jahres 1856, wo in den russischen Ostseeprovinzen ein Massenflug stattfand. Die Tiere wurden durch einen schweren Südoststurm in solchen Mengen ins Meer geschleudert, daß die kurländische Küste auf eine Strecke von 70 Kilometern, von Libau bis Windau, mit einem 2 m breiten und bis 15 cm hohen, aus ihren angespülten Leichen bestehenden Saum bedeckt war.

Das Weibchen legt seine Eier, deren durchschnittliche Zahl etwa 200 sein mag, zu Gruppen von 20 bis 50 Stück fest aneinander gekittet mit seinem zu einem langen, vorstreckbaren Legestachel entwickelten Hinterleibsende in Spalten, unter lockere Absprünge und Bündel schmarotzender Flechten der Kiefernrinde. Sie werden nicht, wie bei zahlreichen anderen Spinnerformen, mit vom Hinterleibe stammender Schuppenwolle bedeckt, sind aber gleichwohl imstande, sehr bedeutende Kältegrade ohne den geringsten Schaden zu überstehen. Die Raupe ist in der Eischale nach vier Wochen schon vollständig entwickelt, bleibt aber in ihr bis zum nächsten April oder Mai. Äußerst selten ist einmal die eine oder die andere vorwitzig und verläßt das Ei schon in dem nämlichen Herbst, in dem es gelegt wurde, bezahlt aber ihren Vorwitz regelmäßig mit dem Leben.

Die Gesamtzahl der Eier ist bisweilen ganz ungeheuer. So sammelte man, — „Eiern“ ist der Kunstausdruck für dieses Sammeln — bei Stralsund im Winter 1838/39 über 146 und vom Oktober 1839 bis Mitte Februar 1840 über 507 Kilogramm Eier. Da aber durchschnittlich 1100 Stück dieser Eier auf ein Gramm gehen, so war in letzterem Falle ihre Gesamtsumme über 507 $^1/_2$ Millionen Stück. Man verbrannte sie, mußte dabei aber vorsichtig sein und durfte das nur mit kleineren Mengen zugleich tun, da die Eier dabei explodierten, was bei großen Massen gefährlich hätte werden können.

Nach dem Auskriechen bleiben die jungen Raupen zunächst noch vier bis sechs Tage an der Stelle, wo sie die Eier verließen, ruhig auf deren Schalen, die sie nach und nach fressen, sitzen und bilden einen sogen. Spiegel; ihr Abtöten an solchen Stellen heißt danach das „Spiegeln“. Sie wandern dann, aber immer noch die Geschwister gesellig miteinander, wobei sie feine Fäden spinnen, die sie an die Unterlage anheften, so daß sich ihre zurückgelegten Wege mit feinsten, schleierartigen Gespinsten bedecken. Auf diese Weise können sie auch die glattesten Stammesteile überschreiten, was ihnen sonst nicht möglich wäre. Später zerstreuen sich die Raupen, die vorher die verschiedenen Spiegel bildeten und hören, wenn sie halbwüchsig sind, auf zu spinnen, was sie erst wieder tun, wenn sie sich verpuppen.

Die ausgewachsenen Nonnenraupen, die am Tage meist am Stamm sitzen und hauptsächlich nachts fressen, werden 5,4 cm lang und sind sehr bunt. Sie haben einen großen Kopf und in sechs Längsreihen angeordnete Körperwarzen, deren jede ein Büschel kurzer weißer Haare trägt. Nach Verlauf von neun bis zehn Wochen verwandeln sich die im April oder Mai ausgekrochenen Raupen in Furchen und Ritzen der Rinde des Futterbaums in lockeren und dürftigen Gespinsten in braune, grünlich überlaufene und bronzeartig glänzende Puppen, die nach 15 bis 20 Tagen die Falter liefern.

Nach Nonnenfraß zeigt sich in den befallen gewesenen Wäldern oft ein stärkerer Graswuchs des Bodens zufolge der Düngung, die diesem durch den Kot und die Leichen der Raupen zuteil wurde.

In der Wahl ihrer Nahrung sind die Nonnenraupen nicht besonders eigen. Auch in Fichtenwäldern treten sie häufig verheerend auf, Tannen sind ihnen sehr genehm, Eichen, Buchen, Birken und Obstbäume fallen sie an, Heidelbeerkraut und Wacholder verschmähen sie in der Not keineswegs.

Dem gegenüber sind die Raupen der Fichtenspinner (Gastropacha pini) viel wählerischer, denn außer verschiedenen Kiefernarten fressen sie, aber bloß notgedrungen, nur noch Fichte und Lärche. Judeich und Nitsche sagen von diesem Schmetterling, er sei ein Charaktertier der großen, zusammenhängenden Kiefernheiden der mittel- und norddeutschen Ebenen, und jedenfalls sind Schädigungen der Kiefernwälder durch ihn noch häufiger als durch die Nonne. Wenn ihm nicht durch Übervölkerung die freie Wahl beschränkt ist, bevorzugt er wenig dichte, reine Bestände von sechzig- bis achtzigjährigen Kiefern und namentlich die Ränder solcher mit sandigem, trockenem Boden, dem Moospolster locker aufliegen.

Das auch hier mit doppelt gekämmten Fühlern versehene Männchen klaftert durchschnittlich 60, das einfach gezähnelte Fühlhörner aufweisende Weibchen 80 mm. Im übrigen sehen sich die Geschlechter sehr ähnlich, und besonders das Weibchen entspricht in ihrem Äußeren dem einen der Gattungsnamen: Gastropacha, „Dickbauch", sehr wohl, während zwei andere, Lasiocampa, „Rauhraupe" und Eutrichia, „Wohlbehaarte", die auch im Gebrauche sind, sich auf die Raupe beziehen. Beim Schmetterling sind die Vorderflügel graubraun mit einer lebhafter gefärbten, ziemlich breiten Mittelbinde und einem dunkleren Wisch an der Wurzel, an dessen äußeren Ende ein für viele Spinnerformen sehr charakteristischer kleiner, weißer Fleck steht. Die hinteren Flügel sind einfarbig, etwas brauner und dunkler als die vorderen. Im ganzen ist die Färbung der Imagines im männlichen Geschlechte kräftiger als im weiblichen, — es ist, als ob für beide die gleiche Menge Farbe verwendet worden wäre, aber auf den um ein Drittel größeren Flügeln der Weibchen naturgemäß entsprechend dünner hätte aufgetragen werden müssen.

Das Weibchen legt seine 100 bis 200 hanfkorngroßen, blaugrünen Eier in Häufchen bis zu 50 Stück ohne weiteres an Rinde, Nadeln und Ästchen der Futterpflanze und geht dann zugrunde. Bisweilen sind diese Eier nicht befruchtet und liefern gleichwohl Raupen, aber stets männlichen Geschlechts.

Bei sehr schönem, warmem Wetter erscheinen die Räupchen nach zwei, bei besonders schlechtem, kaltem nach vier bis fünf Wochen. Sie häuten sich in ihrem Geburtsjahre noch zwei- oder dreimal. Im Herbst, wenn die ersten Nachtfröste auftreten, begeben sie sich auf den Boden, suchen zum Überwintern ihre Lager nicht in der Erde, sondern meistens unter ihrer Bedeckung, weshalb bereits die ihre Eier legenden Mütter auch von Anfang an Wälder mit locker liegenden Moospolstern vorzogen. In der Winterruhe nehmen sie eine ring- oder sprenkelförmige Lage an. Manche überwintern wohl auch ausnahmsweise in Rindenfurchen des untersten Stammesabschnitts. Sie sind in ihren Winterlagern außerordentlich widerstandsfähig gegen Kälte und Frost und können völlig einfrieren, so daß sie hart und steif werden wie ein Stückchen Holz, wenn sie nur trocken liegen. Ende März und Anfang April kriechen sie wieder an den Bäumen hinauf, so daß Mitte April meist schon alle in die Kiefernkronen zurückgekehrt sind. Bisweilen findet bei besonders günstiger Witterung der Aufstieg schon Ende Februar statt.

Sie fressen nun noch bis Ende Juni oder Anfang Juli, bis sie durchschnittlich 6 cm lang geworden sind, und denken dann ans Verpuppen.

Die Raupen des Kiefernspinners, von der Waldbevölkerung auch „Kienraupen“ oder „große Raupen“ zum Unterschied von den anderen auf Kiefern lebenden Raupen genannt, sind schöne Tiere. Ihre Grundfarbe gleicht im allgemeinen der der Schmetterlinge und ist, wie bei diesen, bei den größeren weiblichen Raupen etwas heller. Auf dem Rücken sind sie dunkler gezeichnet, und besonders charakteristisch sind zwei quere stahlblaue, samtige Flecke, sogen. „Spiegel“, die auf der Oberseite des zweiten und dritten Körperringes stehen.

Außerdem ist die Oberseite undicht mit mittelweichen, aufrecht stehenden Haaren besetzt, die in der Rückenmitte kürzer, an den Seiten und unmittelbar hinter dem Kopfe länger sind. Diese Haare werden in den pflaumenförmigen, an beiden Enden schwach zugespitzten hellgrauen oder bräunlichen Kokon, in dem die schwarzbraune Puppe ruht, mit eingesponnen. Die Wandung des Kokons ist ziemlich fest, nur am stärker zugespitzten Kopfende ist er locker gesponnen, so daß der Schmetterling ihn beim Auskriechen, das durchschnittlich nach drei Wochen erfolgt, ohne besondere Schwierigkeiten verlassen kann.

Ratzeburg hat festgestellt, wie viel eine Kienraupe durchschnittlich während ihres Lebens frißt. Das sind etwa 900 oder 1000 Nadeln. Bis zur ersten Häutung verzehrt sie deren 50, von dieser bis zur sechsten 471 und von der sechsten bis zum Einspinnen, dazwischen liegt ein Zeitraum von fünf Tagen, 351. Das ist, wenn man die Größe des stattlichen Tieres und die lange Freßdauer von Ende Juli oder Anfang August bis zum Spätherbst und vom März bis zum Juni berücksichtigt, nicht allzu viel, wenn man aber die Masse bedenkt, in der die Raupen unter Umständen auftreten, wird die Sache anders. Nur ein Fall sei hervorgehoben: in der fast 6000 Hektare großen Oberförsterei Glücksburg im Regierungsbezirk Merseburg wurden von 1857 bis 1864 vernichtet 229 Millionen Raupen und 208 000 Puppen, sowie im Jahre 1862 allein 59 Millionen Eier. Die Kosten der gegen diese argen Schädlinge ergriffenen Maßregeln beliefen sich auf 66 000 Mark!

Wir können dem Kiefernwalde und seinen ihm schädlichen Bewohnern keine Zeit mehr widmen, wir müssen eilen, die kleine Bahnstation zu erreichen, wo um 7 Uhr der Lokalzug Halt macht, der uns nach dem alten Lüneburg mitnehmen soll. In der Heide selbst würden wir schwerlich ein Abendbrot und ein Nachtquartier finden, die uns anständen. Vor 30 oder 40 Jahren war das anders, da wären wir freilich mit einer Schüssel Buchweizenbrei und einer Streu zufrieden gewesen! Tempi passati! Ich habe mich übrigens auch, wie ich 20 und 30 Jahre alt war, für solche Zustände niemals sonderlich erwärmen können. —

Natürlich hat man schon seit langer Zeit allerlei Mittel ausgedacht, sich aller jener Feinde der Wälder zu erwehren und sie zu vernichten. Wir können unsere Unterhaltung selbstverständlich nicht auf sie erstrecken und wollen bloß den Bundesgenossen, die der Mensch gegen dieses Raubgesindel in der Natur findet, eine flüchtige Aufmerksamkeit schenken.

Da wäre zunächst die Witterung! Anhaltend kaltes, nasses Wetter kann zwar den Borkenkäfern, namentlich im Larvenzustande nicht viel anhaben, aber wohl den Schmetterlingsraupen und noch mehr den Afterraupen der Blattwespen, die noch viel empfindlicher sind als jene. Kälte und Nässe können, besonders wenn sie in die Zeit einer Häutung oder während des Einspinnens auftreten, die Tiere auf weithin mit einem Schlage vernichten. Zum Teil gehen sie unmittelbar durch das Wetter zugrunde, indem starke Windstöße und schwere Regengüsse sie zu Boden schlagen, zum größeren Teil aber mittelbar, indem durch die allgemeine Nässe, besonders aber durch die nasse Nahrung begünstigt, ungeheuer verheerende Krankheiten unter ihnen wüten.

Diese Krankheiten sind sogen. „Mykosen“, Pilzkrankheiten, die epidemisch auftreten und auf das Eindringen von Keimen schmarotzender mikroskopischer Pilze zurückzuführen sind, die nach und nach und in verhältnismäßig kurzer Zeit zum Tode führen. Die Tiere werden häufig zunächst unruhig, bald aber träge, verlieren die Freßlust und alle Tatkraft, ihr Körper wird weich, ihre Haut schlaff und mißfarbig und ihr ganzes Innere löst sich in eine braune Schmiere und Jauche auf. Ihre Leichen hängen und kleben dann in oft sehr wunderlichen Stellungen an Ästchen und Stengelchen. Das kennen wir noch aus unseren Jugendjahren, wenn wir unsere Raupen in den Zwingern und Zuchtkästen mit zu nassem Futter gefüttert hatten.

Diese pflanzlichen Schmarotzer sind es nicht allein, die den Schädlingen der Kiefern an Leib und Leben gehen. Es gibt noch zahlreichere aus dem Tierreiche, und wenn sie auch nicht so gründlich und in so großem Stile unter ihnen aufräumen, so tun sie es um so häufiger. Wenn jene Pilzepidemien nur gelegentlich und in günstigen oder, für die befallenen Insekten wenigstens, ungünstigen Jahren auftreten, erheben die betreffenden Parasiten aus dem Tierreiche alljährlich mit großer Regelmäßigkeit ihre Zehnten.

Zwei schädliche Insekten der Kiefer werden auch von schmarotzenden Fadenwürmern befallen. Diese Erscheinung ist aber, leider, für den Naturforscher aus wissenschaftlichen Gründen merkwürdiger, als für den Forstmann aus praktischen wichtig, denn die Erfolge der Tätigkeit dieser Parasiten haben gar keine Bedeutung. Die beiden in Betracht kommenden Insekten sind jener braune Rüsselkäfer (Hylobius abietis), den wir genügend gewürdigt haben, und eine kleine Mücke, die Harzgall-Mücke der Kiefer (Cecidomyia pini), deren zu gedenken wir keine Ursache fanden.

Der Rüßlerwurm (Allantonema mirabile) ist im ausgebildeten Zustande 3 mm lang, bohnen- oder nierenförmig und durch Schmarotzertum so hochgradig entartet, daß seine ziemlich ansehnliche Leibeshöhle nur mit weiblichen Geschlechtswerkzeugen gefüllt ist. Er bewohnt, ohne weitere Nahrung zu sich zu nehmen, das Innere seines Wirtes. Die Eier entwickeln sich in der Mutter zu 0,3 mm langen, schlanken Haarwürmchen, die aus dieser aus- und in die Leibeshöhle des Käfers einwandern. Das geschieht nicht auf einmal, sondern in Portionen, wie sie nach und nach heranreifen. Ihre Gesamtzahl mag 5000 bis 6000 betragen. Sie ernähren sich zunächst im Leibesraum ihres Wirtes von dessen Säften, die sie, da sie keinen Mund haben, mit der ganzen Körperoberfläche einsaugen. Wenn sie eine gewisse Größe erreicht haben, durchbohren sie die Mastdarmwand des Käfers, wandern in den Darm und dann durch die Afteröffnung nach außen. Sie verlassen nun aber den Wirt nicht, werden vielmehr von Binnenschmarotzern zu Außenschmarotzern, indem sie sich unter seine Flügeldecken begeben. Wenn sie die Geschlechtsreife erlangt haben, sie sind getrennt geschlechtlich, verlassen sie diese Zufluchtsstätte und die Weibchen legen im Freien ziemlich hartschalige Eier. Die aus diesen hervorgehende zweite Generation der Larven lebt geraume Zeit im Freien, frißt vermutlich verwesende Stoffe in gewöhnlicher Weise, da sie die nötigen Freßwerkzeuge hierzu hat, und scheint nun in sehr junge Larven des Rüßlers einzuwandern, mit denen sie sich weiter entwickelt.

Der Wurm der Harzgallmücke (Atractonema gibbosum), oder besser, zunächst ihrer orangeroten Larve, bewohnt seine Wirtin in größerer Zahl, bis 50 Stück, die natürlich bei weitem nicht alle zur Entwicklung kommen können, ohne ihr wesentlich zu schaden, denn sie verpuppt und entwickelt sich trotz der Parasiten zur Imago, also muß sie sich immerhin verhältnismäßig wohl befinden. Er oder eigentlich „sie“, denn dieser Schmarotzer ist nur im weiblichen Geschlechte bekannt, wird im ausgewachsenen Zustande bis 6 mm lang. Auf seinem Rücken, nahe dem kegelförmigen hinteren Ende erhebt sich ein gleichfalls kegelförmiger Fortsatz, dessen Masse mehr als die Hälfte des ganzen Wurmkörpers ausmacht. Er ist der vorgestülpte, von junger Brut erfüllte, hinterste Abschnitt der Geschlechtsorgane. Die Jungen gelangen von hier in das Innere der mit dem Schmarotzer behafteten Mückenlarve, durchlaufen hier noch eine kurze, weitere Entwicklung. Danach begeben sie sich nach außen ins Freie und werden hier als Männchen oder als Weibchen geschlechtsreif. Während jene dann zugrunde gehen, wandern diese in die Mückenlarven ein, und ihr Körper erfährt hier die geschilderte Umgestaltung.

Diese Vorgänge sind, wie gesagt wurde, für den Forstmann belanglos, für den Zoologen um so merkwürdiger, also auch für uns, die wir nicht dem Heiligen Hubertus, sondern dem altheidnischen Faunus zugeschworen haben.

Aber es gibt noch genug Schmarotzer der den Kiefern schädlichen Insekten, die aus dem Tierreich stammen und die auch den Forstmann durch ihre Tätigkeit befriedigen. So hausen in den Eiern des Kiefernspinners, so viel bekannt, die Larven von drei, in den Raupen und Puppen aber von 23 Arten von Schlupfwespen und die Maden von drei Fliegenarten.

Die Raupenfliegen legen ihre Eier, manche Arten wohl auch junge Larven, denn viele Fliegen sind lebendiggebärend, an die Wirte, in denen diese schmarotzen, denn sie haben keine Bohrvorrichtungen, um sie gleich in sie hineinzulegen, die Maden fressen sich erst den Weg in deren Inneres. Die starke Behaarung, die viele Schmetterlingsraupen bekanntlich in so hohem Maße ausgezeichnet, ist ein wesentlicher Schutz gegen die Besuche trächtiger Fliegen- und Schlupfwespenmütter. Weeks sah, aber in Nordamerika, wie eine Schmarotzerfliege es gleichwohl möglich machte, einer sehr langhaarigen Raupe ihr Ei anzuheften. Sie setzte sich dieser gegenüber, Gesicht gegen Gesicht, und bog ihr zu einer sehr langen Legeröhre entwickeltes Hinterleibsende unter ihrem Körper hindurch nach der Raupe und klebte dieser das Ei an die natürlich kahle, glatte Stirn. Sie nahm sich dabei auch wohl in acht irgend ein Körperhaar zu berühren.

Ein japanischer Forscher, Sasaki mit Namen, und ein europäischer, Greeven, haben beobachtet, daß eine bei Yeddo und in der Provinz Joshig vorkommende, in der Seidenraupe schmarotzende Fliegenform (Udschimyia sericaria) eine ganz andere Art hat ihre Eier in die Wirte zu bringen. Sie legt ihre Eier Mitte Mai einzeln an die Unterseite frischer, recht saftiger Blätter an der Sonnenseite solcher Maulbeerbäume, die auf fettem, feuchtem Boden stehen. Wahrscheinlich ist die junge Made schon bei der Ablage in dem Eie entwickelt, kann sich aber nicht aus der Schale herausarbeiten, die Raupe muß jedenfalls das Ei fressen, sonst vertrocknet es binnen vier bis sechs Wochen. Im Raupendarm wird die Fliegenlarve frei und bohrt sich durch die Wandung von dessen Endabschnitt. Nun dringt sie in den unter diesem befindlichen Teil des Bauchmarks, dessen Hülle einen Sack um den Parasiten bildet. Jene wächst mit diesem und wenn der Schmarotzer 5 bis 6 mm lang geworden ist, so zerreißt sie, und dieser tritt in die Leibeshöhle über. Hier sucht er dicht hinter einem Luftloche den Hauptstamm einer Luftröhre auf, macht, wohl mit dem Maule, eine Öffnung in dessen Wand und steckt, nachdem er sich umgewendet hat, durch diese das mit zwei Atmungsöffnungen versehene Hinterleibsende. So kann er sich den nötigen Sauerstoff verschaffen, während sein Kopfende in der Leibeshöhle hängt und er hier vom Fettkörper der Raupe zehrt. Wenn die sehr bewegliche Made ausgewachsen und 15 bis

22 mm lang und 5 bis 6 mm dick geworden ist, verläßt sie die Raupe, oder unter Umständen die Puppe, zu der diese mittlerweile geworden sein kann, und den Kokon. Sie läßt sich nun auf den Boden fallen, in den sie sich eingräbt und in dem sie sich verpuppt. Deshalb suchte die Fliegenmutter solche Maulbeerbäume zur Eiablage auf, die auf weichem, gebundenem Boden standen. Der Däne Meinert ist der Ansicht, daß die Schmetterlingsraupen öfters auf diese Art mit der Brut schmarotzender Fliegen behaftet werden mögen.

Über die Schlupfwespen zu reden, werden wir wohl noch einmal Gelegenheit finden.

Als vor etwa 100 Jahren die Tatsache, daß auch Fliegenmaden an den Raupen schmarotzten, bekannt wurde, hatte man noch keine Ahnung davon, daß das besondere Arten von Fliegen seien, dachte vielmehr: Fliegen sind Fliegen. Ein gewisser Krünitz gab damals eine weitläufige „Encyklopädie“ heraus, die auch eine wahre Fundgrube für geschichtliche Notizen auf dem Gebiete der Tierkunde ist. Er teilt unter anderem mit, man habe zur Vertilgung der „Forstraupen“ auch vorgeschlagen, die Fliegen in den Wäldern künstlich zu vermehren durch pflanzliche und tierische Abfälle aus Gemüse- und Obstkellern, Brauhäusern, Abdeckereien, Schlachthöfen, Gerbereien, Abtritten usw., die in den Wäldern haufenweise zu verteilen wären. Man solle auch Schmeißfliegen fangen, wo man ihrer nur habhaft werden könnte und sie in den Waldungen fliegen lassen, hingegen solle man alle Vogelarten, die Fliegen fräßen, ausrotten. Ich will zu Ehren meiner Berufsgenossen annehmen, daß sie an dem Aushecken solcher der Abderiden würdiger Vorschläge unbeteiligt waren, und daß diese an dem berühmten grünen Tisch aus dem Gehirn etlicher einfacher und geheimer Regierungsräte entsprungen waren!

Wir wissen jetzt, daß gerade unter den insektenfressenden Vögeln die größten Feinde der forstschädlichen Insekten zu finden sind, und schützen und hegen sie, soviel wir nur können. Namentlich sind die Meisen, die alle Ritzen und Löcher der Bäume immer und immer wieder durchstöbern und ungeheure Mengen von Schmetterlings- und Blattwespeneiern vertilgen, die größten Wohltäterinnen und die berufensten Gehilfinnen des Menschen in seinen Feldzügen gegen die Belialskinder, die unsere Kiefern- und andere Wälder, unsere Obstgärten und Weinberge bedrohen. Die naiveren Menschen des Mittelalters, die weit mehr noch mitten in der Natur standen, waren klüger als die weisen Regierungsräte von anno 1800: in vielen alten weltlichen und geistlichen Gerichtsordnungen ist gerade das Töten der Meisen mit schweren Strafen bedroht.

Einen sehr bemerkenswerten Fall der Tätigkeit der Spechtmeisen oder Kleiber erzählt ein gewisser von Siemuszova-Pietruski: Im Jahre 1834 waren die Wälder des Samborer und Stryier Kreises in Galizien in schwerster Weise von Borkenkäfern befallen. Im Juli des genannten Jahres erschienen Spechtmeisen in unglaublichen Mengen. Sie füllten nicht nur die befallenen Wälder an, sondern alle Gärten und mit Bäumen bestandenen Orte ringsum und flogen vielfach durch offenstehende Fenster in die Stuben. Die Bewegungsrichtung der Massen war im großen von Nord nach Süd, und die Vögel zogen sich zunächst alle in die am stärksten befallenen Wälder. Hier waren sie geradezu haufenweise, und man sah fast an jedem Baume ihrer drei bis vier. Sie fraßen zwar weniger die Larven und Puppen der Borkenkäfer, zu denen sie nicht gut gelangen konnten, aber die Imagines millionenweise. Sie blieben vier Monate lang in der Gegend und fingen an, zuerst einzeln Ende Oktober wegzuziehen.

Aber damit, daß wir die Meisen, Baumläuferchen und Spechte nicht töten, ist es noch nicht getan, dadurch allein erhalten wir die kleinen befiederten Wald- und Feldpolizisten nicht in unserem Vaterlande, wir müssen auch dafür Sorge tragen, daß sie sich vermehren können. Sie sind wesentlich Höhlenbrüter und die Forst- und Feldwirtschaft rotten die hohlen Bäume aus, so viel sie nur können und haben von ihrem Standpunkte aus recht, daß sie das tun. Wir haben es aber, wenigstens bis zu einem gewissen Grade in der Hand, dem Nachteil, der vielen Arten höhlenbrütender Vögel daraus erwächst, durch das Aushängen von Nistkästen entgegen zu arbeiten. Darin kann gar nicht genug geschehen! Hängt Nistkästen aus und bestraft das Ausnehmen der Nester nützlicher Vögel mit unnachsichtlicher Strenge, das ist mein ceterum censeo!

Während die Meisen besonders die Eier der schädlichen Insekten vertilgen, machen sich andere Vogelarten um das Aufsuchen und Ausrotten der auf der Bodenoberfläche unter Moos und Streu liegenden Puppen und überwinternden Raupen verdient. So die Fasanen und Saatkrähen. Ein starker Raupenfraß kann auch die nach der Fortpflanzungszeit umherstreifenden Kuckucke anlocken und für längere Zeit fesseln.

Sogar die Eichhörnchen und Mäuse fressen gern die Kokons der Buschhornwespen und so können sie, was eigentlich nicht gerade in ihrer Natur liegt, dem Walde wohl einmal nützlich werden. Man hat beobachtet, daß Eidechsen und Grasfrösche nach Raupen des Kiefernspinners klettern, und Ohrwürmer steigen ihretwegen auf die äußersten Zweige der höchsten Bäume. Fledermäuse fangen sich schwärmende Nonnen und Kiefernspinner massenhaft, und die Imagines größerer Arten von Blattwespen scheuen vor dem Kannibalismus nicht zurück, die kleinerer zu verzehren.

Ganz besonders grimmige Feinde haben die verschiedenen Arten von Kiefernraupen und namentlich die des Prozessionsspinners an den Käfern und Larven der Puppenräuber. Réaumur fand stets mehrere, manchmal bis sechs der grauen, glänzenden, unter Umständen 5 cm langen Larven des gewöhnlichen Puppenräubers (Calosoma sycophanta) oder des Banditen, Raupen- oder Mordkäfers, wie er bezeichnend genug heißt, in den Nestern des Prozessionsspinners, allerdings des Eichen-, nicht des Kiefernprozessionsspinners, der in Frankreich gar nicht vorkommt, so wenig wie im westlichen Deutschland. Er beobachtete sie hier so viel fressend, daß sich die Ringe ihres Hinterleibs auseinandergaben und die weißen Zwischenhäute sichtbar wurden. Sie hatten sich so vollgestopft, daß sie nicht mehr imstande waren, sich zu bewegen, und nun ihrerseits die Schlachtopfer ihrer noch nicht so übersättigten, hungrigeren und flinkeren Geschwister wurden. Diese zerrissen sie mit ihren scharfen Kiefern und offenbar mehr aus Mord- und grausamer Wollust, als aus Hunger, denn ringsherum gab es Raupen genug. Ratzeburg beobachtete, daß sich die Larven aus den dichtgedrängten Scharen der Nonnenraupen immer die größten herausholen. Die meist viel ansehnlichere Raupe läßt sich das nicht so ohne weiteres gefallen, sondern setzt sich zur Wehr und schlägt mit dem vorderen Körperende so heftig hin und her, daß der Räuber oft wie ein Windmühlenflügel umhergedreht wird. Raupen und ausgebildete Puppenräuber oder ihre Larven purzeln gelegentlich zusammen vom Baume herab. Man hat gesehen, daß der nämliche Käfer in großer Eile zehn-, ja fünfzehnmal hintereinander auf den gleichen Baum stieg, sich mit einer Raupe herabfallen ließ, diese abwürgte, wieder hinaufkletterte und das alte Spiel von neuem begann. Diese Insekten stellen auch, wie ein gewisser Nicolai bei Halle a. S. beobachtete, den Afterraupen der Kieferfederbuschwespe eifrig nach.

Der alte Gleditsch, übrigens ein geborener Leipziger, der 1787 als Professor der Forstwissenschaften in Berlin starb, stellte die Verdienste des Puppenräubers so hoch, daß er 1783 dem preußischen Forstdepartement vorschlug, eine Belohnung auszuschreiben für den, der ein erfolgreiches Mittel angeben könne, wie der Käfer zu vermehren sei. Eine verwandte, kleinere Art, der braune Schönlaufkäfer (Calosoma inquisitor) steigt nicht bloß am Tage auf die höchsten Baumgipfel nach Raupen, er fliegt auch nachts umher und macht Jagd auf sie. Auch der gemeine Puppenräuber fliegt sehr gut und ich habe zweimal ihrer mitten in der Stadt Leipzig auf dem Trottoir laufen sehen, die nicht gut anders als mit Benutzung ihrer Flügel hierher gekommen sein konnten.

Die Puppenräuber sind prächtige Käfer und haben einen aristokratischen Zug in ihrem Äußeren, was wohl hauptsächlich in den langen, schlanken Beinen liegen mag. Die hübschefte von den bei uns vorkommenden Arten ist der gemeine, der eine Länge von 35 mm erlangen kann, ein fast kreisrundes Halsschild hat und besonders durch seine breiten Schultern, d. h. durch die vorspringenden Vorderecken der Flügeldecken auffällt. Er ist prachtvoll dunkelstahlblau mit schwarzem Kopfe und schwarzen Beinen. Die dicht gerieften Flügeldecken sind von grüngoldiger Farbe, bald mehr mit einem Stich ins Rote, bald ins Bläuliche.

Nach den Angaben Ratzeburgs lieben die Larven den Aufenthalt in der Erde, wo sie Gänge machen, die sich nicht so leicht zuschütten. Wenn sie sich auf dem Boden herumtreiben, und man ihnen zu nahe kommt, fliehen sie so schnell wie möglich in diese Schlupfwinkel, in denen sie sich sehr flink bewegen. Am Ende solcher Gänge verpuppen sie sich auch.

Nach Angabe eines französischen Kerbtierkenners, Lucas, leben die Larven einer auch in Deutschland, aber selten vorkommenden Art, des goldpunktigen Puppenräubers (Calosoma auropunctatum) in Algier von Schnecken. Wilson berichtet von einer Art (Calosoma Curtisii), sie lebe stets in der Nähe des Viehs und lege ihre Eier unter Rinderdung. Ich vermute, daß sie und ihre Larven von großen Mistkäfern auf verschiedenen Stufen der Entwicklung leben.

Der gemeine Puppenräuber ist bisweilen jahrelang in gewissen Gegenden äußerst selten, dann auf einmal sehr häufig. Das ist bei vielen Insektenarten der Fall und wäre an und für sich nicht weiter auffallend, aber er erscheint immer gerade dann und dort, wenn und wo ein starker Raupenfraß stattfindet. Man könnte nun wohl sagen, die äußeren Umstände, die für die Entwicklung der einen Art besonders günstig sind, sind es auch für die der anderen. Das ließe sich hören, wenn nämlich die eine Art so lange lebte wie die andere. Das weiß ich nicht, glaube es aber nicht. Die betreffenden Schmetterlinge leben durchschnittlich alle als Eier, Raupen, Puppen und Falter zusammengenommen ein Jahr. Bei dem Puppenräuber bezweifele ich das, da möchte ich bei der Größe der Larve und der Imago aller Analogie eine längere Lebensdauer namentlich der Larve annehmen. Verhält sich die Sache in der Tat so, dann wäre sie vermutlich sehr verwickelt, und unsere Kenntnis der Lebensweise des Käfers noch nicht erschöpfend genug, sie zu erklären.

Ein Schriftsteller des vorvorigen Jahrhunderts (1798), Hennert, weist darauf hin, daß bei einem Fraße der Kienraupe die Kiefern verschont geblieben wären, an deren Fuß sich Ameisennester befunden hätten. Da kommt der alte Plinius einmal zu Ehren, was ihm nicht allzu oft geschieht. Er sagt im zehnten Buche seiner Naturgeschichte, die Raupen mieden die Bäume, an denen Ameisen nisteten.

Der bereits erwähnte Krünitz berichtet, daß man in der Lausitz und in der Schweiz ein eigentümliches Mittel gegen die auf Bäumen befindlichen schädlichen Raupen anwendete: man bestrich die betreffenden Bäume um den Stamm herum in einer gewissen Höhe mit Teer, dann hing man an einen Ast eines jeden einen mit Ameisen gefüllten Sack, aus dem die unruhigen Tiere bald herauskröchen, sich über den Baum verbreiteten und vor Hunger die Raupen töteten und fräßen.

Das klingt auch wieder nach grünem Tisch! Soweit ich die Ameisen kenne, würden sie sich, wenn sie hungrig würden und der Teerring ihren Abstieg verhinderte, einfach von dem Baume herabfallen lassen. —

Doch da sind wir an unserer kleinen Station, und der Zug ist schon signalisiert! Nur noch einen Blick über die weite Heide nach Westen! Die untergehende Sonne hat schon den Horizont erreicht! Da schwebt der rote Feuerball und wunderbarer, purpurner Glanz breitet sich vor ihm aus über das blütenbedeckte Land! So etwas hast du noch nicht gesehen? Das will ich dir gerne glauben! Derartiges schaut man auch bloß in der Heide, und der Anblick ist wahrhaftig allein wert, dieses mit Unrecht so sehr verrufene und doch so merkwürdige Gebiet zu besuchen.

3. Vom Keller bis zum Söller.

Wenn Xavier de Maistre eine Reise um sein Zimmer machen konnte, so wird es uns doch wohl gestattet sein, einen Spaziergang durch ein ganzes Haus zu unternehmen und noch dazu durch ein solches Haus. Es liegt hier in Leipzig und zwar in der interessanten Stadtgegend, die da der Brühl heißt, an der rechten Seite, wenn man von der Goethestraße kommt, und riecht nach Naphtali und Naphthalin von oben bis unten. Jahre sind verstrichen, seitdem ich es zum letzten Male besucht habe, und es ist manchfach umgebaut worden während der Zeit. Damals war zur ebnen Erde ein Laden mit schmaler Front, der sich aber tief nach hinten erstreckte, und in dem Landesprodukte und Kolonialwaren verkauft wurden. An ihn schloß sich eine kleine Kneipe für jüdische Leute und eine geräumige Küche, in der sich mit dem allgemeinen Brühlgeruch noch der besondere nach Knoblauch und Zwiebeln lieblich mischte. Dem Ganzen stand vor Herr Chaim Mandelblüth, der jetzt auch schon lange in Abrahams Schoße ruht. Es war ein sonderbarer alter Kauz und wenn schmutzig sein malerisch ist, dann waren er und sein ganzes Anwesen höchst malerisch. Ihm verdankte ich die Erlaubnis, das Haus zoologisch zu durchforschen, ein interessantes, wenn auch gerade kein reinliches Geschäft.

Im Vordergebäude wohnte er mit den Seinigen im ersten Stockwerk, und andere jüdische Familien hatten hier die übrigen Gelasse inne und hausten darin wie, um mit Dickens zu reden, Würmer in Haselnüssen. Die Hinterhäuser waren weitläufig. Im ersten Quergebäude war eine Art Karawanserei, in der zur Meßzeit eine kaum glaubliche Menge schrecklich echter orientalischer Erscheinungen auftauchte, von denen man den unwillkürlichen Argwohn hegte, daß sie nicht alle polizeilich angemeldet seien. Der Söller dieses Quergebäudes war sehr groß und barg neben Getreide u. dergl. auch Häute und Talg und allerlei altes Gerümpel. In einem zweiten Quergebäude, das mit der Front nach der Parkstraße lag und Herrn Mandelblüth nichts anging, war eine große Pelzniederlage. Wenn ich hinzufüge, daß die Kellerräume entsprechend weitläufig und unsauber waren, so wird man mir glauben, daß sich hier so ziemlich alle Arten unerwünschter Haustierchen zusammenfanden, die überhaupt nur in Mitteldeutschland vorkommen. — Hier hatten sie alles, was sie zu einem behaglichen, gemütlichen Dasein brauchten, hübsch und reichlich beisammen: Nahrung vollauf und, da hier großes und kleines „Reinemachen" unbekannte Ereignisse waren und die Scheuerfeste auf den St. Nimmermehrstag fielen, ihren gediegenen Dreck und ihre wohltuende Ruhe. Sie waren auch fein fruchtbar und mehrten sich!

In diesem Hause konnte man tiergeographische Studien im kleinen machen und das Wort „Eines schickt sich nicht für alle" genugsam bewahrheitet finden. Ebenso wie die Wälder im Tale des Amazonenstroms eine andere Tierwelt beherbergen wie die Tundren Nordasiens, so war die Fauna im Keller des alten Hauses im Brühl eine von der seines Söllers wesentlich verschiedene. Aber wie auf dem Erdball im großen, so gab es im kleinen auch in ihm Kosmopoliten oder Weltbürger, die ziemlich in allen Sätteln gerecht und in allen Räumlichkeiten von denen unter der Erde bis zu denen unter dem Dache anzutreffen waren.

Versetze dich an diesem heutigen schönen Julitage 20 oder 25 Jahre zurück und besuche mit mir Vater Chaim Mandelblüth und seinen Tiergarten!

Wie sich's gebührt, beginnen wir unsere Untersuchungen und Forschungen im Keller, nachdem wir ein Paar der Frau Blümchen Mandelblüth mit ihrem falschen Haarscheitel abgekaufte Lichter in ein Paar ihr abgeborgte Drahtleuchter gesteckt und angebrannt haben. Man läßt uns ganz ruhig allein gehen, denn mißtrauisch sind die Leute, uns gegenüber wenigstens, nicht, dazu sind sie zu gute Menschenkenner.

Die Stufen, die hinabführen, sind von einem feuchten, klebrigen, gewiß Jahrhunderte alten Überzug schlüpfrig, die Wände aber weisen silbrigweiß glänzende Streifen auf, und mit ihnen sind wir schon mitten in der häuslichen Tierkunde. Diese Streifen bestehen aus eingetrocknetem Schleime, den eine Schnecke abgegeben hat, und bezeichnen die Wege, die sie zurücklegte.

Diese Schnecke ist eine „nackte“, d. h. sie trägt kein Haus und hat überhaupt keine äußerliche Schale. Sie hat sich nicht etwa durch Zufall hierher verkrochen, Keller sind vielmehr ihre eigentlichen, wenigstens ihre häufigsten Aufenthaltsorte, gewissermaßen ihre „offiziellen“ Wohnungen. Von unseren einheimischen Nacktschneckenarten wird sie am größten, oder doch am längsten, wenn wohl auch wahrscheinlich nicht am schwersten, das mag die rot, braun und schwarz vorkommende bekannte Weg- oder Waldschnecke (Arion empiricorum) werden, während deren ansehnlichstes Längenmaß aber nur 15 cm beträgt, erreicht es bei jener 18 cm. Sie ist auch schlanker und schmächtiger von Gestalt und vermag sich in der Längsrichtung viel weniger zusammenzuziehen. Ihr Körper ist weich, sie ist ja ein Weichtier, seine hintere Hälfte entlang des Rückens gekielt und läuft in eine Spitze aus, die Waldschnecke hat keinen solchen Kiel und ihr Hinterende ist abgerundet. Auf der vorderen Hälfte des Leibes befindet sich oben das sogen. Schild, eine glatte, länglich eirunde, am Hinterrande winklige Fläche, die die verkümmerte Schale, ein horniges, am Hinterende etwas gewundenes Plättchen deckt. Der Dichter Gutzkow weiß das freilich besser wie die Naturforscher. Er läßt in einem, übrigens sehr mäßigen Romane „Die Söhne Pestalozzis“, einen Mann in einem unterirdischen Gange oder Gewölbe sich, im Dunkeln tastend, fortbewegen und sagt von ihm, das Ungemütliche der Situation erhöhend, „bisher hatte er nur den Gallert von Schnecken, die ihr Gehäuse verlassen, verspürt“. Gutzkow denkt sich die Sache also so, daß die nackten Schnecken eigentlich eine Wohnschale haben, die sie nach Bedürfnis verlassen und wieder beziehen können, etwa wie eine Schildwache ihr Schilderhaus. Er verrät in dem nämlichen Romane noch andere tiefe zoologische Kenntnisse: er weiß, daß die Brummkäfer, wie die Fliegen, die Pferde belästigen und daß der Auerhahn „sein Nest auf der Höhe grüner Tannenwipfel“ bestellt.

Doch lassen wir Gutzkow und seinen Unsinn und wenden wir uns der Kellerschnecke wieder zu. Auf der rechten Seite ihres Schildchens befindet sich etwas hinter seiner Mitte, gleich an seinem unteren Rande, ein länglich rundes Loch, das zu einer inneren Höhlung führt. In dieser Höhle liegen die Atmungswerkzeuge des Tieres und jenes Loch ist sein Atemloch. Am Kopfe hat die nackte Kellerschnecke, ganz wie die beschalten Schnirkelschnecken, zwei Paar Fühler: ein oberes, längeres, auf dem die Augen sitzen, und das deshalb auch Augenstiele oder Augenträger genannt wird, und ein unteres kürzeres.

Die Farbe des Tieres ist oben in der Regel heller oder dunkler grau mit schwarzen Fleckchen und unten auf der Kriechfläche oder Sohle weiß.

Doch ist die Färbung der Oberseite recht verschieden; es gibt einfarbig graue und fast schwarze Stücke, auch ganz weiße, also Albinos kommen gelegentlich vor und immerhin häufiger als unter den Waldschnecken.

Die Kellerschnecke ernährt sich in ihren unterirdischen Behausungen, ohne eigentlichen merklichen Schaden zu tun, von daselbst aufbewahrten frischen und faulenden Gemüsen und Früchten, wahrscheinlich auch in umfassender Weise von Schimmel und anderen Pilzwucherungen. Eduard von Martens sagt, sie fänden sich in Kellern namentlich da ein, wo Bier verschüttet wäre. Da ist ihnen in der Neuzeit in den Wirtshäusern ihr Auskommen auch wesentlich geschmälert, jetzt, wo überall mit Schankapparaten gearbeitet wird!

Wie finden die Tiere ihr Futter? Ihr Sehvermögen ist schon so wie so nicht viel wert und nun vollends im Dunkeln! Nun dann durch die Nase oder richtiger durch den Geruch. Ja, aber wo sitzt der? Darüber haben sich die Naturforscher vielfach die Köpfe zerbrochen. Am nächsten lag, das große Fühlerpaar nicht bloß als hauptsächlichen Sitz des Getasts und Gesichts, sondern auch des Geruchs aufzufassen.

> Siehst du die Schnecke da? Sie kommt herangekrochen;
> Mit ihrem tastenden Gesicht
> Hat sie mir schon 'was abgerochen

sagt Mephistopheles und der muß es am Ende wissen. Der französische Abbé Dupuy und Moquin-Tandon, ein anderer Franzose, stimmen in diesem Falle mit dem Teufel überein und suchen den Geruchssinn der Landschnecken gleichfalls im größeren Fühlerpaare. Ein dritter französischer Gelehrter, J. Chatin, bemerkt hierzu, „alle physiologischen Versuche und anatomischen Beobachtungen betätigen die Ansicht von Abbé Dupuy und Moquin-Tandon. Wenn man einen Pilz, einen Apfel usw. in einer gewissen Entfernung von einer Kellerschnecke niedergelegt hat, so wird man sehen, wie sie ihren großen Fühler bewegt, nach dem Gegenstande hinreckt und endlich anfängt, in der Richtung auf ihn hinzukriechen. Legt man ihn einmal rechts, das andere Mal links, dann ändert die Schnecke ihren Weg entsprechend. Hält man den Bissen über das Tier, dann tastet es sofort mit seinen Fühlern in der Luft herum und sucht einen Stützpunkt zu gewinnen, von dem aus es gestreckt jenen erreichen kann. Ganz die nämlichen Erfolge erzielt man, wenn man einen solchen Gegenstand mit irgend etwas zugedeckt in ihre Nähe stellt. Schneidet man aber der Schnecke die Fühler ab und wiederholt dann den Versuch, nachdem die Wunde vernarbt ist, so macht es keinen Eindruck auf das Tier, wenn man ihm den nämlichen Bissen nahe bringt und nur, wenn man ihn ihm unmittelbar an den Mund hält, fängt es an, sich darüber herzumachen."

Cuvier und Blainville schrieben der ganzen Körperhaut der Schnecke die Fähigkeit zu riechen zu, unser Landsmann Treviranus der Schleimhaut des Mundes und Leydig dem Vorderende des Fußes. Der ältere Carus, Karl Gustav, von der an und für sich richtigen Voraussetzung ausgehend, daß die riechenden Gase, die den Geruch erwecken, der Luft beigemischt sein müssen, um ihre Wirkung entfalten zu können, suchte ganz logisch den Sitz des Geruchssinns da, wo die Luft mit dem tierischen Körper am innigsten und immer wiederholt erneuert in Berührung kommt, also wie bei den landbewohnenden Wirbeltieren, am Eingange der Atmungswerkzeuge, so bei der Schnecke in der „Fläche der Respirationshöhle", wenn nicht gemäß der Meinung Cuviers und Blainvilles tatsächlich die allgemeine Schleimhaut des Körpers dazu diene.

Semper entdeckte am Mundrande, besonders gerade an dem der Kellerschnecke, nach ihm genannte sehr nervenreiche Organe von Gestalt kammförmiger Läppchen, die er für Geruchsorgane ansprach. Sochaczewer hingegen vermutete sie in besonderen Zellen, die er am Ausführungsgang einer großen, bei Landschnecken in der Mitte des Fußes gelegenen und danach Fußdrüse genannten Drüse fand. Sie waren zum Teil bewimpert und andere hatten am freien Ende einen mit einem gleichsfalls bewimperten Knopfe versehenen Stift. Freilich war ihre Leistung nur zu vermuten, durchaus nicht zu beweisen, aber Sochaczewer meint, folgendes spreche für die wahrscheinliche Richtigkeit seiner Vermutung: erstens der Reichtum jener Drüse an Nerven, zweitens die Gegenwart einer ganzen Schicht solcher Sinneszellen und schließlich die Möglichkeit, daß fortwährend frische Luft mit den ihr beigemischten Gasen an das drüsige Gebilde herantreten könne, dessen Oberfläche durch das Sekret, das es selbst absondere, dauernd feucht erhalten würde, was für die Vermittelung von Gerüchen allerdings eine Sache von größter Wichtigkeit ist.

Die meisten Zoologen neigen aber jetzt der von Dupuy, Moquin-Tandon und Chatin vertretenen Ansicht zu.

Gelegentlich findet sich noch eine zweite, sehr versteckt lebende kleinere Art der nämlichen Schneckengattung in großen Mengen in unseren Kellern, besonders in solchen, die zur Aufbewahrung von Äpfelvorräten dienen. Das ist die kleine oder bunte Kellerschnecke (Limax variegatus). Sie ist schlanker und wesentlich kleiner wie die große, nämlich höchstens 10 cm lang, von hellgelber Farbe auf dem Rücken und gelblichweißer auf der Sohle. Ihr Kopf ist schwärzlich, die Fühler und der Nacken sind bläulich, das gleichfalls gelbe Schild ist dunkler gefleckt und hinten nicht winklig, sondern abgerundet. —

Die Tiergruppe, die in unseren Kellern am arten-, wenn auch nicht am individuenreichsten vertreten ist, ist die der Käfer. Ein gewisser Milton, nicht der Dichter des „verlorenen Paradieses", beobachtete in den Kellerräumen einer Bäckerei in London elf Arten und weniger dürften es ihrer auch hier kaum sein, aber das läßt sich erst durch sorgfältige Nachforschungen, die Zeit erfordern, feststellen. Die meisten Bewohner solcher unterirdischen Gelasse aus dem Käferreiche pflegen nämlich zu den Kleinsten von den Kleinen zu gehören, sind unscheinbar von Farbe und Form und leben in den an und für sich schon versteckten Räumlichkeiten noch besonders verborgen.

Die meisten und häufigsten unter ihnen gehören zur Familie der Geheimfresser (Cryptophagidae), von denen mindestens sieben Arten als Gäste deutscher Keller festgestellt sind. Andere Formen leben bei Ameisen, in Pilzen, in Blumen usw. Die eigentliche Gattung Cryptophagus ist die artenreichste. Ihre Angehörigen sind länglich eirund, haben in eine dreigliedrige Keule endigende Fühler und eine heller oder dunkler fuchsig rotbraune Farbe. Ihre durchschnittliche Länge ist 2 mm. Ihre walzigen, fleischigen Larven sind sparsam behaart, haben einen augenlosen, flachen Kopf, kurze Fühler und kurze Beinchen. Die unsere Keller bewohnenden Arten ernähren sich von Schimmel und finden sich besonders an den Spundlöchern der Wein- und Bierfässer. Die Tierchen dürften durch den Handel und die Schiffahrt weit verbreitet sein, entziehen sich aber durch ihre Kleinheit wahrscheinlich meist der Beobachtung. In Nordamerika ist die dauernde Gegenwart verschiedener, mit europäischen identischer und gewiß aus Europa stammender Arten festgestellt. Die Umstände, unter denen die ganz harmlosen Kellerarten leben, bringen es mit sich, daß sie in ihrer Fortpflanzung und in ihrem ganzen Wesen von den Jahreszeiten unabhängig sind.

Die Arten der auch zu dieser Familie gehörigen Gattung der Winzlinge (Atomarea) haben zum Teil die nämliche Lebensweise wie die der vorigen Gattung und die entwickelten Käfer unterscheiden sich in ihrem Bau nicht erheblich von ihnen, wohl aber unterscheiden sich ihre weißen Lärvchen, die gedrungen von Gestalt und lang behaart sind, von denen jener. Ihre Fühler und Beine sind auch kurz, aber die Tierchen haben jederseits ein einfaches Punktauge.

Andere mit den Geheimfressern nahe verwandte Familien sind die der Pilzfresser (Mycetophagidae) und der Kehrichtfresser (Lathridiidae). Zur ersten, die sehr artenreich ist, gehört ein kleines, nur 1,5 mm langes, braunes, oben kurz, aber sehr dicht gelblich behaartes Käferchen (Monotoma quadrifoveolata), das häufig an Weinflaschen zwischen den Metallkapseln und dem Glase gefunden wird. Von der zweiten Familie findet sich eine Art (Typhaea fumata) in unseren Häusern. Sie ist 2 mm lang, auch rostbraun mit gelber Behaarung, aber ziemlich flach. Ihre Heimat ist ganz Europa, der Orient und Nordamerika.

Es wäre übrigens ein Irrtum, glauben zu wollen, daß alle Arten unserer Kellerkäfer nun so winzige Insekten wären, es gibt auch ganz stattliche Arten unter ihnen. Da wären zunächst die Totenkäfer (Blaps), die zu der sehr artenreichen Familie der Schwarz- oder Schattenkäfer (Melanosomatidae) gehören. So groß diese viele Hunderte von Formen zählende Familie ist, so ist sie doch im nördlichen und mittleren Europa nur sehr schlecht vertreten. In Deutschland leben, wenn wir die Familie im weitesten Umfange nehmen, höchstens 60 Arten, die dazu meist noch recht selten sind, während andere, wenigstens eine andere, der Mehlwurm, den wir später treffen werden, eine unserer häufigsten Käferformen ist. Die geographische Verbreitung dieser Familie ist merkwürdig zerrissen. Viele Arten bewohnen die Länder um das mittelländische Meer herum bis weit in das mittlere westliche Asien hinein, dann die südlichsten Ost-, die Süd- und die Westküsten Mittel- und des gemäßigten Nordamerikas.

Die völlig entwickelten Käfer dieser Familie bieten viele Verschiedenheiten in ihrer äußeren Gestalt und in ihrem Wesen. Wir können zwei Gruppen annehmen, die aber nicht etwa einen systematischen Wert haben. Die einen sind Tagtiere, leben offen an Baumstämmen, auf Blättern und Blüten, sind verhältnismäßig hurtig, können oft sogar fliegen, haben glänzende, nicht selten metallische oder zum Teil bunte Farben, namentlich gelb. Eine hierher gehörige Form (Diaperis boleti) ist in Deutschland häufig. Sie ist breiteiförmig, hochgewölbt, 5 bis 6 mm lang, schwarz glänzend wie lackiert; ihre Flügeldecken sind mit zwei breiten gelben Querbinden und ebensolchen Spitzen geziert. Der Käfer lebt, wie seine Larve in harten, holzigen Baumpilzen und gleicht in seiner Gestalt einigermaßen einem Blattkäfer, ist seinerzeit auch von Linné für einen solchen gehalten worden.

Die Angehörigen der anderen Gruppe sind träg und langsam in ihren Bewegungen, schwarz, leben meist versteckt auf dem Boden und haben in der Regel verwachsene Flügeldecken und keine Flügel. Fast stets sind sie mit einem weißlichen Überzug, wie mit Schimmel überzogen, der bei der afrikanischen Gattung Eurychora am stärksten ist. Er hat beim lebenden Käfer die Eigentümlichkeit, daß er sich, abgewischt, immer wieder ersetzt, er ist also ein von zahlreichen kleinen Drüschen der Flügeldecken abgeschiedener Stoff. Das kommt noch bei mehreren, zu ganz anderen Familien gehörigen Käfern vor, so in Deutschland bei einigen auf und in Sumpfpflanzen lebenden Arten von Rüsselkäfern (Lixus) und bei einer unter Baumrinde hausenden, dunkelerzfarbigen Art von Glanzkäferchen (Thymalus limbatus), dessen Halsschild und Flügeldecken rot gesäumt sind. Es gibt aber auch unter der zweiten Gruppe der Schwarzkäfer Arten, die sich ganz frei am Tage und gerade an von der Sonne recht durchglühten Örtlichkeiten herumtreiben. Schon Südeuropa beherbergt deren, die besonders zur Gattung Pimelia gehören.

Die meisten Formen der Schwarzkäfer riechen übel, und auch in der Art des Geruches unterscheiden sich die Angehörigen der beiden eben namhaft gemachten Gruppen, wenn sie überhaupt einen Geruch haben: die unter Rinde lebenden der ersteren riechen scharf, salmiakähnlich, die der letzteren höchst widerlich. Diese ernähren sich auch von allerlei verwesenden Stoffen und mit Vorliebe von Menschenkot, wenn sie ihn haben können. Für solche vorurteilsfreien Geister ist nun allerdings Italien ein Himmel auf Erden!

Wir dürfen erwarten, hier in Herrn Chaim Mandelblüths Keller zwei Arten der Gattung Totenkäfer (Blaps) anzutreffen, denen ihre ersten Beschreiber, Linné und der berühmte Nürnberger Kupferstecher und Naturforscher Johann Jakob Sturm, ein zweiter Rösel von Rosenhof, unheimliche Namen verliehen haben: mortisaga, die den Tod Wahrsagende und fatidica, die ein, natürlich unangenehmes Schicksal Verkündigende. Das Volk, und besonders dessen weibliche Hälfte, sah seit je eine böse Vorbedeutung darin, wenn es einem dieser Finsterlinge auf der Kellertreppe begegnete. Und sie sind in der Tat unangenehm und widerlich genug. Abgesehen davon, daß sie graulich verschimmelt aussehen und stinken, bewegen sie sich ganz langsam, was bei ihren langen, schlanken Beinen und ihrem ganzen laufkäferartigen Äußeren durch den Gegensatz um so auffallender wirkt. Viel Gelegenheit ihnen zu begegnen hat man, wenn man nicht besonders nach ihnen sucht, gerade nicht, denn der geringste Schimmer einer Kerze oder Lampe, der leiseste, fernste Ton menschlicher Fußtritte und menschlicher Stimmen verscheucht sie, und so träge sie sonst auch sind, so leicht wissen sie, die Bodenbewohner, einen Schlupfwinkel zu finden. Beide Arten gleichen sich sehr, beide sind schwarz und beide sind 22 bis 25 mm lang, aber der Kenner unterscheidet sie leicht: die Prophetin des Todes hat ein Halsschild, das fast so lang wie breit ist, die aber, die sich damit begnügt, bloß ein Schicksal im allgemeinen zu verkünden, besitzt eines, das viel breiter als lang ist. Wenn wir von beiden Arten eine Anzahl mustern, so werden wir finden, daß sie, auch abgesehen von ihren artlichen Unterschieden, sich nicht alle gleichen: es gibt deren darunter, die entschieden schlanker sind, deren verwachsene Flügeldecken hinten in eine gemeinsame stumpfe Spitze ausgezogen sind, und die am Hinterrande des ersten Bauchrings einen runden, gelbbehaarten Fleck haben. Das sind die Männchen.

Die Käfer scheinen im ganzen einsam zu leben, der Franzose Maindron fand aber doch einmal gegen 200 Stück von ihnen in einem alten Fasse beieinander.

Die Larven aller Arten von Schattenkäfern gleichen in den wesentlichen Zügen den bekannten Mehlwürmern, nur die Größe ausgewachsener Stücke ist entsprechend der der dazugehörigen Käfer natürlich verschieden. Die der Totenkäfer werden über 40 mm lang und 6 mm breit, sind auf dem Querschnitt fast rund, nur wenig abgeflacht, gelb und mit nur ganz vereinzelten, kurzen, aufrechten Haaren besetzt. Ihre Körperbedeckung ist ziemlich fest und sie haben kurze Fühler, keine Augen und an den drei ersten Leibesringen je ein kurzes, einklauiges, dicht aneinander stehendes Beinpaar. „Sie muß", sagt der ältere Taschenberg von der Larve, „sehr versteckt leben, denn ihr Auffinden hat mir noch nicht gelingen wollen, obschon ich nicht selten mit dem Käfer als Hausgenossen Bekanntschaft gemacht habe." Der erwähnte Maindron fand sie oft in unmittelbarer Nähe der Mauern in dem Erdboden der Keller verscharrt, nennt sie sehr widerstandsfähig und betont, daß sie vor ihrer Verpuppung mehrere Jahre lebe. Zu dieser müsse sie sich sehr tief begeben, es sei ihm wenigstens noch nicht geglückt, eine Puppe zu bekommen. Ich erhielt einmal von einem hiesigen Weinhändler 20 bis 30 Stück Larven, die in seinem unter der früheren Pleißenburg befindlichen großen und tiefen Keller gefunden waren, ich weiß aber nicht, unter welchen Umständen das geschah, noch welcher von unseren beiden Arten sie angehörten.

So widerliche Tiere die Totenkäfer auch sind, menschliche Eitelkeit und weibliche Gefallsucht veranlassen, wie uns schon Niebuhr und genauer Cowan berichten, die Ägypterinnen, eine Art (wohl Scaurus striatus) mit Butter, Honig und Sesamöl auf Brot zu verzehren, um recht volle, üppige Formen zu bekommen, wie sie die orientalischen Männer so hochschätzen. Lichtenstein erzählt, daß den Eingeborenen am Kap zu seiner Zeit, also etwa vor 100 Jahren, wohl die nämliche Art, — er nennt sie Pimelia striata, — überhaupt als Nahrungsmittel diente. Vermutlich liegt hier aber ein Mißverständnis vor.

Während die Totenkäfer bloß aussehen wie Laufkäfer, kommen tatsächlich zwei Arten dieser großen Familie in unseren Kellern vor. Sie gehören beide zur Gattung der Höhlenläufer (Sphodrus), die ziemlich groß und flach sind, entsprechend ihren Aufenthaltsorten kleine oder gar keine Augen haben, also blind sind. Das Halsschild ist meist herzförmig und schmäler als die Schultern, d. h. der Vorderrand der beiden Flügeldecken. Die meisten Arten sind ungeflügelt. Mehrere Formen bewohnen die Höhlen oder die Gebirgswälder des südöstlichen Österreichs, wo sie sich unter Steinen aufhalten. Die ersteren sind als echte Höhlentiere bleich braungelb, die letzteren schön blau.

Unsere beiden einheimischen Kellerarten sind nicht gerade häufig, ich habe sie bloß in dem Keller des Hauses gefunden, das meine Eltern in Weimar bewohnten. Er war sehr alt, sehr tief und in dem natürlichen, aus festem Süßwasserkalk bestehenden Felsen ausgehauen.

Von den beiden Arten ist die größere, etwa 25 mm lange (Sphodrus leucophthalmus) die häufigere, die sich in ganz Europa und auch Ägypten findet. Sie ist schwarz, glanzlos und bildet insoweit eine Ausnahme, als sie geflügelt ist, aber noch niemand hat sie meines Wissens fliegen sehen. Die andere seltenere (Sphodrus subcyanaeus, auch Pristonychus terricola genannt) ist 17 bis 18 mm lang, ungeflügelt, unten pechbraun, oben schwarz, die Flügeldecken mit mattem bläulichen Schimmer. Beine und Fühler sind bleich braungelb. Die Larve ist blaß gelb, hinter der Mitte etwas angeschwollen, im ganzen sparsam, nur an den Hinterrändern der Körperringe etwas dichter mit kurzen, gelben Haaren besetzt. Sie sowohl wie die Käfer sollen von anderen Höhlenbewohnern leben, von Larven der Totenkäfer, von Kellerasseln usw.

Die Asseln habe ich in manchen Kellern in großen Mengen, in anderen gar nicht vertreten gefunden und schien sich ihr Vorkommen hauptsächlich nach dem Grade der Feuchtigkeit und daher mittelbar nach der Tiefe der von ihnen bewohnten Räume zu richten. Sie bevorzugen entschieden feuchte Keller, und da tiefe das eher zu sein pflegen als flache, auch jene. Zwei Arten trifft man miteinander vermischt hier an: die Mauerassel und die eigentliche Kellerassel (Oniscus murarius und scaber), die Vater Linné für die nämliche hielt und Oniscus asellus benannte. Das Volk hat sich, wenigstens in Thüringen, den ihm ziemlich fremden Namen Assel mundgerecht gemacht und nennt die Tiere schlechtweg „Kelleresel".

Wir werden sie noch genauer kennen lernen. Ich will einstweilen nur deine Aufmerksamkeit auf sie lenken. Wir werden hier noch so vielerlei zu sehen und zu beobachten haben, daß wir uns jetzt nicht näher auf sie einlassen können.

Der Stolz des Hauses aber und die Perle in Papa Mandelblüths sehr gegen seinen Wunsch und Willen zusammengelaufenem Tiergarten ist und bleibt die Ratte. Sie gehört zwar zu den Tieren, die sich gelegentlich im ganzen Hause finden, ihr Hauptaufenthalt ist aber doch der Keller. Sie ist eine äußerst widerliche Bestie und von allem der Menschheit schädlich werdenden Ungeziefer das allerschädlichste, das unmittelbar unsere Gesundheit und unser Leben bedroht. Sie brandschatzt oft auf unverschämte Art und Weise unsere Eßvorräte, sie macht uns den Aufenthalt in unseren Wohnungen unbehaglich, sie ist die Hauptträgerin der Trichinen und — der Pest!

Die Wanderratte (Mus decumanus), gelegentlich wohl auch die braune Ratte genannt, ist ein bis 23 cm lang werdendes Nagetier mit nur 18 cm langem, fastnackten, 200 und einige Schuppenringe aufweisenden Schwanze, zugespitztem Kopfe, verhältnismäßig dünner Schnauze, großen, etwas hervorquellenden Augen und halbkreisförmigen Ohren von halber Kopflänge. Die queren Gaumenfalten sind durch eine Längsfurche geteilt. Ihre Farbe ist gelblich graubraun, entlang der Mitte des Rückens am dunkelsten, an den Seiten mehr gelblich und auf dem Bauche schließlich weißgrau. Der Unterpelz ist grau, heller und dunkler braungelb gemischt, und die auf dem Rücken stehenden Grannenhaare sind bedeutend länger, steif und schwarz.

Außer der Wanderratte kommt noch eine zweite, in menschlichen Wohnungen schmarotzende Art, die Hausratte (Mus rattus) oder die schwarze Ratte in Deutschland vor. Sie hat eine Körperlänge von nur 18 cm, dagegen ist ihr Schwanz 21 cm lang. Ihr Kopf ist spitzer als bei der vorigen Art, ihre Ohren sind verhältnismäßig länger. Die Querfalten ihres Gaumens sind ungeteilt, und es stehen keine längeren Grannenhaare auf dem Rücken. Die Zahl der Schuppenringe ihres Schwanzes beträgt 250 bis 260. Die schwärzlich-graue Farbe ihrer Oberseite geht nach und nach in die hellgraue der Unterseite über.

Die geschichtlichen Beziehungen dieser beiden Rattenarten in Europa und seinen Kolonien zueinander sind sehr merkwürdig. Die Hausratte ist hier weit länger vorhanden, doch war sie dem Altertum noch völlig unbekannt, und Viktor Hehn meint, sie sei im Gefolge der Völkerwanderung, die wohl so mancherlei mit sich brachte, erschienen. Maindron sagt, aber ohne seine Behauptung zu begründen, es sei um 1250, also etwa mit zurückkehrenden Kreuzfahrern geschehen. Von europäischen Häfen aus wurde sie bereits im

16. Jahrhundert in überseeische Kolonien zu Schiff verschleppt. So zeigte sie sich schon 1540 in Südamerika, nahm, und besonders auf den westindischen Inseln, ganz außerordentlich überhand und erwies sich als ein namentlich dem Zuckerrohr höchst nachteiliches Tier. So tat sie diesem allein auf Barbados jährlich für durchschnittlich 100000 Mark nach jetzigem Gelde Schaden.

Die Wanderratte ist aus Asien erst in viel späterer Zeit in Europa eingewandert, aber auf welchem Wege, steht meiner Ansicht nach doch noch nicht unerschütterlich fest. Vielleicht geschah es auf einem doppelten. Pallas, einer der größten Naturforscher aller Zeiten, sagt, sie sei zuerst 1727 im Gebiete der Wolga beobachtet worden. Hier war indessen ihre Urheimat nicht, sondern höchstwahrscheinlich in China und ihre Stammform mag Mus humiatus sein, von der sie tatsächlich nicht zu unterscheiden sein soll. Sie ist vielleicht aus dem Gebiete der unteren Wolga westwärts weiter gewandert, gewiß ist sie aber auch, was für sie viel bequemer war, und besser und schneller gefördert haben wird, auf dem Seewege von Ostindien aus, das schon früher von China her von ihr überzogen war, mit Schiffgelegenheit nach Europa und vermutlich zuerst nach England gekommen. Wie sehr in schalkhafter Inkonsequenz die so überaus unsauberen Wanderratten das Wasser und den Aufenthalt auf Schiffen lieben, ist bekannt. Sie laufen nachts in den Häfen von den Schiffen entlang der Ankertaue im Gänsemarsch bis in die Nähe des Landes und durchschwimmen die letzte, trennende Strecke, vortreffliche Schwimmerinnen, wie sie sind, mit Leichtigkeit. Ebenso gelangen sie umgekehrt vom Lande aufs Schiff. Sie klettern auch, wenn sie Durst haben, hoch in die Takelage hinauf, um das Wasser, das sich bei vorhergehendem Regen in die Falten der Segel gesammelt hatte, zu saufen.

In London wurde die Wanderratte zuerst 1730 beobachtet, und es war wohl nur ein malitiöser Scherz, wenn gesagt wurde, sie sei schon 1714 nach England gekommen und zwar auf dem nämlichen Schiffe, auf dem das Haus Hannover hinüberschwamm, um den Thron von Großbritannien zu besteigen. Im 18. Jahrhundert nahm man die Einwanderung über England sehr allgemein an. In dem Jahre 1732 sah man sie zuerst in den französischen Seehäfen. 1748 in der Umgebung von und 1753 in Paris. Um 1760 war sie in Thüringen noch unbekannt, aber schon dreißig Jahre später war sie hier überaus häufig. In Nordhausen wurde sie 1783, in Quedlinburg 1781 vom Harze her, wahrscheinlich mit sogen. Wasen oder Patzen, ausgestochenen Rasenstücken, eingeführt. Von Quedlinburg zog sie das Tal der Bode hinab nach Egeln, Athensleben, Staßfurt usw., auch die einmündenden Flüßchen, die Eine, Selke u. a. m. hinauf und kam auf diesem Wege nach Haltersleben und Aschersleben. In Ostpreußen wurde sie zuerst 1750, aber in der Schweiz erst im Anfange des 19. Jahrhunderts beobachtet. Nach dem östlichen Nordamerika soll sie 1775 gekommen sein und jetzt ist sie, immer als Gefährtin des Menschen, auf der ganzen von der Kultur beleckten Erde gleich häufig und gleich lästig. Auf Tristan d'Acunha hält sie sich vom Menschen wesentlich unabhängig und stellt den Eiern und Jungen der Seevögel auf eine greuliche Art nach. Man hat deshalb Katzen gegen sie eingeführt, aber diese haben es bequemer gefunden, gemeinsame Sache mit ihr zu machen, und so hat man den Bock zum Baumgärtner gesetzt. Auf die westlich von der Landenge von Panama gelegene, damals wenigstens noch menschenleere Gruppe der Keelinginseln war sie bei Gelegenheit eines Schiffbruchs gekommen, verwildert gewissermaßen und hat hier im Laufe der Zeiten eine eigene, etwas kleinere und dunklere Rasse gebildet. Eine sehr dunkle Form von ihr findet sich stellenweise auch in England und Irland, sowie auf den äußeren Hebriden und nach Milne Edwards auch in Paris. Aus den ersten Berichten über das Auftreten der Wanderratte in Europa, z. B. aus denen von Buffon, läßt sich entnehmen, daß sie sich anfänglich gar nicht in dem Grade an den Menschen und seinen Haushalt anschloß wie gegenwärtig, sondern in einem weit höheren Grade eine Bewohnerin des freien Feldes war. Auch Göze berichtet, um das Jahr 1791 herum hätten die Wanderratten ein bei Quedlinburg gelegenes Stiftsvorwerk im Sommer verlassen, wären aufs Feld gezogen und hätten sich da nach Hamsterart eingegraben. Nach der Ernte wären sie dann in die Gebäude zurückgekehrt.

Bemerkenswert ist es, wie die Wanderratte die Hausratte nach und nach verdrängte und wie diese sich in dem Maße zurückzog und verschwand, wie jene sich ausbreitete. Beide so nahe miteinander verwandte Nager haben zu viele gleichartige Interessen, und zwischen ihnen findet ein viel zu inniger und lebhafter Wettbewerb statt, als daß sie auf die Dauer neben- und miteinander leben könnten, und die Hausratte als die schwächere, weniger fruchtbare, tatkräftige und anpassungsfähige muß selbstverständlich unterliegen. Göze erzählt, daß er mit eigenen Augen gesehen habe, wie die Hausratten einen Pferdestall verließen, nachdem ihn die Wanderratten bezogen hatten, wie jene ängstlich auf dem Hofe herumgelaufen wären und sich lieber hätten totschlagen lassen, als daß sie in ihr altes Quartier zurückgekehrt wären.

Es hat sich von Anfang an, daß die Wanderratte im Abendlande erschien, dieser Kampf zwischen ihr und ihrer Base vollzogen: zuerst war Mus rattus der unbestrittene Inhaber einer Stadt, da drang an irgend einem Punkte decumanus ein und nahm zunächst von Kellern und Ställen und anderen unter der Erde und zu ebener Erde gelegenen Baulichkeiten Besitz. Rattus zog sich auf den Boden der Häuser zurück. Nach nicht allzu langer Zeit hatte sich die Wanderratte aller Parterreräumlichkeiten bemächtigt, die Wohnungen für sie und ihre Sippe wurden knapp in der Stadt, und sie sah sich genötigt, auch die oberen Teile der Häuser aufzusuchen, wo sie wieder auf die Hausratte stieß und wo der alte Kampf aufs neue entbrannte, mit dem gleichen Erfolge natürlich. Die Hausratten konnten nirgendshin mehr ausweichen und unterlagen unter den grimmigen Zähnen ihrer schrecklichen Feinde. So wurde und wird Mus rattus immer seltener in Europa und in den Kolonien.

Die Hausratte war unter anderen schon im 16. Jahrhundert auf Isle de Bourbon eingewandert und hatte sich hier so vermehrt, daß sich die Kolonisten gelegentlich zum Teil genötigt sahen, die Insel zu verlassen. Da erschien gegen Ende des vorvorigen Jahrhunderts die Wanderratte und drängte jene in das Innere, wo sie 1859 im Gebirge noch sehr zahlreich war.

Bis zum Auftreten von Mus decumanus wimmelte es auch in Europa von rattus und alle die zahlreichen Geschichten, Sagen und Gebräuche, die sich vor dem letzten Viertel des 18. Jahrhunderts auf Ratten beziehen, drehen sich um sie. Jetzt findet sie sich in Deutschland noch in einigen Seestädten und entlegeneren Ortschaften des Nordwestens, Thüringens, Schwabens und Elsaß-Lothringens. Im Jahre 1869 war sie laut Steinworth in Lüneburg noch die vorherrschende Art, obwohl sich schon seit mindestens dreißig Jahren die Wanderratte in einzelnen, an dem Flüßchen Ilmenau gelegenen Häusern eingestellt hatte.

Anfang der siebziger Jahre des vorigen Jahrhunderts gab es in Dresden in verschiedenen, auf dem rechten Elbufer gelegenen Straßen und Gassen noch Hausratten, ebenso in dem eine Stunde Gehens nach Osten zu gelegenen Schenkhübel. Bald aber waren sie verschwunden, wenigstens wurden später in den Fallen nur noch Wanderratten gefangen. Im Jahre 1877 kamen in der Brauerei Schloß Blankenhain bei Crimmitschau noch Hausratten vor, kurz darauf waren sie auch hier nicht mehr vorhanden, und es ist zweifelhaft, ob seit jener Zeit im Königreiche Sachsen noch lebende Wanderratten anzutreffen sind. Schon 1861 fehlten sie in manchen ausgedehnten Strichen Ungarns durchaus, so nach Jeitteles in der Umgebung von Kaschan. Noch 1879 fanden sie sich in gewissen Gegenden Englands, nach Claypole sogar in den

Whitechapel Docks in London selbst. Morton Middleton stellte 1878 ihre Gegenwart in Stockton-on-Tees in der Grafschaft Durham fest.

Giglioli sagt 1879 über ihr Vorkommen in Italien, sie sei auf dem Festlande, sowie auf den meisten Inseln von Sizilien bis Elba sehr häufig, ja gerade auf den kleinen seien sie die ausschließlich vorhandene Art. Im Museumsgebäude von Florenz war decumanus damals im Keller, rattus in den oberen Räumlichkeiten.

In der Neuen Welt spielte sich zwischen den beiden beim Menschen schmarotzenden Rattenarten das nämliche Drama wie in der Alten ab. Im südwestlichen Teil des Staates Ohio gab es 1840 nur die Hausratte, zehn Jahre später ausschließlich die Wanderratte und einige Jahre darauf wiederholte sich die Sache im Staate Illinois. In mehreren Gegenden des ostindischen Archipels, z. B. im Norden und Süden der Insel Celebes, war Ende der siebziger Jahre des vorigen Jahrhunderts Mus rattus schon völlig verschwunden, ebenso in der Gegend von Lyttleton auf Neuseeland und aus den Oasen der algerischen Sahara, dafür war decumanus eingezogen.

Vielen Arten von Nagetieren sitzt ein wunderbarer Wandertrieb im Leibe und unseren beiden Rattenformen nicht am wenigsten. Der alte Däne Pontoppidan berichtet, daß, bevor am Anfang des 18. Jahrhunderts die Stadt Bergen zum größten Teile abbrannte, die eingeborenen Ratten sich zum Teil ins Wasser begeben hätten, zum Teil aber über das Gebirge gewandert und in das benachbarte Kirchspiel Hammer zur größten Plage der Bewohner eingedrungen wären. Hierbei hatte es sich der Zeit nach um Hausratten gehandelt, aber bei der Wanderratte sind solche Züge häufiger beobachtet worden. So überfiel 1846 eine große Schar von ihnen das Inselchen Aaröe im kleinen Belt, das sie nur schwimmend erreichen konnte und tat hier vielen Schaden. Im Jahre 1843 oder 1844 stiegen sie im ehemaligen Königreiche Novara in Mengen vom Gebirge von Amascons in die fruchtbare Ebene und brandschatzten die Umgegend von Alova und der Hauptstadt Novara selbst. In Brehms Tierleben wird eines solchen Zuges gedacht, der an einem schönen Herbstmorgen im Verdenschen beobachtet wurde und aus mehreren Tausend Stück bestand. Im Jahre 1884 ging eine Notiz durch die Tagesblätter von einer großartigen Rattenwanderung, die in Westfalen stattgefunden hatte. Die „Westfälische Post“ berichtete damals aus Recklinghausen: „Ein nach Tausenden zählender Zug Wanderratten passierte am 16. Dezember unseren Ort. Wie wir hören, kamen sie an Coesfeld vorbei über die Dörfer Latte, Wehlde, Vormstc. Sie durchschwammen die Steyer und bei Flasheim die Lippe, worauf sie nach Recklinghausen wanderten. Von da ging's über Herten, worauf sie sich bei Grünberg in die Emscher warfen. Von Zerstörungen hörte man nicht viel."

Mit dem Wandertriebe der Ratten hängen wohl auch noch gewisse andere seltsame Vorgänge ihres Lebens zusammen. In tropischen und subtropischen Landstrichen sollen solche Züge der Ratten periodisch auftreten und auf ein zu bedeutendes Anwachsen der Zahl dieser Tiere in bestimmten Gegenden und auf den dadurch entstandenen Nahrungsmangel zurückzuführen sein. Diese Erscheinung wäre, wenn jene Besuche auch nicht zu so bestimmt wiederkehrenden Zeiten, wie man wohl behauptet hat, erfolgen werden, doch sehr merkwürdig.

Auf Ceylon sollen Einbrüche der Ratten in die Pflanzungen der europäischen Kolonisten und der Eingeborenen aller sieben Jahre stattfinden und mit dem Blühen und Absterben eines zu den Lippenblütlern gehörigen Strauches, des Niloo (Strobilanthus), der einen hauptsächlichen Bestandteil des Unterholzes der dortigen Wälder bildet, zusammenfallen. Wie C. Leners berichtet, fand 1875 eine solche Invasion in die höher gelegenen Kaffeeplantagen statt, wo die Tiere übel hausten. Sie bissen von den Kaffeepflanzen die Zweige ab, ließen sie aber liegen. Auf einzelnen Pflanzungen wurden bis 400 Stück dieser Nager in einer Woche erschlagen. Im Jahre 1889 überzogen sie die Kokosanpflanzungen der Lakkediven, zerstörten sie gründlich und brachten die Bewohner dieser armen Koralleninseln an den Rand des Verderbens.

In den waldigen Teilen der Südinsel Neuseelands erscheinen und, wie gesagt wird, alle vier Jahre in der dortigen Frühlingszeit wandernde Ratten in gewaltigen Mengen und tun sehr großen Schaden. Das betreffende Tier solle eine eigene, von der Wanderratte nicht unbedeutend sich unterscheidende Art sein, die Maoriratte (Mus maorium) genannt wird. Auf dem Erdboden soll sie sich nur schlecht fortbewegen, aber auf Bäumen und bis an die äußersten Spitzen der Zweige ausgezeichnet klettern, demzufolge flüchtet sie, wenn ihr zu ebener Erde Gefahr droht, sogleich auf diese Zufluchtsorte. Wenn sie sich fürchtet, soll sie laut schreien und dadurch ihren Aufenthaltsort verraten, eine „Schwäche und eine Taktlosigkeit gegen sich selbst, deren die echte Wanderratte sich niemals schuldig macht", wie mein anonymer Gewährsmann sich ausdrückt.

Laut Orville A. Derny ereignen sich solche periodisch auftretende Rattenplagen auch in ganz Brasilien. Auch hier werden die Pflanzungen gelegentlich von Legionen von Ratten überfallen, die aus den Wäldern kommen und alles Genießbare, das sie finden, verzehren sollen. Das soll aller 30 Jahre zugleich mit dem Absterben der Jocquara, einer in allen Wäldern zu findenden Bambusart, geschehen. Das Volk erklärt sich den Vorgang auf eine wunderliche Weise: jedes einzelne Rohr bringe in sich einen Wurm oder eine Larve hervor, und aus diesem Wesen entstünde eine Ratte, die, wenn das Rohr Körner getragen hätte und abgestorben wäre, erscheine und aus dem Walde hervorkäme. Die Jocquara-Pflanzen blühen, setzen Samen an und reifen in Zwischenräumen von einer ganzen Anzahl von Jahren, die häufigste Art bei Paraná z. B. von dreißig. Die Nager tun dann unermeßlichen Schaden.

Ähnliches berichtet Fr. Philippi aus Südchile, Araukanien, Valdivien und Llanquihue. Wenn die Coligua und andere Bambusarten Samen getragen haben, was in Pausen von 15 bis 25 Jahren geschehen soll, bedeckt sich der Boden mit den Körnern und das veranlaßt eine ungeheure Vermehrung der sonst gar nicht so häufigen Ratten in den Wäldern. Wenn nun die Nager mit dieser Nahrung zu Ende sind, so wandern sie in bebaute Gegenden aus, wo sie Nahrung anzutreffen hoffen dürfen. Sie machen sich dann hier äußerst unnütz wie 1869 auf 1870 in Valdivien.

Auffallend ist die ausgesprochene Zuneigung der Wanderratte für gewisse Örtlichkeiten, wie für Docks, für Schiffe selbst und für Ausstellungsgebäude. Mit Bezug auf die Vorliebe dieser Tiere für letztere hat man in South Kensington bei London seinerzeit Erfahrungen gemacht. Im Jahre 1884 bei Gelegenheit der Hygieneausstellung wimmelte es hier, wo Futter im Überflusse vorhanden war, von Wanderratten. Nach Schluß der Ausstellung hörten selbstverständlich die Tage der Üppigkeit auf, und die Ratten mußten Not leiden. Während der sechs Monate aber, die die Ausstellung gedauert hatte, waren die fruchtbaren Nager bemüht gewesen, das Schlaraffenleben nach Kräften und Möglichkeit auszunutzen und hatten umfassend Sorge getragen, daß ihr Geschlecht nicht ausstürbe. Nun saßen sie da und hatten nichts zu beißen und zu brechen und durchstöberten alle Winkel des Ausstellungspalastes nach vergessenen Abfällen von Nahrungsmitteln, waren umso frecher, je weniger sie fanden und kämpften wütend miteinander. Viele unterlagen den Zähnen ihrer Verwandten und Gefährten, mehr noch verhungerten und dienten als Leichen dazu, das Leben dieser zu fristen. Als aber die Zustände ganz unerträglich wurden, zogen sie aus und verbreiteten sich über die benachbarten Stadtteile. Im Jahre darauf, 1885, fand in den nämlichen Räumlichkeiten wieder eine Ausstellung statt, diesmal aber eine

„Inventions Exhibition“, und die gleiche Rattenplage stellte sich wieder ein, schlimmer noch bei der späteren Colonial and Indian Exhibition. Während diese Ausstellung im Gange war, ging keiner der vorsichtigen Nager in die Fallen, aber nach dem Schlusse jener waren diese, kaum gestellt, gleich voll. Sie fielen innerhalb und außerhalb der Gefängnisse übereinander im grimmigen Hunger her, die Schwächsten wurden in Stücke zerrissen und aufgefressen — gegen Ende des Jahres 1886 war keine einzige jüngere, daher kleinere und schwächere Ratte in dem Ausstellungsgebäude mehr am Leben, alle waren von Großeltern, Eltern, Onkeln und Tanten aufgeknabbert.

Auch Paris ist ein berühmtes Rattennest und Maurice Maindron schätzt die Zahl dieser hier lebenden Nager auf mindestens eine Milliarde. Die Inspektoren der Kloaken jener Weltstadt hatten vor etwa 70 Jahren untereinander eine Handelsgesellschaft gebildet um die Rattenfelle zur Herstellung von Handschuhen zu verwerten. Einmal im Jahre wurde durch sie eine große unterirdische Hetzjagd veranstaltet, wobei Tausende jener Tiere erlegt wurden. Im Jahre 1838 wollte die städtische Verwaltung den großen Schindanger von Montfaucon eingehen lassen, aber die Staatsregierung verbot das vernünftigerweise, weil sie befürchtete, die ungeheueren Scharen von Ratten, die sich hier niedergelassen hätten, würden sich, nach Vernichtung ihrer Heimstätte über die Nachbarschaft ergießen. Man kann sich von den Mengen, in denen sie hier auftraten, einen ungefähren Begriff machen, wenn man hört, daß sie einmal in einer einzigen Nacht die Leichen von 35 Pferden bis auf die Knochen und Hufe aufgefressen hatten. Im September 1851 hielt die Zunft der Rattenfänger von Paris eine Versammlung ab, auf der unter anderem festgestellt wurde, daß sie im Jahre vorher 144 361 Stück des edlen Wildes zur Strecke gebracht und deren Schwänze der Prämiierung wegen auf dem Rathause abgeliefert hätten.

Den Schaden, den die Menschheit durch die abscheulichen Nager erleidet, schätzt man in der Regel nur nach dem ab, was sie an Lebensmitteln vernichten. Das ist ja nun zwar schon reichlich genug, aber bei weitem nicht alles. Sie stören in Häusern, wo sie sich in Massen eingenistet haben, in der empfindlichsten Weise durch das Gepolter und Geschrei, das sie veranlassen, die Nachtruhe der Bewohner. Sie haben durch ihre Wühlereien Gebäude, namentlich Ställe, zum Einsturz gebracht und durch das Umwerfen von brennend stehen gelassenen Lichtern Feuersbrünste hervorgerufen. Das ist laut Goeze auch noch auf andere Art durch sie geschehen, indem sie in Papiermühlen den Talg aus den Lagern, in denen die Zapfen der Walzen spielten, wegfraßen, wodurch das Werk trocken lief und die Zapfen glühend wurden. Man wurde genötigt, nachts Wachen gegen die Unholde aufzustellen.

Die Frechheit, die sie unter Umständen anderen lebenden und noch dazu den Menschen nützlichen Tieren gegenüber entwickeln, streift ans Unglaubliche. Es ist Tatsache, daß sie sehr setten, unbehilflichen Mastschweinen bei lebendigem Leibe Löcher in den Speck gefressen und jungen Tauben die gefüllten Kröpfe angenagt haben. Nicht einmal vor dem Herrn der Schöpfung persönlich macht ihre Unverschämtheit halt: abgesehen davon, daß sie Leichen durch ihre Freßgier schänden, fallen sie kleine Kinder in der Wiege und hilflose Kranke in ihren Betten an. Im Jahre 1831 machten sie einen Angriff auf den elfjährigen Sohn des Müllers zu Junkersdorf abends im Bette, wurden zwar von den mit Licht auf die Hilferufe des Knaben herbeieilenden Eltern verscheucht, hatten aber die bodenlose Dreistigkeit, nach deren Weggang wiederzukehren. Ein englischer Kapitän namens Light erzählt, wie er eines Nachts in Aden erwacht sei, weil die Bestien anfingen, ihm an den Zehen herumzuknabbern! Sie besuchen in der Obstzeit auch die bei Häusern gelegenen Gärten, und ihre bedeutende Kletterfähigkeit erlaubt ihnen, auf die Bäume und Sträucher zu steigen und sich Früchte zu Gemüte zu führen.

Seit alter Zeit schon hat sich im deutschen Volke eine Art Nimbus um die Ratten verbreitet, zuerst um die Haus-, dann aber auch, und zwar in verstärktem Maße, um die Wanderratten und es werden ihnen Geschichten nacherzählt, die Gevatter Reinecke alle Ehre machen würden. So heißt es von ihnen, beim Brandschatzen des Getreides in den Speichern begnügten sie sich nicht mit dem, was sie an Ort und Stelle verzehrten, sie hielten sich vielmehr an die Maxime des armen Dorfschulmeisterleins, das sich nicht bloß satt ißt, sondern auch einsteckt und mit nach Hause nimmt, um mit Muße genießen zu können. Dabei sollen sie auf folgende Art verfahren: sie sträuben ihre Haare und gehen rückwärts in die Getreidehaufen, wo sich Körner in ihrem Pelze verfingen, in dem sie sie wegschleppten, um sie in ihren Schlupfwinkeln mit Ruhe zu verzehren. Auch eine andere Geschichte wird den intelligenten Nagern seit Jahrhunderten nachgerühmt, die, man muß wohl sagen, wie eine noch viel gigantischere Münchhauseniade klingt. Sie sollen nämlich ihre Schwänze in enghalsige Flaschen, die Öl, Sirup, süße Fruchtsäfte und dergl. enthalten, versenken, sie beschmiert wieder herausziehen und ablecken. Nun man höre zunächst, was der von uns schon oft angeführte Goeze, bei Lebzeiten erster Hofdiakonus zu Quedlinburg, der beste Vertreter der sogen. „Pastoralzoologie“ des vorvorigen Jahrhunderts und jedenfalls ein Mann, dessen Wahrheitsliebe unanfechtbar ist, berichtet: „Ich hatte einmal eine Drechselbank nahe an einer Scheune. Hatte ich Tags zuvor das Ölglas (mit dem Öle zum Einschmieren des Rades) vollgegossen, so war es den anderen Tag leer. Anfänglich konnte ich mir das nicht erklären. Da ich aber auf dem Vorbrett Losung (Exkremente) fand, so lauerte ich des Abends vor der Tür, in welche ich ein Loch geschnitten hatte. Es war in der Jahreszeit, da es anfängt, nach fünf Uhr dunkel und das Öl dick zu werden. Kaum hatte ich eine Viertelstunde gestanden, so kamen schon von der Decke ein paar Ratten herunter, sahen sich allenthalben um, setzten sich auf den Ständer, an welchem das Glas hing, hingen die Schwänze bis auf den Boden in den Ölschmalz und zogen sie hernach durchs Maul." Auch der leider so jung verstorbene englische Tierpsychologe Romanes hat die Sache durch das Experiment bestätigt.

Alle diese unmittelbaren Missetaten und Versündigungen der Wanderratte sind schlimm genug, aber im ganzen sind sie eigentlich mehr lästig und ärgerlich, als gerade gefährlich, aber auch das werden, wie schon angedeutet wurde, diese Tiere und zwar im allerhöchsten Grade durch die mittelbare Übertragung der Trichinose und der orientalischen Pest auf die Menschen.

Die Kadaver als trichinös erkannter Schweine wurden und werden hier und da vielleicht noch in den Abdeckereien vergraben, und damit glaubte man sie und alle weitere Gefahr ein für allemal aus der Welt geschafft zu haben. Ein verhängnisvoller Aberglaube! Denn natürlich spürten die in Schindereien so massenhaft vorhandenen, immer hungrigen Ratten die Leichen bald aus, wußten sich leicht Zutritt zu ihnen zu wühlen, fraßen sie auf und infizierten sich mit der unheimlichen Wurmkrankheit. Wäre es dabei geblieben, hätte kein vernünftiger Mensch etwas dagegen einwenden können, aber die Sache ging weiter. Abdeckereien befinden sich in der Regel außerhalb der Ortschaften und pflegen mit Landwirtschaft und in bescheidenem Umfange mit Vieh-, besonders mit Schweinezucht verbunden zu sein. Schweine aber sind auf Fleischgenuß sehr erpicht, sie fressen die verreckten Ratten und erhaschen lebende, die sich ja mit Vorliebe in ihren Ställen herumtreiben, und das Ende vom Liede ist, — sie ziehen sich Trichinen zu und nun kann die Höllenseuche auch unter Menschen ruhig weiterwuchern. Mittel gegen diese Gefahr sind: das Verbot in Schindereien Schweine zu halten und das Verbrennen der Kadaver der an Trichinose verendeten Rüsselträger. Mit Erstaunen hat man bisweilen das Fleisch von Pferden mit den eingekapselten Haarwürmern besetzt gefunden. Auch hierfür mache ich die Ratten verantwortlich! Vor

Jahren erzählte ein mir befreundeter Artillerieoffizier, daß, als er in Naumburg garnisoniert war, bei seiner Batterie ein Schimmel gewesen wäre, der sich mit großer List und Gewandtheit seine Krippe besuchende Ratten fing und sie mit Haut und Haar verzehrte, eine Geschmacksverirrung, die bei Pferden gar nicht so selten sei.

In Ostindien, wo man es bekanntlich mit der Bestattung menschlicher Leichen nichts weniger als genau nimmt, finden die Ratten oft in vollem Maße Gelegenheit, sich durch den Genuß von Teilen an der Pest Verstorbener zu infizieren. Sind diese Ratten verendet oder auch nur ernstlich erkrankt, so werden sie von Kameradinnen verzehrt und die Gefahr verbreitet sich weiter und weiter, auch auf die Schiffe und mit diesen nach Europa. Es ist nun nicht notwendig, daß die Trägerinnen gleich unmittelbar gefressen werden, sie können den Mikroorganismus, der der Urheber der Bubonenpest ist, wahrscheinlich noch auf sehr verschiedene andere Arten verbreiten.

Natürlich hat es sich die Menschheit seit alten Zeiten angelegen sein lassen, jene Nagetiere, Haus- sowohl wie Wanderratten auf alle mögliche Art zu bekämpfen. Groß ist die Zahl der Volksmittel, die zu diesem Behufe empfohlen wurde, diese laufen aber fast alle darauf hinaus, diese widerlichen Nager weniger zu töten und zu vernichten, als sie zu vertreiben und sie seinen Mitmenschen aufzuhalsen. Was die dann mit der Bescherung anfangen, ist ihre Sache und bleibt ihnen überlassen.

Ein alter Aberglaube lehrt, Pfauen oder Kaninchen auf den Gehöften zu halten, da die Ratten deren Geruch nicht vertragen könnten und ihnen gegenüber das Feld räumten. Auch der Dunst des schwarzen Bilsenkrautes, der alten Hexen- und Zauberpflanze, solle sie vertreiben, ebenso die Anwesenheit einer Klettenwurzel, die am Walpurgistage mittags um 12 Uhr aus der Erde gezogen und in das Haus getragen wäre: alles unbeschrien, d. h. ohne ein Wort dabei zu reden.

Andere Mittel sind mehr mystischer Art. Wer ein Strohseil mit Knoten auf der Straße findet, der lasse es ja liegen und nehme es nicht etwa mit nach Hause, sonst zieht er Ratten nach. Das deutet darauf hin, daß der, der sie los sein will, ein solches Seil wegwirft mit der Absicht, daß ein Harmloser es aufhebe und in sein Heim trüge. Ein anderes Mittel spricht an durch seine Einfachheit: man schreibt am Tage der Heiligen Nikolaus, Nikosius und Medarus früh den Namen der hohen Herren an die Stubentüre und alles ist gut! Freilich ist das jetzt, wo doch fast jeder im deutschen Reiche schreiben kann, eine einfache Sache, aber schon vor 100, mehr noch vor 200 oder 300 Jahren sah sie anders aus! Ein probates Mittel gegen das Rattenvolk ist es, wenn man an einem hohen Festtag vor Sonnenaufgang einen alten, ungeputzten Schuh auf den nächsten Kreuzweg trägt und dessen Spitze dorthin richtet, wohin das Ungeziefer abmarschieren soll. Unheimlicher sind ein paar andere Zauberanweisungen dazu, das Ungeziefer wegzubringen. Man mache sich aus dem Röhrenknochen des linken Hinterbeins, andere sagen, aus der Wirbelsäule einer Ratte, besonders gut dazu ist ein Rattenkönig, ein kleines Pfeifchen, auf dem man pfeift, indem man am Karfreitag am Morgen vor Sonnenaufgang barfuß und im Hemde durch alle Räume des Hauses geht. Dann laufen einem alle anwesenden Ratten nach und man kann die Gesellschaft ins nächste Wasser führen, wo sie ertrinkt. Andere erfahrene Hexenmeister empfehlen statt der Pfeife ein kleines Trommelchen oder eine winzige Pauke, die mit einem gegerbten Rattenfelle überzogen wird und auf der man die feindlichen Nager zusammentrommelt. Einfacher ist ein anderes Verfahren, bei dem man ein leeres Getreidemaß als Trommel benutzt.

Auf das engste hängt mit diesen zauberhaften Hausmittelchen die Sage von den Rattenfängern zusammen. Das sind Leute, die sich darauf verstehen, die lästigen Nager aus einzelnen Gebäuden und aus ganzen Ortschaften auf irgend eine Art zu vertreiben, wahrscheinlich durch Gift und zwar durch Phosphor, der freilich erst seit Ende des 17. Jahrhunderts bekannt ist, oder durch einen ähnlich wirkenden Stoff. Nach dem Genusse einer solchen höllischen Latwerge wurde den Ratten bald zu eng in der Welt, sie verließen von Unruhe und Todesangst befallen ihre Schlupfwinkel, liefen zusammen, soffen aus allen Pfützen, zernagten und zerkratzten das ganze Haus, taten manchen Ängstesprung und schwollen an, „als hätten sie Lieb' im Leibe", um endlich nach stundenlanger Qual zu verrecken. Der Verkauf von Rattengift wurde früher von besonderen Handelsleuten ganz öffentlich betrieben. Phantastisch mit den Emblemen ihrer Kunst, den toten Ratten, ausgeputzt, wie auf einer bekannten Radierung von Rembrandt, zogen sie herum. Es ist sehr möglich, daß sie dabei pfiffen, um den Leuten ihre Gegenwart zu verkünden, wie das in meiner Jugend noch von seiten der sogen. „Lumpenmänner" geschah, die die alten Hadern für die Papiermühlen aufkauften. Jene Rattenfänger und jene bequeme Gelegenheit, sich in den Besitz des tödlichen Giftes zu setzen, mögen manche finstere Tat veranlaßt haben. Sagte das Volk doch statt jemanden „vergiften", oft „ihm Rattengift geben". Die Rattenfänger und „Mäusebeschwörer" standen im Verdachte der Zauberei und die hohe Obrigkeit hatte, soweit das vordem möglich war, ein wachsames Auge auf sie. So erließ unter anderen der Pfalzgraf Maximilian von Bayern 1611 eine dahin lautende Verordnung.

Die Sage hat sich der Gestalt des Rattenfängers bemächtigt und die von dem von Hameln ist bekannt genug. Sie ist nicht die einzige, ähnliche sind aus Irland, Frankreich und auch noch aus Deutschland bekannt. Aber nicht in jeder wird dem Rattenfänger die mit ihm eingegangene Vereinbarung gebrochen, und dann ist der Ausgang kein tragischer. So z. B. in Neustadt-Eberswalde nicht. Hier litt man unsäglich unter der Rattenplage und ließ einen solchen Mann kommen. Man schloß mit ihm einen Vertrag dahin lautend, er solle zehn Taler erhalten, wenn er die Ratten wegschaffe und zwar zwei Taler sofort und acht übers Jahr, wenn die Tiere weg wären und wegblieben. Der Rattenfänger strich die zwei Taler ein, machte sich an die Arbeit, pfiff seine Ratten zusammen und führte sie in die Finow. Nach einem Jahre holte er sich die ihm noch zukommenden acht Taler „und“, fügt die Sage hinzu, „bis auf den heutigen Tag ist Neustadt-Eberswalde rattenfrei“, worauf ich übrigens nicht schwören möchte!

Ein sichereres Mittel, seine Ratten los zu werden als durch den besten menschlichen Rattenfänger, bieten neben dem immer gefährlichen und bedenklichen Gebrauch von Gift gute Fallen. Wo die Gelegenheit es erlaubt, kann man die Vernichtung der widerlichen Nager mit einem kleinen Sport, der ja jetzt doch die Welt regiert, verbinden, indem man ihnen mit Schießgewehren zu Leibe geht. Das kann aber auch seine unangenehmen Folgen haben, wie 1798 der Pfarrer des Damastweberdorfes Groß-Schönau bei Zittau, M. Richter, erfahren mußte, den seine Bauern beim kurfürstlichen Konsistorium in Dresden verklagt hatten, weil er Krebse gefangen und auf seinem Hofe Ratten geschossen habe. —

Es ist übrigens der Sagenkreis vom Rattenfänger nicht der einzige, der sich um die Ratten gebildet hat. Der andere ist mehr wissenschaftlich-zoologischer Art, wenn auch seine Entstehung gleichfalls im Volke zu suchen ist. Es ist der vom Rattenkönig.

Es gibt zweierlei Rattenkönige, und des einen habe ich schon vorher flüchtig gedacht. Von dieser älteren Sorte redet schon Gesner und sie ist die wahre. Ein solcher Rattenkönig ist nichts anderes als eine sehr große, riesenhafte Ratte mit einem goldenen oder roten Krönchen, die ihre Gefährtinnen beherrscht und der sie durch dick und dünn folgen. Man machte sich wohl so eine Art von Rattenkönig oder, wie er in diesem Falle hieß, von „Mauswolf“. Man fing eine Anzahl Ratten lebendig und tat sie zusammen an einen sicheren Ort, von dem sie nicht entwischen konnten, z. B. in einen großen kupfernen Braukessel, an dessen glatten Wänden empor zu klettern ihnen unmöglich war. Nun überließ man sie sich selbst und hütete sich wohl, ihnen etwas zu fressen zu geben. Selbstverständlich war die Folge davon, daß sie übereinander herfielen, daß immer die stärkeren die schwächeren totbissen und verzehrten, bis zum Schlusse die stärkste übrig blieb. Das war dann der „Mauswolf". Der hatte sich durch die Kost während seiner Gefangenschaft an den ausschließlichen Genuß des Fleisches seiner Stammesgenossen gewöhnt und verschmähte alle sonstige Nahrung. Man ließ ihn laufen und er mordete und vertrieb alle seine schwächeren Mitratten im ganzen Hause, und das war die große Mehrzahl.

Die andere Art von Rattenkönig ist viel moderner und viel volkstümlicher. Sie ist es, die mancher Rechtsanwalt meint, wenn er mit dem ganzen Spitzbubengesichte listig-vergnügt schmunzelnd von einem „wahren Rattenkönig von Prozessen" spricht.

Ein solcher Rattenkönig ist eine verschieden große Gesellschaft von Ratten, die mit den Schwänzen vereinigt, man sagt wohl, aber fälschlich, „verwachsen" ist. Die ersten Nachrichten über ein solches Ungetüm und „Ebenteuer", wie man sich damals mit Vorliebe ausdrückte, sind noch von wenig bestimmter Form, stammen aus dem Jahre 1683 und scheinen Straßburger Ursprungs zu sein. Von da an häufen sich die Fälle, nehmen bis gegen Anfang der zweiten Hälfte des 18. Jahrhunderts zu, dann ab. Im Jahre 1822 im Dezember taucht wieder einer in Döllstädt bei Gotha auf. Darauf verstreichen 57 Jahre, in denen man nichts von Funden solcher Wunder hört. Den letzten in Deutschland fand man im Februar 1880 in einem Kessel im Schlachthause zu Düsseldorf und den letzten überhaupt und zugleich den einzigen nichtdeutschen im November 1899 zu Courtalain im Departement Eure-et-Loire in Frankreich.

Die meisten Rattenkönige hat man, abgesehen von dem (unsicheren) Straßburger und Courtalainer Falle, in Mitteldeutschland gefunden: in Weimar, Sondershausen, Roßla, Leipzig (gleich zwei!), bei Quedlinburg, in Braunschweig, Döllstädt (auch zwei zugleich) und Düsseldorf. Niemals ist in den deutschen und französischen Hafenstädten, in England, Holland, Italien, auf der Balkanhalbinsel, in Amerika usw. einer beobachtet worden, obgleich es in Paris, London, Amsterdam, Neapel, Triest, Konstantinopel, Newyork, Habanna, Rio de Janeiro, Buenos-Aires usw. Ratten gerade genug gibt. Ihre besonderen Fundstätten sind: Mühlen, Scheunen, Schlachthäuser, Küchen und ähnliche Örtlichkeiten.

Es handelt sich dabei um Haus- und um Wanderratten. Man hat wohl gesagt, es sei immer ein Wurf von Geschwisterratten gewesen. Das ist wenig glaubhaft, denn in dem einen Döllstädter Falle bestand der Rattenkönig aus 28 Stücken und im Museum zu Altenburg wird ein eingetrockneter von 27 bewahrt. Die Hausratte wirft aber nur bis sechs, die fruchtbarere Wanderratte bis zwölf Junge, keine jemals 27 oder 28 auf einmal. Die betreffenden Ratten waren auch durchaus nicht etwa immer jung und klein. Bei dem Braunschweiger Funde heißt es, sie wären groß gewesen und von den beiden im Dezember entdeckten Döllstädtern „die Tiere waren von gleicher Größe und so ansehnlich, daß sie mindestens im letzten Frühjahre geworfen sein mußten“.

Wie hatten sich die Wesen ernährt? Man kann doch nicht annehmen, daß das eine Döllstädter auf 112 Beinen herumgelaufen sein wird, immer in einer Richtung, also etwa sechs Ratten vor-, sechs rück- und 16 seitwärts. Da wußte man sich durch eine andere Fabel zu helfen. Der sonst so kritische und verständige Goeze sagt, als ob er zugesehen hätte, der Rattenkönig würde von den anderen Ratten ordentlich verehrt und gefüttert. Es ging überhaupt die Sage, alte und hilflose Ratten würden von den anderen ernährt und gepflegt, ja blinde von ihnen geführt, indem sie, natürlich soweit die Reste ihrer Zähne das zuließen, sich an den Schwanz der gesunden festbissen. Der berühmte Göttinger Naturforscher Blumenbach sagt noch in der vierten Auflage seines sehr verbreiteten „Handbuchs der Naturgeschichte“: „Es werden alte, kraftlose Ratten von den jüngeren besorgt und gefüttert. Bejahrte Ratten, die nun der Ruhe pflegen, verwickeln sich zuweilen zu sechs, acht und mehreren mit den Schwänzen ineinander und das sind die ehemals so berufenen und neuerlich ohne allen Grund geleugneten Rattenkönige.“ In allen späteren Auflagen seines Handbuchs übergeht Blumenbach sowohl diese selbst wie die Fütterungsgeschichte alter Ratten mit sehr bezeichnendem Stillschweigen. Diese Fütterungssage ist auch dem biederen Goeze, obwohl er an den Rattenkönig glaubt, zu viel: „Überdem“, bemerkt er, „ist es ganz ihrer Natur zuwider, für alte, schwache und gebrechliche Mitglieder ihrer Gesellschaft zu sorgen. Vielmehr habe ich angemerkt, daß dieselben von den gesunden entweder verstoßen oder totgebissen werden oder sich selber absondern oder vor Hunger sterben.“ Das mit dem „Totgebissenwerden“ stimmt mit meinen Erfahrungen überein, nur möchte ich das „Gefressenwerden“ noch hinzufügen.

Der Berner Professor Meisner denkt sich das Zustandekommen der Rattenkönige etwas anders, als die meisten übrigen Leute. Nach seiner

Meinung schleppen lebende Ratten Leichen toter Kameradinnen zusammen, um sich ein Lager aus ihnen durch Verknüpfung der Schwänze herzustellen, auf dem sie hecken wollen. Was überhaupt die Art der Verbindung der Schwänze betrifft, so kommt diese den Berichten nach auf eine doppelte Weise zustande und das ist sehr verdächtig: sie sind entweder miteinander und bisweilen, wie auf einer von dem Gießener Professor Valentini aus dem Jahre 1714 herrührenden Abbildung, recht kunstreich verflochten und verschlungen, oder wie noch bei dem Düsseldorfer Rattenkönig von 1880 hauptsächlich in einem aus Kuhhaaren, Talg und Lehm zusammengefilzten Klumpen fest vereinigt!

Während des ganzen vorvorigen und vorigen Jahrhunderts, von Goeze, Blumenbach, Lenz, Pöppig, Reichenbach, Giebel, Brehm, Martin usw. wird der Rattenkönig anerkannt. Eigentlich machen nur Raff und Bechstein Ausnahmen. Ersterer sagt 1788 in seiner Naturgeschichte, einem der volkstümlichsten und verbreitetsten Bücher früherer Tage, über ihn: „Es ist eine allgemeine Fabel, an der nichts, gar nichts ist.“ Bechstein bemerkt in einer Besprechung: „Uns kommt es noch immer so vor, als wenn lustige Bursche solche Rattenkönige, von denen in den Spinnstuben so oft die Rede ist, machen“ und in seiner „gemeinnützigen Naturgeschichte Deutschlands“: „Die Rattenkönige trifft man gewöhnlich in Mühlen an und da knüpfen denn wohl lustige Müllerburschen eine Menge Ratten an den Schwänzen zusammen und machen Rattenkönige, um die Mädchen fürchten zu machen.“

Es war mir immer schon aufgefallen, daß, während so viel von Rattenkönigen die Rede ist, niemand eines Mäusekönigs gedenkt. Ganz neuerdings habe ich aber einen aufgefunden, der gewissermaßen eine Parodie auf jene ist und zwar in Blasius Merrems Abhandlung über die Hausmaus vom Jahre 1781. Darin sagt er: „Im Juli 1780 sahe ich eine ungewöhnliche Erscheinung an zwei jungen Mäusen, die ich in einem Behälter bewahrte. Sie waren nämlich mit den Schwänzen so sehr verwickelt, daß es keine Möglichkeit war, sie voneinander zu trennen, und die Schwänze schienen verwachsen zu sein. Einige Abhaltungen verhinderten mich, diesen Mäusekönig einige Tage hindurch zu untersuchen und abzuzeichnen und darauf fand ich, daß der Schwanz der einen abgefault und die Maus selbst gestorben war, der Schwanz der anderen aber war sehr beschädigt.“

Diese Geschichte ist merkwürdig und lehrreich: 1780 war der gute Merrem noch nicht 20 Jahre alt und Student in Göttingen, daher noch lange keine Respektsperson. Einige Kommilitonen von ihm — junges Volk ist immer zu übermütigen Streichen aufgelegt, Studenten sowohl wie Metzgergesellen und Müllerknappen — mochten schon lange durch seine Mäuseliebhaberei, denn er muß die Tierchen gründlich studiert haben, ergötzt gewesen sein, die Rattenkönigfrag stand aber damals bei den der Naturwissenschaften Beflissenen im Vordergrunde, da rückten sie ihm eines Nachmittags in seiner Abwesenheit auf die Bude und machten ihm einen Mausekönig. Daß sie dabei nicht sanft verfuhren, lehrt die Beschaffenheit, in der Merrem sein Mäusepärchen wiederfand.

Es ist schade, daß sich der Mensch die Ratten nicht in irgend einer Weise dienstbar und zunutze gemacht hat. Gezähmt sind weiße und gescheckte allerliebste Stubengenossen, die sehr zahm und anhänglich werden, in ihren Anforderungen sehr bescheiden sind und lange keinen so übeln Geruch entwickeln wie Mäuse. Von dem Pariser Konsortium für Fabrikation von Handschuhen aus Rattenleder hat man auch nichts wieder gehört und gegen die Verwendung der Nager als Lebensmittel, die bei den jetzigen Fleischpreisen sehr am Platze wäre, hat die Menschheit außerhalb Chinas ihre Vorurteile. In Paris sollen sie den Verzehrern unbewußt wesentliche Bestandteile der Ragouts sein und während der Belagerung 1870 auf 1871 ist auch manche mit vollem Bewußtsein verspeist worden. Die Spanier nannten noch im 18. Jahrhundert die Holländer „Rattenfresser", weil sie während der heldenmütigen Verteidigung des belagerten Leidens im Jahre 1573 lieber Ratten, ja fast lieber ihren Bürgermeister Adriaan van der Werf schmaußen, als sich ergeben wollten. Der verstorbene Leuckart erzählte mir einmal, er, Frey und Bergmann hätten sich eines schönen Tages in Göttingen als ältere Studenten oder junge Doktoren darüber unterhalten, daß es doch nur auf einem philiströsen Vorurteil beruhe, wenn man keine Ratten verzehre. Sie nahmen sich vor, die Helden zu sein, die mit diesem Vorurteile brächen. Sie verschafften sich also etliche Ratten und vermochten eine ihrer Stubenwirtinnen sie ihnen zu braten. Die gebratenen Ratten wurden aufgetragen, lecker für Auge und Nase wie ebenso viele kleine Häslein. Die drei jungen Helden aber saßen darum herum, wurden immer kleinlauter und kleinlauter, und das Ende vom Liede war: die gebratenen Ratten wurden, abgesehen von der Temperatur, in dem nämlichen Zustande wieder abgetragen, wie sie aufgetragen waren! —

Doch zu lange schon haben uns Keller und Ratten beschäftigt! Verlassen wir die Unterwelt von Chaim Mandelblüths Reich und begeben wir uns in den altmodischen Laden, durchforschen wir ihn, das schmierige Kneipzimmerchen und die noch dreckigere Küche. Blümchen wird's schon erlauben, wenn wir ihr weismachen, wir suchten nach Tieren, die wir zu Arzneien brauchten.

Medizin ist nämlich außer Geld so ziemlich das einzige, woran sie glaubt und wofür sie Achtung hegt. Was aber den Dreck und den Schmutz betrifft, so lassen wir uns durch sie nicht stören und, da wir uns hüten werden, hier etwas zu genießen, gehen sie uns weiter auch nichts an! Wenn wir etwa erwartet haben sollten, durch den Tausch des Aufenthaltes im Keller mit dem in den Mandelblüthschen Räumlichkeiten zur ebenen Erde in bessere Luft geraten zu sein, so irrten wir uns gewaltig — eher das Gegenteil ist wahr! Dort unten roch's nur nach Moder und Ratten, hier aber nach tausenderlei Dingen, von denen die eine Hälfte unter allen Umständen üble Gerüche entwickelt, die andere aber in verschiedenem Grade verdorben ist, daher auch nicht gerade nach Myrrhen und Ambra duftet! Dazu kommt noch die Ausdünstung verschiedener, nichts weniger als peinlich sauberer orientalischer Herren und Damen, teilweise in Kleidungsstücken, die im Laufe der Jahre einen fettigen, glänzenden Überzug erhalten haben, durch den sie vielleicht wohl waterproofed, aber gewiß nicht reinlicher und wohlriechender geworden sind.

Aber nur Mut! Wenn der Naturforscher der Kälte der Pole und der Hitze der afrikanischen Wüsten seiner Wissenschaft zuliebe trotzt, so wird er sich ja wohl auch den Verhältnissen eines solchen Hauses im Brühl zu Leipzig gewachsen zeigen!

Die Tierwelt in diesen drei zusammenhängenden Gelassen ist eine reiche, aber in ihren Teilen meist nicht scharf getrennte, obwohl doch jedes einige in ihm allein heimische Formen beherbergt. Zunächst einmal werden wir von einer Wolke von Stubenfliegen begrüßt, die es sich im ganzen Hause, abgesehen vom Keller, wohl sein lassen, hier aber ihr Paradies finden. So eine Fliege ist ein merkwürdiges und in seinen Einzelheiten schönes Tier! Ihre Augen, ihre Füße und ihr Rüssel waren zur Zeit der Ledermüllerschen „Gemüts- und Augenergötzungen", — ungefähr in der Mitte des vorvorigen Jahrhunderts, als man nach Leeuwenhoecks Vorgange alles mit dem Mikroskope begaffte und jeder Landpastor glaubte, er wäre deshalb auch schon ein Leeuwenhoeck, — neben der Spitze einer Stecknadel und eines Bienenstachels die Hauptstücke, die jeder glückliche Besitzer eines Mikroskops zu allererst einem jeden Besucher vorführte! Ein vornehmer Herr jener Zeit, Mitglied eines Adelsgeschlechts, das jetzt noch blüht, Wilhelm Friedrich von Gleichen, genannt Rußworm, schrieb eine Abhandlung über die Naturgeschichte der Stubenfliege, die manche gute Beobachtung enthält und mit für ihre Zeit vorzüglichen Darstellungen vergrößerter Teile jenes Insekts ausgeschmückt ist.

Eine Fliege ist eine Fliege! Diese selbstverständliche Weisheit soll besagen, daß sie zu der Insektenordnung gehört, die wesentlich nach ihr benannt wurde und sonst auch noch die der Zweiflügler oder Diptera heißt. Von ihren beiden Flügelpaaren ist nur das vordere zu Flugorganen entwickelt, das hintere zu Gebilden von Gestalt der Trommelschlägel, die man Schwingkölbchen oder Halteren nennt, entartet. Diese Halteren werden jederseits von einem durch eine Einkerbung am Innenrande und an der Wurzel der Vorderflügel losgetrenntes Läppchen, das Schüppchen (squama), das sich dicht an das Bruststück anschließt, überdeckt. Von diesen liegt zweites ebenso abgelöstes größeres Läppchen, die alula, das aber mit der Hauptmasse des Flügels in einer Ebene sich befindet.

Man hat diesen Schwingkölbchen verschiedene Bedeutungen zugeschrieben: sie sollten das Summen der fliegenden Fliege vermitteln, indem sie in der Tat, wie Trommelschlägel auf ein gespanntes Trommelfell, so auf das Schüppchen schlügen; dann sah man Vorrichtungen in ihnen, die zur Bewahrung des Gleichgewichts während des Fluges dienen sollten; auch den Sitz eines Sinnes- und zwar eines Gehörorgans hat man in ihnen sehen wollen. Ganz sicher ist man noch nicht über ihre Bedeutung.

Die Entwickelung der Zweiflügler ist wie die der Käfer, Hautflügler und Schmetterlinge eine sogen. vollkommene, d. h. sie verlassen das Ei in Gestalt meist wurmartiger Larven und durchlaufen in der Regel ein ruhendes Puppenstadium.

Die Organe zur Nahrungsaufnahme sind bei ihren Imagines nicht zum Beißen und Kauen, sondern zum Saugen eingerichtet.

Die Stubenfliege hat, wie fast alle Tierarten, die sich dem Menschen freiwillig angeschlossen haben, einen schlechten Charakter, und der Teufel wird nicht für nichts der „Fliegengott" genannt! Ihre ganze Sippe ist ein schadenfrohes Gelichter, das am liebsten gerade da und dann uns zudringlich belästigt, wo und wann es uns recht unbequem ist! Wenn ich schreibe, setzt sich so ein infames Vieh mit besonderer Vorliebe auf den Zeigefinger meiner rechten Hand! Zeichne ich, so zeigt sie ein hervorragendes Interesse für meine Nasenspitze. Entrüstet verscheuche ich sie, sie weicht, beschreibt im Fluge summ! einen kleinen Bogen in der Luft und sitzt genau auf dem alten Flecke! Das Dienstmädchen bringt mir eine Tasse mit kochend heißem Kaffee und stellt sie neben mich. In eben dem Augenblick läßt sich die Fliege zum zwanzigsten Male auf meinen Gesichtserker nieder. Wütend hole ich aus, sie zu vertreiben, ohne an die veränderte Situation um mich zu denken — klirr! Da fällt Tasse um und der glühende, braune Trank, den die Levante und die Köchin, die Christel gekocht, strömt über den Arbeitstisch und über meine dünne, weiße Sommerhose! Um den Kaffee bin ich gekommen, das Beinkleid muß in die Wäsche, mein Knie brennt mir wie höllisches Feuer und sogar auf meine Zeichnung haben sich etliche braune Spritzel verirrt! An alledem ist bloß die Fliege schuld. Und da soll man ruhig bleiben und in einem so schadenfrohen Luder noch sein Mitgeschöpf achten! Das jemanden zumuten heißt ihn beleidigen!

Im Sommer himmelfrüh schon bei Tagesgrauen, wenn man sehr gern noch ein wenig geschlafen hätte, erscheint eine Fliege und übt in unserem Gesichte, auf unseren Händen oder auf einem sonstigen Körperteile, der sich bei der Hitze unter der schützenden Hülle der leichten Decke hervorwagte, ihre indiskreten Scherze aus. Ja, ja

Hundert Fliegen hatt' ich am Abend erschlagen,
Eine weckte mich doch vor Tagen!

Wer hat sie nicht schon am eigenen Felle erlebt, die Tragödie!

Aber Rache ist süß und ich weiß mich an der Bande zu rächen! An der Wand, an dahängenden Kleidungsstücken, hier und dort sitzen ihrer ein paar Dutzend, wenn ich abends mit Licht mein Schlafzimmer betrete, von Morpheus Hand berührt. Sie haben sich die Ruhe am gestrigen Tage redlich verdient, denn es ist keine Kleinigkeit, von früh vier Uhr an bis abends um 8 Uhr immer auf den Beinen oder auf den Flügeln zu sein. So sitzen sie da und schwelgen in süßer Bewußtlosigkeit. Auf diese Augenblicke habe ich mich schon den ganzen Tag gefreut! Wie ein Wahnsinniger, nur mit dem Hemde bekleidet, tanze ich im Zimmer herum und verführe mit dem Handtuche einen gewaltigen Rumor. Alle meine Quälgeister wecke ich durch Schlagen, Schmeißen, Wedeln mit jenem Toilettegegenstande und sie sind bald munter genug, denn das ist auch so einer von ihren infernalen Zügen, daß sie sich an die künstliche Beleuchtung angepaßt haben, so schön, wie nur irgend der Mensch selbst. Ich lasse nicht ab von meinem Hexenballett, fahre in die Ecken herum und mache die ganze Gesellschaft rebellisch. Wenn ich sie endlich so weit habe, daß sie alle durcheinander summen und keine mehr eine ruhige Statt des Friedens findet, schwinge ich mich ins Bett und blase das Licht aus. Hurra! jetzt sind sie blamiert, denn an die Finsternis sind sie eben nur insoweit angepaßt, daß sie während ihr schlafen. Mit Behagen und voll Schadenfreude höre ich, wie sie verzweiflungsvoll und direktionslos herumsurren: summm, summs, swit! Burrr, swewehwit! plock! Da ist eine mit dem Kopfe gegen die Wand gerannt! Lange nach dem von mir erregten

Sturm, wenn schon wieder Ruhe eingetreten ist, höre ich mit innigster, freudigster Genugtuung ab und zu eine oder die andere noch einmal schmerzlich aufsummen!

Interessant ist es, eine beobachtende Hetzjagd auf die Fliegen am Tage zu veranstalten und wir suchen zu diesem Behufe wieder das Schlafzimmer auf, beginnen die Ausführung unseres Plans damit, daß wir die Fenster schließen und nun los dafür! Mit Leichtigkeit bringen wir das erste Dutzend etwa zur Strecke, danach wird das Wild unverhältnismäßig viel seltener und nur noch wenige zeigen sich auf dem weißen Bettüberzug und auf der hellen Tapete. Wo sind die Racker hingekommen? Fenster und Türen sind doch geschlossen, also können sie die Stube nicht verlassen haben und müssen sich noch irgendwo und irgendwie in ihr aufhalten, aber wo? Lassen wir eine Pause in unseren Verfolgungen eintreten und warten wir einige Minuten. Sieh! Da sind sie schon! Dabei ist gar nichts Wunderbares, das geht ganz natürlich zu. Wenn sie nämlich anhaltend gejagt werden, entziehen sie sich tunlichst unseren Nachstellungen, indem sie sich an die Decke setzen oder auf dunkle, an der Wand hängende Kleidungsstücke, von deren Farbe ihre eigene Farbe sich nicht abhebt und sie daher mehr oder weniger unsichtbar werden. Wie klug berechnend von den kleinen Tierchen! sagst du und so sagen und denken noch tausend andere Leute. Aber es ist gar keine besondere Klugheit dabei! Überlege dir nur einmal die Sache und du wirst finden, daß sie sich ganz von selbst macht. Der Flächeninhalt der vier Wände des Zimmers beträgt ungefähr 160 Quadratmeter, davon sind etwa 25 bis 30 mit Schränken und anderen Möbeln, mit Kleidern, Bildern und dem Spiegel, kurz, dunkeln Gegenständen, auf denen ich die Fliegen nicht so ohne weiteres sehe, bedeckt. Als ich die Stube betrat, waren die Insekten auf den Wänden ziemlich gleichmäßig verteilt, sagen wir pro Quadratmeter ein Stück. Die auf hellem Untergrunde sitzenden, mir recht sichtbaren scheuchte ich auf und immer wieder auf, während ich die, die sich auf dunkeln Untergrund zurückgezogen hatten, unbehelligt ließ. Da sich das fortwährend wiederholte, mußte die Anzahl der letzteren immer größer werden ohne Zutun von Klugheit seitens der Fliegen.

Noch ein anderer Fall von scheinbarer Überlegung durch diese Tiere. Das beste Mittel, das lästige Ungezieſer aus den Wohnräumen zu vertreiben und ihnen das Eindringen in diese zu verleiden, ist das Herstellen eines gelinden Zuges durch die Zimmer, den können sie nicht vertragen. Das erreichte ich natürlich z. B. hier in meiner Schlafstube leicht, indem ich Fenster und Tür gegeneinander aufsperrte. Die Fliegen, denen es offenbar in dem Raume gefiel, mochten das Feld nicht so ohne weiteres räumen und zogen sich dahin zurück, wo der Zug wenig bemerklich war, an die Wand, in der das Fenster war, und an die Decke. Es war mir nun auffallend, daß ihrer, nachdem ich diese erschlagen oder vertrieben hatte und Tür und Fenster schloß, immer noch mehr anwesend waren, als von Rechts wegen hätten vorhanden sein sollen. Endlich entdeckte ich die Ursache: sie setzten sich an die Unterseite der Bettstelle!

Nichts, wie gesagt, ist den Fliegen so zuwider und ein so sicheres Mittel, sie zu vertreiben, als wie Zug. Wie oft habe ich mir an heißen Sommertagen, wenn ich ein kleines Mittagsschläfchen machen wollte, meine Mitbewohner aus dem Fliegengeschlechte es aber nicht duldeten, gesagt: wie gut hat's doch eigentlich so ein Sultan, Pascha oder indischer Nabob, denen müssen ihre Sklaven mit großen Fächern den nötigen sanften Luftzug erzeugen und sie hängen nicht von der Gnade tyrannischer Insekten ab! Gegen Ende des 18. Jahrhunderts erfand ein Engländer, namens Dobson, eine Maschine zur Fliegenvertreibung, die er „Zephyr" nannte. Es waren vier Gazeflügel, die auf einer ihrer Längskanten über Kreuz standen und durch ein Uhrwerk in langsam drehende Bewegung gesetzt wurden, wodurch ein anhaltender leiser Zug entstand. Durch Schiebvorrichtungen konnte man die Flügel verlängern und verkürzen und dadurch ihre Bewegung verlangsamen oder beschleunigen.

Wie widerlich und störend sind nicht die zudringlichen Unholde, wenn man ißt und trinkt! Es wird ein Gericht aufgetragen, die Fliegen nehmen's in Empfang und stürzen darüber her, bevor wir nur Messer und Gabel ergreifen konnten. Es ist, als ob man für sie angerichtet hätte, sie die Gastgeber und wir die Schmarotzer wären. Weber erzählt in seinem „lachenden Demokrit" von einem schwäbischen Landpastor, der, wie es bei den früheren einfachen Sitten auch in diesem Stande noch üblich war, von ungedecktem Tische sein Mittagsmahl zu sich nahm. Der legte, bevor er sich an Speise und Trank labte, erst von dem Hauptgerichte hier ein Klexchen hin und dort eins und wartete, bis sich Ihre Gnaden, die Fliegen darum, daran und darauf versammelt hatten, dann deckte er die Schüsseln auf und langte für sich selbst zu. Er zahlte gewissermaßen eine Abfindungssumme oder ein Schutzgeld, wie ehemals die kleineren Reichsstädte den benachbarten Raubrittern.

Gewisse Gerichte verschmähe ich im Sommer und Herbst grundsätzlich, so vor allem Bratheringe, da man nie weiß, wo das Gewürz aufhört und die Fliegenleiche anfängt. Vortrefflich ist die Geschichte von dem Verfahren verschiedener Nationen, wenn sie eine lebende Fliege in ihrem Glase schwimmend finden: der Engländer wirft Glas, Wein und Fliege mit einem God dam! an die Erde, der Franzose schüttet Getränke und Fliege aus, der Deutsche fischt letztere mit einem: das arme Tierchen! heraus und genießt ersteres und der Russe, ein Freund summarischen Verfahrens, stürzt beide miteinander in seine Kehle.

Auch unmoralisch sind die Stubenfliegen und sie seien in dieser Beziehung der Aufmerksamkeit der deutschen Tugendwärter und Unsittlichkeitsschnüffler auf das eindringlichste empfohlen. Was ich auf meiner eigenen Nasenspitze für unsittliche Taten und Versuche dieser Teufelskinder habe erleben müssen, spottet jeder Beschreibung. Damit geht Hand in Hand ihre Unsauberkeit. Sie sind immer beflissen, das Strahlende zu schwärzen und wenn sie sich auf einen Blitzableiter setzten, sie würden sich gewiß auf seine Spitze niederlassen und diese verunreinigen in beliebter Punktiermanier. Demokrit-Weber wirft ihnen vor, sie hätten auf diese Art schon den Inhalt hebräischer Handschriften gefälscht.

Wenn ich den Fliegen Unsauberkeit vorwarf, so gilt diese Untugend doch nicht uneingeschränkt für sie, und man darf den Vorwurf nicht verallgemeinern: auf ihre Person sind sie höchst reinlich, woran sie bei ihrer allgemeinen Vorstigkeit sehr wohl tun. Wenn sie nicht schlafen, fressen oder liebeln, dann sind sie immer damit beschäftigt, sich zu putzen oder schmuck zu machen. Es ist unterhaltend, ihnen zuzusehen, wenn sie sich abbürsten oder auf „trockenem Wege waschen“. Zuerst kommen das Gesicht und der Nacken daran, die sie mittels ihres vordersten Beinpaares mit einer Energie und unter so gewagten Halswendungen bearbeiten, daß man glauben möchte, sie würden die wüstesten Kopfschmerzen davon bekommen. Namentlich auf eine gründliche Reinigung des Nackens, d. h. des tiefen Einschnittes zwischen Kopf und Rumpf scheint es ihnen anzukommen. Von Zeit zu Zeit reiben sie sich dabei die Vorderfüßchen, wie Chaim Mandelblüth seine Hände, wenn er ein gutes Geschäft gemacht und einen arglosen Goï gründlich geleimt hat. Die Fliegen bilden durch jenes Manöver aus dem Staub Wurgel, die sie dann fallen lassen. Bei Mandelblüth gibt es auch solche Wurgel, die er von sich wirft, aber moralische.

Hat unsere Fliege ihr Köpfchen gereinigt, so macht sie sich an die mittelste Körpergegend, besonders an die Flügel, wozu das zweite und dritte Beinpaar in Tätigkeit gesetzt werden. Mit dem Hinterleib, den das letzte Beinpaar allein bearbeitet, ist sie am schnellsten fertig.

Die Stubenfliege wird 6,5 bis 8,75 mm lang, und die Weibchen sind größer als die Männchen, haben auch einen breiteren Hinterleib. Ihre

Grundfärbung ist ein dunkles, schwärzliches Gelbgrau, auf dem Bauche wesentlich heller. Entlang dem Bruststück verlaufen vier schwarze parallele Längsstreifen und über die Mitte des Hinterleibes ein breiter, nicht scharf gesäumter von gleicher Farbe. Die Flügel liegen in der Ruhe wagerecht nach hinten gerichtet.

Die Weibchen legen während des Sommers drei Tage nach der nur einmal vollzogenen Paarung auch nur einmal 70 bis 90 perlmutterweiße, gestreckt kegelförmige Eier in einem Häufchen zusammen. Die Eiablage dauert durchschnittlich sieben bis neun Minuten. Beim hochträchtigen Weibchen sieht man die stark ausgedehnten Eierstöcke durch die zufolge der Spannung sehr dünn gewordene Bauchhaut hindurchschimmern.

von Gleichen nahm eine jährlich viermal stattfindende Paarung und einen jedesmaligen darauf folgenden Eisatz von 80 Stück an. Danach berechnete er die mögliche Gesamtzahl der Nachkommen, Kinder, Enkel, Urenkel usw. in einem Jahre auf 2208420 Stück, Ledermüller glaubte, es fände eine sechsmalige Ablage von je 140 Eiern statt und kam zu der schwindelerregenden Zahl von jährlich 2553945525 Abkömmlingen von einem Weibchen! Das kann in Wahrheit selbstverständlich niemals vorkommen und solche Berechnungen sind im Grunde genommen eine müßige Spielerei, die ganz in den Rahmen der Gemüts- und Augenergötzungen paßte!

Bei den im Spätherbste sich noch gepaart habenden Weibchen werden die Eier nicht befruchtet, das geschieht erst im nächsten Frühjahre und bis dahin behält der männliche Zeugungsstoff sein Leben und seine befruchtende Kraft. Von dieser Tatsache hatte schon von Gleichen eine sehr bestimmte Ahnung, wenn er sagte, „die im Spätherbst befruchteten Weibchen legen vor Winter nicht mehr". Insekten können überwintern als gelegte Eier, als Larven, als Puppen und als voll entwickelte Tiere. Das letzte ist auch bei der Stubenfliege der Fall, aber mit der Beschränkung, daß die überwinternden Imagines gepaarte Weibchen sind, die Samen und Eier noch getrennt bei sich tragen und bei denen deren Vereinigung, also die eigentliche Befruchtung erst im folgenden Frühjahre, lange nach dem Tode der Männer und Väter stattfindet. Hier müßte eingegriffen werden, wenn es sich um gründliche, nicht Ausrottung, denn daran ist nicht zu denken, aber doch Beschränkung der Stubenfliegen handelt. Die überwinternden Weibchen sind als die Stammhalterinnen anzusehen und dementsprechend ist gegen sie zu verfahren.

Die Weibchen legen ihre Eier, und sie können sie zufolge der beträchtlichen Längenentwickelung ihrer Hinterleibsspitze ziemlich tief bergen, in und an feuchte, verwesende tierische und pflanzliche Stoffe, selbst in Schnupftabak, mit besonderer Vorliebe in Viehmist. Wem also in der Sommerfrische an einem behaglichen, ungestörten Dasein gelegen ist, der beziehe stets Häuser, in denen kein Vieh, weder Pferde, noch Rinder, noch Ziegen noch Schweine gehalten werden und wenn möglich, solche ohne unmittelbare Nachbarschaft.

Die Made verläßt das Ei schon 12 bis 24 Stunden nach der Ablage, je nachdem das Wetter wärmer oder kälter ist. Ihr fällt, wie von Gleichen bemerkt, das Verlassen des Eies schwer: „Für eine Made“, sagt er fort, „sind drei oder vier Minuten, als so lange sie damit zubringt, sich aus dem Ei zu arbeiten, vielleicht so viel Tage.“ Er meint damit auf das Verhältnis der durchschnittlichen menschlichen Lebensdauer berechnet. Die Larve ist, sobald sie aus dem Eie kroch, nicht unbeträchtlich größer als dieses. Das ist bei Gliederfüßlern, die eben das Ei verlassen oder sich gehäutet haben, das gewöhnliche Verhalten, und die Größenzunahme dürfte durch Aufnahme von Luft oder Wasser und durch die Möglichkeit einer freieren Entfaltung des ganzen Körpers stattfinden. Die eben ausgekrochene Larve ist nach von Gleichen der Farbe nach mit nichts besser zu vergleichen als mit einem Tröpfchen Wasser auf einem grauen Grunde. Sie ist blind, aber gleichwohl sehr lichtscheu, es findet also wahrscheinlich bei ihr ähnlich wie beim Regenwurme eine Lichtempfindung durch die ganze Oberfläche des Körpers statt.

Die Maden sind im übrigen sehr widerstandsfähig, es steckt in ihnen, wie sich der biedere von Gleichen ausdrückt, „ein mehr als riesenmäßiges Leben“. Ein Aufenthalt im Öl von sieben bis acht Stunden, ein Verschmieren ihrer Luftlöcher mit diesem Stoffe, wodurch Raupen fast sofort sterben, schadet ihnen nach dem nämlichen Gewährsmann nicht im geringsten. Ebenso lange wie in Öl halten sie in Wasser und Weingeist aus und kriechen, herausgenommen, wenn schon sie tot zu sein scheinen, munter fort, sobald sie wieder trocken geworden sind. Bei warmem Wetter verpuppt sich die Made am 14. oder 15. Tage nach ihrem Ausschlüpfen und ebenso lange dauert der Puppenstand. Bei kühler Witterung verzögert sich die Sache und oft beträchtlich. Die länglich eirunde Puppe ist dunkelrotbraun und sehr hartschalig. Die Schale ist bei diesen sogen. Tönnchenpuppen die letzte Larvenhaut, die bei den echten Fliegen nicht, wie sonst in der Regel bei Insekten mit vollkommener Verwandlung, abgeworfen wird, sondern als Schutzhülle dient. Öffnet man eine solche Puppe in den ersten Tagen, so erscheint ihr Inhalt durchaus wie eine gleichartige Masse, die von Gleichen sehr passend mit dicker, geronnener Milch vergleicht. Der alte, vortreffliche italienische Naturforscher Francesco Redi nannte derartige Puppen einfach „Eier“ und wußte nicht einmal, wie recht er in gewissem Sinne hatte. Während nämlich die Made deutlich gesonderte Organe, ihr Nervensystem, ihre Atmungswerkzeuge, ihren Darm usw. hatte, ist davon in der Puppe nichts zu bemerken, hier ist eine allgemeine Auflösung der Gewebe, eine Hystiolyse, wie die Wissenschaft das nennt, vor sich gegangen, und aus diesem allgemeinen Brei bilden sich, wie aus dem Inhalte des frischen Vogeleies, erst wieder die neuen Organe.

In neuester Zeit hat man der Stubenfliege schuld gegeben, sie leiste der Verbreitung der Cholera Vorschub. Möglich ist es schon, denn so gut sie an allen anderen organischen Stoffen nascht, wird sie vor von Cholerakranken ausgeworfenen nicht Halt machen, und da wird denn allerdings der Ansteckungsgefahr Tür und Tor geöffnet.

Weißt du, wie eine Fliege, die übrigens vier Tage hungern kann, es anfängt, Zucker zu fressen, den sie doch nicht wie ein Hund oder ein Kanarienvögelchen oder auch nur ein Käfer knabbern kann, denn sie hat weder Zahn noch Schnabel, überhaupt keine harte Mundbewaffnung, sondern bloß einen weichen Rüssel? Sie löst ihn auf, indem sie erst einen Tropfen Feuchtigkeit, meinetwegen nenne es Speichel, auf ihn ergießt und den so entstandenen Brei aufsaugt. von Gleichen hatte, wie er erzählt, auf den Originalzeichnungen zu den seine Abhandlung begleitenden Tafeln die Puppen mit einer roten Farbe gemalt, die nicht ordentlich am Papier haften wollte. Er setzte ihr deshalb Zuckerwasser zu. Da er anderweitige Arbeiten zu erledigen hatte, blieben die Figuren einige Zeitlang offen liegen. Als er sie wieder vornahm, war er erstaunt, sie getupft zu finden: Fliegen hatten, angelockt durch den der Farbe zugesetzten Zucker, ihre Speicheltröpfchen darauf ergossen und die erweichten Stellen weggeschlürft, die nun als hellere Fleckchen auf dunklerem Grunde erschienen. Wenn man zahlreiche Fliegen beobachtet, so wird man einiger darunter gewahr werden, denen ein Tröpfchen einer wasserhellen Feuchtigkeit vorn an der Rüsselscheibe hängt. Das ist ein solches Speichelklexchen. Möglicherweise haben die Tiere dann gerade rechten Appetit und das Wasser ist ihnen so sehr im Munde zusammengelaufen, daß es nach außen übertritt. Réaumur und 1774, also 40 Jahre nach ihm, der Abbé Blondeau haben das auch gesehen und den Fliegen deshalb die Fähigkeit des Wiederkäuens zugeschrieben.

Doch siehst du hier an der Fensterscheibe die Fliegenleiche hängen? Sie sieht ganz wunderlich aus. Ihre Beine sind hochgestellt und krampfhaft gespreizt; ihr Hinterleib ist aufgetrieben und verdickt; seine Ringe sind auseinander gewichen und die Zwischenhäute zwischen ihnen geschwollen und verbreitert, weiß und bröckelig und wie mit einem weißen kurzen Pelz besetzt. Rings um die kleine Leiche herum ist ein milchweißer Fleck von etwa 25 oder 30 mm Durchmesser, der nach seinem Rande hin dichter wird, so daß sich ein Hof um das tote Insekt befindet. Dieses Tier ist an einer Pilzkrankheit, so einer Art Geflügelcholera zugrunde gegangen. Die Wissenschaft nennt diesen Pilz mit einem altrömischen Namen für ein Gespenst oder eine Spukgestalt, Empusa und die Art nach ihrem Aufenthaltsorte, den Fliegen, muscarum.

Den armen Schächer hier hat sein Verhängnis zeitig erreicht. Wir haben jetzt Ende Juli und da tritt die Krankheit erst sehr vereinzelt auf, in feuchten Jahren etwas häufiger als in trockenen, steigert sich im August, um ungefähr Mitte September ihren Höhepunkt zu erreichen. Der erste Mann, der ihrer gedenkt, aber sich noch keinen Vers aus ihr machen kann, ist der schwedische Baron de Geer, und der zweite der Olympier von Weimar, Goethe. Er nennt die Erscheinung, von deren wahrem Wesen er natürlich noch keinen Begriff haben konnte, eine zerstörende Verstäubung der Fliegenleiche, die einige Tage nach dem Tode, dessen Ursache sie in Wahrheit ist, ihren Anfang nähme. Sie begänne aus den Seitenporen des Hinterleibes (den Stigmen oder Luftröhrenöffnungen) und dauere „mit wachsender Elastizität“ vier bis fünf Tage, wobei ein feiner Staub seine Spur in immer größerer Entfernung rings um das an der Wand festgeklemmte Tier zeige und zuletzt einen zollgroßen Hof um es bilde. Die Sache ist derart, daß sie zur Untersuchung geradezu herausfordert, und sie ist vielfach untersucht worden, zuerst 1827 von Nees von Esenbeck, 1841 von Berkeley, 1853 von Robin, 1855 von Cohn und Cienkowski, 1856 von Lebert und Fresenius, 1858 von Duméril, 1865 von Woronin, 1867 von Bail und 1873 von Brefeld und wir wollen uns nur, um die kostbare Zeit nicht zu verschwatzen, an das halten, was dieser letzte sagt.

Im Hochsommer finden sich im Leibe der Stubenfliegen winzige, selbstverständlich nur bei starker Vergrößerung wahrnehmbare Körperchen belebten, farblosen Eiweißes oder Protoplasmas, die wachsen und sich durch Sprossung vermehren. Das sind die Mutterzellen, deren Fruchtbarkeit sehr groß ist. In manchen Fällen sind sie mit jungen Sprößlingen verschiedenen Alters und verschiedener Größe bedeckt, die zum Teil noch in ununterbrochenem Zusammenhange mit ihr stehen, zum Teil sich zwar schon abgeschnürt haben, aber ihr doch noch anhaften. Diese Vermehrung kann durch eine Reihe von Generationen fortdauern, indem von den Tochtersprößlingen sich Enkelsprößlinge, von diesen Urenkelsprößlinge u. s. f. absondern. Die Zellen sind von runder Gestalt, haben einen feinkörnigen Inhalt, niemals einen Kern, aber wohl sogen. Vakuolen, mit klarer Flüssigkeit gefüllte Hohlräume, die im Eiweiße abwechselnd langsam auftreten und langsam wieder verschwinden. Jene Zellen erscheinen im Blute ihrer Wirtin, der Fliege, treten aber in ihm nicht zuerst auf, vermehren sich auch nicht zuerst in ihm, sondern im sogen. Fettkörper. Dieser ist ein merkwürdiges Organ der Insekten, dessen Bedeutung für ihren Haushalt lange gänzlich unbekannt war und auch jetzt noch nicht in allen Punkten mit wünschenswerter Klarheit hat festgestellt werden können, was uns hier weiter nichts angeht. Nur so viel sei bemerkt, daß er bei Larven stärker und oft ganz bedeutend stärker entwickelt zu sein pflegt als bei Imagines, daß er aus einer großen Menge Fettläppchen besteht und von einer bedeutenden Masse von Atemröhrchen durchzogen ist. Er liegt an der oberen Wandung der Leibeshöhle und zwischen den Eingeweiden.

Die Sprossung der Keimzellen des Schmarotzerpilzes geht in ihm eine Zeitlang von Generation zu Generation fort. Dann aber trennen sich die jungen Sprossen nicht mehr voneinander. Dann treiben sie zu gleicher Zeit unabhängig von ihrem Alter, große und kleine Fortsätze. Diese sind schlauchförmig und können die nämliche Dicke haben wie die treibende Zelle, sie können aber auch dünner sein und an einer oder an zwei Seiten entstehen. Beim Weiterwachsen vermögen sie allerlei Gestalten anzunehmen, sehr allgemein erscheinen an ihnen wulstige Aussackungen und kurze Seitenfortsätze. So ist die Beschaffenheit der meisten Schläuche beim Tode der befallenen Fliege, deren inneren Teile durch die große Menge der Keimzellen verzehrt werden, die durch ihre Wachstumsbewegung zugleich veranlassen, daß die Hinterleibsringe auseinander weichen und die zwischen ihnen befindlichen Bindehäute bis zum Platzen gespannt werden. Die Schläuche haben mittlerweile bedeutend an Größe zugenommen und sind verhältnismäßig sehr lang geworden. Endlich hören sie auf, sich in der Längsrichtung weiter fortzusetzen, ihr der Körperbedeckung näher liegendes Ende schwillt in Gestalt einer Keule beträchtlich an und dringt mit seiner Spitze durch jene hindurch nach außen. Das tut eine ganze Anzahl von Schläuchen zugleich und ihre Enden legen sich auf der äußeren Oberfläche dicht nebeneinander, wo sich auf ihren äußersten Spitzen je ein Knöpfchen bildet. Die frei zu Tage getretenen Schlauchenden gewinnen dadurch das Ansehen von Spielkegeln und die ihnen aufsitzenden Knöpfchen sind die Fortpflanzungskörper oder, wie sie in diesem Falle heißen, die Sporen. Eine jede solche Spore ist von dem Schlauche, zu dem er gehört, durch eine Scheidewand getrennt, unter der sich im Eiweiße eine große Hohlblase bildet, die den vor ihr gelegenen Inhalt jenes Schlauches gewaltsam vorwärts treibt.

Durch die hierdurch immer mehr zunehmende Spannung und durch den immer kräftiger wirkenden Druck reißt endlich der Schlauch rund um den unter der Spore befindlichen Hals und diese fliegt mit einer gewissen Gewalt ab. Neue Sporen drängen sich in dem Maße, wie sich die reifen ablösen, sofort nach außen und so wiederholt sich ohne Unterbrechung das Abschleudern der Sporen zwei Tage lang.

Was von den Schläuchen während dieser Vorgänge außerhalb des Fliegenleibes war, verschwindet nach der Ablösung der Sporen auf der Stelle, das in ihm gebliebene zerfällt nach und nach mit ihm und jene bilden den weißen Fleck um die tote Fliege herum.

Eine Spore hat eine einfache, häutige Hülle, eine im Umriß etwa glockenförmige Gestalt, ist 0,0165 bis 0,023 mm lang und 0,0107 bis 0,0165 mm breit. Die Sporen pflanzen, wenn sie äußerlich auf einen Fliegenleib und zwar auf die weichen Hinterleibsstellen gelangen, die Pilzkrankheit fort. Hierzu genügt der flüchtige Aufenthalt einer Stubenfliege da, wo kurz vorher der Leichnam einer anderen an der Empusakrankheit gestorbenen Sporen warf. Um nun die Wahrscheinlichkeit einer Infektion mit der Pilzkrankheit zu steigern, treiben die zuerst freigewordenen Sporen ihrerseits auch wieder deren, so daß eine einzige Fliege einen ziemlichen Raum mit Empusasporen besäen kann. „Durch genügende Feuchtigkeit gefördert ist die ganze, mit Sporen beworfene Fläche einem Walde von Kegeln ähnlich, bedeckt von den aufragenden, den Muttersporen aufsitzenden Sekundärsporen. Fortwährend werden sie abgeworfen und jeder überlaufenden Fliege an den Leib geschleudert.“

Die winzige Hautstelle einer Fliege, auf der eine Spore zu liegen kam, bräunt sich, diese selbst treibt einen dicken Fortsatz in die Haut, durchbohrt sie und dringt in die Leibeshöhle ein. Die sie umgebende Hülle bleibt leer und zusammengefallen zurück. Ihr eingedrungener Teil wächst, wird zum Keimschlauch und der eben dargestellte Entwickelungsgang des Pilzes wiederholt sich.

Wie überwintert nun der Pilz? Nach Brefelds Ansicht nur in lebenden Fliegen und die freibleibenden Sporen sollen eintrocknen. Das ist der einzige Punkt, der mir nicht genügend bewiesen scheint, denn die Natur kann da Vorrichtungen getroffen haben, die sich vorläufig noch der Erkenntnis der Forscher entziehen. Larven und Puppen werden jedenfalls nicht angesteckt und feuchtwarme Jahre befördern die Seuche.

Die Stubenfliege ist nicht die einzige Fliegenart in Mandelblüths Laden. Hier in dem Winkel steht eine mäßig große Tonne von wenig Vertrauen erweckendem Aussehen. Lose liegt ein Deckel auf ihr; zwischen den altersgrauen, stellenweise überschimmelten Dauben sickert es feucht heraus und in ihrer Nähe herrscht ein unsäglich widerlicher Geruch nach Moder und faulem Essig. Du kannst dich darauf verlassen, darinnen konserviert Blümchen die Überbleibsel von eingelegten Gurken, die genau vor einem Jahre im Spreewalde geerntet wurden. Die mögen in einem schönen Zustande sein! Aber das ist einerlei, etwas wegzuwerfen, das seinerzeit Geld gekostet hat, das bringen Mandelblüths nur sehr schwer übers Herz, er sowohl wie sie. Niemand von den Stammkunden und Stammgästen kann sich deutlich erinnern, daß das überhaupt je geschehen ist. Meine Vermutung dürfte aber richtig sein und wird durch kleine Fliegen bestätigt, die langsamen, bedächtigen Fluges um das verdächtige Faß herumschweben. Ich will eine aus der Luft „weggreifen", denn fangen kann man nicht sagen. Sieh, da habe ich eine, die wir nun einmal näher betrachten wollen! Ihre Länge beträgt reichlich 4 mm und ihre Körperbedeckung ist verhältnismäßig weich, wenigstens weicher als die der Stubenfliege, was sie nicht gerade appetitlicher macht. Sie hat einen verhältnismäßig großen Kopf, eine breite Denkerstirn und etwas vorquellende Augen. Ihr dickes, gewölbtes Bruststück ist rostbraun, der sechsringliche Hinterleib schwärzlich mit gelben Querbinden und kürzer als die aufliegenden Flügel. Ihre Beine sind rötlichgelb und ihr Gang ist gewissermaßen „klebrig". Warum Fallén die Gattung, zu der sie mit einer ganzen Reihe anderer einheimischen Arten gehört, Drosophila, „Taufreundin", also mit einem wahren Elfennamen getauft hat, ist mir bis jetzt unerfindlich geblieben. Die weiße Made lebt in saueren, in Essig liegenden Dingen sowie in Bier- und Weinessig selbst. Das wußte schon Aristoteles, der sagt, die Konopes, wie er die Essigfliegen nennt, gingen aus Würmchen hervor, die in sauer gewordenem Weine entstünden. Sie verwandelt sich in eine Tönnpuppe von schmutzig-gelber Farbe.

Eine Frage ist es nun: wovon lebten die Maden der Essigfliegen, bevor es Essig auf Erden gab? Darauf kann uns der Wiener Naturforscher Heeger die Antwort geben: im Freien überwintert die Essigfliege und legt vom Juni an ihre Eier an abgefallene Pflaumen, an faulende Äpfel und Aprikosen und nährt sich als Larve drei Wochen lang von deren fauligen Säften!

Aber da am Fenster sehe ich zwischen den Stubenfliegen eine weitere „häusliche" Fliegenart, von der es mir ganz dunkel ist, wie und wovon sie lebte, bevor sie sich in die Gefolgschaft des Menschen begab. Sie ist ein hübsches, schlankes, durchschnittlich 4,5 mm langes Tierchen von glänzend schwarzer Farbe mit gelbroten Beinen. Siehst du dort den Glaskasten auf dem Ladentische mit den zwölf Scheiben, von denen aber, ganz nach Mandelblüthscher Art, fünf große Löcher, mindestens Sprünge haben? Unter diesem mangelhaften Kristallpalast bewahrt Blümchen ihren noch mangelhafteren Käsevorrat und unter ihm haben auch die Wiegen jener schwarzen Fliegen gestanden, — sie sind Käsefliegen (Piophila casei) und waren in ihres Lebens Mai muntere, sprungbereite Käsemädchen!

„Pfui Teufel", sagst du? Das ist deine Ansicht! Laß dir einmal 'was erzählen. In dem Haus meiner Eltern erschien, als ich noch ein Knabe war, wöchentlich zweimal ein alter Mann, namens Schwartz; der wohnte in Mellingen, war noch mit dem alten, d. h. mit dem ganz alten, Napoleon in Rußland gewesen und kehrte vor unserer Wohnung die Anlagen und die Gasse. Der kam einmal dazu, als das Dienstmädchen den Inhalt eines im Holzstalle vergessenen Topfes wegwerfen wollte. Dieser Inhalt hatte einmal im Frühling aus deutschem Käse bestanden, die sich mittlerweile in Maden verwandelt hatten. „Ach", bat der alte Dragoner, „werfen Sie das nicht weg, schenken Sie's da lieber mir," holte ein Stück Schwarzbrot nebst Messer aus der Tasche und verzehrte das lebende, wimmelnde Mus mit allen Zeichen des höchsten Behagens und meinte dazu, da sei der Käse erst schön! Leonhard Frisch, der zur Zeit Friedrichs des Großen Rektor des grauen Klosters in Berlin war und ausrechnete, daß eine Käsemade dreißigmal höher spränge, als sie lang sei, scheint ähnlicher Überzeugung wie der alte Schwartz gewesen zu sein. Er sagt wenigstens: „da die Maden den Käse beim Wühlen erst recht durcheinander kneten, so wird sein Geschmack erst scharf und angenehm."

Die Maden gehen übrigens nicht an jede Käseart. Ganz alten, harten, sowie Limburger und Schweizer verschmähen sie. Aber solch ein harter „Klingenspringer", wie man in Thüringen einen alten, festen deutschen Käse nennt, weil er beim Versuch ihn zu schneiden, unter der Messerklinge wegspringt, hat auch seine Verehrer und zwar unter den Milben. Eine ganze Familie dieser kleinen Wesen heißt sogar „Tyroglyphidae", Käseingenieure. Gelegentlich findet man an altem, trockenem deutschen oder schweizerischen Käse, besonders in und unter der Rinde, in ein graubraunes Pulver aufgelöste Stellen. Wenn man dieses Pulver einige Zeit aufmerksam betrachtet, bemerkt man eine leichte Bewegung in ihm. Es besteht aus dem Kote und den bei den Häutungen abgeworfenen Bälgen einer Milbenart (Tyroglyphus siro) und aus dieser Milbe selbst. Bringt man etwas von der Masse trocken unter ein schwach vergrößerndes Mikroskop und sieht sie sich an, so hat man einen überraschenden

Anblick. Da wimmelt es von gestreckten, kleinen, borstigen Tierchen von etwa 0,25 bis 0,6 mm Länge, von denen die kleineren drei, die größeren vier Beinpaare haben: jene sind die Larven oder Hypopoden, diese die völlig entwickelten Stücke der gemeinen Käsemilbe (Tyroglyphus siro). Als Knabe war ich einmal, es mögen 50 Jahre her sein, in einer Schaubude, wo ein Mann mit rotem Fez und großem, schwarzem Schnauzbarte mittels eines bescheidenen Projektionsapparates, einem Sonnenmikroskope, allerlei Bilder an der Wand erscheinen ließ, unter anderen auch eins von derartigen lebenden Milben. Es dauerte etliche Jahre, bevor ich wieder Käse essen konnte: der weiche war mir schon durch die Maden verleitet, dann auch der harte durch die Milben! Übrigens hat der milbige Käse noch viel mehr Verehrer unter einem gewissen Schlage von menschlichen Feinschmeckern, als der madige, und der ältere Taschenberg sagt, daß man wohl des „Gaumenkitzels“ wegen jene Milben durch Übertragung auf frischem Käse weiter züchtet.

Gelegentlich erscheint eine andere Milbenart, die Mehlmilbe (Tyroglyphus farinae), auf Käse noch viel massenhafter als die eigentliche Käsemilbe. Dieses Geschöpfchen hat einen sehr vielseitigen Appetit und macht sich oft durch seine geradezu ungeheuren Mengen, in denen es sich auf den verschiedensten Stoffen einstellt, sehr unliebenswürdig bemerkbar. Man hat außer auf Mehl und Käse auf Rauchtabak, getrocknetem Hopfen, Heu, Getreide, geräucherten Fleischwaren, ja als Schmarotzer an lebenden Menschen beobachtet. Seine Mundwerkzeuge machen es sehr geschickt dazu, die menschliche Haut zu durchbohren und menschliche Säfte zu saugen. Der französische Milbenforscher Moniez berichtet, daß sich 1839 eine Art Epidemie in Lille bei den Arbeitern einstellte, die beim Um- und Abladen sehr trockenen russischen Weizens beschäftigt waren. Dieses Getreide konnte solchen Tieren keine Nahrung mehr bieten, obwohl sie die bei seiner Absendung aus Odessa und unterwegs, so lange es noch frisch und weich war, und sie sich selbst im Hypopodenzustande befanden, wohl an ihm gefunden haben mochten. Sie hatten sich halbverhungert in fabelhaften Scharen in den Winkeln der Holzbehälter, in denen der Weizen versandt worden war, angesammelt und gingen massenhaft auf die mit der Ware hantierenden Arbeiter über, die arg unter ihnen zu leiden hatten. Diese Milben zeigten sich in eben dem Jahre noch an mehreren Orten in Frankreich. Vielleicht waren sie auch die Urheberinnen einer schon früher beobachteten Krankheit mit ähnlichen Erscheinungen, die sich bei Leuten einstellte, die viel mit dem Auspacken von Vanille in Schokoladenfabriken beschäftigt gewesen waren, und die man gewissen giftigen Eigenschaften jener südamerikanischen Schote zuschrieb und mit dem schönen Namen „Vanillismus“ belegte.

Die Mehlmilbe ist etwas kürzer, aber breiter als die Käsemilbe und weniger stark beborstet. Die kleinste und kurzbeinigste Art der Gattung ist die Sammlungsmilbe (Tyroglyphus entomophagus), die zwar für gewöhnlich in Insektensammlungen angetroffen wird, aber von Moniez auch in Lille als Schädigerin des Safrans beobachtet wurde. Die zahlreicheren Männchen dieser Art laufen weit schneller, als die selteneren, trägeren Weibchen.

Die Backpflaumen, und das könnten wir hier gewiß leicht feststellen, zeigen oft auf vorspringenden Runzeln einen weißlichen, krümelichen Überzug. „Der Zucker ist ausgeschlagen“, sagen die Hausfrauen, wenn sie das sehen. Dieser Zucker ist nichts anderes, als Niederlassungen zweier Milbenarten, der hurtigeren, langbeinigen Laufmilbe (Glyciphagus cursor) und der weniger flinken Dürrobstmilbe (Carpoglyphus passulorum). Beide Arten beschränken sich in ihren Besuchen nicht auf Backpflaumen, sondern finden sich und gelegentlich in erstaunlichen Mengen auch auf getrockneten Feigen, Rosinen, Datteln usw.

Die Hautbedeckung mancher Milben ist ein wahrer, undurchdringlicher Panzer. Ein zweiter französischer Milbenforscher, Méguin, sah nicht näher zu bestimmende Hypoden noch Bewegungen machen, nachdem sie eine halbe Stunde lang in Terpentinöl gelegen hatten. Michael beobachtete Angehörige einer anderen Familie (Orbatidae), die zunächst einige Stunden in einprozentiger Osmiumsäure, dann mehrere in fünfzigprozentigem und zum Schlusse mehrere in absolutem Alkohol gelegen hatten, aber lebendig geblieben waren und sich ganz wohl zu befinden schienen.

Im Dürrobst leben außer Milben auch noch die Räupchen von zwei kleinen Schmetterlingsarten: von Ephestia elutella und Hypochalcia achenella. Jene klaftert 16 mm und hat aschgraue Vorderflügel mit zwei helleren, dunkelgesäumten Querbinden und in der Mitte mit zwei schwarzen Punkten, diese spannt 20 bis 24 mm und ihre Vorderflügel sind hellbraun, gelblich gemischt mit zwei unbestimmten roten Querstreifen. Beide Arten haben einfarbige, graue Hinterflügel.

An Käfern fehlt es hier natürlich auch nicht, aber den meisten Arten werden wir auf dem Söller und in den dort verwahrten Vorräten häufiger begegnen und wir wollen sie uns bis dahin versparen, denn jedenfalls ist der Aufenthalt dort oben immer noch besser als hier in diesem Dunstkreise und in dieser Gesellschaft.

In den nämlichen Vorräten, in denen die Raupen der beiden Arten von Dürrobstschaben hausen, würden wir höchstwahrscheinlich den kurzflügeligen Obstfreund (Carpophilus hemipterus) nicht vergeblich suchen. Er gehört in die an kleinen Arten reiche Familie der Glanzkäfer (Nitidulidae), die sich wesentlich durch ihre zehn- bis elfgliedrigen, in einer zwei- bis dreiringligen, knopfförmigen Keule endigenden Fühler auszeichnen. Er ist über 3 mm lang, von schwarzer Grundfarbe und hat an seinen Flügeldecken rötlichgelbe Schultern und Spitzen. Auch seine kurzen Beine sind von dieser Farbe. Seine Flügeldecken lassen die beiden letzten Hinterleibsringe frei. Der Käfer und seine Larve werden hauptsächlich an trockenen Feigen und anderem Dürrobst gefunden, aber auch an Pelzwerk und alten, trockenen Knochen. Doch hat man ihn auch im Freien an blühendem Buchweizen beobachtet. Gegenwärtig ist er durch den Handel über die ganze Erde verbreitet worden, und wir wissen nicht, wo seine ursprüngliche Heimat war.

Vielleicht, wenn uns der Zufall günstig wäre, könnte es uns gelingen, hier auch einen zweifleckigen Glanzkäfer (Nibidula bipustulata) aufzutreiben. Er ist 4,5 mm lang, 2,75 breit, braun mit beinahe schwarzen Flügeldecken. Je ein Fleck auf jeder Flügeldecke, seine Halsschildseiten und seine Beine sind braunrot. In Paris soll er in den mit geräucherten Fleischwaren Handel treibenden Geschäften häufig sein, entsprechend seiner Nahrung im Freien, die aus trockenem Aase besteht. Der ältere Taschenberg erhielt ihn auch einmal mit Kaffeekuchen vorgesetzt.

Viel häufiger begegnen wir einem anderen Käferchen von walzenförmiger Gestalt, rötlich-brauner, dunkler Farbe und 2 bis 3 mm Länge. Sein gewölbtes Halsschild ist viel breiter als lang. Wenn man es anfaßt oder sonst erschreckt, so wird es hypnotisch, zieht seine Fühler und Beine an, senkt seinen Kopf und das Halsschild etwas und „stellt sich tot“. Seine weiße, braunköpfige Larve zeigt eine kurze sparsame Behaarung, ist walzig, hält sich einwärts gekrümmt, hat sechs kurze Beinchen und sieht ziemlich so aus wie ein zwerghafter Engerling. Das ist der Brotbohrer (Anobium paniceum). Sein Appetit und der seiner Larve ist sehr vielseitig und beide finden sich nicht bloß in allerlei Backwaren, sondern auch in Tee, Ingwer, Rhabarber, pulverisiertem Kayennepfeffer, Tollkirschenwurzeln, ja in Apotheken und Drogerien sogar in den Vorräten getrockneter spanischer Fliegen. Gerät er über die jetzt ziemlich aus der Mode gekommenen Oblaten, so frißt er nicht nur von ihnen, sondern klebt, wahrscheinlich mit seinem Speichel ihrer drei oder vier, je nach der Stärke, zusammen und wohnt in ihnen.

Eine andere Käferfamilie, nämlich der der Cucuiiden, für die ich keinen deutschen Namen kenne, könnte hier durch zwei Arten (Silvanus frumentarius und advena) vertreten sein. Es sind kleine, 2 bis 3 mm lange, ziemlich flache, langgestreckte Tierchen, deren Fühler gleichfalls eine dreigliedrige Endkeule tragen. Beide sind einfarbig braun, advena viel heller. Diese Art ist kleiner, auch weniger gestreckt und etwas flacher als die andere. Ihre Larven sind gleichfalls langgestreckt und flach, haben einen vorragenden Kopf und drei Beinpaare von mäßiger Länge, sowie am letzten Hinterleibsringe ein Paar aufwärts gekrümmte Häkchen. Der röhrenförmige Mastdarm ist ein- und ausschiebbar. Beide Arten sind vermutlich bei uns eingeführt und gegenwärtig durch den Handel so ziemlich über die ganze Erde verbreitet. Sie finden sich auf allen Entwicklungsstufen besonders häufig in Reis. Der vortreffliche englische Insektenforscher Westwood traf frumentarius tot im Zucker an und sagt, es könne einem wohl geschehen, daß man, wenn man seinen Tee oder Kaffee versüßt habe, die Leichen der Larven oder Käfer in den Getränken herumschwimmen sähe.

Das kleine zwischen Laden und Küche gelegene Schenkstübchen dürfte uns wenig bieten außer Schmutz, den aber reichlich. Hier herrscht eine Grenz- oder Übergangstierwelt und es treffen sich Formen, die dem Laden und der Küche entstammen. Doch da auf den Tischen herum zwischen den eingetrockneten Bierringeln liegen einige dunkle, ehemals quadratische, jetzt ziemlich aus ihrer Façon geratene Gegenstände zweifelhafter Natur, — Bieruntersetzer aus Filz, wenn mich nicht alles trügt! Wenn wir es über uns brächten, die zu zerfasern und zu zerzupfen und dann die so gewonnene klebrige, sauer und „muchig" riechende Masse mit einer guten Lupe durchmusterten, wozu es hier viel zu dunkel ist, so könnten wir wahrscheinlich einige winzige Lebewesen entdecken, denn alte Bierfilze haben auch ihre eigene Tierwelt. Wir dürften erwarten, zwei Arten von Milben in ihnen zu finden: eine längere Art von Süßigkeitsfresser (Glyciphagus) und eine kleinere Miniermilbe (Tyroglyphus). Der ältere Taschenberg sagt „das Auftreten von Milben an den betreffenden Gegenständen beweist immer einen nicht mehr gesunden Zustand der letzteren." Dem Ansehen nach müßten da die Bierfilze reiche Fundgruben von Milben sein, denn sie schauen ungesund genug aus.

Mit noch größerer Wahrscheinlichkeit als Milben würden wir kleine weiße Würmchen, Essigälchen, in ihnen finden. Das Essigälchen (Anguillula aceti) ist eine durchschnittlich 1,45 mm lange und 0,037 mm breite Art der Fadenwürmer, die auch im ausgebildeten Zustande beträchtlichen Schwankungen in der Größe unterworfen ist, überhaupt zur Veränderlichkeit neigt. Wird sie in breiartigen Massen, z. B. in angesäuertem Malzschrote gezüchtet, so wird sie viel breiter als in gewöhnlichem Essig, und in Weinessig ist sie auffallend groß, während sie bei der Schnellessigfabrikation in den Essigbildner genannten Gefäßen auffallend klein bleibt. Wird sie durch eine längere Reihe von Geschlechtsfolgen bei niederer Temperatur gezüchtet, so wird sie im Verhältnis zur Breite sehr lang. Essigälchen, denen es recht gut geht und die unter günstiger Temperatur reichlich geeignetes Futter haben, bleiben klein, wachsen aber in anderer Art, indem sie sich nämlich sehr schnell vermehren.

Die Männchen unterscheiden sich von den Weibchen in der Regel dadurch, daß ihr hinteres Leibesende einwärts gekrümmt ist. Die Jungen werden lebendig geboren und sind spiralig aufgerollt in eine Eihaut gehüllt, die nach der Geburt dadurch zerreißt, daß das kleine Älchen sich plötzlich streckt. Die Vermehrung ist eine große und ein Weibchen kann nach vier Monaten eine Gesamtnachkommenschaft von mehreren Hundert, nach sieben von unzähligen Exemplaren haben. Ungünstig für die Entwicklung der Essigälchen ist der Aufenthalt in altem Biere, das schon länger von ihnen bewohnt wurde, in sterilisiertem Lagerbiere und in stark verdünntem Essig. In diesen Flüssigkeiten verhungern namentlich die Jungen bald. Sehr bekömmlich ist ihnen aber das Dasein in Abkochungen von Pferdemist, in sauer gewordenem Weißbiere, in wässerigen Lösungen von Stärkekleister und in Aufschwemmungen von Gerstenschrot.

Sie können in den von ihnen bewohnten Flüssigkeiten in für das menschliche Begriffsvermögen unfaßlichen Mengen anwesend sein. Dann scheint deren Oberfläche zu leben und ist fortwährend in leiser welliger Bewegung begriffen. Früher geschah es wohl ab und zu, daß die Essigvorräte einer ganzen Stadt von solchen Massen befallen wurden. So war es im Juli 1680 in Paris, wo niemand mehr Salat essen wollte. Ihre mäßige Anwesenheit im Essig hielten indessen manche Ärzte und Naturforscher damaliger Zeit für notwendig, „denn“, machten sie geltend, „die Schärfe des Essigs rührt von ihren außerordentlich spitzen Schwänzen her“.

Nach Oerley und Czernay ist das Bedürfnis dieser Würmchen nach Sauerstoff nur gering. Nach Versuchen des ersteren leben sie unter einer Ölschicht von 2 cm Höhe noch nach zwei Monaten. Rothenbach fand jedoch, daß unter völligem Luftabschluß der größte Teil von ihnen gestorben war, einzelne aber lebten unter den nämlichen Bedingungen mehrere Wochen, litten aber schwer. Sie klettern dann gern an den Wandungen des Gefäßes, in dem sie sich befinden, in die Höhe und klammern sich, wenn ihnen das unmöglich gemacht ist, aneinander, ballen sich zu Knäuelchen zusammen und fallen auf den Boden.

Am wohlsten ist ihnen in einem Essig oder in einer sauren Flüssigkeit bezw. Feuchtigkeit, die etwa 2 bis 3 Prozent reine Essigsäure enthält, 4 Prozent ist ihnen zuviel. Nicht alle Fabrikanten geben den Zwischenhändlern älchenfreien Essig ab, diese verdünnen ihn, was bis auf einen Gehalt an reiner Essigsäure von 3,5 Prozent gesetzlich erlaubt ist, und lassen ihn so in mehr oder weniger vollen Fässern lagern. Hier tritt nun eine üppige Vermehrung der Würmchen ein, da sie sich unter möglichst günstigen Lebensbedingungen befinden. So gelangt nun der Essig unter das Publikum. Wenn man ihn in Speisewirtschaften und Privathäusern untersucht, ist es erstaunlich, in wie zahlreichen Fällen er Älchen enthält, auf die freilich niemand achtet, besonders wenn sie keine Trübung veranlassen.

Natronlauge und Soda, die die Säuren neutralisieren, sind ein heftig wirkendes Gift für die Tiere und ist deshalb das Reinigen der Fässer, in denen aalhaltiger Essig war, mit Soda ganz besonders zu empfehlen. Lagerung des Essigs in kühlen Räumen mit einer Lufttemperatur von 15° C an abwärts hemmt ihre Entwicklung sehr. Zu töten sind sie freilich durch Kälte sehr schwer, so daß ein darauf begründetes Vertilgungsverfahren in der Praxis gar nicht in Betracht kommen kann. Essigälchen, die 15 Stunden in gefrornem Essig gewesen waren, lebten im warmen Wasser sofort wieder auf. Starke Erwärmung ihrer Aufenthaltsfeuchtigkeit können sie hingegen nicht vertragen: in einer bis auf 39 bis 41° C erhitzten bewegten sie sich nur noch wenig, und in einer von 42 bis 43° starben sie in fünf, in einer von 44° in einer Minute. Das sicherste Mittel, das außerdem den Essig nicht verändert, ist, wenn man ihn bis auf 45° C erwärmt und dann filtriert.

Man hat von Anfang an, so bald die öffentliche Aufmerksamkeit auf die Würmchen geleitet war, gefragt: sind sie dem Menschen schädlich oder nicht? In früheren Zeiten bejahte man diese Frage. Wie wir sahen, wollte im Sommer 1680 niemand in Paris ihretwegen noch Salat essen. Denn man glaubte, diese „Schlangen" könnten im menschlichen Magen Schaden stiften. Durch neuere Untersuchungen kam man zu Erfolgen, die die Harmlosigkeit der Tierchen dem Menschen gegenüber klarstellten. Zunächst werden sie im Magen durch die hier herrschende hohe Temperatur sehr leiden. Treten sie in den Darm über, so tötet sie der alkalische Darmsaft. Hausmäuse, also auch warmblütige Wirbeltiere, die drei Wochen lang mit Trinkwasser und gequelltem Weißbrot, denen beiden Essigälchen zugesetzt waren, ernährt wurden, blieben vollkommen gesund, und in ihrem Darmschlauche war kein lebendes Stück dieser Wurmart zu entdecken. Auch Tau- und Teichfrösche, denen man sie gewaltsam beigebracht hatte, zeigten nicht die geringste Spur von Unbehagen, aber man fand in ihrem Verdauungsrohre seiner ganzen Länge nach bis in den Mastdarm lebende Essigäle. Jäger hielt die Tierchen immerhin für verdächtig, da bei ihrer nahen Verwandtschaft mit gefährlichen Wurmarten ihre Schädlichkeit doch nicht mit unbedingter Sicherheit ausgeschlossen wäre. Der 1894 tagende Kongreß für angewandte Chemie erklärte aber einstimmig Anguilluliden enthaltenden Essig für unverdorben und verkäuflich.

Ein Forscher hat sie auch für nicht ekelerregend erklärt, denn, wenn sie das wären, dann wären es die Käsemilben auch. Das ist denn doch eine ganz wunderliche Ansicht und ihr kühner Begründer wird wohl den größeren Teil der gebildeten Menschheit gegen sich haben. Wie Pasteur freilich 1864 mitteilte, sahen die Essigfabrikanten von Orleans die Anwesenheit der Tierchen sogar für notwendig zur Herstellung des Essigs an!

Die Verschleppung der winzigen Würmer ist sehr leicht möglich, und ein einziges trächtiges Weibchen kann eine ganze Fabrik anstecken. Man müßte zum Schutze die erwähnten Essigfliegen ausrotten oder doch mindestens unter strenge Quarantäne stellen, denn die werden gewiß die meisten Uebertragungen vermitteln. Man hat auch in dieser Richtung Untersuchungen angestellt. Man tat über 100 Stück solcher Fliegen mit einer kleinen Menge verdünnten, viele Älcheu enthaltenden Essigs zusammen und schwenkte sie dann gehörig mit ihm um, so daß alle Fliegen feucht wurden. Diese ließ man dann in drei Gefäße hintereinander kriechen, so daß sie in das dritte, scheinbar wenigstens, ganz trocken kamen. Als man es aber nachher mit Wasser ausspülte, fand man in diesem immer noch Älchen.

Die nämliche Frage wie bei den Essigfliegen tritt auch bei den Essigaalen an uns heran: wie und wo leben die Tiere im Freien und wie und wo haben sie gelebt, ehe es künstlichen Essig gab? In dem Safte faulender Früchte und in dem zuckerhaltigen, sauer gewordenen Ausflusse gewisser Laubbäume! Es leben verschiedene Arten solcher Älchen in verschiedener Weise im Freien und vielleicht ist Anguillula aceti bloß eine Kulturrasse einer von diesen, zu deren Bildung das Alter der Essigfabrikation wohl ausgereicht haben dürfte.

Ein sehr naher Verwandter des Essigälchens ist das in sauer gewordenem Kleister lebende Kleisterälchen. Der alte Etatsrat Otto Friedrich Müller erklärte schon 1773 das letztere für eine bloße Varietät des ersteren und der Monograph der Fadenwürmer, Anton Schneider, sagt, sie wären mindestens sehr nahe miteinander verwandte, wenn nicht die gleiche Art und scheint der letzteren Meinung doch mehr zuzuneigen, da er sie beide unter einem gemeinsamen Namen (Leptodera oxophila) zusammenfaßt. Derley ist der nämlichen Ansicht und das umsomehr, als er Übergangsformen zwischen beiden aufgefunden hat. Die Züchtung von Essigälchen in Kleister und von Kleisterälchen in schwachem Essig gelingt leicht. In gewöhnlichem Buchbinderkleister sind gegenwärtig kaum noch Älchen zu finden, dazu läßt man ihn nicht mehr alt genug werden und dann setzt man ihm auch gegen Schimmelwucherung antiseptische Mittel zu.

Jetzt bliebe uns in den unteren Räumen nur noch die Besichtigung der Küche übrig, wir wollen aber unseren Augen und Nasen nicht die Beleidigung antun, sie wirklich vorzunehmen. Wir wollen einstweilen in der Nachbarschaft ein Restaurant aufsuchen, wo wir mit mehr Vertrauen frühstücken können als in Chaim Mandelblüths heiligen Hallen und unter der Bedienung seines Blümchens. Später kommen wir dann wieder und besichtigen die oberen Räume. Wir würden sowieso nicht viel von den verstohlenen Küchengästen aus der Tierwelt zu sehen bekommen, denn sie entwickeln ihre Tätigkeit wesentlich nachts und sind sehr scheuer Natur, auch weiß ich ganz genau, was wir, wenn wir Glück hätten, zu sehen bekommen würden: zwei Arten Schaben, oder wie der Deutsche, wenn er nicht Naturforscher ist, bereits seit mindestens 150 Jahren zu sagen pflegt, „Schwaben“, Heimchen und Hausmäuse.

Unter dem Namen Schaben versteht man im Deutschen zweierlei sehr verschiedene Gruppen von Insekten: die eine, wohl auch „Motten“ und auf lateinisch Tineïdae genannt, ist eine Familie der Kleinschmetterlinge, die andere (Blattidae) gehört zu der Ordnung der Geradeflügler und ist den Ohrwürmern und Heuschrecken verwandt. Von der ersten haben wir ein paar als Raupen im Dürrobst lebende Arten bereits kennen gelernt und werden noch einigen anderen begegnen, von den letzteren würden wir zwei Formen, die Küchenschabe und die deutsche Schabe bei aufmerksamem Suchen auch jetzt in irgend einem Winkel der Küche, vermutlich unter oder hinter dem Herde finden können.

Die Familie der Blattiden ist artenreich, enthält aber fast ausschließlich unangenehme Insekten, was aber Westwood 1839 von ihr sagte, daß die Mehrzahl ihrer Arten noch unbeschrieben sei, weil die Leute durch Widerwillen abgehalten würden, sich eingehender mit ihnen zu befassen, ist längst nicht mehr wahr. So zartbesaitete Naturforscher gibt es nicht mehr, und ich glaube fast, daß Westwood geflunkert hat, und daß es vor 68 Jahren ebensowenig deren gab!

Die Angehörigen dieser Familie haben einen flachen Körper von eiförmigem Umriß, lange, vielgliedrige, borstenartige Fühlhörner, einen unter dem Vorderrande des Brustschilds verborgenen Kopf und große, bohnenförmige Augen. Die eine der flachen Flügeldecken greift auf dem Rücken mit ihrem Rande über die andere. An den ansehnlichen Beinen sind die Schenkel flach, die Schienen dornig und die Füße haben fünf Glieder. Der Hinterleib hat beim Männchen acht, beim Weibchen sechs Bauchringe und am Ende zwei gegliederte Anhänge. Sie verlassen, abgesehen von den Flügeln und Flügeldecken, die Eier schon ziemlich in Gestalt der Alten. Der Mehrzahl nach sind es hurtige, lautlose, lichtscheue nächtliche Insekten von düsterer Färbung.

Wir wollen unsere Betrachtung der beiden in Deutschland die Wohnungen der Menschen, und sicher auch die Mandelblüthsche Küche bewohnenden Schabenarten mit der kleineren beginnen. Das ist die deutsche (Blatta germanica), ein 12 bis 18 mm langes Tier von schmutzig lehmgelber Farbe, auf dem Halsschilde mit zwei nicht sehr scharf ausgeprägten schwarzen Längsbinden. Die ausgebildeten Männchen sind immer kleiner, schmächtiger und heller als die Weibchen. Ihr gestreckter Hinterleib ist nicht so breit wie die Flügeldecken, die ihn und die Flügel in der Tat vollkommen bedecken. Bei den Weibchen ist er viel kürzer, aber breiter, sehr dick und überragt die Flügeldecken an beiden Seiten. Die Weibchen sind auch viel schwerfälliger und langsamer als die Männchen und scheinen auch nie zu fliegen, was diese oft und gern tun. Auf eins von diesen kommen neun von jenen. Man hört die kleinen Schaben gelegentlich wohl einmal bei uns „Russen“ nennen, und die Russen nennen sie allgemein „Preußen“ und behaupten, die aus dem siebenjährigen Kriege heimkehrenden russischen Truppen hatten sie mit in ihr Vaterland zurückgebracht.

Die Brutpflege ist bei den Schaben sonderbar, indem nämlich die Weibchen ihre Eier nicht getrennt voneinander und einzeln ablegen, sondern alle zugleich in einer hornigen Kapsel, gewissermaßen in einem zweiten Eie oder doch in einer zweiten Eischale vereinigt. Diese Kapsel hat bei der deutschen Schabe eine Breite von reichlich 3 und eine Länge von 6 mm, gleicht einem länglichen Kissen oder einem gefüllten Bügelportemonnaie: sie ist viereckig, etwas gewölbt, an den Kanten abgerundet und von horngelber Farbe. Quer über sie verlaufen eine Anzahl flacher Vertiefungen und die eine Längskante trägt eine

Leiste, gewissermaßen den Bügel des Portemonnaies. Im Innern liegt rechts und links von dieser Längsleiste je eine Reihe von durch Zwischenwände getrennten Fächern, deren jedes ein Ei enthält. Den Zwischenwänden entsprechen die Querfurchen auf der Außenseite der Kapsel. Diese fängt schon eine Woche nach stattgefundener Begattung an, aus dem Ende des Hinterleibs des Weibchens herauszutreten und wird langsam immer weiter vorrückend mindestens 14 Tage von diesem herumgeschleppt, während die größere Küchenschabe sie nur sieben oder acht Tage bei sich trägt.

Ein gewisser Hummel, der gründlichste Untersucher der Lebensgeschichte der deutschen Schabe, brachte einmal ein abgelegtes Eipaket zu einem Weibchen, das er unter einem Glase gefangen hielt und das selbst eine Kapsel trug. Das Tier kam gleich herbei, untersuchte auf seine Art das Geschenk, es mit den Fühlern betastend und vielleicht beriechend, nahm es zwischen sein vorderstes Fußpaar und nagte entsprechend der Leiste einen Längsspalt hinein. In dem Maße, wie dieser Spalt länger wurde, kamen weiße, walzige Lärvchen zum Vorschein, die sich paarweise umschlungen hatten. Jedes Paar war der Inhalt von je zwei Fächern, die einander gegenüber lagen. Das fremde Weibchen stand der ganzen Operation gewissermaßen vor und half den Jungen, die ihm doch eigentlich nichts angingen, sich aus ihren Gefängnissen befreien. Die Larven regten zuerst ihre Fühler, dann ihre Beine, machten sich voneinander los und liefen davon. Nachdem sie einmal aus der Kapsel heraus waren, kümmerte sich ihre Pflegemutter, Wartefrau oder Hebamme nicht mehr um sie. Es waren ihrer zusammen 36, aus jeder seitlichen Hälfte der Kapsel 18. Ihre Farbe war weiß und durchscheinend, sie hatten schwarze Augen und in der Mitte des Hinterleibs einen dunkeln Fleck, hervorgerufen durch die durchschimmernden Eingeweide. Sie wurden sehr bald grünlich, dann gelblichgrau und stellenweise schwarz, liefen herum und fraßen an Brotkrümelchen — alles nach 12 Minuten nachdem sie die Kapsel verlassen hatten.

Die Larven häuteten sich, bevor sie die volle Entwicklung erreicht hatten, sechsmal und zwar in sehr ungleichen Zeiträumen. Sie waren alle am 1. April an das Tageslicht getreten, die sich am schnellsten entwickelnde war mit sämtlichen Häutungen bis zum 24. Juli, die, deren Ausbildung sich am längsten verzögerte, am 8. September fertig.

Die erste Häutung fand bei allen 36 noch an dem gleichen Tage, eine Woche nach dem Ausschlüpfen, statt. Bei den späteren Häutungen fielen die Termine, an denen sie sich vollzogen, bei den einzelnen in immer verschiedener langen Pausen. Nach jeder von ihnen, die ziemlich leicht, wenn auch langsam, vonstatten ging, waren die Larven wieder weiß, sehr schmal und gestreckt, sozusagen walzig. Nach einigen Minuten waren sie wieder gefärbt und hatten die frühere Gestalt, waren aber bedeutend größer.

Einige Zeit vor ihrer sechsten und letzten Häutung wurde die Larve träger, fraß weniger, lief nicht mehr herum und suchte die Einsamkeit und Verstecke. Plötzlich klammerte sie sich an den Boden an, ihre Haut spaltete sich der Länge nach auf dem Rücken und eine fertige Schabe erschien, schneeweiß mit schwarzen Augen, war aber 10 bis 12 Stunden später ausgefärbt.

Die deutsche Schabe frißt beinahe alles, was überhaupt gefressen werden kann, am liebsten Brot, und zwar weißes lieber als schwarzes. Aus Mehl und Fleisch macht sie sich nicht viel und verzehrt sie nur in der Not, einer der größten Leckerbissen ist ihr aber Stiefelwichse. Chamisso erzählt, daß während seiner Reise mit dem russischen Schiffe Rurik einige Fässer geöffnet wurden, die Reis und Korn enthalten sollten, in Wahrheit aber deutsche Schaben, ihre abgeworfenen Häute und ihren Unrat enthielten. Nach Hummel sollen sie wohl die abgestreiften Bälge ihrer Genossinnen und den Inhalt verunglückter Eikapseln verzehren, sich aber nie an lebenden Kameradinnen vergreifen. Dem wird von anderen Seiten widersprochen und gesagt, sie fräßen kranke und verletzte Mitglieder ihrer Gesellschaft wohl auf, und das ist mir auch viel wahrscheinlicher.

Sie können dem Menschen nicht nur mittelbar, sondern auch unmittelbar schädlich oder doch lästig werden. Ein gewisser Nicols berichtet, bei der Rückkehr von einem Jagdausfluge im tropischen Australien wären seine Füße geschwollen und mit Blasen besetzt gewesen. Er legte sich in einem Zimmer schlafen, das von deutschen Schaben wimmelte. Die Nacht war sehr heiß und er ließ seine erhitzten Füße deshalb unbedeckt. Er mochte einige Stunden geschlafen haben, als er durch ein unerträgliches Jucken und ein abscheuliches Kitzeln an seinen Fersen geweckt wurde: die Schaben hatten hier die Haut angegriffen und sie von einer großen Blase völlig weggefressen, so daß eine hautlose Stelle da war, so groß wie ein Markstück.

Eine nahe verwandte, gleich große Art (Blatta lapponica) soll nach Linnés Mitteilung den lappländischen Familien bisweilen ihren ganzen Vorrat von getrockneten Fischen in einer Nacht wegfressen. Diese Schaben halten keinen Winterschlaf, und darauf baut man in Sibirien einen Plan zu ihrer Vertilgung: wenn es recht kalt ist, öffnet man Fenster und Türen der Wohnungen, behilft sich so gut man kann, und läßt sie 24 Stunden offen stehen. Es soll das das beste Mittel sein, jene unerwünschten Gäste los zu werden.

Westwood erzählt, man habe zu seiner Zeit auf den großen Schiffen bei ruhigem, beständigem Wetter, wenn es sonst nichts zu tun gab, die Schiffsjungen angestellt, Schaben einzusammeln. So befreite man sich von den lästigen Insekten und beschäftigte zugleich die Schiffsjungen, so daß sie keine Zeit fanden Dummheiten zu machen.

Die deutsche Schabe ist ein von Anfang an europäisches Insekt, das auch im Freien in Wäldern vorkommt und sich erst bei uns an den Aufenthalt in menschlichen Wohnungen angepaßt hat, aber die andere Schabenart, die uns des Genusses ihrer Gesellschaft teilhaftig werden läßt, die Küchenschabe (Periplaneta orientalis), ist ein Eindringling und gilt schon seit lange dafür. Brullé meint, zufolge der fortwährenden Wanderungen, wozu der von einem Ende der Welt zum anderen stattfindende Schiffsverkehr die schönste Gelegenheit bietet, sei die wirkliche Urheimat mancher Insekten völlig zweifelhaft geworden und man nenne wohl die Küchenschabe orientalis, aber ohne Gewähr dafür zu haben, daß sie nun gerade aus dem Orient stamme. Dem sei nun, wie ihm wolle, jedenfalls bildete der alte holländische Maler Hoefnagel das hier in Rede stehende Tier schon 1592 ab. Der englische Zoologe Mouffet bemerkt, es stamme aus Indien, und nach Schweden kam es zwischen 1734 und 1739. Gilbert White nennt es in der zweiten Hälfte des 18. Jahrhunderts in seiner Naturgeschichte von Selborne, das 50 englische Meilen von London liegt, eine neue Einführung in seine Gegend. Der englische Gelehrte Houghton versucht die Küchenschabe als alteuropäisch durch philologische Beweise festzustellen und meint, sie wäre schon im Altertum gar wohl bekannt gewesen, die Griechen hätten sie silphe und die Römer blatta genannt. Der Versuch, diese Annahme zu beweisen, ist zwar unter einem großen Aufwand von Gelehrsamkeit geschehen, aber, für mich wenigstens, nicht überzeugend. Nach Amerika ist sie jedenfalls von Osten und vermutlich von Europa her erst in den letzten Jahrhunderten gekommen. Ein gewisser Lindner, ein Amerikaner, hält der Alten Welt vorwurfsvoll eine Liste vor von allen schädlichen Tierarten, mit denen sie die Neue heimgesucht hat. Sie ist lang genug, das ist richtig, und die darin aufgeführten Geschöpfe sind auch lästig und schädlich genug, aber der gute Lindner sollte sich nicht zu sehr aufs hohe Pferd setzen, denn die Amerikaner haben das Vergeltungsrecht ausgeübt, und alle von ihm in jener Liste angeführten Geschöpfe, einschließlich des Sperlings und der Wanderratte, wiegen die einzige Reblaus, die wir unbestreitbar Uncle Sam verdanken, noch nicht zum zehnten, ja nicht zum fünfundzwanzigsten Teile auf.

Die Küchenschabe wird 22 bis 26 mm lang, ist schwarzbraun von Farbe mit helleren Flügeldecken und Beinen. Ihr Hinterleib wird von den Flügeln und deren Decken nicht völlig versteckt, ja bei dem Weibchen fehlen die ersteren und sind die letzteren nur schuppenartig entwickelt, so daß es noch sehr einer Larve gleicht. Eine zweite 35 bis 45 mm lange Art (Periplaneta americana) entstammt sicher der Neuen Welt und hat sich schon hin und wieder in Europa, besonders in Hafenstädten, eingenistet.

Man kann nicht umhin, die Küchenschabe oder den Kakerlak als eine widerliche Bestie zu bezeichnen, gegen die die deutsche Schabe als ein niedliches, angenehmes Haustierchen genannt werden muß. Dazu kommt noch, daß sie abscheulich stinkt, was diese nicht tut, und daß alles, worüber sie gekrochen ist, ihren niederträchtigen Geruch annimmt. Man handelt klug, sie nicht anzufassen, wozu wohl auch niemand so leicht Neigung verspüren wird, denn sie entleert, gereizt oder berührt, einen dunkeln Saft aus dem Maule, der die menschliche Nase sehr beleidigt und dessen gasförmige Hinterlassenschaft nur sehr schwer von den Fingern zu entfernen ist.

Sie ist ebenso gefräßig wie ihre kleinere Base, die Blatta germanica, da sie aber eben viel größer ist als diese, wird sie entsprechend schädlicher. Sie ist auch ein viel ausgesprocheneres Nachttier als diese, wird erst munter, wenn Ruhe im Hause eingetreten ist, und huscht dann lautlos hin und wieder. Kommt jemand mit Licht in die Räume, in denen sie zur mitternächtlichen Stunde ihr Wesen treiben, so stürzen sie in übereilter Hast nach ihren nächsten Schlupfwinkeln. Es ist eine unangenehme Sache, sie tot zu treten. Es entwickelt sich dabei ein quietschendes Geräusch, und es kann wohl geschehen, daß man ausrutscht und hinfällt, denn sie sind glatt und schlüpfrig.

Ihre Fortpflanzung und Brutpflege ist die nämliche wie die der deutschen Schabe, nur sind die glänzenden, dunkelbraunen Eikapseln größer, haben eine glatte, nicht gefurchte Oberfläche und enthalten nur zwölf Eier. Das ist aber kein Vorzug, denn ihre Ablage erfolgt nicht nur einmal im Jahre, sondern viermal, so daß sich also die Gesamtsumme der Kinder eines Weibchens auf jährlich 48 stellt. Diese Kapseln sollen jahrelan gliegen bleiben können, bevor ihr Inhalt reift, wodurch die Verbreitungsfähigkeit der Küchenschabe natürlich beträchtlich zunimmt. Ihre Schädlichkeit steigert sich auch noch dadurch, daß sie zu ihrer vollen Entwickelung volle vier Jahre braucht.

Gelabt hat es mich stets, daß dieser Hausschreck tüchtig von Schmarotzern heimgesucht wird und zwar von Kindesbeinen an: Westwood zog aus einer einzigen Eierkapsel 70 und Sells 94 Stück einer winzigen Art von Schenkelwespe oder Pteromalide. Aber auch die Larven und die Erwachsenen fallen Parasiten zum Opfer. Wenn man in Triest im Hochsommer die Außenmauern der Gebäude in der Nähe der Reede und der Magazine mustert, so wird einem oft ein seltsames Tier, offenbar eine Schlupfwespenart auffallen. Es ist schwarz, etwa 8 mm lang und hat einen sehr kleinen, kurz gestielten, seitlich stark zusammengedrückten, dreieckigen Hinterleib, aus dem beim Weibchen hinten der Legbohrer hervortritt. Bei unaufmerksamer Betrachtung und für Laienaugen sieht es aus, als ob das Tier verstümmelt und ihm seine hintere Körperspitze abgeschnitten wäre. Über seine nähere Lebensgeschichte ist meines Wissens noch nichts bekannt, man weiß eben nur, daß es in Küchenschaben schmarotzt und das genügt. Es muß da, wo es vorkommt, mächtig unter ihnen aufräumen, denn es ist sehr häufig. Freilich die von ihm befallenen Exemplare werden ebenso viel gefressen haben wie gesunde, denn sie müssen, das kann man aus der Größe der Wespe schließen, ausgewachsene Larven oder gar Imagines gewesen sein, aber sie haben sich jedenfalls nicht fortgepflanzt. Bei uns kommt jenes wunderliche Tier nicht vor.

Ein anderer, noch sonderbarerer Schmarotzer sucht die deutsche, die amerikanische und wahrscheinlich auch die gemeine Schabe heim und scheint zwar überall vorzukommen, wo seine Wirtinnen hausen, aber allenthalben selten zu sein; ich habe ihn, obwohl ich früher ein eifriger Sammler war und auch mit Verständnis zu sammeln verstand, wenigstens nie gefangen. Das ist ein Käfer und zwar aus der überhaupt merkwürdige Formen enthaltenden, den spanischen Fliegen entfernt verwandten Familie der Fächerträger (Rhipiphoridae), die sich durch eine weitgehende Verschiedenheit der Geschlechter auszeichnet. Er heißt Rhiphidius blattarum. Das Männchen ist 3 bis 4 mm lang, hat sehr große, fast den ganzen Kopf einnehmende, auf der Stirn zusammenstoßende Augen, prächtig gekämmte Fühler, bis auf die Taster verkümmerte, leistungsunfähige Freßwerkzeuge, die es bei seiner kurzen Lebensdauer auch niemals brauchen würde. Auch seine Flügeldecken sind verkümmert, kurz, schmal und klaffend, hingegen sind seine Flügel wohl entwickelt und es fliegt gut, wie es überhaupt ein sehr lebhaftes Tierchen ist. Seine Farbe ist schwärzlichbraun. Man hat es einmal auf einem Schiffe im Roten Meere in großer Menge fliegen sehen.

Das Weibchen ist etwas länger und ganz entartet, ohne Augen und Gliedmaßen, wurm- oder madenförmig und bleibt zeitlebens ein Schmarotzer. Es fragt sich nun, wie geschieht unter solchen Umständen die Fortpflanzung? Bei anderen parasitisch in Insekten lebenden Formen, Fliegen und Schlupfwespen können die fluggewandten Weibchen für ihre Larven neue

Wirte aufsuchen. Das ist hier ausgeschlossen, ich denke mir aber die Sache so: die befallenen Schaben werden krank und schwach und die Opfer ihrer Kameradinnen, die sie in größerer Anzahl überfallen und fressen werden. Daß wenigstens die Küchenschaben das tuen, hat ein gewisser Waga nachgewiesen. Bei diesem Kannibalenfeste werden die wahrscheinlich sehr kleinen und sehr zahlreichen Eier des Schmarotzers von mehreren Schaben mit verzehrt und die Ansteckung ist eingeleitet.

Die Küchenschabe soll die deutsche Schabe vertreiben und selbst durch das Heimchen oder die Hausgrille vertrieben werden, das seinerseits wieder eindringenden Feldgrillen weichen soll. Das Heimchen (Gryllus domesticus) ist ein lebhaftes, munteres, tapferes kleines Geschöpf, dem man kaum gram sein kann, das auch überall vom Volke mit einem gemütlichen Wohlwollen angesehen wird und das sich sogar in der Poesie einer gewissen Berücksichtigung erfreut, die den Schaben niemals zu teil geworden ist. Niemals würden diese Dickens zu einer so liebenswürdigen Dichtung, wie es „das Heimchen auf dem Herd“ ist, veranlaßt haben. Jene Bevorzugung der Hausgrille seitens des Menschen zeigt sich in verschiedener Weise und hat verschiedene Gründe. Schon in dem wunderbar sinnigen Gnomennamen „Heimchen“ spricht sie sich aus und in unserem Volke herrscht die Überzeugung, sie brächten dem Hause, in dem sie weilten, Glück und man dürfe keins von ihnen töten, sonst zerfräßen die anderen die Kleider, wenn der Mörder nicht gar sterben müsse. Auch der Versuch, sie zu vertreiben, sei ein mißliches Wagestück, denn dadurch würden es ihrer nur mehr. In Kärnten lehren aber die Großmütter und alten Basen, wenn sie sich im Hause hören ließen, stände ein Unglück darin bevor, freilich töten dürfe man sie auch nicht. Der mir überhaupt sehr unsympathische, tränenfeuchte, seufzerschwere Hölty neigt dem Tierchen gegenüber auch zu einer pessimistischen Auffassung. So singt er in seinem „Toffel und Käthe“ benamsten Wehmutssang:

Das Heimchen zirpte kläglich,
Das lange nicht gezirpt.
„Gelt“, sagten alle Bauern,
„Gelt, unser Pastor stirbt?“

und in einem anderen „Adelstan und Röschen“:

Ein melancholisch Heimchen zirpt
Vor ihrer Kammertür,
Das Leichhuhn schreit. Ach Röschen stirbt,
Des Dorfes beste Zier.

Am bekanntesten ist aber Matthissons Vers:

> Wenn im alternden Gemäuer
> Melancholisch noch ein Heimchen zirpt,

über den seine Zeitgenossen gerade zu in Verzückung gerieten.

Auch in der Volksmedizin findet das Tierchen mehrfach Verwendung. Sein Saft ist ein gediegenes Mittel gegen Kurzsichtigkeit und Ohrengeschwüre und wer an Heiserkeit leidet, kann nicht besser tun als sich den Hals damit einreiben. Von der Küchenschabe will niemand etwas wissen, als nur die Engländer, die sie gegen Wassersucht empfehlen. Aldrovandi versichert, Hündinnen, besonders trächtige, wären sehr erpicht auf sie und fräßen sie, wo sie sie nur finden könnten.

Das Heimchen ist ein walzenförmiges, geflügeltes Tier von 23 bis 25 mm Länge und gehört zu der nämlichen Insektenordnung wie die Schaben. Sein großer, kugeliger Kopf ist senkrecht gestellt und hat eine vorgewölbte Stirn, trägt lange Fühler und ansehnliche Augen. Die Schenkel des hintersten Beinpaares sind verdickt und die Tierchen können etwas springen, wennschon sie es nicht gerade geschickt und auch nicht besonders gern tun. Die Vorderflügel bedecken den ganzen Hinterleib. Beim Männchen sind sie breiter als beim Weibchen und besitzen ein Schallorgan, das aus einer an der Unterseite jeder Flügeldecke gelegenen, gezähnelten Ader besteht, die über eine glatte, auf der Oberseite der anderen befindliche hin und her gerieben wird. Der hierdurch hervorgerufene Ton lockt die Weibchen zum Liebesgenuß und andere Männchen zu ritterlichen Kämpfen und er mag es wohl mit veranlaßt haben, das Insekt dem Menschen gemütlich zu machen, obwohl nervöse Leute erklären, durch sein anhaltendes Gezirpe dem Wahnsinn nahe zu kommen. Nun, Gott sei Dank! der Bauer und gemeine Mann ist noch nicht in dem Maße ein Kunstprodukt der neuen Zeit, daß er gleich über jede Kleinigkeit aus dem Häuschen gerät. Seinen musikalischen Fähigkeiten verdankt das Heimchen noch eine Reihe Provinzialnamen wie Schierke, Krakelin und vielleicht Hermeling und Grille selbst. Im Freien findet sich das Tierchen nicht, wohl eine verwandte Art, die Feldgrille (Gryllus campestris), in menschlichen Wohnungen kommt es aber in Europa bis zum höchsten Norden vor und ist in seiner Entwickelung an keine bestimmte Jahreszeit gebunden.

Ein Küchengast bleibt uns noch zur Besprechung übrig, der größte und in gewisser Beziehung der merkwürdigste von allen, die Hausmaus nämlich, jenes Tierchen, das dem weiblichen Geschlechte eins der furchtbarsten Wesen ist und schon mehr Ach- und Ohrufe und Schreckquiekse bei ihm veranlaßt hat als irgend ein anderes. Freilich der Teufel nimmt gern die Gestalt einer Maus an und Kaspar Peucer, der Schwiegersohn Luthers, sah ihn als solche unter der Haut einer Besessenen hin und her kriegen. Die heilige Hildegard, eine etwas verdrehte alte Jungfer, ist gar nicht gut auf die Maus zu sprechen und sagt von ihr, sie habe ein heimtückisches Wesen und treibe teuflische Künste. Zur Zeit der Hexenprozesse war eine der ersten Fragen, die an die armen gefolterten Weibsleute gerichtet wurde, die, ob sie nicht unter anderem vielleicht auch Mäuse gemacht hätten.

Wenn der Mensch schläft, verläßt seine Seele wohl den Körper und geht spazieren und Paulus Diakonus, der Historiograph der Longobarden, erzählt eine einschlagende Geschichte. Nun

„Das nimmt man nicht genau;
Genug, die Maus war doch nicht grau."

Der Aberglaube unseres Volkes beschäftigt sich viel mit den kleinen Nagern. Träume von toten Mäusen bedeuten einen Todesfall in der Familie. Ebenso steht ein solcher in Kürze bevor, wenn sie jemandes Kleider benagt haben und taten sie das mit dem Bettstrohe eines Kranken, dann kann kein Arzt mehr helfen. Ist aber das Familienhaupt gestorben, so verlassen sie amt und sonders das Haus.

Keine deutsche Sage, in denen Mäuse eine Rolle spielen, ist aber bekannter als die von Hatto I., Erzbischof von Mainz, und dem Mäuse-, richtiger Mauthturm zu Bingen, in den sich der wortbrüchige, meineidige Kirchenfürst, als ihn seiner Verspottung der Armen wegen anno 969 die Mäuse überfielen, zurückzog. Er hatte gedacht, diesen Quälgeistern zu entgehen, wenn er das Wasser zwischen sie und sich brächte. Sie schwammen ihm aber nach und fraßen ihn bei lebendigem Leibe auf. Eine ähnliche Geschichte wird mehrfach erzählt. So von Popial, einem Könige, und Miecislaus, einem Herzoge von Polen, sowie von den Herren von Güttingen im Thurgau, die von den Nagern in ihrer im Bodensee gelegenen Burg aufgeknabbert wurden. Sollten die sämtlichen Herren etwa Saufbrüder gewesen sein, die im Säuferwahnsinn von Mäusen verfolgt zu werden glaubten und unter Halluzinationen starben?

Es wird vermutet, daß auch die Hausmaus (Mus musculus) kein ursprünglich europäisches Tier sei. Viktor Hehn sagt hierüber: „Die kleine, niedliche Hausmaus muß einst aus dem südlichen Asien zu uns herüber gekommen sein, — fiel ihre Ankunft etwa mit dem Einbruch der Indoeuropäer zusammen? . . . Als Hausdiebin kennt die Maus schon die voreuropäische Sprache, denn dieser Name, der sich in Griechenland und Italien, an der Elbe wie am Indus wiederfindet, stammt von einem Verbum mit der Bedeutung stehlen."

Also nach seinen diebischen Eigenschaften haben die indogermanischen Völker das zierliche Nagetier benannt, wie das der alte Rollenhagen mit einem der Helden einer „Froschmeuseler", dem edeln Bröseldieb, auch einer Hausmaus tat.

Besonders berühmt sind die Singmäuse, die vielfach als fabelhafte Geschöpfe angesehen wurden, es aber keineswegs sind, vielmehr in Fleisch und Blut leben. Sie sind auch schon lange bekannt. Ein gewisser Staricius erzählt in seiner „gestriegelten Rockenphilosophie", einem 1709 erschienenen, wie sich aus dem Namen ergibt, der Aufklärung dienendem Buche, er habe nach dem Brande der Altstadt Dresden eine in einem Keller gefangen. Er hatte ein Glucksen und Piepen oder, wie er sagt, einen „Gesang" von einer Maus gehört, wie noch nie in seinem Leben. Die Leute sagten, es sei ein Erdhühnchen oder eine Hausotter und man dürfe dem Wesen nichts zuleide tun, sonst müsse man in dem gleichen Jahre noch sterben. Seit alten Zeiten schon wird erzählt, die Hausmaus sei überhaupt eine Musikfreundin. Schon Linné sagt von ihr „delectatur musica", sie wird durch die Musik ergötzt, und Bechstein bemerkt: „Die Hausmäuse scheinen große Liebhaber der Musik zu sein, denn sie ziehen nicht nur an solche Orte hin, wo immer musiziert wird, sondern laufen auch am hellen Tage dabei herum und vergessen, von Vergnügen betäubt, ihre angeborene Furchtsamkeit. Wenn sie in Zimmer kommen, wo Klaviere stehen, so suchen sie alle Zeit diese Instrumente zuerst auf und ergötzen sich an dem Klimpern, das ihr schädliches Umherlaufen auf den Saiten verursacht."

Ein gewisser Herr Walte erzählt in der Zeitschrift „Natur", er hätte mehrere Jahre hindurch in einem Hause eine geräumige Bodenkammer bewohnt, sei hier aber von vielen Mäusen belästigt worden, die ihn nachts in seiner Ruhe störten. Wenn er am Abend seine Klarinette blies, ließ sich keine Maus sehen, sobald er aber seine Bratsche herbeiholte und zu spielen anfing, dann kamen die Tiere aus allen Ecken hervor und trieben sich lustig im Zimmer umher, zuweilen dabei piepend und pfeifend. Die Gäste verschwanden, sobald die Klarinette wieder an die Reihe kam, woraus man schließen kann, daß wenigstens diese Mäuse den Klang eines Saiteninstrumentes dem eines Blasinstrumentes vorzogen.

Aber zwischen einem bloßen Musikliebhaber und einem Musik machenden Künstler ist noch ein großer Unterschied. Jedoch sind, auch abgesehen von dem alten Dresdener Fall, so viele Beispiele von singenden Mäusen bekannt, daß wir viel zu viel Zeit und im Grunde genommen unnütz verplaudern würden, wenn wir sie alle einzeln auch nur namhaft machen wollten. Anfang der fünfziger oder Ende der vierziger Jahre war ein solches Singmäuschen in London ausgestellt, das sich eines starken Besuches erfreute, bis es eines Tages dem sehr allgemeinen Mausgeschicke erlag, von einer Katze geholt zu werden. Ein Witzblatt widmete dem Fall einige Verse, die ich versuchen will, dir in unser geliebtes Deutsch übersetzt vorzutragen:

„So arg schlug die Tatze,
So bös war der Gruß,
Daß es bald nahm ein Ende
Mit der musikalischen mus."

Solche kunstbegabte Mäuse scheinen überall zwischen den anderen vorkommen zu können. Sie sind bekannt aus den verschiedensten Gegenden Deutschlands, wo sie stellenweise, wie in Westfalen, keine Seltenheiten sind, aus Rußland, England, Frankreich und Nordamerika. Der Gesang scheint sehr mannigfach zu sein, wird wenigstens dafür ausgegeben und mit den Gesängen vieler Tierarten und anderen Geräuschen verglichen. Im allgemeinen sind Laien und besonders Damen weit mehr von ihm entzückt als Tierkundige von Fach, die weit kühler über ihn urteilen.

Es heißt von dem Gesange, er gliche „der Musik einer aufgezogenen Spieldose"; er sei eigentlich gar kein Gesang, sondern ein „monotones Zirpen, das bald lästig werde"; er gliche dem Gesange eines „Stieglitzes", eines „Zaunkönigs", einer „jungen Klappergrasmücke, die im Hochsommer noch anfängt zu üben"; einer „Nachtigall, sei aber monotoner und weniger voll", am häufigsten erinnert er die Zuhörer an den gedämpften Gesang eines Rollenschlägers. Schacht, ein Fachmann, gesteht, der Gesang seiner Singmaus habe nicht die geringste Ähnlichkeit weder mit dem hellen Schlag eines Kanarienvogels noch mit dem tiefen Rollen eines Sprossers. Es sei nichts gewesen als ein Gezwitscher und ein Mischmasch von ziehenden, surrenden und quietschenden Tönen, die in der Stille der Nacht 20 Schritte weit zu vernehmen waren. Altum, ein anderer Fachmann, charakterisiert den Gesang als ein sonores, lautes Gezwitscher rasch aufeinander folgender Quiektöne. „Die Schilderungen bedeutender musikalischer Leistungen gehören in das Reich der Fabel." Ein dritter Fachmann und auf ornithologischem Gebiete wohl der größte Kenner und Beobachter, Liebe, sagt, der Gesang der Singmaus habe mit der gewöhnlichen Mausestimme nichts gemein, sondern wäre teils den hohen Trillern der Lerche, teils den gezogenen Flötentönen des Sprossers zu vergleichen, zeichne sich durch schöne Kadenzen aus und umfasse zwei Oktaven.

Merkwürdig ist die Aussage verschiedener Beobachter, wonach der Gesang nicht einstimmig war. Ein Fräulein von Byern bemerkt, er unterscheide sich hierdurch von dem eines jeden Vogels. Ein Engländer, Sidebotham, sagt, das sonderbarste am Gesang seiner Singmaus sei eine Art Doppelschlag gewesen, den sie dann und wann hören ließ, gewissermaßen eine Arie mit Begleitung. Erstere wurde laut und kräftig in einer tiefen Tonlage vorgetragen und die Begleitung klang gedämpft. Manchmal glaubte man mehrere Mäuse zu hören, ein Lehrer Müller in Kursk in Rußland behauptet sogar ihrer sechs bis acht.

Die Konzerte wurden in der Regel, aber durchaus nicht immer, am Abend und in der Nacht gehört und am Tage besonders, wenn die Tiere aufgeregt und ängstlich waren. Die meisten von ihnen waren ungewöhnlich zahm und auffallend wenig scheu. Es liegen Beobachtungen vor, aus denen hervorgeht, daß die Mäuse namentlich bei bevorstehendem Witterungswechsel, besonders wenn auf Frost Tauwetter folgte, sangen.

Was die Haltung und das Betragen der Mäuse während des Singens angeht, so hatte es in der Regel etwas Besonderes an sich. Sie saßen dabei auf ihren Hintervierteln, wie sie auch sonst beim Fressen oder beim Beobachten häufig tun, aber meist anhaltender, streckten die Schnauze vor und hoben den Kopf in die Höhe, wie es ein Hund beim Heulen macht. Ein gewisser August Schmidt in Wismar besaß ein Singmäuschen, an dem beim Singen die Kehlgegend sowie die Brust- und Bauchwandungen sich stark ausdehnten und zusammenzogen und der Kopf sich auf- und niederbewegte, was alles genau mit der Entwicklung der Töne zusammenfiel. Da die Atembewegungen regelmäßig vor sich gingen, so kam dadurch ein gewisser Takt in den Gesang und sein beschleunigtes oder verzögertes Tempo wurde durch das schnellere oder langsamere Ein- und Ausatmen bedingt. Eines Abends, als es über neun Monate in Gefangenschaft gewesen war, wurde es sehr unruhig, tobte wie toll in seinem Behälter herum und zitterte am ganzen Leibe. An den nächstfolgenden Tagen war es teilnahmlos, ersichtlich krank, fraß wenig, bekam allmählich einen sehr dicken Bauch und „sang noch am Tage seines Todes einen Schwanengesang in lieblicher Weise, wenn auch nur mit schwacher Stimme."

Es ist mehrfach beobachtet worden, daß mehrere Exemplare von Singmäusen ein Haus zugleich bewohnten, oder in einer Nachbarschaft zugleich vorkamen. So in einem Falle in Meerane in Sachsen und in einem, den Romanes mitteilt, in London.

Aus dem, was ich dir sagte, ergibt sich zur Genüge, daß der Gesang bei den einzelnen Individuen sehr verschieden war und daß er auch bei den nämlichen stark wechselte. Er wurde gesteigert durch Erregung und durch Witterungswechsel, wobei das Atmen erschwert war und Beklemmungen eintraten. Schließlich schwoll der Leib an und die Tierchen starben auch bei bester Pflege. Sie waren auffallend zahm, das heißt energielos und, wenn wir in den Berichten lesen, daß sie häufiger einen zufälligen Tod fanden als gesunde, so ist das auf gestörte Aufmerksamkeit und auf Willenlosigkeit zurückzuführen. Die Singmäuse sind offenbar kranke Mäuse.

Das haben die Naturforscher selbstverständlich schon lange erkannt, oder wenigstens vermutet. Liebe glaubt, der Gesang der Singmäuse entstehe dadurch, daß die Luftröhre durch eine krankhafte Neubildung, eine Haut oder etwas Derartiges, verengt würde, so daß das Tier sowohl beim Ein- wie beim Ausatmen unwillkürlich pfeife, so wie auch wir bei starker Bronchitis meist ein anhaltendes pfeifendes Geräusch von uns geben. Auch ein gewisser Dr. Cohen möchte das Singen der Singmäuse auf krankhafte, in der Luftröhre stattfindende Erscheinungen (Verengungen) zurückführen. Alle von ihm untersuchten Leichen solcher Tierchen hätten in der Tat entzündete Luftröhren gehabt. Hierdurch erkläre sich auch das rasche Sterben derartiger Mäuse in der Gefangenschaft. Der französische Forscher Girard schreibt die Ursache des Leidens der Gegenwart eines im Kehlkopfe und in der Luftröhre schmarotzenden Haarwurms zu. Von anderer Seite wurde vor beinahe 40 Jahren schon die den Gesang bedingende Atemnot als von einem anderen Parasiten (Cysticercus fasciolaris) herrührend bezeichnet, der sich bei Singmäusen ausnahmslos in der Leber findet.

Dieser Schmarotzer ist ein noch unreifes Geschöpf, die Larve oder, wie es in diesem Falle heißt, die Finne eines Bandwurms, der im Darm der Hauskatze haust. Die Katzen haben bekanntlich den Trieb, ihre Losung zu verscharren und auf Kornböden scheinen ihnen die Getreidehaufen hierzu höchst passend. Mit dem Miste gelangen auch äußerst zahlreiche, winzig kleine Eier ihrer häufigsten Bandwurmart nach außen, die, wenn der Katzenkot vertrocknet und in Auflösung begriffen ist, über den ganzen Speicher sich verteilen und daher auf Getreidekörner kommen, die die Mäuse fressen. Mit den Körnern nehmen sie auch Eier dieses Katzenbandwurms (Taenia crassicollis) auf, aus denen sich Junge entwickeln, die in die Leber einwandern und hier zu Finnen werden. Die Katzen fressen nun ihrerseits mit solchen Finnen behaftete Mäuse, und jene werden in ihrem Darme wieder zu Bandwürmern. So kommt der Kreis der Entwicklung des Wurms von Generation zu Generation zustande.

Durch die Gegenwart der bis erbsengroß werdenden und meist in Mehrzahl vorhandenen Finnen schwillt die Leber nach und nach ungeheuer an, sie hindert die freien Bewegungen des Zwerchfells und muß zu immerfort sich steigernder Atemnot und endlich unmittelbar oder mittelbar zum Ableben der Maus führen. Von der bisweilen sehr starken Anschwellung der Leber rührt dann auch der öfters erwähnte aufgetriebene Bauch der Sängerinnen her.

Schon zu Gesners Zeiten ging die Sage, die Leber der Mäuse nehme an Umfang mit dem Monde zu und ab, sie sei daher bei Vollmond am stärksten, bei Neumond am schwächsten. Gesner fand diese Sage natürlich nicht bestätigt, aber immerhin beweist sie, daß seinen Zeitgenossen und Vorgängern die gelegentliche Vergrößerung der Lebern bei den Mäusen aufgefallen war und, ganz den Anschauungen jener Tage entsprechend, brachte man das mit den Mondphasen in Zusammenhang.

Der Mäusegesang hat bei Laien wunderbare Anschauungen und Vermutungen gezeitigt. So war eine ziemlich verbreitete Meinung, die betreffenden talentierten Nager lernten das Singen durch Nachahmung, namentlich von Singvögeln. So sagt das bereits erwähnte Fräulein von Byern: „Unterhaltend ist es, wenn sie (die Maus) namentlich nachts etwas am Tage Gehörtes einüben will; sie trifft das zum Bewundern, und es ist darum meine Absicht, mir einen recht guten Schläger (Kanarienhahn) anzuschaffen, der der Maus vorsingt, und, wie ich nicht zweifle, eine sehr gelehrige Schülerin an ihr haben wird.“ August Schmidt leugnet, und mit vollem Rechte, daß solche Mäuse den Kanarienvogelgesang annehmen; aber wohl nahm ein gut schlagender Kanarienhahn, den er neben seine Singmaus gesetzt hatte, Stellen aus deren Gesang an.

Gewisse Projektemacher, an denen ja nie Mangel ist, gingen in der Voraussetzung, daß die schöne Fähigkeit vererbbar sei, mit dem Plane um, Singmauszuchten anzulegen, damit die immer für lästig gehaltenen Nager dereinst die Nachtigallen ersetzen und sich der allgemeinen Achtung und Wertschätzung erfreuen sollten.

Das Altertum beschäftigt sich häufig mit Mäusen, und wahrscheinlich trotz Hehn mit Hausmäusen, und Plinius, der schon die mures candidos, die weißen Mäuse, kannte, erzählt allerlei von ihnen: sie sollen sich durch die

Größe des Herzens auszeichnen, nie saufen und sich, worin Linné mit ihm übereinstimmt, nicht zähmen lassen. Wie man zu der Meinung, die übrigens auch der erwähnte Merrem teilt, daß sie nie Durst hätten, kam, läßt sich schwer sagen, letztgenannter fügt hinzu, sie scheuten das Wasser überhaupt, und eine nur für wenige Augenblicke untergetauchte müsse, wieder aufs Trockene gebracht, binnen kurzem sterben. Hierin kann er vielleicht recht haben. Seiner Ansicht, daß sie nicht söffen, waren seine Zeitgenossen aber keineswegs allgemein. Goeze bemerkt, man habe in großen Buchhandlungen die Gewohnheit, in den Lagerräumen Schüsselchen mit Wasser für die Mäuse auszusetzen, damit sie nicht, vom Durste veranlaßt, an den feuchten Papierballen nagten.

Zähmen lassen sich Mäuse gerade sehr leicht, und sind ja beglaubigte Geschichten von Gefangenen, denen das in geradezu wunderbarer Weise gelang, mehrfach bekannt geworden. Gezähmte weiße Mäuse habe ich oft gesehen. Der alte Kupferstecher Schwerdtgeburth in Weimar, der Verfertiger der bekannten und in protestantischen Gegenden früher allgemein verbreiteten Lutherbilder, hatte eine ganze Hecke weißer Mäuse, die sehr dreist, ja geradezu frech waren, im ganzen Hause herumliefen und an ihm und den Hausgenossen auf- und abkletterten. Es war ein ergötzlicher Anblick, den kleinen, originellen Mann zu sehen, wenn er so, seiner Art nach, lebhaft gestikulierend dastand, eine Maus auf dem Kopfe und je eine auf jeder Hand, die fortwährend in Gefahr schwebte, bei einer besonders nachdrücklichen Geste herabgeschleudert zu werden.

Eine sehr wunderliche Geschichte, die jedenfalls der erstaunlichen Fruchtbarkeit der Mäuse ihre Entstehung verdankt, findet sich bei Aristoteles. Danach soll Überbefruchtung der Mäusemütter vorkommen. Diese ist allerdings bei Nagetieren, bei Häsinnen z. B., meines Wissens festgestellt, aber in ganz anderer Art, wie sie der große Stagiret von den Mäusen mitteilt. Bei den Häsinnen trifft man wohl gelegentlich Früchte verschiedenen Alters nebeneinander im Leib, also müssen sie zu verschiedenen Zeiten empfangen haben, nach Aristoteles werden aber die weiblichen Früchte in der Mutter selbst schon wieder befruchtet. —

Doch nun wird es Zeit, daß wir chateau Mandelblüth wieder aufsuchen! Wir brauchen uns nicht noch einmal in die unteren Räume zu bemühen, ich habe mit dem alten Chaim schon die Verabredung getroffen, daß wir gleich eine Treppe hoch in die Wohnung gehen. Sein Sohn, der dem Engrosgeschäfte in Mehl, Getreide, Talg und Häuten vorsteht, wird uns hier empfangen und uns durch die Wohnräume, soweit man sie uns zu zeigen für gut findet, sowie durch die Speicher und auf den Söller geleiten.

Mache dich auf ein wunderbares Gewächse gefaßt, denn das ist Hersch Mandelblüth. Er nennt sich selbst „Harry", denn er ist ein Reformjude, und würde sich auch lieber Mandelslohe als Mandelblüth schreiben, und wäre ein kleines „von" davor, so würde das nicht viel schaden. Wer weiß? 's ist noch nicht aller Tage Abend und Harry hat, glaub' ich, hochfliegende Pläne. Er ist immer elegant gekleidet, aber seine Garderobe sieht stets aus, als wäre sie nicht für ihn gemacht und auf dem Trödel gekauft. Er trägt eine große, aufdringliche Busennadel mit einem, natürlich falschen, Smaragd von einem solchen Umfang, daß er recht gut als Briefbeschwerer sich nützlich machen könnte. Das Vorhemdchen, in dem er steckt, ist ebenso natürlich unsauber und verknillt, wie immer, und niemand hat eine Ahnung davon, wer eigentlich des „Junior" Wäsche trägt, bevor sie in den bei ihm üblichen Zustand gerät. Freund Hersch hat dichtes, branntrotes Haar von der Gestalt der Locken eines vor sechs Wochen geschorenen Pudels, eine gelbliche Gesichtsfarbe, entzündete Ränder an den Augenlidern und tiefliegende, kleine, listige Äuglein, die miteinander Verstecken zu spielen scheinen. Seine Nase gilt selbst im Leipziger Brühl als Merkwürdigkeit. Seine Füße sitzen an den krummen Beinen wie Borstkehrbesen an ihren Stielen und ihre Hackenhälfte ist fast so lang wie ihre Zehenhälfte. So schaut Hersch, alias Harry Mandelblüth aus! Er ist, fürchte ich, nicht ganz der Mann nach dem Herzen seiner Eltern. Die sind noch orthodox und Vater Chaim trägt ein Paar Peises, die aussehen wie lebensmüde Korkzieher und Blümchen ein unmögliches Perückchen.

Sie nennen die Stube, die wir eben betreten haben, auch noch einfach und bescheiden ihre Wohnstube, obgleich ihnen ihre tausenderlei Geschäftchen, die sie täglich abzuwickeln haben, gar keine Zeit lassen, eigentlich zu wohnen. Harry redet aber in Freundeskreisen immer von „unserem Salon". „Unser Salon" hat eine verteufelte Ähnlichkeit mit der Niederlage von Chaims Schwager, Schmul Bluwstein in der Reichsstraße, der mit alten Möbeln, Teppichen, Vorhängen u. dergl. handelt. Kein Stück paßt zum anderen! Zu einem alten, schwarzen Ledersofa gesellen sich fünf Sessel, von denen drei mit kirschrotem Plüsch und zwei mit grünem Ripps bezogen sind. Die Bilder sind ebenso bunt zusammengewürfelt: zwischen kolorierten Lithographien, wie „Immer mit dem Hut", „Der Tiroler und sein Schätzchen", „Des Wilderers Ende", den Porträts von „Robert Blum", „Lola Montez", „Garibaldi", „Pio nono", „Eugen Richter", „Fürst Bismarck" u. a. m. hängen ein Paar Kupferstiche, die als Blätter ersten Ranges bezeichnet werden können.

Zahlreiche Schränke stehen hier umher, herrlich zerstochen und zernagt und zoologisch-hoffnungsreichen Anblicks. Ziehen wir die Rouleaus hoch, die man, Gott mag wissen weshalb! herabgelassen hat. Die Fensterbänke bilden schon ein kleines Insektenkabinett! Da liegen die Leichen verschiedener Arten von Nachtfaltern, die schon vor einem Vierteljahre hereingeflogen sein müssen, denn es sind Frühlingsformen. Da liegen sie starr und vertrocknet auf dem Rücken und drehen wir sie um, so bemerken wir, daß sie die Behaarung ihrer Halsschilder eingebüßt haben, die nun nackt und braun ihr Unterleder zeigen. Was mag diese Kinder des Lenzes veranlaßt haben, sich gerade hier ihr Totenbett zu suchen?

Dazwischen sehe ich tote Käferchen verschiedener Art liegen, wozu sie sicher alles Recht haben, denn hier in dieser Stube liebten sich ihre Eltern, vielleicht schon ihre Groß- und Urgroßeltern, hier sind sie geboren! Die meisten unter ihnen sind gestreckt eiförmig, mäßig gewölbt, etwas über 5 mm lang, schwarz, kurz grau behaart, mit ganz dunkelschokoladenbraunen Flügeldecken, auf deren jeder ungefähr in der Mitte ein weißbehaartes Fleckchen steht. Drei weitere solche Fleckchen befinden sich am Hinterrande des Brustschildes. Das ist der Kürschner (Attagenus pellio). Er und mehr noch seine Larve sind ganz gefährliche Hallunken und die Hudsonbai-Pelzgesellschaft sah sich ihrer Zeit veranlaßt, eine ganz bedeutende Summe als Preis auszuschreiben für den, dem es gelänge, ein unfehlbar helfendes, die Pelze selbst nicht angreifendes Mittel zu ihrer Vertilgung ausfindig zu machen. Ich weiß nicht, ob sich jemand die Prämie erobert hat. Da sie echte Pelztiere sind, ist der Leipziger Brühl ihr gelobtes Land. Die eigentlichen Bösewichter sind die bis 9 mm lang werdenden Larven. Die sind ziemlich schmal, nach vorn hin gewölbt, hinten spitz zulaufend. Ihr Kopf ist kurz, die Körperringe sind rundum hornig, und der mit einer Reihe nach hinten gerichteter Borsten besetzte Hinterrand eines jeden greift über den Vorderrand des ihm folgenden weg. Oben und unten ist ihr Körper mit enganliegenden eirunden Schüppchen bekleidet. An den Seiten befinden sich einige lang abstehende Haare und am hinteren Körperende ein ganzer Schopf von ihnen. Sie haben weiter drei Paar sehr kurzer Beinchen, kriechen ruckweise und sind oben von dunklerer, unten hellerer braungelber Farbe. Außer Pelzwerk fressen sie auch Wollarten. Der alte Berliner Rektor der Schule am Grauen Kloster Frisch hielt eine zwei Jahre am Leben.

Eine nahe verwandte, ähnlich lebende, aber viel seltenere Art (Attagenus megatoma) hat keine weißen Fleckchen und rostrote Beine. Die Männchen sind ziemlich beständig um die Hälfte kleiner als die Weibchen. Die Imagines beider Arten und besonders der ersten trifft man im Freien auf Blüten, namentlich von Spiraeen in bisweilen sehr großen Mengen.

Hier liegen auch die Leichen zahlreicher Exemplare von Vertretern einer anderen, aber zu der nämlichen Familie gehörigen Gattung und einzelne lebende Stücke kriechen dazwischen herum. Die Familie ist die der Speckkäfer (Dermestidae) und die Gattung die der Kabinettkäfer (Anthrenus). Es sind durchschnittlich 2,75 mm lange, fast kreisrunde, oben dicht beschuppte und ziemlich flache, unten ziemlich gewölbte Tierchen, die, wenn man sie eben nur berührt, ihre Beine dicht an den Körper anziehen und sich tot stellen. Man findet auch sie gelegentlich massenhaft auf Schirmblüten im Freien.

Die Larven mehrerer Arten sind höchst eigentümliche Geschöpfe. Sie sind ziemlich dick, etwa 4 mm lang, flach gewölbt, dicht wie eine Bürste behaart und gleichfalls von braungelber Farbe. Die Haare stehen vom Körper ab. Am Hinterleibsende sind sie verlängert, eigenartig gegliedert und in eine Pfeilspitze endigend. Sie bilden jederseits drei willkürlich spreizbare Büschel. Wir könnten hier drei Arten dieser Gattung finden: den echten Kabinettkäfer (Anthrenus museorum), den bunten (varius) und den Braunwurzgast (scrophulariae), dem Linné wahrscheinlich deshalb diesen wenig passenden Beinamen gab, weil er seine Imagines einmal zufällig massenhaft auf den Blüten dieser Pflanze traf. Sie ist die hübscheste und in Häusern am häufigsten auftretende Form, von schwarzer Farbe mit drei weißbeschuppten Querbinden über die Flügeldecken, die in einer roten Naht zusammenstoßen und rote Spitzen haben. Die Larve ist sehr dunkel behaart.

Im Jahre 1874 erschien in Newyork, wo man bisher nur eine Mottenart (Tinea tapetiella) als Teppichfeind kannte, ein neuer. Es war offenbar eine Käferlarve, die ihren Aufenthalt unter Teppichen suchte, besonders da, wo sie mit den Rändern auf die Dielen festgenagelt waren. Hier fraß sie zahlreiche, bis zollbreite Löcher in den Stoff. Gelegentlich kroch sie auch in die Dielenfugen. Niemand kannte das Tier, und die Zeitungen prophezeiten den Untergang aller Teppiche in der Union. Die Larven beschränkten sich bald nicht mehr auf diese, sondern machten sich auch an wollene Kleidungsstücke in Schränken und Schubladen. In Cold Spring im Staate Newyork hatten sie sich in einer leerstehenden Wohnung niedergelassen, deren Inhaber für zwölf Monate nach Europa gereist waren. Hier waren sie so recht ungestört und richteten sich vom Keller bis zu den Erkerstuben ein, fanden sich in jeder Ecke und in jedem Winkel, unter Teppichen und Matten auf dem Fußboden, sowie hinter Bildern und Spiegeln an den Wänden und fraßen, was ihnen von für sie überhaupt genießbaren Stoffen nur vorkam. Lindner, den wir schon erwähnten, jener Mann, der uns Europäern die Liste der aus der Alten in die Neue Welt eingeführten schädlichen Tiere vorrückte, traf in seiner Wohnung die im Oktober ausgewachsenen Larven in „Klumpen“ von zwölf Stück und mehr unter seinen Teppichen. Im Frühling des nächsten Jahres zeigten sich nun auch die ausgebildeten Käfer und Lindner fing in der Zeit vom 17. bis 22. Mai an den drei Fenstern seiner Stube 44 Stück.

Mittlerweile hatte man auch festgestellt, um was für eine Käferart es sich handle, und daß sie schon 1871 oder 1872 in Oregon aufgetreten war. Man fand schließlich, daß eine von dem alten Fabricius seinerzeit histrio und von Herbst verbasci genannte, von einem amerikanischen Entomologen le Conte aber, unter dem Namen lepidus als neu beschriebene Abart, bei der die Naht der Flügeldecken weiß statt rot war, eigentlich schon lange das nordamerikanische Bürgerrecht genoß. Es stellte sich heraus, daß sie schon seit geraumer Zeit aus Südeuropa, vermutlich durch spanisches Militär, nach Kalifornien gekommen war. Nach Newyork war das Tier, und zwar in der Stammform, Anfang der siebziger Jahre des vorigen Jahrhunderts von Nordeuropa aus eingeschleppt worden.

Ein paar andere Arten von Speckkäfern werden wir wohl, wie ich vermute, noch oben in den Speicherräumen antreffen. Hier kommen zunächst einige andere Käferformen in Betracht, die wahrscheinlich meist den alten, durch sie wurmstichig gewordenen Möbeln entstammen. Sie gehören sämtliche in die frühere Familie der Holzbohrer (Xylophaga), die man jetzt in mehrere selbständige Familien aufgelöst hat.

Mit vollem Rechte lassen wir da der Totenuhr, dem Klopfkäfer oder dem Trotzkopfe (Anobium pertinax), den Vortritt, dessen Vetter, den Brotbohrer, wir schon unten im Laden näher kennen lernten. Jenes Insekt gehört wieder in den poetischen Gesichtskreis des ungesunden, sentimentalen Hölty, der sich nicht enthalten kann, seiner in dem Gedichte „Der arme Wilhelm“ zu gedenken:

Am Abend hörten die Schwestern
Beid' aneinander geschmiegt, wie
Die Totenuhr in der Kammer
Pickerte.

Wie kommt das Käferchen zu dem schnurrigen Namen „Totenuhr“? Nun, Hölty sagt es ja — weil es „pickert“, und „pickern“ heißt hintereinanderweg picken wie eine Taschenuhr. Dieses von dem kleinen Insekt hervorgebrachte Geräusch zeigt den Tod eines im Hause krank liegenden Bewohners an. Im Grunde bedeutet eine gehende Taschenuhr das Leben und ihr Stillstehen den Tod:

Mach' deine Rechnung mit dem Himmel, Vogt,
Fort mußt du, deine Uhr ist abgelaufen.

Insoweit beruht die Deutung, die das Volk dem Ticken des Klopfkäfers gegeben hat, eigentlich auf einem falschen Bilde und sie ist auch gar nicht die ursprüngliche. Der Aberglaube ist jedenfalls älter in Deutschland als die Kenntnis tickender Uhren. In Bayern heißt das Tier stellenweise „Dengelmann", das ist der Tod, der seine Sense dengelt, oder auch „Erdschmiedlein". In anderen Gegenden unseres Vaterlandes hört man in seinem Geräusch das beim Zunageln eines Sarges ertönende Klopfen oder das Pochen des Todes mit einem Hammer an die Haustüre. Es gibt ein spätmittelalterliches „Pestmandat" der Regierung von Luzern, das den Bürgern gebietet, auf das Äußerste gefaßt zu sein, „daß wann der Herr gån klopfen kommt, der Mensch gerußt syn vnd sich in sin ervordern ergebe".

Für ein abergläubisches Gemüt und etwa gar für einen Kranken mag es eine unheimliche Sache sein, wenn er in dunkler Nacht einsam wachend auf seinem Lager liegt, das regelmäßige Klopfen, das zu solcher Zeit recht vernehmlich klingt, hören zu müssen, ohne den Urheber zu sehen und ohne die Ursache genau zu kennen. Früher glaubten die Gelehrten, das Geräusch werde durch das Nagen der im Holze bohrenden Larve verursacht. Auch Olivier, ein französischer Entomologe des 18. Jahrhunderts, hielt sie für die Urheberin, die durch das Pochen untersuchen wollte, wie dick die Holzschicht sei, die ihren Bohrgang noch von der Außenwelt trenne. Es kann sein, daß das Knirschen, das die Larve beim Nagen mit ihren Kiefern macht, unter Umständen außerhalb des von ihr bewohnten Holzes zu hören ist, aber dann doch wohl nur sehr schwach, und schwerlich würde es so regelmäßig sein, wie jenes in der Tat ist. Es wird auch gar nicht von der Larve, sondern vom Käfer veranlaßt. Dieser sitzt dabei innerhalb oder wohl auch außerhalb seines Ganges in halbaufrechter Stellung, hat die Fühler und das vorderste Beinpaar dicht angezogen und schlägt mit dem Kopfe und dem Vorderrande des Rückenschildes von unten nach oben gegen die Decke seines Tunnels oder gegen einen anderen, in seinem Bereiche befindlichen Gegenstand, gegen eine lockere Tapete oder sonst etwas Derartiges.

Die Bedeutung des Manövers ist, die Geschlechter zusammenzuführen und man kann die Käferchen, wenn man das Geräusch geschickt nachzuahmen versteht, dadurch anlocken. Maindron erzählt, sie wären bis auf seinen Schreibtisch gekommen, wenn er auf dessen Platte mit einem harten Gegenstande, einem Federmesser etwa, in geeigneter Art geklopft hätte.

Und nun der Name „Trotzkopf"! Man sieht und hört es ihm ordentlich an, daß er von Gelehrten des 18. Jahrhunderts ersonnen wurde und nicht aus dem Volke stammt. Der Trotzkäfer zieht nämlich den Kopf ein und die Fühler und Beine an sich, wenn man ihn berührt, er „stellt sich tot," wie viele andere Käferarten auch, oder scheint es wenigstens zu tun. Er ist aber weit hartnäckiger darin als die anderen, die doch schließlich, wenn man nicht nachläßt, sie zu quälen, nachgeben, sich zu regen anfangen und davonlaufen. Der Trotzkopf nicht! Mit dem kann man vornehmen, was man will, er gibt nicht nach und fällt nicht aus der Rolle. Vor 150 Jahren etwa, als die Zoologie in den gebildeten Ständen volkstümlicher war, als je vorher und je nachher, war es fast eine Art Sport, Trotzköpfe zu quälen, ihnen mit Eisen und Feuer, Säuren und Brenngläsern zuzusetzen und dann die vermeintliche Willenskraft zu bewundern, mit der sie ihre Heuchelei durchführten. Linné nannte das Insekt deshalb auch pertinax, „den Hartnäckigen".

Der Steckbrief der Totenuhr würde zu lauten haben: Körperlänge 5 bis 6 mm, Farbe: pechbraun bis schwarz, Halsschild; in der Mitte mit drei, hinten mit zwei seichten Vertiefungen, an den Seiten mit goldgelb behaarten Fleckchen, Flügeldecken: mit feinen Längsstreifchen und kurzer, grauer Behaarung.

Es gibt noch ein paar Verwandte des Trotzkopfes, mit ähnlicher Lebensweise und ähnlichen Talenten wie dieser. Der eine, der bunte Klopfkäfer (Anobium tesselatum) ist bedeutend größer, 7 bis 8 mm lang und auf seinen braunen Flügeldecken in unregelmäßiger Verteilung gelb behaart, und den bloß 3 bis 4 mm langen, gestreiften Holzbohrer (Anobium striatum), bei dem diese braun und mäßig grau behaart sind und Längsreihen feiner Grübchen zeigen. Sie sind beide verhältnismäßig selten, jedenfalls seltener als die gemeine Totenuhr und es ist nicht wahrscheinlich, daß wir sie hier finden würden. Eher dürften wir das vom schmächtigen Splintkäfer (Lyctus canaliculatus) erwarten. Er ist zwar ein Verwandter der Klopfkäfer, gleicht ihnen aber nicht sehr, namentlich ist das heller oder dunkler braune, 3 bis 4 mm lange Insekt ziemlich flach und schlank und schmächtig, so schmächtig sogar, daß der alte französische Naturforscher Geoffroy, übrigens keiner von den bekannten St. Hilaires, es levrier à stries, „den gestreiften Windhund" nannte. Was die Schmächtigkeit angeht, paßt der Name, aber nicht, was die Schnelligkeit betrifft, denn diese Splintkäferart bewegt sich durchaus nicht schnell. In Häusern trifft man das Tierchen schon im März und April, im Freien erst sechs bis acht Wochen später. Die Larve einer verwandten Art, des braunen Splintkäfers (Lyctus brunneus), hat man gelegentlich in Süßholz gefunden, das sie in Staub, d. h. in Bohrmehl verwandelt.

Eine der hübschesten hierher gehörigen Formen ist der Kammbohrkäfer (Ptilinus pectinicornis), wenigstens im männlichen Geschlechte. In diesem hat das etwa 4 mm lange, schwarzbraune, wie eine Totenuhr gestaltete Geschöpf prächtig gekämmte, wedelförmige Fühlhörner. Das deutet allemal auf einen besonders stark entwickelten Geruchssinn, denn der hat bei den Insekten seinen Sitz in den Fühlern. Auf die gleiche Art ist deren Oberfläche bei den Männchen unseres Maikäfers, unseres Schieferdeckers, der Nachtpfauenaugen, der Kiefernblattwespe und vieler anderer Insekten vergrößert und dadurch leistungsfähiger. Der Kammbohrkäfer gehört zu den gelehrten Gliederfüßlern, denn er ist einer von den „Bücherwürmern", die als Larven die Holzeinbände alter Bücher zerstören. Westwood berichtet von ihm, er habe eine neue hölzerne Bettstelle in drei Jahren völlig vernichtet!

Aber hier hängt am Vorhang ein Käferchen, das hast du gewiß schon mehrmals gesehen, denn es ist einer der häufigsten unserer Wohnungsschmarotzer, — der Kräuterdieb (Ptinus fur). Fur ist lateinisch und heißt „Dieb", was aber Ptinus heißen soll, weiß kein Mensch, auch nicht, wo Linné den Namen hergenommen haben kann, denn weder im Griechischen noch im Lateinischen gibt es ein ähnlich klingendes Wort. Wohl hat die erstere Sprache „pthinein" und das bedeutet nagen. Sollte bei dem alten Schweden die moderne Rechtschreibung mit ihrem Hahaß und ihrer törichten Konsequenzreiterei vorgespukt haben? Dazu war er eigentlich doch zu vernünftig.

Der Kräuterdieb kommt von sehr verschiedener Größe, zwischen 3 und 4,5 mm vor. Er hat ein hochgewölbtes, dreifach gefurchtes Halsschild von Herzform und lange, fadenförmige Fühlhörner. Die Geschlechter sind ziemlich ungleich beschaffen: das Männchen ist länglich, walzenförmig, einfarbig, das Weibchen gedrungen, eiförmig mit zwei gelblich weißbehaarten Querbinden über den Flügeldecken und hat kürzere Fühler. Die Tierchen haben zwar Flügel, scheinen aber nur äußerst selten, wenn überhaupt je, Gebrauch von ihnen zu machen, lassen sich vielmehr bei dem geringsten Anzeichen von Gefahr sofort fallen, als ob sie der Schlag gerührt hätte. Ihr Gang ist, wenigstens bei Tage, trotz ihrer langen Beine äußerst träge, „wie der der Faultiere", sagt der französische Entomologe Mulsant, und als ob es mit ihrem Fußwerke schlecht bestellt, es etwa mit Gicht behaftet sei. Sie scheinen, wie alle Bösewichter, von der Furcht des bösen Gewissens gelähmt zu sein und in steter Angst zu schweben, sie könnten bei den von ihnen angerichteten Übeln auf frischer Tat ertappt werden. Und ihre Missetaten sind allerdings zahlreich und schwer: sie fressen Pelzwaren, wollene Stoffe, getrocknete Arznei- und Küchenkräuter, Getreide, Backwerk, ja nichts ist ihnen heilig. Man fand, daß sie in den Grabkammern Thebens und anderer Städte des alten Ägyptens den Weihrauch und den Balsam aus den Gefäßen, die rührende Kindes- und Gattenliebe den Mumien der teueren Abgeschiedenen einst mitgaben, weggefressen hatten. Nicht einmal vor Hostien macht ihre Gierigkeit halt!

Wenn sie von jemandem an Gewissenlosigkeit, Zerstörungslust, Naschhaftigkeit, Völlerei und Prassertum übertroffen werden, dann ist es von ihren Larven. Der alte Frisch sagt, Terpentinöl helfe am besten gegen sie. „Wenn daher“, bemerkt er hierzu, „der Satan mit Würmern (Larven) verglichen wird, wie könnte in der Allegorie ein schöner Gleichnis (passenderer Vergleich) die Kraft des Heiligen Geistes vorzustellen gefunden werden, als das Öl?“ Im Freien, wo der Käfer in modernden Bäumen, unter Moos und an ähnlichen Stellen zu leben pflegt, ist er ganz unverhältnismäßig viel seltener zu finden als in Häusern.

So eine Stube wie diese hier, vollgepfropft mit Polstermöbeln, Teppichen, wollenen Vorhängen, kleiderschwangeren Schränken und Kommoden, in der wenig gelüftet und noch weniger abgekehrt wird, wo der mondealte Staub dick auf allem Geräte liegt und die „Kleinen von den Meinen“ nur selten einmal in ihrer beschaulichen Ruhe gestört werden — das ist so die rechte Stätte, an der die Hausschmetterlinge, gemeinlich Motten genannt, gaukeln, und hier gibt es deren viele, wenigsten von einer Art, das kann ich dir jetzt schon beweisen.

Früher, noch im 18. Jahrhundert, verstand man unter Motten schlechthin eigentlich nur die Räupchen der Arten von Kleinschmetterlinge, die wir jetzt überhaupt so nennen, und gab diesen selbst den Namen „fliegende Motten“. Das Wort soll von dem mittelhochdeutschen matan „nagen“, herkommen. Diese Raupen machen sich, wie die von zahlreichen anderen Schmetterlingen, Köcher und Futterale, die sie mit sich herumtragen und in denen sie hausen, wie die Schnecken in ihren Schalen. Das wußte und betonte schon Plinius. Aus der zahlreichen Anwesenheit solcher Hülsen kann ich von vornherein entnehmen, daß Motten hier nichts weniger als selten sind. Schau einmal die

Zimmerdecke an, von der hängen ihrer kompromittierend viele herab! Sie haben die Gestalt etwas abgeflachter, an beiden Enden abgestutzter und 10 bis 12 mm langer Filzspindeln. Diese sind von gewissermaßen „neutraler", d. h. grauer Farbe, das sind sie aber durchaus nicht immer. Jetzt haben sie ihren Zweck erfüllt, sind leer und verlassen, aber im vorigen Sommer, Herbst und Winter beherbergten sie die Raupen und im zeitigen Frühjahr die Puppen einer Mottenart und zwar der gemeinen Kleidermotte (Tinea pellionella). Diese klaftert bei einer Körperlänge von 5 mm 13 bis 15 mm. Ihr Kopf ist mattockergelb, ebenso, aber mit starkem Glanze, ihre Vorderflügel, auf deren jedem vor der Mitte zwei kleine Punkte und hinter diesen ein etwas größerer Fleck, alle von schwarzer Farbe, stehen, die häufig aber auch zum Teil oder alle fehlen können. Auch die grauen, gelblich überhauchten Hinterflügel glänzen.

Die Tierchen fliegen im Sommer und die Weibchen legen ihre Eier einzeln an wollene Stoffe und Pelzwerk. Die daraus hervorgehende Raupe erreicht eine Länge von 7 mm, ist gedrungen, hinter der Mitte am dicksten, von knochenweißer Farbe mit braunem Kopfe und glänzendbraunem Nackenschilde. Sie hat drei Paar kurze Brustfüße und vier Paar, kleinen Wärzchen ähnliche Bauchfüße und ein Paar zapfenförmige Nachschieber. Über den ganzen Körper verstreut stehen einzelne kaum bemerkbare Borstenhaare.

Der vortreffliche Réaumur tat Mottenfalter zugleich mit wollenen Lappen in Gläser, um die Entwickelung der Raupen und ihr Verfahren beim Bau ihrer Futterale von Anfang an beobachten und untersuchen zu können. Er fand, daß sie nur bearbeitete Wolle fressen wollten, Naturwolle oder sogen. „fette" aber nicht. Auch bearbeitetes, hergestelltes Tuch verschmähten sie, wenn es mit Wollfett eingerieben war. Wenn ihnen aber nichts anderes gegeben wurde, bequemten sie sich schließlich doch zum Genusse der verhaßten Nahrung. Die Farbe des Stoffes ist ihnen gleichgültig, der Grad seiner Festigkeit aber nicht, und ein locker gewobener ist ihnen unter allen Umständen lieber als ein fester. Kaum sind sie aus dem Ei gekrochen und ohne die Anwendung einer Lupe überhaupt noch beinahe unsichtbar, so wenden sie sich der Herstellung ihrer Futterale zu. Die Grundlage eines solchen Futterals besteht aus einer selbstgesponnenen, graulichweißen, etwas klebrigen Seide. Hierauf befestigt die Raupe sauber mit den Kiefern abgeschnittene Härchen des Wollstoffes, auf dem sie sich befindet. Wenn sie in unmittelbarer Nähe kein geeignetes Material antrifft, schaut sie weiter und weiter aus ihrer Hülle heraus, die sie aber freiwillig nie ganz verläßt, tastet rechts und tastet links und kriecht endlich, wenn sie gar nichts geeignetes finden kann, rasch an eine andere Stelle.

Selbstverständlich wächst die Raupe in dem Maße, wie sie älter wird, ihr Futteral, das zwar von Anfang an etwas auf Zuwachs eingerichtet ist, aber nicht, und sie ist daher genötigt, es von Zeit zu Zeit etwas länger und weiter zu machen. Das Verlängern ist eine einfache Sache, die Raupe schuht ihre Hülle gewissermaßen vor, d. h. sie spinnt an dem Rande der Röhre ein neues Stück an, das sie dann mit Wollschabsel belegt. Hat sie einige Zeit an dem einen Rande, manchmal länger, manchmal kürzer gearbeitet, so nimmt sie regelmäßig den anderen in Angriff und verlängert ihn um genau so viel, wie den ersten. Um das aber tun zu können, muß sie sich in der Röhre umdrehen und das führt sie so aus, daß sie gewissermaßen über sich selbst wegkriecht, was sie sehr bequem kann, denn das Futteral ist hierzu weit und ihr Körper dehnbar genug. Sie dreht sich auf diese Weise wiederholt um und bewerkstelligt das so rasch, daß man ihr mit den Augen kaum folgen kann. Auch die Raupen und Larven anderer Insekten können auf diese Weise Purzelbäume schlagen. So nach Zeller die einer, gleichfalls ein Futteral bewohnenden anderen Schabenart (Amphisbatis incongruella): wenn diese sich auf ihrem Marsche mit ihrem Häuschen festgefahren hat und nicht weiter kann, so dreht sie sich einfach in ihm um und benutzt die Öffnung, die ihr bisher als vordere diente, als hintere und umgekehrt. Daß auch die Larven der Gespinnstblattwespen diese Kunst verstehen, sahen wir schon auf unserem Spaziergang in der Lüneburger Heide.

Um ihr Quartier weiter zu machen, kann sich die Raupe der Kleidermotte eines doppelten Verfahrens bedienen, aber immer so, daß sie Einsätze in die Röhre macht. Am häufigsten tut sie das, indem sie sie vom Rande nach der Mitte hin und bis zu ihr spaltet und zwar an den niedrigeren Seiten, erst an der einen, dann an der anderen. Darauf spinnt sie die so entstandenen Spalten zu, dreht sich im Futterale um und arbeitet genau ebenso von seinem anderen Ende aus. Niemals spaltet sie die Röhre ganz. Bei der anderen Art der Erweiterung der Hülle geht sie von der Mitte einer der schmalen Seiten aus, indem sie hier ein Loch in ihre Wandung nagt um nun einen Spalt nach dem Rand der Öffnung zu zu machen. Das tut sie auch erst an der einen Seite, dann an der anderen. Nachdem sie die Schlitze, aber nicht die Löcher, mit denen sie diese angefangen hat, wieder durch Einsätze schloß, dreht sie sich abermals um und verfährt ebenso nach dem entgegengesetzten Ende zu. Die Raupen brauchen zu diesen Arbeiten eine verschieden lange Zeit, aber nie mehr als 24 Stunden. Sie haben bisweilen Tage völliger Ruhe, an denen sie weder arbeiten noch fressen. Dazu spinnen sie ihr Futteral an beiden Enden an das Zeug, auf dem sie leben, in wagerechter Lage an.

Réaumur trieb öfters mit einem Hölzchen Raupen, obwohl sie sich mit ihren Nachschiebern, so fest sie nur konnten, an der Innenwand ihrer Wohnungshülse hielten, ganz aus dieser heraus, so daß sie vollkommen unbedeckt waren. Nie gingen sie in das alte Futteral zurück, sondern liefen halbe Tage lang unruhig nackt und bloß herum. Zunächst spannen sie sich ein seidenes Unterfutter und zwar meist innerhalb einer Nacht, das schon am fünften, seltener erst am sechsten Tage völlig mit Wolle bedeckt war. So hatten sie in verhältnismäßig kurzer Zeit ein Werk vollendet, zu dem sie sonst Monate brauchen. Der nämliche große Forscher nötigte auch Raupen durch sanften Druck und gelindes Schieben halb zur einen Öffnung der Röhre hinaus und schnitt dann das hinter ihnen leer gewordene Stück von ihr ab. Dann verfuhr er mit dem anderen Ende ebenso, so daß von dem ursprünglichen Köcher bloß ein Ring übrig blieb, der kaum den dritten Teil so breit erschien, als jener lang gewesen war. So wurde bei der Raupe der Körper über die Hälfte nackt, und sie arbeitete nun sehr flott, abwechselnd an beiden Enden des Futterals und brachte auch in diesem Falle in 24 Stunden so viel fertig wie sonst in Monaten.

Auch die Jungen spinnen sich zuerst ein seidenes Futteral, das für sie viel zu weit ist und in dem sie ganz lose sitzen. Um dieses verfertigen sie zuerst aus Wollschabsel einen mittleren Gürtel, den sie dann nach beiden Enden hin verbreitern.

Selbstverständlich hat das Schabsel, mit dem eine solche Raupe ihre gesponnene Seidenröhre bedeckt, die nämliche Farbe wie das Wollenzeug, auf dem sie lebt und infolgedessen kann, wenn die Zeugstückchen nur schmal und klein und dabei lebhaft gefärbt sind, das Aussehen der Futterale äußerst bunt werden.

Im November oder Anfang Dezember sind die Raupen ausgewachsen und spinnen ihre Köcher an Dinge an, die fester sind und mehr Widerhalt bieten als Tuch und zwar wagerecht und in allen möglichen Winkeln zum Horizont. Gern befestigen sie sich, wie wir hier sehen können, an der Decke und dann hängt das Futteral senkrecht herab. Wenn sie in diesem Falle das obere Ende befestigt hat, dreht sie sich um, was des Auskriechens wegen nötig ist. Immer werden zum Schlusse die beiden Endöffnungen zugesponnen, aber wahrscheinlich nur sehr locker oder vielleicht mit Fädchen nur belegt, denn sonst ist es schwer einzusehen, wie der schwache Schmetterling, ohne im Besitz von Kauwerkzeugen zu sein, die Hülse verlassen kann. In dieser während des Winters unverändert eingeschlossen, verändert sich die Raupe erst im März oder April in die Puppe und die Imago erscheint im Sommer, wobei sie die Haut jener ein Stückchen weit nachschleppt, die dann leer aus dem Köcher hervorsteht.

Der Schmetterling fliegt hauptsächlich, aber nicht ausschließlich in den Abend- und Nachtstunden, gern nach dem Lichte und in der rechten Flugzeit findet man häufig ertrunkene im Waschbecken, die wahrscheinlich hineingeflogen waren, um ihren Durst zu löschen. Es sind das fast ausschließlich Männchen, die auf der Suche nach Weibern umherschwärmen. Es ist ergötzlich, am Tage fliegende Motten zu verfolgen. Sie sind schwerer zu haschen, ohne Netz natürlich, als „wilde", d. h. im Freien lebende Kleinschmetterlinge. Wenn man diese mit der Hand aus der Luft niederschlägt, so fallen sie in der Regel zu Boden und bleiben liegen, wo sie hinfielen. Sie sind aber alle zu leicht, als daß der Schlag, der sie überhaupt bei dem starken Luftdrucke kaum berührt, sie wesentlich beschädigen könnte. Während aber die Kleidermotten noch im Stürzen begriffen sind, verstehen sie es meisterhaft, mit einer Schwenkung in den nächsten Ritz und in die erste beste Klinze zu verschwinden, die oft so eng sind, daß es einem rätselhaft bleibt, wie sie es nur möglich machen, auch abgesehen von ihrer Schnelligkeit dabei, sich überhaupt hinein und hindurch zu quetschen.

Auch mit der Raupe einer anderen Mottenart, vielleicht Tinea scarcitella, machte Réaumur Versuche. Diese huldigt weniger dem Wahlspruche Jägers „Wer weise wählt Wolle", sondern sucht ebenso gern Pelze heim, ist aber hier, wegen der langen Haare, zwischen denen sie auf dem Grunde versteckt ihr Wesen treibt, schwer zu beobachten. Sie schneidet die Haare an der Wurzel ab und viel mehr, als sie eigentlich braucht, indem sie sie nicht alle zum Köcherbau verwendet, die Mehrzahl von ihnen vielmehr bloß abbeißt, um sich Wege durch den Pelz zu bahnen, wie Reisende und Jäger Baumstämme, Sträucher und Schlingpflanzen abhacken, um sich durch den tropischen Urwald einen Pfad zu machen. Daher „flockt" ein von ihnen bewohnter Pelz, das heißt, wenn man ihn zupft oder kräftig schüttelt, verliert er seine Haare bündelweise. Diese Räupchen fügten sich übrigens leicht in gegebene Verhältnisse. Setzte Réaumur ganz junge dieser Art auf Wolle, so arbeiteten sie hier ebenso gut wie auf Pelz. Er tat sie in Gläser mit nichts als Pferdehaaren, sie fraßen auch diese und bekleideten sich mit deren feingebissenen.

Stückchen, aber in diesem Falle war der Stoff, in den sie sich hüllten, sehr grober Art, etwa wie jener harte Flanell, den man Boy nennt. Wenn Réaumur ihnen gar gemachte und nicht gar gemachte Kaninchenfelle zusammen vorlegte, so fand er, daß sie nur die ersteren angingen.

Es gibt noch verschiedene Mottenarten, die den Menschen arg belästigen können. Manche bauen sich keine transportabeln Futterale, die sie mit sich herumtragen, sondern spinnen sich festliegende Röhren größeren Umfangs in Wollstoffe und Pelze. Andere suchen Federn heim, die dritten die Polsterung von Möbeln. In den meisten Fällen wird es einem nicht klar, von welchen Arten die betreffenden Autoren gerade sprechen und es ist schwierig, ihre Namen mit Sicherheit festzustellen.

Motten haben die Menschheit schon seit sehr alten Zeiten in ihrem Eigentume geschädigt. So sagt bereits Hiob von sich, er vergehe wie ein Kleid, das die Motten fräßen, und Sirach bemerkt ungalant, wie er öfters ist, „denn gleich wie von den Kleidern Motten, so kommt von Weibern viel Böses“. Selbstverständlich hat man seine Habe gegen diese kleinen Feinde seit je zu schützen gesucht. Welche Mittel die alten Juden gegen sie anwendeten, wissen wir nicht, aber wir kennen solche von den alten Römern: Cato empfiehlt, die Kleiderkasten mit Oliven auszureiben und Plinius rät als Schutzmittel von vornherein wollene neue Kleider über einen Sarg auszubreiten. Auch in solche Garderobestücke, die man bei einem Begräbnis angehabt habe, kämen keine Motten, hingegen hieß es im alten Rom, daß solche, die aus der Wolle von Wölfen getöteter Schafe verfertigt wären, am meisten zu leiden hätten. Auch machte man damals, um die Motten abzuhalten, Kleiderschränke aus dem Holze der Zirbelkiefer, wie die Bauernweiber in Thüringen Kiefernzapfen, „Kienäppel“, zwischen die „Sachen“ legen und der alte Frisch in Berlin, wie gesagt wurde, Terpentinöl gegen den Wurmfraß empfahl. Ein weniger sicheres Mittel ist in manchen Gegenden Deutschlands üblich, nämlich die Kleider am Gründonnerstag oder Karfreitag zu lüften. Wenn das Lüften nicht hilft, auf den Tag kommt wenig an! —

In das Schlafgemach des Mandelblüthschen Ehepaars wollen wir nicht eindringen, obwohl uns Harry kaum Schwierigkeiten, es zu tun, machen würde, dazu ist er viel zu modern! Aber ich will dir sagen, was wir beim näheren Zusehen (ein schauderhafter Gedanke!) finden würden — Wanzen und Flöhe und vielleicht ein Silberfischchen! Die persönliche Anwesenheit dieser Tierchen ist nicht erforderlich, ich kann dir über sie das Nötige erzählen, ohne daß sie gerade dabei zu sein brauchen.

Das greulichste unerwünschte Haustierchen, das

Der Herr der Ratten und der Mäuse,
Der Fliegen, Flöhe, Wanzen, Läuse

aus seinem Tiergarten gegen die Menschheit losgelassen hat, ist entschieden die Bettwanze (Cimex lectularia)! Diese niedliche Bestie hat mit dem „Mädchen aus der Fremde“ das gemein, daß man nicht weiß, „woher sie kam.“

Ob das Altertum sie kannte, läßt sich nicht feststellen, aber wahrscheinlich ist es nicht, sonst wäre es merkwürdig, wenn sie eines durch seine Taten sich so bemerklich machenden Tieres an keiner Stelle ihrer reichen Literatur gedächten. Wir haben nicht einmal aus dem Mittelalter einwandsfreie Belege ihrer Gegenwart in Deutschland. Nach Mouffet wäre sie schon 1503 in England bekannt gewesen, Shakespeare erwähnt sie nicht. Zwar kommt das Wort „bug“, mit dem sie im Englischen bezeichnet wird, fünf- oder sechsmal bei ihm vor, aber in der ursprünglichen Bedeutung von „Nachtgespenst“. Auf die Wanze ist die Benennung erst später übertragen. Southall und andere Engländer sagen, das Tier sei erst 1666 in London eingeführt worden, und zwar mit dem Bauholze, das zum Wiederaufbaue der kurz vorher fast völlig abgebrannten Stadt aus Nordamerika herbeigeschafft wurde. Das ist wenig wahrscheinlich! Die Wanze ist in jeder Beziehung an das Leben mit dem Menschen in einem solchen Grade angepaßt, daß das bei den nomadenhaft lebenden nordamerikanischen Indianern kaum geschehen konnte. Wahrscheinlich stammt sie, wie so viele wirtschaftliche Schmarotzer des Abendlandes, wie Chaim Mandelblüth selbst mit seinem Blümchen und seinem Harry, mit seinen Ratten und Blatten aus dem Orient.

Man behauptet wohl in Europa und in Nordamerika, sie stamme eigentlich aus den Lagern der Fledermäuse oder den Nestern der Haustauben und Hausschwalben. Sie mag wohl einmal in stark verwanzten Häusern in Taubenschlägen gefunden werden, aber ihr „Schöpfungsherd“, ihre „Wiege“ ist da nicht. Schon Latreille hat nachgewiesen, daß die bei Tauben schmarotzende Wanze zwar eine Gattungsgenossin, aber eine andere Art ist, ebenso ist es bei der in den Schlupfwinkeln der Fledermäuse vorkommenden (Cimex pipistrelli). Nach Leidy leiden die Bewohner in den westlichen Staaten Nordamerikas aus Wanzenfurcht nicht, daß die Schwalben an ihren Häusern bauen. Es handelt sich auch in diesem Falle um eine ganz andere Art (Cimex hirundinis), die allerdings ähnlich lebt wie die Bettwanze: am Tage hält sie sich in der Nähe der Nester im Holzwerk verborgen und verläßt ihre Schlupfwinkel erst nach Sonnenuntergang, um sich zu den Schwalben zu begeben.

Die feinbehaarte, rotbraune Bettwanze erreicht im ausgewachsenen Zustande eine Länge von etwa 6 mm, ist ziemlich flach (auf Holländisch heißt sie unter anderem platje, „Plattchen"), um sich bequem in den engsten Spalten aufhalten zu können, hat ein quer verbreitertes, mit dem eirunden Hinterkörper durch eine dünne Taille verbundenes Brustschild, nur sehr kurze, schuppenförmige Flügeldecken und nicht die Spur von Flügeln. Zu den widerlichsten Eigenschaften dieses widerlichen Insektes gehört sein Gestank, dessen Ursache eine Flüssigkeit ist, die von einer an der Unterseite der Brust in der Mitte gelegenen unpaaren Drüse abgeschieden wird. Der Ausführungskanal dieser Drüse mündet zwischen dem hintersten Beinpaare. Die Wanzenmutter legt viermal jährlich, im März, Mai, Juli und September je etwa 50 Eier. Die eben ausgekrochenen Jungen sind von der Gestalt der Alten, nur haben sie noch keine Flügeldeckenstummelchen und sind fast durchsichtig. Sie sind noch keinen Millimeter lang und haben entsprechend kurze und schwache Saugrüssel. Es ist mir bis zum heutigen Tage ein Rätsel geblieben, wie sie es unter solchen Umständen anfangen, sich bei einem Handarbeiter, einem Schmiede- oder Maurergesellen zu ernähren. Mit ihrem noch nicht 0,5 mm langen Rüssel können sie doch wohl nicht tief genug in seine Haut eindringen, um sich an seinen Säften zu sättigen.

Die Wanzen vermögen lange zu hungern. Léon Dufour behauptet zwar das Gegenteil, ich habe aber als Student eine über ein Halbjahr unter dem Glase meiner Taschenuhr gehabt, sie wurde schließlich zwar ganz durchsichtig und so dünn wie Postpapier, schien sich aber im übrigen sehr wohl zu befinden. Der englische Naturforscher Westwood bewahrte einige ausgewachsene Bettwanzen lebendig sogar länger als ein Jahr in einer Glasflasche.

Sie sollen, wie Mücken, durch ihre Rüssel das kalte Fieber und Hautkrankheiten übertragen können. Inwieweit das bewiesen ist und nicht bloß auf Vermutung beruht, weiß ich nicht, aber es würde ihrer Liebenswürdigkeit nur noch die Krone aufsetzen, wenn sie etwa gar auch zu Verbreiterinnen von Hautkrankheiten würden! Zuzutrauen ist es ihnen schon!

Mittelchen zum Wanzentöten und Wanzenvertreiben gibt es natürlich auch sehr zahlreiche, wirksame und unwirksame, obschon sie noch keine lange Geschichte haben können. Reinlichkeit und Aufmerksamkeit, Petroleum und Insektenpulver sind zu empfehlen, das sicherste ist aber ein tüchtiger Kammerjäger, der ihnen mit giftigen Schmier- und Räuchermitteln bald ein Ende bereitet. Ein allerliebstes Verfahren empfiehlt das Volk in Schwaben gegen sie: man sammle ihrer ein Scheffelmaß voll (wie viele Tausende mögen das wohl sein?) und stelle es in der Karfreitagnacht auf den Kreuzweg, dann wird man sie sicher los. Aus Erlenholz verfertigte Bettstellen sollen sie meiden und in Zimmern, in denen viel geraucht wird, sollen sie sich freiwillig nicht aufhalten. Im südlichen Frankreich soll man gar Wanzenfallen haben: große, mit Korbgeflecht überzogene Holzrahmen, die man zwischen das Bett und die Wand schiebt und in die sie sich mit Tagesanbruch zurückziehen, so daß man sie nun mit siedendem Wasser bequem töten kann. Ein vortreffliches Radikalmittel, dessen Anwendung einen freilich mit dem Strafgesetzbuch in Konflikt bringt, empfahl jener helle Kopf und scharfe Denker: man brenne das Haus nieder!

Wenn das nicht gut für die Wanzen ist,
Dann weiß ich nicht, was besser ist.

Früher, vor der Zeit der Eisenbahnen und ordentlichen Postverbindungen, als man noch vielfach zu Pferde reiste und häufig genötigt war, in zweifelhaften Gasthöfen zu übernachten, galt es als das beste Verfahren, sich gegen die ekelhaften Plagegeister zu schützen, sich während der Nachtruhe in eine durchschwitzte Pferdedecke zu hüllen.

Die Bettwanzen haben aber in alten Häusern einen grimmigen Feind aus der Insektenwelt, der nicht hoch genug geschätzt werden kann und die größte Anerkennung verdient, leider aber ziemlich selten, wenigstens lange nicht häufig genug ist. Das ist ebenfalls eine Wanzenart, die maskierte Schreitwanze (Reduvius personatus), ein Tier, das im ausgewachsenen Zustande dreimal länger als die Bettwanze wird, einen gestreckt eiförmigen Körper, häutige Flügeldecken und sehr kräftige, dicht borstig behaarte, gelbrote Beine hat. Seine Farbe ist, abgesehen von der seiner Beine und der roten der Oberseite seines Hinterleibs, braunschwarz. Es hat nächtliche Gewohnheiten und da es fliegen kann, kommt es im männlichen Geschlechte abends wohl zum Lichte. Außerdem verfügt es über die Fähigkeit zu zirpen. Man tut gut, es nicht anzufassen, nicht etwa, als ob es stänke, durchaus nicht, aber es hat einen besonders scharfen Rüssel und entblödet sich nicht, ihn auch am Menschenfinger zu versuchen. Mittelst dieses Rüssels bohrt es aber auch Bettwanzen an und saugt sie aus und darin besteht sein unsterbliches Verdienst.

Die Larven haben eine wunderliche Gewohnheit. Sie halten sich am Tage unter Schränken, in entlegenen Winkeln, kurz da auf, wo es recht vielen Staub und von der gröbsten Sorte, Haar- und Faserwurgel gibt. Ihre Körperoberfläche ist aber nicht bloß borstig, sondern auch klebrig und bedeckt sich demzufolge mit den Spuren ihrer Aufenthaltsorte. Dann schleichen sie in der Morgen- und Abenddämmerung langsam umher, selbst Staubwurzeln vergleichbar, sie haben sich, um unerkannt zu bleiben, maskiert und deshalb nannte Linné die Wanze personata, was maskiert auf lateinisch heißt. Natürlich müssen jene Larven von Zeit zu Zeit sich häuten und sie verlieren bei dieser Gelegenheit mit der Haut auch deren künstliche Bedeckung. Der Franzose Brullé hielt etliche in einem Behälter gefangen, in dem es keinen Staub gab, als sie daher ihr altes Kleid abgeworfen hatten und das Bedürfnis nach einer neuen Maske empfanden, nahmen sie die Bedeckung von ihrem früheren Felle und verpflanzten sie auf das frische. Brullé hat leider zu sagen vergessen, wie sie das bewerkstelligten. —

Wenn wir drüben in der Ecke die abgesprungene Tapete vollends losreißen könnten, so würden wir vermutlich neben zahlreichem Ungeziefer anderer Art auch etliche von den eben erwähnten Silberfischchen antreffen. Du weißt nicht, was ich mit „Silberfischen" meine? Nun vielleicht sind sie dir besser als Zuckergäste oder unter dem französischen Namen fonbicines oder gar unter dem lateinischen Lepisma saccharina bekannt? Auch nicht? Dann muß die Beschreibung helfen und sie sind ja so charakteristisch, daß sie gar nicht mit einer anderen Insektenart verwechselt werden können. Es sind in gewissem Sinne die niedlichsten von allen unseren unwillkommenen Haustierchen und ihr deutscher Name Silberfischchen genügt eigentlich, sie unverkennbar zu kennzeichnen. Sie haben eine flache Unter- und eine gewölbte Oberseite und da sie sich überhaupt von vorn nach hinten zu allmählich verjüngen, senkt sich auch entsprechend diese Wölbung. Die Länge eines solchen Tierchens beträgt etwa 8 mm. Der Körper besteht aus 13 Ringen, von denen die drei ersten nicht unbedeutend größer sind und je ein Beinpaar tragen. Am Kopfe sitzen ein Paar ziemlich lange Fühler und an der hinteren Leibesspitze drei noch längere Schwanzborsten, zwei seitliche und eine unpaare mittlere. Das Auffallendste aber an dem kleinen Wesen ist sein schöner Silberglanz, der durch einen aus den feinsten Schüppchen, noch feiner wie Schmetterlingsschuppen bestehenden Überzug hervorgerufen wird. Wenn man das Insektchen nur einigermaßen rauh anfaßt, verliert es seine Versilberung und man hat sie an den Fingern. Bei diesen Gliederfüßlern findet sich auch nicht die geringste Andeutung von Flügeln und Flügeldecken und ihre Ahnen haben sie auch niemals besessen. Sie erleiden vom Ei an keine äußerliche Veränderung, als daß sie größer werden, sind aber sonst ohne Spur von Verwandlung.

Sie gehören zu den altertümlichsten Insekten, die man früher mit den

Schaben, Ohrwürmern, Termiten, Heuschrecken usw. in der Ordnung der Geradeflügler vereinigte, jetzt aber mit den Springschwänzen und einigen anderen Formen zu einer eigenen, der am tiefsten stehenden Ordnung der Insekten „Apterogenae“ erhoben hat.

Die Zuckergäste sind nächtliche, sehr muntere, rasche Geschöpfchen, die hurtig laufen und beim Laufen den Körper elegant biegen. Die Deutschböhmen, in richtiger Wertschätzung ihres ganzen angenehmen Wesens, sagen, ihr Anblick bringe Glück. Ich glaube nicht, daß sie menschliche Kleidungsstücke oder Wäsche angreifen, obwohl sie sich wohl gelegentlich zwischen solcher und zwar gestärkter finden mögen. Ich kenne sie nur als Stärkefresser und als solche unterstützen sie das Lockerwerden der Tapeten und könnten vielleicht die Oberfläche frischwaschener Hemden, Kragen und Stulpen benagen. Ob sie, wie wohl behauptet wird, tatsächlich Zucker fressen, weiß ich nicht, jedenfalls können sie von ihm nicht ausschließlich leben, sondern müssen noch stärkehaltige Nahrungsmittel dabei haben.

In dem dunkeln Winkel hier zwischen der Wand und dem großen Kleiderschranke haben Hausspinnen (Tegenaria domestica) ihre Netze ausgespannt. Wenn eine holländische Hausfrau einen solchen Anblick innerhalb ihrer vier Wände erleben müßte, bekäme sie eine Anwandlung von Ohnmacht und das Dienstmädchen oder de schoonmaakster (Scheuerfrau) eine Strafpredigt in Folio mit Goldschnitt, aber bei Mandelblüths ist das was anderes und kommt es darauf so genau nicht an. Bei einer früheren Gelegenheit habe ich dir schon einmal mitgeteilt, daß Spinnen die einzigen Tiere sind, vor denen mir graut und von denen ich die meisten Arten nicht angreifen kann und vollends eine solche Haus- oder Winkelspinne. Ich weiß, es ist eine Torheit, ja für einen Tierforscher von Fach geradezu eine Lächerlichkeit, aber die von meiner Mutter her ererbte Scheu ist stärker als mein Wille. Wie oft schon habe ich mir vorgenommen: jetzt fasse ich sie an! aber wenn es zum Klappen kam, konnte ich mich niemals dazu zwingen. Das Wunderlichste dabei ist, daß ich diese Tiere hochschätze und niemals einem von ihnen ein Leid antun könnte: hat sich einmal eins in meine Stube oder in meine Schlafkammer verirrt, so nehme ich es mit einem Tuche und werfe es zum Fenster hinaus.

Die Hausspinne erreicht im weiblichen Geschlechte eine Länge von 20 mm, mit den ausgestreckten Beinen von 65 mm, aber solche Riesinnen sind nicht häufig, die meisten haben bloß etwa 14 oder 15 mm und die kleineren und schwächeren Männchen 10 mm Körperlänge ohne die Beine. Ihre Grundfarbe ist ein ziemlich helles Gelbbraun mit dunkleren Flecken und Streifen, die auf dem Vorderleibe oder dem Kopfbruststück einen undeutlichen braunen Stern bilden. Die gleichfalls gelbbraunen Beine sind dunkel geringelt. An dem Ende des Hinterleibes liegen die beiden Spinnwarzenpaare, deren hinteres kürzer ist als das vordere. Die acht Augen sind in zwei vorn offenen Bogen zu je vier angeordnet, die vorderen vier sind die kleineren. Ihr Netz ist wagerecht, in der Mitte durch seine eigene Schwere etwas gesenkt und in seinem Hinterwinkel gähnt eine schwarze Höhle, der Eingang zu einer nach abwärts und hinter den Schrank führenden Röhre. Hier sitzt die Spinne lauernd mit der vorderen Hälfte ihres Körpers und den beiden ersten Beinpaaren außerhalb ihrer Haustüre. Fängt sich eine Beute in ihrem Netze, so kommt sie herausgestürzt, wird sie gestört, verschwindet sie in die Röhre und halten diese Störungen an, so verläßt sie ihre Wohnung durch die Hintertüre.

Nachts rücken die Winkelspinnen übrigens häufig aus und wer ein Nachtlicht brennt, sieht sie dann wohl an warmen Septemberabenden bei ruhigem, regnerischem Wetter an der Decke oder an der Wand schnell und huschig dahineilen und durch die Wirkung des Schlagschattens viel größer erscheinen, als sie in Wirklichkeit sind. Wenn sie im Herbste geschlechtsreif geworden sind, scheinen sie ihre Netze überhaupt endgültig zu verlassen und ihr Leben als Vagabunden zu beschließen.

Die Männchen sollen unter Umständen einen zirpenden Ton von sich geben, aber so fein, leise und hoch, daß die meisten Menschen nichts davon hören. Ich bin einer von diesen „meisten Menschen", obgleich meine Ohren sonst nicht das mindeste zu wünschen übrig lassen. Diese Spinnenart soll aber wirklich musikalisch sein und dem Tone besonders von Saiteninstrumenten nachgehen. Hierüber gibt es Geschichtchen genug, z. B. auch eine über Paganini und seine Leibspinne. Der berühmte belgische Spinnenforscher Walckenaer teilt eine andere Geschichte mit, die man, da sie von dieser Seite kommt, als verbürgt ansehen und ruhig nacherzählen kann:

„Eine Dame, die beschäftigt war, in einem mitten in einem Garten gelegenen Hause die Harfe zu schlagen, erblickte eine Spinne, die über ihr an der Decke saß. Sofort begab sie sich an das andere Ende des Gemachs, aber kaum hat sie die Luft wieder von den Tönen ihres Instrumentes erschallen lassen, so setzte sich die Spinne wieder in Bewegung und machte über der Dame Halt; hier blieb sie sitzen, wie an der Decke angeklebt. Da die Dame neugierig war, wie die Sache ablaufen würde, wechselte sie ihren Platz abermals, spielte dann aber nicht gleich weiter, sondern verhielt sich einige

Augenblicke still. Die Spinne blieb bewegungslos sitzen. Kaum hatten indessen die harmonischen Töne wieder begonnen, so beeilte sie sich, wieder über der Harfe, der sie entstammten, Platz zu nehmen. Die Dame wiederholte den Versuch mit dem gleichen Erfolg und so konnte sie, ein neuer Amphion, das Tier von einem Ende der Zimmerdecke zum anderen locken."

Das Spinnennetz hier ist unbewohnt und scheint noch vom vorigen Herbst zu stammen. Das kannst du daraus schließen, daß es so arg verstaubt und fast schwarz ist. So lange die Hausspinne das ihrige bewohnt, hält sie es sauber, sie kämmt es gewissermaßen aus und das tut sie mit ihren Fußklauen, die zu diesem Behufe teilweise wie Kämme gezähnelt sind. Bei verschiedenen Vogelarten ist der Nagel der mittelsten Vorderzehe ganz ähnlich beschaffen und dient auch einem ähnlichen Zwecke, nämlich das Kopfgefieder, besonders an den Mundwinkeln, auszukämmen.

Früher spielten die Spinnen oder besser ihre Gewebe in der Volksmedizin keine kleine Rolle, wurden wohl auch von Ärzten angewendet. Der bekannteste Gebrauch, den man von Spinnenweb macht, ist der, daß man es auf kleine blutende Verletzungen legt, und das hat Sinn. Die Spinnen setzten nämlich, wie ich dir früher schon einmal mitteilte, auf die Fäden ihres Websels in kurzen Abständen kleine Tröpschen eines leimartigen Stoffes, der es klebrig erhielt. Dieser Stoff wird von besonderen, neben den eigentlichen Spinndrüsen und mit ihnen nach außen mündenden Drüsen abgesondert. So wird das Spinnenweb zu einer Art englischen Pflasters, wie es aus Seidentaft hergestellt und mit einer feinen klebrigen Masse bestrichen wird. Vielleicht hat das Websel der Spinnen die Veranlassung zu dieser Erfindung gegeben. Aber die Anwendung des Spinnenwebs in dieser Art hat ihr Bedenkliches und sie mag manchem Menschenkinde den Tod oder wenigstens schwere Krankheit gebracht haben. Wenn man nämlich nicht frisches, staubfreies benutzt, öffnet man der Möglichkeit einer Blutvergiftung Tür und Tor. Äußerlich legte man es gegen Blähungen auf den Nabel, und manche Ärzte zogen seinen innerlichen Gebrauch bei Wechselfieber noch vor hundert Jahren dem der Chinarinde vor. —

Doch wir wollen uns nun einmal die Speicher und Söller unter Harrys Leitung auf ihre Tierwelt hin ansehen. An den Räumlichkeiten selbst ist nicht viel zu bewundern, die sind wie solche Räumlichkeiten eben sind, nur schmutziger wie gewöhnlich. Sie beherbergen den eigentlichen Reichtum, der im Mandelblüths Geschäft steckt, denn von etwaigem Wucher, den er triebe, ist mir nichts bekannt, aber das beweist noch nicht, daß er ihn ganz unterließe, denn er ist ein vielseitiger Herr, zugleich aber auch ein verschwiegener, und namentlich, wenn es sich um Kunststückchen handelt, die unter Umständen gefährlich sind und denen gegenüber Staatsanwalt und Strafrichter nun einmal ihre Vorurteile haben.

Das erste Tier, was mir hier auffällt, ist ein sehr bekannter Käfer, das eigentliche Mehlinsekt schlechthin, das im Larvenzustande seine wichtigere Bedeutung hat und nach ihm seinen Hauptnamen „Mehlwurm" führt. Viele Leute wissen gar nichts davon, daß dieser Mehlwurm einmal ein Käfer wird, sondern halten ihn für ein selbständiges Wesen, das als „Wurm" geboren wird und als Wurm stirbt! Der bessere Namen ist daher Mehlkäfer (Tenebrio molitor).

Er gehört mit den Totenkäfern, die wir als Kellerbewohner kennen lernten, in eine Familie und er ist ein Schwarzkäfer wie diese. Seine Länge beträgt durchschnittlich 14 und seine Breite 5 mm. Oben ist seine Farbe ein dunkleres oder helleres Pechbraun, je nachdem er die Puppe schon seit längerer Zeit oder erst seit kürzerer verlassen hat. Unten ist er rotbraun. Er zeigt nur geringen Glanz und ist über und über mit sehr feinen Stichpunkten bedeckt, während seine Flügeldecken der Länge nach mit untiefen, nahe nebeneinander gelegenen Furchen oder Riefen versehen sind. Sein Lauf ist gut, wenn auch nicht ungewöhnlich rasch und er ist, namentlich des Nachts und im männlichen Geschlechte, ein geschickter Flieger. Seine Larve gleicht der der Totenkäfer sehr, erreicht aber selbstverständlich nicht die gleiche Größe.

Fliegend suchen sich auch bei dieser Käferart die Geschlechter auf und fliegend vergrößern sie das Gebiet ihres Vorkommens. Ich habe sie oft während ihrer Flugzeit im Hochsommer in Wirtshausgärten, abends beim Lampenlichte aus der Luft gefangen, dachte wunders, was ich erbeutet hätte und mußte selbst über den Kasus lachen, wenn ich dann entdeckte, um was es sich in Wahrheit handele. Imagines und Larven genießen gleiche Nahrung und die besteht hauptsächlich aus Mehl, Kleie u. dergl., doch verschmähen sie auch Leichen von Tieren, namentlich vertrocknete, nicht. Sie sind neben Kochenilleschildläusen, verschiedenen Arten von Bienen und von Seidenschmetterlingen die einzigen Insekten, die der Mensch züchtet, aber ohne gerade Haustiere zu sein. Seine Mehlwurmhecke will jeder Vogeltobies haben, und Nachtigallen, Rotkehlchen und andere Arten von Singvögeln wissen diese Einrichtungen nach Gebühr zu schätzen. Die Lebensweise der Mehlkäfer und ihrer Larven ist aber im allgemeinen nur wenig merkwürdig und wäre vielleicht nur die Aufmerksamkeit darauf zu lenken, daß die letzteren lockeres, trockenes Mehl durchwühlen, ohne daß die von ihnen dabei gemachten Gänge zusammenstürzen, was vermutlich dadurch geschieht, daß sie aus den Speicheldrüsen oder vielleicht aus kleinen Hautdrüsen in geringerer Menge einen Stoff absondern, der das verhindert.

Ein anderes echtes Mehlinsekt ist eine Schmetterlingsart, oder richtiger ihre Raupe, aber diesmal gehört sie nicht zu den Motten oder Schaben, den einzigen Falterformen, die wir bis jetzt als Hausfreunde kennen lernten, sondern zu den Zünslern. Es ist der sogen. Mehlzünsler (Asopia farinalis), ein hübscher, bis 27 mm klafternder Schmetterling mit an Wurzel und Saum purpurbraunen, in der Mitte mit einem breitem grünlichgelben, weißgesäumten Felde versehenen Vorder- und grauen Hinterflügeln. Das Tier nimmt eine sehr ungewöhnliche Stellung beim Sitzen ein, so daß man es beim ersten Anblick gar nicht für ein Falterchen hält, sondern für irgend einen zufällig an der Stelle befindlichen Fremdkörper, es sperrt nämlich seine Flügel weit auseinander, wobei die unteren unter die oberen gezogen sind und der Hinterleib bogenförmig nach oben emporgeschlagen gehalten wird. Die sonderbarerweise noch nicht näher beschriebene Raupe lebt im Mehle, nach Freyer gelegentlich im Stroh und nach Maindron auch in Schiffszwiebacken, in denen sie ihre unregelmäßigen Gänge zusammenspinnen soll; auch wird ihr das Zerfressen von Korken schuld gegeben. Sie soll in dem gemeinen Brotkäfer (Trogosita mauritanica), einem über 9 mm langen, 3,3 mm breiten, braunen, an Gestalt dem Mehlkäfer ähnlichen Insekte einen Feind haben, dem sonst nur Raubzüge gegen Nüsse, Mandeln und Getreide nachgeredet werden, das wahrscheinlich aus dem Orient stammt und durch den Handel über die ganze Erde verbreitet ist. Die Raupe des Mehlzünslers dürfte im 18. Jahrhundert schädlicher gewesen sein als jetzt, da sie sich besonders im Puder aufhält. Dazu hat sie jetzt wenig Gelegenheit außer in Theatergarderoben!

Weit schädlichere Insekten, ja für die Getreidevorräte geradezu die schädlichsten, sind die Kornwürmer. Es gibt deren zwei Arten, die weißen und die schwarzen, die aber nach einem allgemein verbreiteten Glauben nie in den nämlichen Kornhaufen zusammen vorkommen sollen. Ein gewisser Kammerjunker von Mayersbach zu Oettingen empfahl daher im vorvorigen Jahrhundert die nach seiner Meinung weniger schädlichen weißen, aus denen man außerdem Brennöl pressen könnte, einzuführen, um die schwarzen abzuhalten. Der weiße Kornwurm ist die Raupe eines Schmetterlings, der schwarze die Larve eines Käfers. Schon die alten Römer hatten unter einem zu leiden und wahrscheinlich unter dem ersteren. Sie suchten ihn sich denn auch nach Kräften vom Leibe zu halten. Cato, Columella und Varro empfahlen dazu die amurca, das ist der letzte in den Pressen zurückbleibende Rest der Oliven. Varro rät auch, die Getreidehaufen mit pulverisierter Kreide zu bestreuen, aber unser schlauer Freund Plinius weiß ein noch viel besseres Mittel: man nehme eine Kröte und hänge sie lebend an einem Hinterfuße in die Tür des Speichers! Die Zahl der Mittel gegen den weißen Kornwurm ist überhaupt sehr groß. Zudecken der Getreidehaufen mit frischen Hollunderzweigen, Einsprengen mit Heringslake, Teerwasser, Vitriolwasser, den Abkochungen von Knoblauch, Wermut, Wallnußschalen, Räuchern mit Schwefel, Tabak, Pferdehufen, das tiefe Vergraben von Krebsen in die Getreidehaufen, große lebende Ameisen einführen usw. Ein gewisser Bergrat Lehmann sagte, die Kornwürmer „entstünden von selbst“ und er könne es experimentell beweisen.

Jener weiße Kornwurm (Tinea granella) ist 8 bis 10 mm lang, sechsbeinig, weiß mit braunem Kopfe und Nackenschildchen und mit sehr kurzen, sparsam verteilten Borsten. Sein Schmetterling klaftert durchschnittlich 15 mm, sein Kopf und seine Brust sind gelblichweiß, alle Flügel, namentlich aber die hinteren, sind an den Seiten und Hinterrändern mit langen Fransen besetzt. Die vorderen sind weiß mit vielem Braun und Grau individuell sehr verschieden gezeichnet, die hinteren sind immer gleichmäßig grau.

Die Raupe findet sich auch in harten, holzigen Baumpilzen und das ist wahrscheinlich ihr ursprüngliches Nahrungsmittel und ihr eigentlich angestammter Aufenthaltsort, während sie sich an das Getreide erst später angepaßt hat. Sie soll nach von Gleichen-Rußwurm, den ich dir als Erforscher der Stubenfliege schon vorstellte, Korn und Weizen, aber niemals Hafer und Gerste fressen, wohl aber trockene Erbsen angehen, nach von Heinemann auch getrocknete Heidelbeeren, Pilze und Mandeln, sehr altes, trockenes und hartes Getreide aber ungestört lassen. In den Korn- und Weizenhaufen hält sie sich in der Nähe der Oberfläche auf und spinnt die Körner zusammen. Sie wird noch dadurch besonders schädlich, daß sie zahlreich auftritt, — denn eine Mutter kann bis 100 Kinder haben, — und mehrere Körner anfrißt. Nach von Heinemann soll der Schmetterling zweimal im Jahre fliegen: das erstemal im April und Mai und zum zweiten Male im Juli und August. Der ältere Taschenberg schreibt ihm nur eine lange Flugzeit zu, so daß sich im Laufe des Sommers zahlreiche solche Falterchen ablösen.

Ich glaube, auch dem weißen Kornwurm gegenüber ist, wie bei den Kleider- und Pelzmotten, Beunruhigung, also namentlich das öftere Worfeln des Getreides das beste Mittel.

Der schwarze Kornwurm (Calandra granaria) ist ein 3,5 mm langer, ziemlich schmaler, nicht sehr langrüsseliger Rüsselkäfer von dunkelrotbrauner bis schwarzbrauner Farbe. Er erscheint zeitig im Frühjahre, nachdem er überwintert hat. Die Mutter des schwarzen Kornwurmes, die noch fruchtbarer ist als die des weißen, legt jedes ihrer 120 bis 150 Eierchen in je ein Getreidekorn, das sie zu diesem Behufe mit ihrem Rüssel anbohrt. Die ziemlich dicke, walzige, weiße Larve ist beinlos, hat einen hornigen Kopf und hält sich einwärts gekrümmt. Jede einzelne frißt den Inhalt eines Getreidekornes und verpuppt sich auch in ihm. Maiskörner, in die die Mutter ihre Eier auch einzeln schiebt, frißt die Larve nicht vollkommen aus, da sie ihr zu groß dazu sind. Im Juli erscheinen die Käfer der ersten Brut, die der zweiten im September. Sie überwintern gern in kleinen Gesellschaften in Ritzen und Spalten des Holzwerkes des Speichers. Wenn der schwarze Kornwurm auch insoweit bescheidener ist als der weiße, daß er immer nur ein Korn vernichtet, wird er doch dadurch schädlicher, daß er auch für seine Person als Imago Nahrung vom Getreide beansprucht, was die Kornmotte nicht tut. Gegenmittel anderer Art wie gegen den weißen Kornwurm dürfte es auch gegen den schwarzen nicht geben. Er stammt gleichfalls aus dem Orient und wird bei uns im Freien nicht gefunden.

Es kommt im Abendlande noch eine zweite, eingeführte, nahe verwandte Art der nämlichen Gattung vor, der sogenannte Glander, wie er mit einem offenbar aus Calandra verdorbenen Namen genannt wird und der in der Wissenschaft Calandra oryzae heißt. Er ist von gleicher Größe wie sein Vetter, von etwas dunklerer Farbe, hat auf jeder Flügeldecke einen mattroten Fleck und lebt meist im Reis, aber auch in unserem Getreide.

In Gesellschaft des schwarzen Kornwurmes und des Glanders findet sich noch ein Käfer, der mit ihnen aus dem Oriente gekommen ist und sich, wie sie, durch den Handel über den größten Teil der Erde verbreitet hat, aber zu einer ganz anderen Familie gehört, zu der der Plattkäfer nämlich, einer den Geheimfressern nahestehende Sippe. Das ist der Getreideplattkäfer (Silvanus frumentarius), ein gestrecktes, etwas flaches, 3 mm langes und 1 mm breites Bürschlein von hellerer oder dunklerer brauner Farbe mit gelblicher, kurzer, weicher Behaarung. Er soll auch den Körnerfrüchten schädlich werden, Maindron ist aber zum Ehrenretter an ihm geworden und behauptet, er stelle dem schwarzen Kornwurm nach. Gelegentlich ist er, wenn er einmal massenhaft auf Speichern auftritt, in benachbarten Schlafkammern und deren Betten beobachtet worden und soll deren Inhaber nachts „gezwickt" haben. Daß er sich, wenn Übervölkerung aufgetreten ist, wohl einmal als Schlafkamerad aufdrängen mag, will ich gern glauben, daß er aber seine Bettgenossen zwicke, bezweifle ich sehr stark. Höchstens gekitzelt kann er sie durch sein Herumkriechen einmal haben, aber die meisten Menschen glauben zufolge einer Art Selbsttäuschung, ein Tier, das sie am Morgen in ihrem Bette finden, habe sie in der Nacht auch gebissen. —

Eine artenreichere Tierwelt als auf Herrn Mandelblüths Getreidespeicher dürfen wir in seinen Vorräten von Häuten, Borsten, Hufen, Hörnern und Talg erwarten. Wie lieblich das hier an einem so schmorig warmen Sommertag duftet!

Auch hier treibt sich ein und noch dazu ziemlich ansehnlicher Schmetterling herum, die größte Art von allen Wohnungsgenossen der Menschen aus der Insektenordnung der Falter, der verschieden große, aber durchschnittlich 30 bis 32 mm klafternde Fettzünsler (Aglossa pinguinalis). Er und noch mehr seine Raupe haben selber so etwas Fettglänziges an sich, wie ein alter galizisch-brühlmäßiger Kaftan! Seine Vorderflügel sind rötlich braungrau, weißlich und schwarz gewürfelt und gescheckt, seine Hinterflügel grau. Das Männchen hat einen Endbüschel von haarigen Schuppen und das größere Weibchen eine vorstehende Legscheide an der Spitze des Hinterleibes. Die Imagines sind gar nicht zur Nahrungsaufnahme eingerichtet, denn sie haben keine Zunge, um so schlemmerhafter leben die Raupen, nämlich in Butter und Schmalz, Fett und Speck. Sie sind ausgewachsen etwa 30 mm lang, schmutzig bräunlich, unten heller, mit braunem Kopfe und langen einzelnen Borstenhaaren. Es sind unangenehme Tiere, und schon Linné erwähnt die Tatsache, daß sie gelegentlich von Menschen ausgeleert worden sind. Sie sind fetthäutig und schlüpfrig, kriechen nachts herum, fallen dabei in ein Glas mit Trinkwasser und werden mit verschluckt. Ein solches Erlebnis ist zwar unangenehm und ekelhaft, aber durchaus ungefährlich.

Hier ist aber auch der wahre Himmel der schon erwähnten Speckkäfer und zwar mehrerer Arten, von denen aber der gemeine (Dermestes lardarius) wirklich auch der gemeinste ist. Er hat die Gestalt des Pelzkäfers, den wir schon bei Mandelblüths im Wohnzimmer auf der Fensterbank kennen lernten und der auch ein naher, aber bedeutend kleinerer Verwandter von ihm ist, da jener bloß 5, dieser aber 8 mm lang wird. Er ist schwarz, dicht grau behaart und seine Flügeldecken haben die nämlichen Farben und in ähnlicher Verteilung wie vordem die Weimarer Züchtlinge, halb grau und halb braun, aber nicht neben-, sondern hintereinander und ihre vordere Hälfte, die außerdem noch einige schwarze Pünktchen aufweist, ist die graue.

Alle Arten dieser Gattung haben im männlichen Geschlechte, wie Siebold fand, unten auf der Mitte des dritten und vierten Bauchringes je eine runde Grube, die mit einem Büschelchen feiner, steifer, gelber Härchen ausgekleidet ist und in deren Wandung sich ein weißer, kugeliger Körper befindet. Das spricht alles dafür, daß es sich hier um einen Duftapparat, ähnlich wie bei vielen, namentlich tropischen Schmetterlingsarten, handelt, mit dessen Geruch die Männchen die Weibchen anlockt. Daß wir in diesem Falle nichts davon riechen, beweist nicht das Gegenteil. So gut wie Menschenaugen gewisse Farben nicht sehen und Menschenohren gewisse Töne nicht hören, können Menschennasen wahrscheinlich auch gewisse Gerüche nicht wahrnehmen, dafür haben wir in der Tierwelt Beweise genug. Die ziemlich dicke, nach vorn zu etwas angeschwollene Larve ist oben braun, unten weiß und 12 bis 14 mm lang, mit großen, gleichfalls braunen Haarborsten, die am Vorderende des Körpers nach vorn gerichtet sind.

Die Speckkäfer und ihre Larven, die sich beide totstellen, wenn man sie belästigt, wobei jene die Beine und Fühler einziehen, diese sich einwärts krümmen, können sich sehr unnütz durch das Vertilgen von Eßwaren machen, verstehen es aber sonst noch, den Leuten auf verschiedene Weise lästig zu fallen, namentlich den Naturaliensammlern. Maindron erzählt, daß sie ihm am Senegal das Fell eines Lamatins angegangen hätten und daß er aus Kochinchina mit einem Pfauenbalg ihrer einige Tausend nach Paris eingeschleppt habe. Sie fressen aber auch lebende Tiere auf und an. So, was wohl ihr einziges verdienstliches, aber nur selten geleistetes Werk ist, Mottenraupen und sehr zum Ärger der Besitzer junge Haustauben im Neste. Rosenhauer, Döbner und der ältere Taschenberg erzählen solche Fälle. Höchst gefährlich werden sie aber toten Insekten. Geschieht das in Sammlungen, so ist es freilich für ihren Eigentümer oder Konservator unangenehm, aber der Menschheit in weiteren Kreisen vertreibt es den Schlaf nicht und vom nationalökonomischen Standpunkte aus ist es auch weiter kein Unglück. Aber doch haben die Tiere auch durch ihre Angriffe auf Leichen von Schmetterlingspuppen schon bedenklichen Schaden angerichtet. Darüber erzählt uns der Abbé Vasco eine Geschichte aus Piemont.

Hier hatten die Larven der Speckkäfer nämlich die Kokons der Seidenraupen durchbohrt, um zu den in ihnen enthaltenen gedörrten Puppen gelangen zu können und hatten dabei natürlich den nötigen Zusammenhang der Seidenfaden zerstört, sie unbrauchbar und wertlos gemacht. Nie zeigten sie sich an frischen oder an faulen Puppen. Die ausgebildeten Käfer fanden sich in großen

Mengen in den Aufbewahrungsräumen der Kokons und die darin beschäftigten Arbeiter hielten sie gar nicht für schädlich, denn sie liefen ganz harmlos herum und die von ihnen in die Kokons gefressenen Löcher bemerkt man erst nach ihrem Tode. Die Weibchen suchen lange nach einer passenden Stelle, an die sie ihre Eier, je eins an je einen Kokon, ablegen können. Die frisch ausgekrochene Larve ist noch einmal so lang, als das Ei war, und bohrt sich sofort ein. Wenn sie ausgewachsen ist, kommt sie wieder aus diesem heraus, und das Loch, das sie bei dieser Gelegenheit macht, ist groß genug, um deutlich sichtbar zu sein. Sie sucht sich dann einen Schlupfwinkel, um sich zu verpuppen. Eine andere Speckkäferart (Dermestes tesselatus) findet sich im Freien in den Gespinstnestern der Goldafter- (Porthesia chrysorea) und eine dritte (aurichalcis) in denen der Prozessionsspinnerraupen, sie sollen aber nur die abgeworfenen Raupenhäute fressen. Man hat auch in ägyptischen Mumien die Leichen von Imagines und von Larven von Speckkäfern gefunden und zwar unter Umständen, daß sie, wenn auch nur als Eier, in die Sarkophage gekommen sein mußten, bevor diese geschlossen worden waren.

Nicht selten findet man an alten Häuten, fetten Knochen u. dergl. auch ein Glanzkäferchen (Omosita discoidea) von etwa 3 mm Länge, breiter, flacher Gestalt und mattschwarzer Farbe und mitten auf beiden Flügeldecken zusammen mit einem gelben Scheibenflecke. Im Freien lebt diese Art und noch zwei verwandte deutsche an Aasen.

Drei niedliche Käferformen können wir hier noch erwarten, die alle etwa 5 bis 6 mm lang sind und zur Familie der Buntkäfer oder Kleriden gehören, wie die schönen stahlblauen und rot quergebänderten Bienenwölfe (Trichodes) und die schwarz, rot und weißen Ameisentrabanten (Clerus). Ich habe mir früher oft den Kopf darüber zerbrochen, weshalb der alte Franzose Geoffroy gerade den Namen Klerus für diese an Farbe und Wesen so lebhaften Käfer gewählt hat. Für schwarze, bedächtig schreitende Formen, wie die Totenkäfer, wäre er eigentlich passender. Jetzt weiß ich aber, wie die Sache zusammenhängt: Clerus ist das latinisierte französische clairon, ein Spielmann oder Hornist, und diese Leute trugen bei der alten königlichen Armee von Frankreich bunte, aufgenähte Bänder auf ihren Ärmeln, und darin liegt der Vergleichspunkt. Die drei kleinen Arten, die hier an alten Fellen, Hörnern und Knochen vorkommen, zählen aber nicht mehr zu der alten Gattung Clerus, die in mehrere neue aufgelöst ist, wie Corynetes und Necrobia. Die häufigste Art dürfte wohl Corynetes coeruleus sein, der blauglänzend ist, schwarze Fühler und Beine und tief punktierte Flügeldecken hat. Eine zweite Art (Necrobia violacea) ist ihr sehr ähnlich, aber etwas größer und ihre blaue Farbe zieht mehr ins Grüne. Diese habe ich einmal als Gymnasiast in Wernigerode in einer Leimfabrik in ungeheueren Mengen gesehen. Die dritte Art, der rothalsige Kolbenkäfer (Necrobia ruficollis), ist die schönste: sie ist auch prächtig glänzend stahlblau, hat aber korallenrote Beine und Vorderrändern der Flügeldecken, sowie ein ebensolches Brustschild.

Auch diese drei Käferarten und ihre Larven hausen im Aas, aber es steht noch nicht fest, ob sie es auch fressen oder sich andere darin und davon lebende Insekten fangen. Wenn wir nach den Gewohnheiten anderer Kleriker schließen dürfen, so sind sie Raubkäfer: die Ameisentrabanten ernähren sich von Borkenkäfern und die Bienenwölfe von wilden und zahmen Bienenarten, in deren Stöcken die Larven schmarotzen.

Der französische Naturforscher Bory de St. Vincent erzählt eine Jugendgeschichte, in der der rothalsige Kolbenkäfer und der schon öfters von uns erwähnte Käferforscher und Abbé Latreille die Hauptrollen spielen. Sie lautet wie folgt:

„Latreille war vor dem Jahre 1793 seinen Zeitgenossen nur durch einige Veröffentlichungen über neue Insektenarten bekannt und dadurch, daß Fabricius und Olivier ihn gelegentlich erwähnt hatten. Er war Priester in Brive-la-Gaillarde und wurde mit mehreren anderen Geistlichen von Limousin verhaftet, die sich nicht dazu verstanden hatten, den Eid, den die Republik von ihnen verlangte, zu leisten. Diese unglücklichen Leute wurden mit verschiedenen anderen, die man noch unterwegs gefangen genommen hatte, auf Karren nach Bordeaux geschafft, wo sie zur Deportation nach Guyana eingeschifft werden sollten. Sie kamen im Juni an und wurden in das große Seminar eingesperrt, um hier so lange zu warten, bis ein Schiff zu ihrer Ueberfahrt bereit gestellt sein würde. Man hegte den Verdacht, daß der Prokonsul Robespierres, der der Vertreter des öffentlichen Wohles in der Gegend war, es so eingerichtet habe, daß dieses Schiff unterwegs zugrunde ginge.

„In jener Zeit beschäftigte ich mich, obwohl ich noch sehr jung war, viel mit Naturwissenschaften; meine Eltern besaßen ein hübsches Museum, das während mehrerer Generationen in der Familie herangewachsen war. Mich interessierten besonders die Insekten, und verschiedene junge Leute meiner Bekanntschaft, Beflissene der Chirurgie machten sich ein Vergnügen daraus, mir Schmetterlinge und Käfer, die ihnen in die Hände fielen, zu bringen. Am 9. Thermidor wurde der Transport der Gefangenen, den man für diesen Tag festgestellt hatte, aufgeschoben und der blutdürstige Prokonsul nach Paris beordert, um über seine Amtsführung Rechenschaft abzulegen. An seiner Stelle wurde ein viel gemäßigterer Mann angestellt. Die Tätigkeit der Guillotine hatte ein Ende, es fanden keine todbrohenden Verhaftungen mehr statt, die Gefangennahmen hörten überhaupt auf. Aber die Gefängnisse leerten sich nur langsam und die zur Deportation Verurteilten wurden nicht expediert. Ihre Abreise verzögerte sich bis zum nächsten Frühling. Latreille blieb in Haft und fühlte sich sehr unglücklich im großen Seminar.

„In der von Latreille bewohnten Stube befand sich unter andern auch ein alter, schwer leidender Bischof, dem ein junger Chirurg alle Morgen seine Wunden verband. Als dieser an dem alten Herrn einige Tage vor seinem Tode seine Aufgabe besorgte, kam ein Käferchen aus irgend einer Ritze der Diele zum Vorscheine. Latreille bemerkte und untersuchte es und steckte es, offenbar sehr befriedigt über seinen Fang, mit einer Nadel auf einen Korkstöpsel. „Ist denn das eine Seltenheit?" frug der Chirurg. „Jawohl," sagte der Geistliche. „In dem Falle könnten Sie es mir schenken." — „Weshalb?" — „Ich kenne einen jungen Herrn, der eine schöne Sammlung, sowie gute Bücher hat, und der hat mir schon allerlei nach meinem Geschmack verehrt, wenn ich ihm solche kleine Tiere brachte." — „Gern, bringen Sie es ihm, sagen Sie, wie Sie dazu gekommen sind und bitten Sie ihn, mir den Namen des Insekts mitteilen lassen zu wollen."

„Der junge Mann kam zu mir und brachte mir den Käfer. Ich suchte im Geoffroy, in den Schriften Oliviers, in der von Villers besorgten Ausgabe des Linné und im Fabricius. Am anderen Morgen, sobald ich aufgestanden war, schickte ich unsern Diener zu Latreille und ließ ihm sagen, daß ich das Insekt für noch nicht beschrieben halte. Er stimmte mir zu und sah, daß ich ein Sachverständiger sei. Da man ihm weder Papier noch Feder zukommen ließ, sagte er zu unserem Mittelsmann: „Ich glaube wohl, daß Herr Bory meinen Namen kennen wird. Bitte sagen Sie ihm, ich sei der Abbé Latreille, der in Guyana zu sterben bestimmt wäre, bevor er seine Abhandlung über die Insektengattungen des Fabricius veröffentlicht habe." Als ich das gehört hatte, suchte ich schleunigst meinen Vater und den Herrn Journe-Auber, meinen Onkel, auf, die beide vermögende, einflußreiche Männer waren. Ich erzählte ihnen, daß unter den Gefangenen ein tüchtiger Naturforscher sei und bat sie, sich für ihn zu interessieren. Ein gewisser Herr Darglas, den ich ebenfalls gewann, schloß sich an, und es gelang, wenn auch mit Schwierigkeit, die Verwaltung des Departements zu bewegen, Latreille als Rekonvaleszenten aus dem Gefängnis gegen eine Kaution einstweilen freizubekommen, die Dargelas, mein Onkel und mein Vater stellten, mit dem Befehle, daß jener auf Reklamation hin sich wieder einfinde. Dargelas eilte zum Seminar, um den Gefangenen abzuholen. Die Leute hatten es bereits verlassen, um eingeschifft zu werden, und er lief zum Hafen, wo sie schon auf die Fähre gebracht waren. Dargelas nahm einen Nachen und fuhr mitten auf den Fluß hinaus, wo man ihn aufnahm und zeigte seine Schriften, worauf ihm Latreille freigegeben wurde. Er führte ihn zu uns und drei Tage später kam, da er bei uns wohnte und sich in Dankbarkeit erschöpfte, die Nachricht, daß das Fahrzeug, auf dem sich seine Unglücksgefährten befanden, angesichts Bordeaux Schiffbruch gelitten und niemand als die Schiffsbesatzung sich gerettet habe. Drei Monate später erlangten meine Angehörigen in Paris die völlige Freigabe Latreilles."

So hatte der rothalsige Kolbenkäfer, allerdings mit Aufopferung seines eigenen Daseins, einem hervorragenden Naturforscher das Leben gerettet und ihm darauf, wie noch hinzugefügt werden mag, eine Professur am Museum zu Paris verschafft. —

Aber auf dem heißen Speicher hier, zwischen den Vorräten von Talg, alten Häuten, Hörnern, Hufen und Klauen ist eine entsetzliche Luft und wir wollen uns in den Bretterverschlag nebenan retten, der wenigstens ein paar große, nach den Anlagen an der Parkstraße hinausgehende, zur Zeit offenstehende Giebelfenster hat.

Hier hat sich im Laufe der Jahre ein hoffnungsloses Gerümpel angesammelt, das auf der Gotteswelt nichts mehr nütz ist, aber zum Wegwerfen doch noch zu gut scheint. Welch seelische Vorgänge beim Aufbewahren solchen Krams beim Menschen mitspielen! Mandelblüths sind Leute ohne Spur von Romantik und Sentimentalität, wie sie von sich selbst und alle Leute, die sie nur ein wenig kennen, von ihnen glauben, und doch bringen sie es nicht über sich, den alten Kinderwagen zu verbrennen, denn der Harry und die verstorbene Lea sind, wie sie klein waren, darin gefahren worden, und er steht ja niemandem im Wege! Hier die im Kampfe ums Dasein dreibeinig gewordene Fußbank hat Blümchen als Braut von ihrem Chaim geschenkt bekommen, und da steht auch ein alter, verwitterter Haubenkopf mit eingedrückter Nase, starrenden blauen Augen und ohne die geringste Existenzberechtigung, wie fast auf jedem Söllerverschlag und auf jeder Bodenkammer einer steht. Es ist, als ob die Menschen vor Dingen, die von anderen Menschen gemacht sind, eine regelmäßige Gestalt haben, ihrer Zeit einmal einen gewissen Wert und Nutzen hatten, und soundsoviele Taler, Groschen und Pfennige vertraten, eine unwillkürliche Achtung und eine durch den langjährigen Umgang und durch die Erinnerung geheiligte Anerkennung fänden.

Warum hat man die alten großen, ganz verwahrlosten Weidenkörbe, Wahrzeichen der Buchhändlerstadt Leipzig, nicht schon seit Jahren verheizt? Warum bewahrt man die alten Schmöker, meist zweite oder dritte Bände von längst verklungenen Wörterbüchern, „praktischen Ratgebern“, „das Ganze der Handelswissenschaft“, zerfledderten und zerlederten französischen und englischen Grammatiken aus Harrys Schuljahren und die jahrgängeweisen Stöße der „Leipziger Allgemeinen Zeitung“?

Doch — „das hat der Zufall gut getroffen“, denn in diesem Wuste von alten Weidenruten und verstaubten Papieren werden wir die Tierwelt des Hauses von einer neuen Seite kennen lernen.

Da an der Wand treiben sich gleich ein paar Käferchen herum von einer Art, die sonst in Deutschland selten, ja meist sehr selten, aber gerade in Leipzig merkwürdig häufig ist. Das ist ein kleiner Bockkäfer mit dem bestechenden Namen Gracilia pygmaea, „die winzige Anmutsdame“. Und winzig sind die Bockkäfer allerdings, die Männchen 4 und die Weibchen 6 mm lang. Ihre Leibesgestalt ist ziemlich walzig, ihre borstenförmigen Fühler sind von der Länge des Körpers, ihre Flügeldecken kaum halb so breit als lang, das Halsschild hingegen ist länger als breit und etwas schmäler als jene. Merkwürdig ist die Tatsache, daß die Schenkel des hintersten Beinpaares keulenförmig verdickt sind, und sie ist um so merkwürdiger, als die Tierchen nicht etwa, wie man erwarten sollte, springen können. Von Farbe sind sie mattbraun, ohne Glanz und grau behaart.

Ihre Larven sind im ausgewachsenen Zustande je nach dem Geschlechte 6 bis 7 mm lang, schlank, weiß und sparsam mit kurzen Borsten besetzt. Wie viele Generationen der Käfer hat und wie lange seine Entwicklung dauert, ist noch nicht festgestellt: von Heyden sagt, seine Generation sei jährlich doppelt, Hartig, sie sei vierjährig — die eine ist den beiden Forstzoologen Judeich und Nitsche offenbar zu kurz und die andere zu lang, und da ziehen sie das ungefähre Mittel und entscheiden sich für eine zweijährige. Bei uns leben die Larven in dünnen Zweigen und Ruten sehr vieler Baum- und Straucharten: Rot- und Hainbuche, Eiche, Birke, Weide, Weißdorn, Brombeere, Rose, Pfaffenhütchen usw. In Frankreich bevorzugt der Käfer zur Ablage seiner Eier die Schößlinge der Edelkastanie und das wird für die Weinbauern öfters verhängnisvoll. Diese machen nämlich aus jenen die Reifen ihrer Fässer, und die werden oft so zernagt, daß sie während der

Gärung zerspringen, so daß die Tonnen platzen und der Wein verloren geht. Der Franzose Perris empfiehlt das Benutzen dunkler Keller, in die die Käfer nicht eindringen. Der schwedische Naturforscher Gyllenhall, der das Vorkommen des Tierchens an Weinfässern auch beobachtet hatte, nannte es zwar mit dem alten Gattungsnamen Callidium, wählte aber den Artennamen vini, „des Weines", für es und so konnte das harmlose, grundsolide Tier noch in die Nachrede eines Kneipgenies und Bruder Liederlichs kommen. Ihre in Leipzig wirklich auffallende Häufigkeit verdankt diese niedliche Bockart gewiß dem hier durch den Buchhandel ungewöhnlich starken Verbrauche von aus Weidenruten, d. h. aus beschalten, geflochtenen Körben, denn nur in solchen leben ihre Larven, in den aus geschälten verfertigten, z. B. in Reisekörben, nicht.

Die übrigen Formen von Gliederfüßern, die für einen solchen Winkel, wie den vor uns, eigentümlich sind, müssen wir zwischen den verstaubten Zeitungen und in den alten Büchern suchen. Es gilt nicht nur „habent sua fata libelli", Bücher haben nicht nur ihre Schicksale, sie haben auch ihre bescheidene Tierwelt.

Da wäre mit Recht in allererster Linie die Bücherlaus zu nennen, denn Bücherläuse gibt es auch, nicht nur Bücherwürmer. Die Bücher- oder Staublaus heißt auf lateinisch oder eigentlich teilweise auf griechisch Troctes oder Atropos pulsatorius. Du fragst mich, weshalb wohl jemand auf den Gedanken verfallen sein könnte, ein winziges Tier gerade Atropos nach der unbehaglichsten der drei Schicksalsschwester, die unserem deutschen Volk als Mann gilt und die es so traulich und so gemütlich „Freund" Hein nennt, zu taufen und wer das war? Ja, der schnurrige Herr war ein Engländer namens Leach, — er hat nun auch mittlerweile seit 70 Jahren das Zeitliche gesegnet — und ein Irrtum veranlaßte ihn dazu, und zwar der nämliche, der Linné zu der Artbenennung pulsatorius, „den wiederholt Klopfenden", veranlaßt hatte. Ein verwandtes, aber weniger häufiges Tierchen heißt Clothilla und divinatoria, „das wahrsagekundige Klothochen", und Fräulein Klotho ist der Atropos zwar etwas, aber nicht viel gemütlichere Schwester. Aus allen diesen Haupt- und Beinamen kannst du schon entnehmen, daß mit den beiden kleinen Wesen ein „Aber", und zwar ein Aberglauben verbunden ist. In alter Zeit hielt man sie für halbe Kobolde, — halb unsichtbar waren sie ja schon, — und da man die uns schon bekannte Totenuhr zwar häufig zu hören, aber nie zu sehen bekam, so übertrug man deren musikalischen Leistungen mit allem, was dran und drum hing, auf die Staubläuse. Wenig über 1,5 bis 2 mm lange, verhältnismäßig weiche Tierchen sollten ein Geräusch hervorrufen, das man doch, nachts wenigstens, bequem von einem Ende einer ansehnlichen Stube bis zum anderen hörte!

Die Bücherlaus ist von graulich weißer Farbe mit gelblichem Kopfe, langem Hinterleibe, dessen Ringe am Hinterrande graulich gefleckt sind, einer sehr weitläufig stehenden Behaarung, schwarzen Augen und kurzen Beinchen. Sie läuft vor-, rück- und seitwärts, wie es verlangt wird, gerade wie ein geschickter politischer Schaukler und Schillerer. Zwischen alten Papieren und in Büchern richtet sie nicht vielen Schaden an, denn sie frißt die kleinsten und feinsten Staubteilchen, da sie aber die Schüppchen der Schmetterlinge in den Sammlungen auch dafür hält, kann sie sich doch in Kabinetten und Museen unter Umständen recht unliebenswürdig bemerklich machen. Troctes pulsatorius hat gar keine Flügel, Clothilla divinatoria aber wenigstens Flügeldeckchen von der Gestalt kurzer Stummel.

In der Gesellschaft der Staub- und Bücherläuse könnten wir vielleicht auch die „gelehrte Milbe" (Cheiletus eruditus) finden. Das ist auch ein kleines, etwa 2 mm langes, blindes, flaches Wesen von eirunder Gestalt mit einer fein gestreiften Körperbedeckung. Auf dieser stehen in Längsreihen zarte Borstchen immer paarweise zusammen. Es hat einen großen Rüssel und acht lange, dünne Beine, die an ihren Fußenden zwei Haken und eine größere, gegabelte Borste tragen. Wahrscheinlich ernährt sie sich von trocknem Kleister, aber das wie? ist mir noch gar nicht klar.

Die Polizei, die Staubläuse und Büchermilben nach Kräften im Zaum zu halten sich bemüht, aber leider dazu nicht zahlreich genug ist, sind die Bücherskorpione (Chelifer cancroides), die mich immer erfreuen, wenn ich unverhofft auf einen von ihnen in einer alten Scharteke stoße. Sie sind eine originelle Gesellschaft und sehen wirklich aus wie winzige Skorpione, denen man den Stachelschwanz, und damit ihre Waffe, abgeschnitten hat: Schutzleute ohne Säbel, Bischöfe ohne Stab! Aber trotz oder vielleicht just wegen dieses Mangels fühlen sie sich sehr wohl, kriechen wie ihre Hauptweid- und Beutetiere, die Bücherläuse, voraus, rückwärts, nach links und nach rechts. Schlagen jene Haken, sie verstehen die Kunst erst recht! Sie sind nur 3 bis 4 mm lang, birnförmigen Leibes, mit acht Beinen und davor mit einem großen Scherenpaare, das sie halbausgestreckt vor sich her tragen, denn sie, die Wächter und Verteidiger der Wissenschaft müssen immer auf dem Damme sein und sind es auch. Freilich walten sie ihres Amtes leider ohne Kritik und gehen für Plato, Aristoteles, sogar für den heiligen Augustin gerade so ins Zeug wie für Boccaccios Decamerone, Bandellos Novellen oder

Diderots Bijoux indiscrets. Sie packen eine unglückliche Staublaus ohne weiteres mit einer ihrer beiden Scheren beim Kragen und führen sie zum Maule. Auch sollen sie, was nicht genug anzuerkennen wäre, den Bettwanzen und besonders deren Eiern sehr nachstellen.

Wenn sie auch ziemlich hurtig und nach allen Richtungen geschickt laufen können, so langt ihre Marschfertigkeit doch nicht für weite Reisen. Um solche zurückzulegen, schlagen sie ein besonderes Verfahren ein: sie verwenden nämlich die Stubenfliegen als lustige Reittiere, verstehen sie überraschend zu überfallen, schwingen sich auf sie und halten sich mit den Scheren an ihren Borsten und Beinen fest. Lukis fand ihrer einmal vier Stück auf einer Fliege, die wahren Haimonskinder!

4. Die Dorfgasse.

Mitten in reichen Feldern am wiesenumsäumten, von Erlen und Eschen umstandenen Bache liegt das ansehnliche Dorf. Es ist eines der ältesten in Thüringen. Von der Eisenbahn wird es noch nicht berührt, aber die große Heerstraße führt der Länge nach hindurch und ist zugleich seine Hauptgasse. Auf einer kleinen Erhöhung seitwärts liegt von einer starken, teilweise zerfallenen Mauer umgeben der Friedhof, in den alten Zeiten des Faustrechts und im dreißigjährigen Kriege oft genug die Festung des Ortes, und mitten darin das für eine Dorfkirche große Gotteshaus, das noch Spuren romanischer Bauart erkennen läßt. Es soll auch einst hier auf einer anderen Erhöhung eine Burg gestanden haben, und ein Adelsgeschlecht führt noch heute seinen Namen nach dem Dorfe, aber sie mag schon in dem Bruderkrieg zerstört worden sein und es ist keine Spur mehr von ihr zu entdecken.

Fabriken sind nicht in der Nähe und es hat sich noch kein fremdes Proletariat eingenistet; die Bewohner gehören zu alteingesessenen Familien. Sie sind nicht gerade reich, aber es gibt auch keine Armen unter ihnen, sie haben alle ihr leidliches Auskommen. Im übrigen sind es echte Bauern: dickköpfig, rechthaberisch, prozeßsüchtig, vorurteilsvoll und dem Neuen, vor allem neuen Steuern abgeneigt. Ein jeder von ihnen denkt: „Neben, oder eher noch ein wenig über unserem Herrn Pastor gibt es bloß einen Gescheiten im Dorfe, und der bin ich."

Viele der Häuser sind stattlich für Dorfhäuser und modern, es gibt aber auch noch alte Anwesen unter ihnen mit großen, von dicken Mauern umgebenen Höfen, deren Torfahrten aus verzierten und mit kleinen, aus dem Ganzen gemeißelten Sitzplätzchen an den Seiten verschenen Steinbögen bestehen. Das Haus hat ein mächtiges, dichtes, mit dunkeln, wie der Thüringer sie nennt, „Moospatzen“ bewachsenes Strohdach, dem alten, zahlreiche Brutplätze und Schlupfwinkel bietenden Stammsitze vieler lärmender Sperlingssippen, die ein scheeles Auge auf die Dutzende von sauberen, an den Wänden angeklebten Schwalbennesterchen und auf die beiden Starkästen in der Dorflinde werfen. Die Kronen der Mauern haben ihre Pflanzenwelt für sich, unter der sich üppiges Hauslaub und vornehmsteife, veilchenblaue, kleine Schwertlilien besonders breit machen. Auch am unteren Rande des Hauses, da, wo es sozusagen aus dem Boden herauswächst, hat sich, falls die Wände nicht, was häufig der Fall ist, mit Spalierwein überwachsen sind, nach der Straße zu eine besondere Flora entwickelt: Hühnerdarm, Käsepappel, Saudistel usw. In selten geöffneten Fenstern, — der Bauer, der bei Wind und Wetter so wie so schon viel draußen sein muß, hält sich freiwillig die frische Luft möglichst vom Leibe, — stehen altmodische Topfgewächse: Meerzwiebeln, Eierpflanzen, Pelargonien und dergl., oft jahrelang auf einem Flecke und gedeihen in der warmen, dumpfigen Stubenluft umso besser. Wenn ich noch hinzufüge, daß jene sich durch das Dorf ziehende, von Wirtschaftsfuhren und von Herdevieh stark benutzte Heerstraße mit den Spuren einer gesegneten Verdauung von Rindern und Pferden reichlich besetzt ist, so habe ich so ziemlich ein allgemeines Bild der Lebensbühne gegeben, deren auf ihr wirkenden Kräfte, eine bescheidene Tierwelt für sich bildend, uns heute einmal beschäftigen sollen.

Diese Tierwelt ist eine gemischte, wie sie uns bei unseren Spaziergängen noch nicht entgegengetreten ist: sie setzt sich halb aus wilden und halb aus gezähmten Bestandteilen zusammen. Die letzteren sind augenblicklich freilich nicht alle zu Hause: welche von ihnen müssen ihren ländlichen Beschäftigungen obliegen, andere befinden sich auf der Weide oder der Trift. Aber die Hunde sind anwesend, das hört man und das ist wenigstens ein Trost! So schlimm ist es, Gott sei Dank! mit den Kötern nicht mehr auf den Dörfern wie vor 50 Jahren, wo ein Fremder von dem Viehzeuge oft entsetzlich belästigt wurde und man tatsächlich bisweilen seines Lebens nicht sicher war! Die Bauern, die den Städtern überhaupt bis zu einem gewissen Grade aufsässig waren und die aus ihrer veralteten Anschauung heraus, wie ihre Hunde und die Menschen des Altertums in jedem Fremden auch eine Art von Feind witterten, kümmerten sich nicht um die Sache. Sie freuten sich eigentlich so recht im Herzen über die Unannehmlichkeiten, die den Passanten, vom Handwerksburschen bis zum

Geheimrat, erwuchsen, und übersahen dabei ganz, daß zwischen einer gewöhnlichen Dorfgasse und einer durch die Ortschaft führenden öffentlichen Staatschaussee denn doch ein kleiner Unterschied ist und daß sie dafür zu sorgen hatten, daß der Durchreisende, einerlei ob zu Wagen, zu Pferde oder zu Fuß, unbelästigt blieb. O ja, sie hatte ihre sehr angenehmen Seiten, die gute, alte Zeit!

Die Hunde lauerten ordentlich darauf, daß sich ein Fremder ins Dorf verlor! Sobald einer von ihnen Hals gab, fielen alle die übrigen, einer nach dem anderen ein, und es dauerte nicht lange, dann hatte man die ganze Bande auf den Hacken. Sie haben manchen armen Handwerksburschen und manchen pfiffigen Bandjuden auf die Mauern getrieben! Seltsamerweise ließen sie die Rqspelbinder, die mit ihren Blechtöpfen und Mausefallen beladen erst recht abenteuerlich und verwegen aussahen, so ziemlich ungeschoren, und es ging im Volke die Sage, diese Leute hätten ein Mittelchen, sich bei den Hunden beliebt zu machen und den bissigsten Köter zu bannen.

Man bekam seltsame Gestalten, die unwahrscheinlichsten Mischungen und Wiedermischungen aller bestehenden und vermutlich auch bestanden habenden Rassen unter diesen Dorfhunden zu Gesicht! Dem gediegensten Hundegenealogen wäre es häufig, ja, wohl in der Regel unmöglich gewesen, den Stammbaum eines von ihnen festzustellen!

Der unangenehme Einfluß der Hunde erstreckte sich nur auf fremde Leute, die aus irgend einem Anlasse das Dorf besuchten, griff aber in die natürlichen Verhältnisse seiner näheren Umgebung weiter nicht ein, nicht fördernd, aber auch nicht störend! So ein Hund geht so leicht nicht aus einer Ortschaft, in der er einmal ansässig ist, freiwillig heraus, dazu ist er zu konservativ und viel zu sehr an die Penaten des Hauses, das heißt an den Brotkorb gewöhnt. Bei uns in Thüringen würde er es auch ohne die Gesellschaft des Menschen kaum zweimal 24 Stunden aushalten. Wie sollte er sich ernähren?

Bei den Hauskatzen, von denen sich mindestens je eine, oft aber, denn sie tun ihren Vermehrungsgelüsten keinen Zwang an, je drei oder vier in jedem Anwesen finden, liegt die Sache ganz anders. Die wirken sehr wesentlich und sehr nachteilig auf die Vogelwelt in der Umgebung eines Dorfes ein und um so mehr, je größer es ist. In der zweiten Hälfte des Mai und in der ersten des Juni kann man sehen, wie kurz vor Sonnenuntergang Rotten schleichender Katzengestalten auf die Felder und Wiesen rücken. Sollte es wirklich zartbesaitete, altjüngferliche Katzenschwärmerinnen geben, die naiv genug sind zu glauben, daß die „lieben Tierchen“ bloß einen ganz harmlosen, poetischen Abendspaziergang zu machen beabsichtigten? und, falls sie es auch nicht glauben, doch dreist genug sind, obgleich sie nicht die geringste Kenntnis in solchen Dingen haben, es Leuten von Fach, Jägern und Naturforschern gegenüber zu behaupten? O freilich gibt es deren! Ich kenne solche freche, unverschämte Personen und rede aus eigner Erfahrung!

Ich meinerseits behaupte aber, daß solche, in der Umgebung der Städte und Dörfer herumstrolchende Hauskatzen die größten Feinde der auf dem Boden und in niedrigem Gesträuche brütenden Singvögel, der Rebhühner und der Wachteln sind. Auch junge Hasen fallen ihnen in Mengen zum Opfer. Man kann ja nun einwerfen, der Fuchs und die Vertreter der Mardersippe seien noch schädlicher. Der einzelne Fuchs oder der einzelne Marder ist vielleicht schädlicher als eine einzelne „aushäusige“ Katze, aber man darf nicht vergessen, daß auf einen Fuchs oder auf einen Marder in der Nachbarschaft eines Dorfes 20 oder 30 solcher Hauskatzen kommen, und da wird man, das heißt vorurteilslose, unparteiische Leute, mir doch wohl unbedingt recht geben, daß die Katzen weit schädlicher werden als die Füchse oder Marder.

Man glaube ja nicht, daß ich die Katzen hasse. Wie kann man überhaupt nur von einem Tierkundigen voraussetzen, er „hasse“ irgendeins seiner Mitgeschöpfe, wie kann man mir, wie geschehen ist, nur eine solche kleinliche Auffassung zumuten! Wenn eine Katze draußen herumwildert, folgt sie nur ihrer natürlichen Beanlagung, so gut, als wie sie das tut, wenn sie im Hause Mäuse fängt. Ich habe es erlebt, daß das nämliche Katzentier mit Lobsprüchen überhäuft, gehätschelt und getätschelt, ja mit einer Untertasse voll Milch belohnt und gelabt wurde, wenn es stolz und triumphierend mit hochaufgerecktem Schwanze eine eben gefangene Maus herbeitrug, aber eine tüchtige Tracht Schläge besah, wenn es ebenso frohlockend und mit dem nämlichen Bewußtsein einer vollführten braven Tat mit einem erbeuteten Rotschwänzchen ankam. Wahrscheinlich hatte sie noch dazu Maus und Vogel beide draußen auf dem nämlichen Hofe erwischt!

Eine Katze ist auf alles aufmerksam, was sich innerhalb ihres Gesichtskreises bewegt: drinnen in der Stube auf ein rollendes Knäuel, draußen auf vom Winde getriebene Blätter, auf Schmetterlinge und Grashüpfer, auf kleine Vögel und Säugetiere und hascht meist auch nach allem. Eine im hohen Grase Schmetterlinge jagende Katze gewährt einen sehr ergötzlichen Anblick, ebenso bekanntlich eine junge, unerfahrene, die sich ihrer Körperlichkeit noch nicht bewußt ist und den eigenen Schwanz offenbar für ein fremdes, bewegliches Ding hält, nach dem sie in allerliebst drolliger Weise häkelt.

Eine Katze kann ein höchst nützliches Tier sein, ich bin der letzte, der das leugnet und will selbst eine Geschichte, die das belegt, dem Grafen Buffon nacherzählen: In der Mitte des 18. Jahrhunderts erging an die Einwohner der Insel Placida von der Regierung das strenge Verbot, in Zukunft Hauskatzen zu halten, da die Fasanen, die dort zum Vergnügen des Königs von Neapel der Jagd wegen gehegt wurden, unter den Verfolgungen jener Tiere außerordentlich litten. Als man diesem Befehle zwei Jahre pünktlich nachgekommen war, hatten die Ratten auf der Insel so zugenommen, daß deren menschlichen Bewohner in die äußerste Bedrängnis gerieten. Nicht nur ihre Nahrungsmittel fielen den widerlichen Nagern zum Opfer, diese schändeten auch die aufgebahrten Leichen, bedrohten die Kranken in ihren Betten und die Kinder in den Wiegen. Die Leute wandten sich in ihrer Not und Verzweiflung an den König, und dieser, vermutlich war es Karl III., hatte, obwohl er ein Bourbon war, ein Ohr für die Klagen des Volkes, und hob jenes unsinnige Katzenverbot auf.

Doch kann ich auch mit Erzählungen dienen, die die Schädlichkeit der Katzen dartun, aber nur eine der vielen sicher verbürgten mag mitgeteilt sein: Die einsam im Atlantischen Ozean gelegene Insel Tristan d'Acunha war seit unvordenklichen Zeiten der Stammbrüteplatz zahlloser Scharen von Seevögeln, deren Eier und Junge ein Hauptnahrungsmittel der wenigen Bewohner und namentlich auch eine sehr erwünschte und wohltätige Erquickung der Mannschaften der zahlreichen hier anlegenden Schiffe waren. Wo größere Schiffe anlegen, da siedeln sich bekanntlich auch unfehlbar Wanderratten an und das geschah denn auch hier. Die Ratten, die an der wohl während des ganzen Jahres vorhandenen, so recht bequem und maulgerecht auf dem Boden befindlichen Nachkommenschaft der Seevögel eine ungewöhnlich reiche Nahrungsquelle fanden, vermehrten sich in unheimlicher Weise. Je mehr aber die Ratten zunahmen, desto stärker nahmen die Seevögel ab, das konnte nicht ausbleiben und die guten Insulaner sagten sich, wenn das noch ein paar Jahre so fort ginge, dann wäre jene angenehme Kost unwiderruflich verloren. Sie beschlossen daher kräftige Maßregeln gegen die drohende Ausrottung der Vögel zu treffen und führten Hauskatzen in Menge ein. Leider entsprach der Erfolg den gehegten Erwartungen durchaus nicht! Ganz im Gegenteil! Die Katzen fanden ihrerseits auch, daß junge Vögel und Eier besser schmeckten als Ratten und ohne Kämpfe zu bekommen wären, — denn die bissigen Nager setzten sich zur Wehr, — schlossen sich diesen daher an und machten mit ihnen gemeinsame Sache. Wenn in absehbarer Zeit die Vogelfauna Tristan d'Acunhas den vereinten Bemühungen der Katzen und Ratten zum Opfer gefallen sein wird, dann wird der Vernichtungskampf zwischen diesen selbst entbrennen, und daß schließlich die größeren und stärkeren Raubtiere die Oberhand gewinnen werden, unterliegt keinem Zweifel. Und dann? Nun dann werden die Katzen verhungern und einander auffressen, wenn sich nicht die Insulaner daran gewöhnen, sie zu verspeisen und sie auf diese Art ausrotten. Das Fleisch von Katzen soll gar nicht so übel schmecken, wahrscheinlich aber nicht das von einem alten, abgelebten Kater!

Ich will es gar nicht leugnen, daß mir die Katzen als Haus- und Stubengenossen, auch wenn ich die Nützlichkeitsfrage ganz beiseite lasse, sehr angenehme Tiere sind: sie sind anmutig im Äußeren, teils zierlich, teils drollig in ihren Bewegungen, gemütlich — man denke nur an ihr urbehagliches Spinnen! —, reinlich, höchst manierlich und anständig. Der männliche Hund hingegen ist in gewisser Beziehung eine ganz gemeine Bestie und wirklich ein „unreines“ Tier.

Den Vorwurf aber, daß die Katzen die größten Feinde der Singvögel in den Gärten der Städte und Dörfer, sowie auf den umliegenden Feldern und Wiesen und in den benachbarten Waldungen sind, kann ich ihnen nicht ersparen. Wo sie nicht hingehören und wo sie nichts zu suchen haben, sind sie nicht zu dulden! Die Besitzer oder die Besitzerinnen von Katzen, die ihre Lieblinge draußen herumstreichen lassen, können doch wahrhaftig nicht verlangen, daß die Jagdeigner oder -pächter und die Hunderte von Menschen, die sich an den Liedern unserer Singvögel laben, abgesehen von dem Nutzen, den die meisten dieser Tiere der Land-, Garten- und Forstwirtschaft leisten, ruhig die Übergriffe jener, in diesem Punkte unerträglichen Wilddiebe hinnehmen! Der einzelne muß sich allerwege der Mehrheit fügen, das war seit je so, ist so und wird wohl auch so bleiben!

Behaltet doch eure Katzen zu Hause, dann wird ihnen kein Übel zustoßen! „Ja,“ fragen da der Katzenfreund und die Miezennärrin, „wie soll ich das denn machen?“ Die einzig richtige Antwort darauf wäre auch die kürzeste, nämlich „da seht ihr zu, mich geht das nichts an, interessiert mich auch weiter nicht“. Doch ich will eine geben, die aber vermutlich eine noch viel größere Entrüstung erregen wird. Sie lautet: Stutzt euern Katzen die Ohren oder schlitzt sie ihnen! „Gott“, höre ich da, „wie gräßlich!“ Gewissen Hundeformen werden allgemein die Ohren beschnitten und der Schwanz dazu gestumpft, und kein Mensch sieht etwas Gräßliches darin. Noch vor 100 Jahren war an manchen Orten eine von seiten der Forstverwaltung erlassene Verordnung gültig, nach der den Hauskatzen die Ohren entweder geschlitzt oder gestutzt werden mußten. Dann läuft ihnen nämlich, wenn sie in der Abend- und besonders in der Morgendämmerung während der Brütezeit der Vögel im hohen Grase und im Gebüsch herumstrolchen, die Feuchtigkeit in die Ohren und das können sie nicht vertragen. Feuchtigkeit ist ihnen überhaupt an ihrem Körper im höchsten Grade verhaßt, und es sieht allerliebst aus, wenn eine ihre Vorderpfote, mit der sie unvermutet ins Nasse getreten ist, schleunigst und entrüstet schüttelt!

Die Katzen haben manche sonderbare Lebensgewohnheiten und Eigenschaften, und eine der sonderbarsten ist ihre große Liebhaberei für bestimmte Gerüche, wie für die der Katzenminze (Nepta calaria), des Baldrians (Valeriana officinalis) und des Marum verum (Teucrium marum). Man kann sie damit anlocken und sie werden durch sie geradezu berauscht und ganz fassungslos, und merkwürdig ist dabei noch, daß beide Geschlechter in gleicher Weise beeinflußt werden. Auch die Panther, wenigstens manche Individuen, sollen Wohlgerüche, namentlich Lavendelwasser außerordentlich lieben. Es wäre wohl der Mühe wert, diese Erscheinung einmal gründlicher zu untersuchen. Das kommt ja im Tierreich häufiger vor, daß der Geruch bestimmter Nahrungsmittel viel erregender wirkt als der anderer. Auch das findet sich bei Katzen, die besonders durch den Duft von gekochtem, mehr noch von gebratenem Fisch ganz aus dem Häuschen geraten. Auch der Geruch des einen Geschlechts wirkt häufig geradezu sinnbetörend auf das andere, vorzüglich der der Weibchen auf die Männchen. Am wahrscheinlichsten wäre mir von vornherein, daß jene erwähnte Vorliebe der Katzen für den Duft der genannten Pflanzen hiermit in gewisser Beziehung im Zusammenhang stände, wenn sein Einfluß nicht auf beide Geschlechter gleich stark wäre. Übrigens ist es bekannt, daß man fremde Tauben, die doch wie alle Vögel kein irgendwie hervorragendes Riechvermögen haben, durch den Geruch von Anis anlocken und an einen Schlag für die Dauer fesseln kann.

Eine andere sehr auffallende Erscheinung liegt in der bekannten Tatsache, daß der Balg einer Katze kleine elektrische Entladungen, die sich durch Knistern und im Dunkeln als sprühende Funken verraten, losläßt, wenn man ihn über den Rücken vom Schwanze nach dem Kopfe zu gegen den Strich reibt. Das findet zwar auch bei anderen Säugetieren statt, aber doch nicht in einem so starken Grade. Man mußte das schon bemerken, bevor man außer vom Blitze überhaupt von der Elektrizität Kenntnis hatte, und es mag das Unheimliche, das der Katze gemäß der Anschauung der Menschen früherer

Zeit innewohnte und das sie zu Hexen- und Zaubertieren ersten Ranges stempelte, mit darauf beruht haben. Später, als man mit der Elektrizität, dem Magnetismus und dem Galvanismus etwas vertrauter war, der Mesmerismus den Leuten in den Köpfen spukte und die Naturphilosophie anfing, ihre wunderlichen Blüten zu treiben, wandte man dem Funkensprühen der Katzen seine erhöhte Aufmerksamkeit zu. Namentlich hob man hervor, daß der starke Widerwillen, den viele Leute gegen Katzen in der Tat haben und der sie ihre Gegenwart, auch wenn sie sonst nichts von ihnen bemerkten, bald verspüren lasse, mit den „elektrischen Ausdünstungen" der Tiere zusammenhinge. Aufgefallen ist es mir übrigens, daß ich in der zoologischen Literatur des 16. und 17. Jahrhunderts, an deren Durchstöberung ich aus Liebhaberei ohne eigentlichen unmittelbaren Nutzen seit je viel Zeit verwendet habe, keine Erwähnung funkensprühender Katzen auffand. —

Die meisten übrigen Bewohner des Dorfes aus dem Säugetierstamme, die Rinder, Schafe, Ziegen und Pferde sind zur Zeit nicht anwesend, wohl aber verschiedene Arten von Hausvögeln, nur keine Gänse, die sind draußen auf dem Gemeindeanger und wir wollen ihnen nachher unsere Aufwartung besonders machen, wie es die biederen Tiere reichlich verdienen.

Enten werden hier nicht gehalten, wie das in den Thüringer Dörfern überhaupt selten der Fall ist, wohl aber Tauben und namentlich Hühner.

Vor 50 Jahren sah man in unseren kleineren Ortschaften selten einmal andere Taubenformen als Feldflüchter und andere Hühner als das alte deutsche Haushuhn, jetzt haben vielfach edele Rassen von beiden oder abscheuliche Bastarde den alten Bestand verdrängt, und das bedauere ich und zwar ganz besonders beim Huhn. Das alte deutsche Huhn scheint ganz ausgestorben zu sein und damit das eigentliche Verständnis für die furchtbare Drohung: „Wart'! Dir wollen wir den roten Hahn aufs Dach schicken!" Wer nur die modernen Hühnerrassen, die schwarzen Tscherkessen, die grauen Sperberhühner, die Kräher über dem Berge usw. kennt, dem wird das Bild, das in der alten Redensart steckt, unverständlich sein, und er wird sie, wenn er überhaupt darüber nachdenkt, eigentlich recht nichtssagend finden. Wem aber die prachtvollen, buntfederigen, großen, deutschen Bauernhähne noch vertraut sind, der wird anders urteilen und mit mir bedauern, daß sie verschwunden sind. Die alten Bauern, und besonders die Weiber, gaben noch etwas auf einen tüchtigen Stamm ihrer seit Jahrhunderten angestammten Sorte und verachteten das neue fremde Zeug. Sie hatten recht. Solch ein Hahn war es wohl, der nach dem Glauben ihrer heidnischen Vorfahren auf der Spitze der Weltesche wie zu ihrer Zeit auf der des Turmes ihrer Dorfkirche saß und der das Lieblingstier der Holda war.

Das alte Rom scheint kein anderes Mittel gehabt zu haben in der Nacht die Zeit zu bestimmen, als den Schrei des Hahnes, und in der Rede für Muraena sagt Cicero: während der Schall militärischer Hörner die Offiziere wecke, besorge das das Krähen der Hähne bei den Zivilbeamten. Der Hahn und das Hühnervolk überhaupt waren den Römern wichtige Tiere und die Vogeldeutung aus dem Hühnerfraß war sehr allgemein und wurde sogar im Lager benutzt; hauptsächlich wohl deshalb, weil sie die einfachste war, und Hühner doch viel leichter als andere Vögel zu beschaffen waren.

In unserem Vaterlande und von unseren Landsleuten sind die Hühner wohl stets nur des Fleisches und der Eier wegen gehalten worden, während bei den alten Römern noch sonstige Gründe dazu vorlagen. Auch bei anderen Völkern ist das der Fall. Ein Hindu, der gar kein Fleisch essen darf, oder ein malayischer Dandy trägt seinen Lieblingshahn, der ihm als Nervenaufregung und, wenn das Glück günstig ist, als Erwerbsquelle dienen soll, unter dem Arm. Denn wenn auch in englisch und holländisch Indien die Hahnenkämpfe verboten sind, so schert sich niemand groß darum, sondern huldigt dem allgemeinen Sport. Auf Neuguinea an der Astrolabbai pflegen die Eingeborenen die Haushühner wegen der Schwanzfedern der Hähne, die zu beliebten Kopfputzen dienen.

Eine bedeutende Rolle spielte der Haushahn in der alten materia medica. Seine Brühe, besonders wenn er gelbe Füße hatte, war ein vortreffliches Mittel gegen Gelbsucht, sein ganzer Körper gedörrt und pulverisiert war ein berühmtes Aphrodisiacum, und wurde wahrscheinlich weit mehr genossen, als sein Hirn allein, das Verstand machen sollte. In der Leber alter Kapaunen fand man den Stein Alectoria, der, wenn man ihn im Munde trug, dem Durste wehrte, die Männer tapfer und die Weiber den Männern wohlgefallend machte.

Der Hahn ist ein tapferer, kühner und stolzer Geselle und galt schon im Altertum dafür. Aelian erzählt, er beuge den Kopf, auch wenn er durch das höchste Tor gehe, aus Hoffart, weil er glaube, er sei so groß, daß er sich sonst an seinen Kamm stoße. Der Basilisk und der Löwe fürchten seinen Schrei, so auch manche Menschen, unter anderen Wallenstein

Verleugnet, wie Petrus, seinen Meister und Herrn:
Drum kann er den Hahn nicht hören krähn —.

Die Wiederkäuer und Pferde des Dorfes kann ich dir leider, wie ich vorhin schon bemerkte, nicht vorstellen, wohl aber die reichlich hinterlassenen Beweise ihres gesegneten Appetits, den Angelpunkt der Landwirtschaft, der hier im Chausseestaube freilich seinen höheren Beruf verfehlt,

Der im Schmutze selbst zum Schmutz wird,
Doch auf gutem Acker Segen bringt
Und jedermann zu Nutz wird!

Entschuldige, wenn ich vielleicht nicht ganz richtig zitiere, aber es ist lange her, daß ich den Mirza Schaffy nicht gelesen habe!

Doch nein, auch hier stiftet der Dünger seinen bescheidenen Nutzen, — die Gegenwart einer zahlreichen Tierwelt hier und überhaupt auf der ganzen Erde wird nur durch den Mist möglich. Es schadet niemandem, wenn wir von diesem Schmutze auch einmal ein kräftig Wörtlein reden, der ist harmlos und anderer Art wie jener Schmutz, über den moderne perverse Dichter und Dichterinnen schlechte Verse machen. Unsere Vorfahren sahen im Miste die Quelle köstlicher Medikamente. Schon Galen bemerkt einmal, ein wirklich tüchtiger Arzt dürfe Kotkuren nicht vernachlässigen, und der seinerzeit berühmte Glauber (starb 1668), ein Medikus, nach dem das Glaubersalz heißt, lehrt: „Die größte Kraft der Tiere besteht in ihren excrementis, das muß man wissen, und nicht im Fleische.“ „Profecto“, sagt Luther, „mich verwundert, daß Gott so hohe Artzeney in den Dreck gesteckt hat.“ Zwei gelehrte Ärzte gaben Werke über den Wert des Kots als Medizin heraus, Johann David Ruland (1644) und 1713 der Eisenacher Stadtphysikus Kristian Franz Paullini seine berühmte „heylsame Dreckapotheke“ in zwei Teilen, die zusammen nicht weniger als 710 Druckseiten umfassen! Noch um 1800 herum galt den Thüringer Bauern Schafmist als das beste Mittel gegen die Pocken! —

Die auf den Rinder- und Pferdedünger angewiesenen Tiere sind hauptsächlich Insekten, und zwar besonders Käfer, denen wir auch ausschließlich unsere Aufmerksamkeit zuwenden wollen, denn sie sind meist ziemlich ansehnlich, wenigstens nicht zu klein und, wenn sie in der Regel auch fliegen können, doch langsam in ihren Bewegungen, also leicht zu beobachten, was bei den auch hier hausenden Fliegenformen bei weitem nicht in dem Maße der Fall ist.

Im großen und ganzen werden wir in beiden Mistarten die nämlichen Käferarten antreffen und nur finden, daß die kleineren den weicheren Rinderdung bevorzugen.

Am größten und auffallendsten sind die Roßkäfer, plumpe, gedrungene hochgewölbte Burschen von dunkler, bläulich-schwarzer Farbe, auf der Unterseite, manchmal auch oben auf den Flügeldecken von lebhafterem metallischen Schimmer. Eine einheimische schwarze, bis 21 mm lang werdende Art ist am Brustschilde mit drei nach vorn gerichteten Hörnern ausgestattet. Das ist Geotrupes Typhoeus, der zwar in Thüringen vorkommt, aber nicht häufig ist, und den wir hier zu finden nicht erwarten dürfen. Hier ist der echte Roßkäfer (Geotrupes stercorarius) unser Mann. Er erreicht eine durchschnittliche Länge von 24 mm, ist oben schwarz, unten mit veilchenblauem Glanze, und seine Flügeldecken sind der Länge nach ziemlich tief gefurcht.

Die Mecklenburger nennen ihn Scharnbull und die Holländer scharebijder, welches Wort eigentlich keinen Sinn hat und das sich, wie ich vermute, das Volk aus der lateinischen Bezeichnung scarabaeus, die die Gelehrten früherer Jahrhunderte wie das Altertum für diese Käfer anwendeten, zurecht gemacht hat. Darin ist ja das Volk überhaupt, aber das holländische besonders stark: Mollusken werden bei ihm zu molosse und Chelidonium, das der Deutsche schon mit Schöllkraut genügend verbessert zu haben glaubt, zu scheeledonder (schielender Donner)!

Jener Roßkäfer ist ein sehr bekanntes Insekt, das namentlich an heiteren Abenden bis tief in den Herbst hinein die Wege, auf denen viel Pferde verkehren, mit brummendem Geräusche in einer Höhe von etwa 2 Fuß auf und abfliegt. Das trächtige Weibchen gräbt für seine Nachkommen unter dem Miste senkrechte, zylindrische, bis 60 cm tiefe Schachte in die Erde, die es am unteren Ende zu einer eirunden Zelle erweitert. Dann füllt es sie mit Mist und legt ein Ei hinzu. Die Larve ist ihrer Gestalt nach ein echter Engerling, wie ja auch der Roßkäfer mit dem Maikäfer, dem Hirschkäfer, den Rosenkäfern und vielen anderen Formen in die Familie der Blatthornkäfer oder Fächerhörner gehört. Sie ist in der bekannten Art eingekrümmt, hat einen dicken, gewölbten, braunen Kopf, ist aber sonst von schieferblauer oder bleigrauer Farbe. Ihre Haut, die sehr zart und leicht zu verletzen ist, wechselt sie höchst auffallenderweise nur einmal im Leben, nämlich unmittelbar vor der Verpuppung.

Der Käfer hat auch beim Volke Berücksichtigung gefunden. Die Finnen haben ein Rätsel über ihn: Schwarz wie ein Rabe, ist aber kein Rabe, — fliegt wie ein Vogel, ist aber kein Vogel, — wühlt wie ein Schwein, ist aber kein Schwein — was ist das?

Ein Herr Schiller, aber nicht der Dichter, hat uns mit einigen Mecklenburger Redensarten und Volksmeinungen über den „Scharnbull“ oder „Burrkäwer" bekannt gemacht. So kündet er den Tagelöhnern durch sein Fliegen die Feierabendzeit an und durch sein Gebrumme, das er dabei hören läßt, gutes Wetter für den folgenden Tag. Als Wetterpropheten heißt es sonst noch von ihm: wenn er abends fliegt, will er am nächsten Tag backen, wenn morgens, gedenkt er zu waschen, das heißt, im ersteren Falle steht heiteres warmes Wetter zu erwarten, im letzteren regnerisches. Köstlich und voll jenes mecklenburgischen Humors, der uns an Reuter so wohltut, ist, was man von einem sagt, der plötzlich spät abends noch so eine Art Raptus bekommt und eifrig anfängt zu arbeiten: „he krigt dat abends as de Burrkäwer."

Erwähnenswert ist vielleicht auch noch die von den Herren Westhoff und Koch gemachte Beobachtung, für die ich freilich keine Erklärung habe, daß die Roßkäfer durch den Geruch von Petroleum ähnlich angezogen werden, wie die Katzen erwähntermaßen durch den von Baldrian und anderen Kräutern.

Eine andere, gleichfalls flugfähige Gattung der Mistkäfer ist die der Dungkäfer (Aphodius), die kosmopolitisch verbreitet ist und allein im Deutschen Reiche etwa 60 Arten zählt, von denen manche besonders zeitig im Frühjahr an schönen Abenden bei Tausenden herumfliegen. Die größte deutsche Art (Aphodius fossor), ein sehr häufiges Tier, wird bis 12 mm lang und ist glänzend schwarz und hat auch schwarze, aber ebenso oft rotbraune oder rote Flügeldecken. Die Dungkäfer sind von gestreckter, halb walziger Gestalt, das heißt sie sind unten flach, oben stark gewölbt, ähnlich wie die Borkenkäfer, die wir in der Heide kennen lernten.

Die Weibchen dieser Gattung graben für ihre Brut keine Gruben, sondern legen ihre Eier ohne weiteres in den Mist, wo sich die Larven einfach kleine Höhlungen fressen, in denen sie sich verpuppen.

Es gibt in Deutschland noch eine ganze Reihe von Mistkäferformen, auf die wir uns nicht einlassen können. Übrigens leben die Käferarten, die man im Miste findet, weder als Imagines noch als Larven alle von diesem Stoffe. Viele sind echte Räuber und stellen den Roß- und Dungkäfern nach. Zu diesen werden wohl alle größeren Raubkäferarten gehören, während die kleineren dungliebend und mistfressend sein mögen.

Auf dem Erzgebirge hatte ich einmal einen merkwürdigen Anblick. Auf einem Feldwege lag ein halbeingetrockneter Kuhfladen, der sich in dem Zustande befand, in dem Rindermist für die Dungkäfer eine ganz besondere Anziehungskraft zu haben scheint. Er wimmelte denn auch von lauter Aphodius fossor. Dicht neben ihm befand sich ein niedriger, etwa fußhoher Abhang, der von den Rädern der auf diesem Wege gelegentlich fahrenden Wirtschaftsfuhrwerke verursacht sein mochte. An ihm herunter hing ein dichtes Gewirr seiner langer Graswurzeln wie ein Vorhang. Zwischen diesem Wurzelwerk und dem Kuhfladen liefen eine Anzahl Raubkäfer eifrig hin und her. Es waren etwa 16 mm lange, schwarze, graubraun behaarte Exemplare des sehr häufigen Staphylinus nebulosus. Jeder trat unbeladen aus dem Wurzelschleier und lief zu der etwa 25 cm weit entfernten Dungstätte und jeder kam unter dieser hervor, einen Aphodius fossor zwischen den Kiefern hoch erhoben ohne die geringste Schwierigkeit tragend. Nachdem ich ungefähr zehn Minuten zugeschaut hatte, trat ich der Sache näher und untersuchte die Geheimnisse des Wurzelgewirrs. Da fand ich einige 50 durch Bisse in den Hinterleib schwer verletzte Aphodius fossor, die noch nicht tot, aber doch zu ernstlich verwundet waren, als daß sie hätten fortlaufen können. Ich stellte auch die Zahl der Raubkäfer fest: es waren ihrer fünf. Sie setzten offenbar nicht viel Vertrauen in den Bestand der für sie so segensreichen Zustände in dem Rindermiste und legten sich so viel wie möglich von den Dungkäfern zurück.

Bisweilen werden Käferarten beim Abschlachten friedlicher Mistkäfer abgefaßt, denen man so etwas gar nicht zumuten sollte. So wurde der große, schwarze deutsche Totengräber (Necrophorus germanicus) beobachtet, wie er mit beispielloser Wut im Pferdedreck Roßkäfer mordete, und der vierfleckige Stutzkäfer (Hister quadrimaculatus), wie er unter harmlosen Aphodien wütete.

Bekanntlich sind die Mistkäfer und ganz besonders die Roßkäfer, aber auch andere auf der Erde in verwesenden tierischen und pflanzlichen Stoffen lebende Käferformen von hellbraungelben Milben bewohnt und bisweilen so von ihnen bedeckt, daß sie sich kaum regen können. Auch jene am Hinterende der Flügeldecken vieler Borkenkäfer befindliche Delle, deren wir bei unserem Gang durch die Heide schon gedachten, ist unter Umständen ganz von kleinen Milben ausgefüllt. Nach dem erwähnten Herrn Schiller prophezeien die Mecklenburger Bauern aus der Art der Verteilung solcher Milben auf den Roßkäfern und sagen, säßen jene auf diesen nach vorn zu, so empfehle sich im Herbste eine frühe, befänden sie sich nach hinten zu, eine späte Saat.

Diese Milben, Linné hatte ihnen den Namen Gamasus coleoptratorum, „Käfermilben", gegeben, sind sechsbeinige Jugendformen, Larven, Hypopoden oder Nymphen, deren geschlechtsreifen Zustände man noch nicht mit Sicherheit kennt. Sie scheinen die Käfer, auf denen man sie findet, bloß als Transportmittel zu benutzen, Michael meint aber, sie dürften doch wohl auch von ihnen zehren. Wie die kleinen, manchmal nur 1 mm langen Tierchen es anfangen sollen, durch den starken Panzer des Käfers zu seinen inneren Säften zu gelangen, sagt er nicht und ich kann es mir nicht recht vorstellen. Die erwachsenen Gamasiden sind Räuber, die an feuchten, moderigen Stellen, unter und zwischen Blattern auf dem Boden leben, Springschwänze, andere Milbenarten und ähnliche dergleichen kleine Kerbtiere fangen und fressen. Eine Zeitlang hatte man gehofft, in ihnen wertvolle Bundesgenossen zur Bekämpfung der Reblaus gefunden zu haben. Leider war das eine eitele Hoffnung.

Der Italiener Berlese, der sich das Studium der Gamasiden zu einer Hauptaufgabe gemacht hat, stellte einen bei ihnen stattfindenden Polymorphismus, eine ziemlich weitgehende Mannigfaltigkeit der Gestalt fest, unter der sie auftreten können. Jede erwachsene Form kann sich auf zweierlei Weise entwickeln: entweder geht bei ihr, und das ist die Regel, aus einer sechsbeinigen Larve eine sich nicht fortpflanzende Nymphe hervor, oder aber eine sich vermehrende, die nach stattgefundener Vermehrung sich in eine zweite Nymphenform verwandelt. Der verdienstvolle Gelehrte erklärt es einfach für unmöglich, Gamasusarten aufzustellen, ohne die ganze Entwickelungsgeschichte der Tiere, die, nachdem sie das Ei verlassen haben, vor sich gegangen ist, zu kennen.

Die Milben sind übrigens, wie wir bei unserm Besuche bei Vater Chaim Mandelblüth schon hervorhoben, so recht dazu geeignet, in allen Dreckwinkeln und Schmutzecken und durch allerlei beizende Säfte, ohne Schaden zu nehmen, herumgeschleppt zu werden.

In der Begleitung der Roßäpfel kommt bisweilen ein Wesen mit zutage, das sich in freier Luft recht verraten und verkauft vorkommen mag und im Chausseestaub bald zugrunde geht, das ist der Pferdespulwurm (Ascaris megalocephala). Wenn man so dicke, fette Eingeweidewürmer sieht, ohne Knochen, Haare und Schuppen, dann denkt man sich „schade, die sind eigentlich wie geschaffen zum Gegessenwerden — sie haben weder Kern noch Schale, sie sind alles mit einem Male.“ Wenn man gar noch weiter von Marcets Befunden hört, daß die in der Leibeshöhle gerade des Pferdespulwurms enthaltene Feuchtigkeit so reich an Eiweiß ist, daß sie beim Gekochtwerden gerinnt, wird man in seiner Ansicht noch mehr bestärkt. Warum auch nicht? Schnepfendreck gilt als eine Delikatesse ersten Ranges und besteht wesentlich aus Bandwürmern. In Südamerika wird zu dem gebratenen Schildkrötenfleische eine vortrefflich schmeckende Sauce verabreicht, deren Hauptbestandteile auch die Eingeweidewürmer der nämlichen stumpfsinnigen Reptilien sein sollen. Wenn wir nur vorurteilsfreier wären und uns überzeugen wollten, welcher Hochgenuß in den Pferdespulwürmern auf der Gasse verloren geht! Nun, — ich für meine Person, ich bin nicht vorurteilsfrei, und es ist mir schon lieber, wenn andere Leute den Versuch machen und ich nicht mitzuessen brauche. Meine Anerkennung will ich ihnen nicht versagen!

Mit dem Pferdedung gelangen aber noch andere Dinge an das Tageslicht als Spulwürmer, nämlich Haferkörner, vorausgesetzt allerdings, daß die Pferde vorher Hafer zu fressen bekommen haben. Alle nicht wiederkäuende Hustiere scheinen die genossene Nahrung nicht völlig zu verdauen. So hörte der seinerzeit berühmte Physiologe Rudolphi von einem Manne, der in Schönbrunn bei Wien den Elefantenmist aus der dortigen kaiserlichen Menagerie zu Düngungszwecken gekauft hatte, er habe damit seinen Garten zur Wiese gemacht.

Der Reichtum des Pferdedungs an Haferkörnern ist bekannt genug und er ist es, der die Haussperlinge an die Pferde fesselt. Fast in allen großen und kleinen Ortschaften Europas ist der Spatz zu finden. Er ist der Gassenjunge unter den Vögeln und auch in diesem Dorfe in Menge vorhanden und so frech und zudringlich, aber dabei vorsichtig und mißtrauisch wie allenthalben. Aber bei allen seinen Untugenden, von denen mir die blödsinnige Schreierei der Hähne in der Fortpflanzungszeit die allerwiderlichste ist, wer möchte ihn missen? Er gehört zu einem Dorfe mehr noch wie der Herr Schultheiß und macht sich in der Regel auch bemerklicher. Hat der alte, von mir hoch verehrte Schotte Mac Gillivray nicht recht, wenn er sagt, ein Dorf ohne Sperlinge käme ihm immer vor wie eine Familie ohne Kinder?

Wanderer führt in seiner Sammlung deutscher Sprichwörter nicht weniger als deren 47 vom Sperling an. Wer kennt sie nicht, die Redensarten von den Spatzen, die eine Klatschgeschichte von den Dächern pfeifen und die ein grober, flegelhafter Geselle unter dem Hute hat? Ist es nicht vortrefflich über einen Wichtigtuer, der aus Kleinigkeiten eine große Sache macht, gesagt, er schieße mit Kanonen nach Sperlingen? Auch über die Spatzeneier fehlt es nicht an Sprichworten, und es ist ein guter Trost in vielen Lebenslagen, daß ein frisches Sperlingsei immerhin noch besser als zehn faule Gänseeier ist, und daß ein Flunkerer und Aufschneider doch bleibt, was er ist, denn ein Spatz kann sich wohl einmal in ein Hennennest setzen, aber ein Hühnerei legt er darum doch nicht! Der ganze Groll, den die Landleute im Anfang des 16. Jahrhunderts gegen ihre greulichen Schinder, die unverschämten Junker hatten, spricht sich in den Worten aus: jungen Spatzen und jungen Edelknaben soll man beizeiten die Köpfe eindrücken.

Der Sperling ist ein Schalk und ihm ist eigentlich überall nichts Gutes nachzureden, wie viel Mühe sich auch die Schönfärber und sentimentalen Wahrheitsverdreher geben. Er tut ganz ungeheuern Schaden und in mehr als in einer Richtung. Schon Luther, der ein wackerer Freund und aufmerksamer Beobachter der Tiere war, sagt: „Niemand kann ausrechnen, was Gott nur allein braucht, die Sperlinge und unnützen (schädlichen) Vögel zu ernähren; die kosten ihm in einem Jahre mehr, als der König von Frankreich Einkommen hat.“ Schon im 17. Jahrhundert mußten die Bauern Spatzen abliefern. Auch in Franken hatte einmal die Obrigkeit verordnet, jede Gemeinde solle im Jahre eine bestimmte Zahl Sperlingsköpfe in natura einreichen oder für jeden fehlenden einen Pfennig bezahlen. Dagegen erhob die Geistlichkeit, die sich früher, wo sie noch mehr als Gott sei Dank! heutigentages zu sagen hatte, gern wichtig machte und in alle Dinge mischte, die sie nichts angingen, Einspruch. Denn, behauptete sie, diese Verordnung sei gegen die Heilige Schrift, dieweilen in dieser geschrieben stehe: „kauft man nicht zween Sperlinge um einen Pfennig?“

Gurney, ein erfahrener englischer Vogelkenner, behauptet, 75 Prozent der Nahrung eines Spatzen während seiner Lebensdauer bestehe aus Getreide und der Göttinger Professor Wicke berechnete 1862 den Schaden, den diese Vögel im damaligen Königreich Hannover dem Korne taten, auf 166,666 Taler im Jahre. Dazu kommt noch ihre bodenlose Unverschämtheit. Es ist tatsächlich beobachtet worden, daß sie, worin allerdings ein köstlicher Humor und eine allerliebste Satire liegt, den Vogelscheuchen in die Rocktaschen genistet haben. Das erinnert an etwas, das ich aus einem sächsischen Orte in der Zeitung las: da waren Spitzbuben in das Polizeilokal eingebrochen und hatten die Kasse gestohlen! Ein Herr von Firler erzählt, daß man Sperlinge, die sich im Weizen unnütz machten, mit Steinwürfen aufscheuchte und darauf, wenn sie sich erhoben hatten, unter sie schoß. Eine Zeitlang wäre das ganz gut gegangen, dann aber flogen sie auf die Steinwürfe hin nicht mehr auf, sondern blieben ruhig sitzen und duckten sich nur ein wenig. Man war genötigt, sie durch einen eingetriebenen Hund zum Auffliegen zu bringen.

Der Spatz ist aber vielseitig in seinem Unfuge und begnügt sich nicht mit den Getreidediebstählen. Er weiß so ziemlich für jede Jahreszeit etwas ausfindig zu machen, wodurch er sich dem Menschen in unliebsame Erinnerung bringt, nur im Winter bei rechter Kälte und hohem Schnee, da vergeht ihm der Übermut und er legt sich aufs Betteln. Dann übernachtet er auch gern in den Feueressen und sieht in den großen Städten, z. B. in Leipzig, aus, wie ein Schornsteinfeger.

Im Frühjahr fängt die Qual schon an; mit Recht heißt es:

Die Spatzen in dem Garten,
Die machen viel Verdruß.

Da zerstören sie mit Vorliebe die ersten Blumen im Garten für nichts und wieder nichts, besonders scheinen sie die schönen dottergelben Krokusse zu ärgern. Wenn man ausgewinterte Rasenplätzchen wieder instand setzen will und Gras säet, sind die Spatzen der ganzen Nachbarschaft das erste, was erscheint und tun, als ob sie glaubten, daß man sie habe füttern wollen. Das geht aber noch und der Schaden, den sie dadurch anrichten, ist nur stellenweise, betrifft nur den einzelnen und ist kein Landesschaden. Aber wohl richten sie einen solchen an durch das verwünschte Abbeißen der Blütenknospen und Blüten der Obstbäume; man hat einen alten Sperlingshahn beobachtet, der auf diese Art innerhalb zwei und einer halben Minute 19 Blüten auf einem Zweig vernichtete! „Ach Gott", sagt Bruder Schönfärber, „wie verkennt man doch den guten Spatz und rechnet ihm Wohltaten, die er dem Menschen gewährt, als Frevel an. In jenen Blüten schlummerte der Wurm des Verderbens, die Larven und Raupen irgend welcher schädlicher Käfer und Obstmotten oder Frostspanner. Nur solche pickt der brave Sperling ab." Jawohl, hat sich was! Das haben die Naturforscher denn doch genau untersucht. Es ist nur Spielerei von ihm: er nimmt die Knospen in den Schnabel, wendet sie hin und her, zerzaust sie und läßt sie fallen. So winzige Insekten interessieren ihn nicht, denen schenken nur die Meisen ihre Aufmerksamkeit. Man braucht nur einem bereits seit geraumer Zeit gefangen gehaltenen und einigermaßen kirre gewordenen Spatz einen mit Knospen besetzten Kirschzweig in seinen Käfig zu stecken, so kann man sein Verfahren bequem studieren.

Und der Frühsommer erst, das ist die Zeit der wahren Lust, da sind von den reifenden Zuckererbsen und Kirschen die besten dem Herrn gerade gut genug:

Wie die Kirschen behagen,
Müßt ihr Kinder und Sperlinge fragen.

Der Sperling frißt freilich Insekten, sucht aber nicht nach ihnen. Drängen sie sich ihm auf, nun dann nimmt er sie, er fängt wohl einen Maikäfer, der ihm beinahe an den Kopf fliegt, aber an eine systematische Verfolgung schädlicher Kerbtiere denkt er gar nicht. Die Tätigkeit der Stare und aller unserer Meisenarten ist da eine ganz andere.

Nichts aber mache ich den Sperlingen so sehr zum Vorwurf als die Unverschämtheit, mit der sie andere kleine Sänger aus unseren Gärten und von den Gebäuden in unseren Städten verdrängen. Hier kommt der brutale Charakter des gemeinen Proletariers so recht zum Durchbruch. Ich wollte noch nichts sagen, wenn er aus Wohnungsnot so handelte und, wenn er selbst kein Quartier hätte, dadurch veranlaßt würde, seinen Mitvögeln, und wären es meinetwegen bessere und edlere wie er, das ihrige zu rauben. Das ist aber nicht der Fall. Im vorigen Frühjahre hatte sich ein Pärchen allerliebster Blaumeisen ein Loch im Dachkasten der meiner Wohnung gegenüber gelegenen Villa zur Niststätte auserkoren. Der Zugang war wohl für diese zierlichen Vögelchen weit genug, aber für die plumpen Sperlinge viel zu eng. Einerlei, die Spatzenhähne der ganzen Umgebung taten sich zusammen und vertrieben die Meisen.

Sehr lieben sie es, sich im Winter während der Abwesenheit der Mehlschwälbchen in deren gemütlichen Nestchen niederzulassen, worüber die Eigentümerinnen, wenn sie im Frühling wiederkehren, begreiflicherweise höchst entrüstet sind. Die Spatzen, die es ihrem ganzen Wesen entsprechend mit der Reinlichkeit nicht allzu genau nehmen, schmutzen diese frech benutzten Schlafstellen so greulich ein, daß die reinlichen Schwälbchen sie nicht mehr bewohnen mögen. Schon im 16. Jahrhundert wird aus Köln a./Rh. berichtet, es hätten sich mehrere Schwalben einmal zusammengetan und hätten eine solche unverschämte Spatzenfamilie eingemauert. Diese Geschichte erklärt Naumann für ein Märchen, und das genügt, daß kein deutscher Ornithologe sie mehr glauben will. Es sind aber mehrere derartige Fälle bekannt geworden, die nicht gut bezweifelt werden können. Der treffliche Friedrich Rückert scheint sie auch zu glauben:

Doch ach, ich seh', es haben Schwalben,
Auch ihren Groll.
Im Raub lebendig einzumauern
Ein Raubgeschlecht,
Ich muß es selber fast bedauern,
Doch ist es recht.

Nichts ist mir an jenem „Raubgeschlecht", wie ich schon gesagt habe, so unausstehlich, wie sein widerliches, unaufhörliches „Tschilp tschelp" und sein verliebtes „Terr, terr, terr", das die alten Hähne stundenlang wiederholen, bis sie dicke Hälse davon bekommen und ganz heiser werden. Ein alter Hahn mit einem großen, schwarzen Flecken an der Kehle, ich kenne das Scheusal ganz genau, quält mich ganz besonders. Er sitzt immer auf der Ecke eines Simses der erwähnten Villa und zwar so, daß er zwei sich kreuzende Straßen übersehen kann, macht sich ganz dick bei seinen abscheulichen

Konzerten und läßt die Flügel hängen; bisweilen, wenn er so in die höchsten Verzückungen gerät und von seinen eigenen Leistungen halb berauscht ist, wendet er Kopf und Brust bald nach rechts und bald nach links, riskiert wohl auch einmal einen täppischen, kleinen Luftsprung, bei dem er in der Regel seinen Sitz verliert.

O ja! ich kenne ihn und er kennt mich! Ich habe mir jüngst bloß seinetwegen ein Blasrohr angeschafft, was ich freilich ebenso gut hätte unterlassen können, denn es liegt mir natürlich nichts ferner, als das Tierchen zu verletzen oder gar zu töten. Im Anfange schoß ich ein paar Male an die Wand neben ihn, was einen tüchtigen Plautzer tat und ihn mächtig erschreckte. Wenn ich jetzt an das offne Fenster meiner Schlafstube trete, seinem Sitze schräg gegenüber, empfiehlt er sich augenblicklich, wenn ich das Blasrohr in den Händen habe, ist das aber nicht der Fall, nimmt der freche Kerl keine Notiz von mir, bleibt vielmehr ruhig sitzen und tschilpt und tscherrt weiter!

Ich habe übrigens viele Gefährten, die die Spatzenmusik nicht leiden können, Heinrich Seibels Freund, Professor Almenau, gehört unter anderen auch zu ihnen. Im 17. Jahrhundert lebte zu Dresden ein gewisser Graser, der Superintendent und Prediger an der Kreuzkirche war. Der beschwerte sich höheren Orts über das Gezirpe der Spatzen, das ihn bei seinen Predigten störte. Der damalige Kurfürst forderte Bericht ein und befahl, dem Unwesen zu steuern. Die hohe Obrigkeit, die Landesfürsten an der Spitze, hat jetzt etwas Besseres zu tun, als sich um die Spatzenschmerzen ihrer Untertanen zu kümmern. Da kann nur Selbsthilfe nützen, die man denn auch wenigstens in England energisch in die Hand genommen hat. Man hat dort in vielen Städten und Gemeinden besondere sparrowclubs gegründet, die den Krieg gegen die Sperlinge unternommen haben. Im Jahre 1888 schon berichtete der von Stratford-on-Avon, daß durch ihn im vorhergehenden Jahre 19000 Spatzen um ihr kostbares Leben gekommen seien, und der North Newington sparrowclub im Jahre 1894, daß er 1893 im ganzen 10300 Vögel und 4700 Eier aus der Welt geschafft habe. Na, ich für meine Person ärgere mich lieber ein wenig über die Spatzen, als daß ich sie ganz aus meiner Umgebung verbannen möchte.

Den Bewohnern des Kantons Tessin in der Schweiz, welschen Gemütsmenschen, ist das nach Tschudi so ziemlich geglückt, da ist der Sperling nahezu ausgerottet. Das ist aber nicht etwa im Interesse der Garten- und Landwirtschaft geschehen, o nein, lediglich des edeln Weidwerks wegen, wie das dort so betrieben wird.

In Bergamo kommen die Bauern, wie Macpherson erzählt, den Sperlingen scheinbar so recht wohlwollend entgegen und machen für sie Höhlungen in den Mauern, zu denen Löcher führen, weit genug, um den Spatzen bequemen Zutritt zu gestatten, damit sie in den dahinter gelegenen Räumen brüten. Die arglosen Vögel vertrauen auch dem Schwindel und bauen ihre Nester in den gastfrei gebotenen Quartieren. Die Miete müssen sie freilich mit dem Leben ihrer Kinder bezahlen, die, bevor sie flügge geworden sind, von eben jenen Bauern ausgenommen werden, um als Delikatessen zu dienen. In ähnlicher Art und in der nämlichen Absicht verfahren stellenweise die Landleute in Belgien, wenn sie alte Töpfe, die den Boden verloren haben, an die Wände ihrer Häuser hängen, damit die Spatzen darinnen nisten. Eigentlich ist das ganz niederträchtig und stellt die Menschheit dem Tiertum gegenüber auf eine arge Weise bloß!

Das Leben der Spatzen ist sehr reich an Abwechselung, und es ist höchst unterhaltend es zu beobachten, was noch dazu leicht ausgeführt werden kann. Ich habe das seit länger als 40 Jahren getan und doch ist es mir noch in recht vielen Punkten rätselhaft.

Einen solchen Punkt, und zwar den wesentlichsten, bilden die Zusammenkünfte, die die Sperlinge im ersten Frühjahr, ja bei schönem Wetter schon früher, Ende Februar alle Jahre auf ganz bestimmten Bäumen gegen Sonnenuntergang unter lebhaftem Gezwitscher abhalten.

Ich kenne hier in Leipzig zwei solcher Bäume. Der eine, und zwar der bei weitem besuchtere ist eine kleine Ulme und steht auf dem Naschmarkte, unmittelbar hinter dem alten Rathause, also so recht im Mittelpunkte der Großstadt, und ist gewissermaßen ein Wahrzeichen, bei alt und jung auch als solches anerkannt. Ich wohne jetzt seit 27 Jahren in Pleißenathen und so lange habe ich auch in jedem März diese Spatzenkonferenzen beobachtet, bin mir aber über ihre Bedeutung immer noch nicht klar. Sie setzen sich aus Hunderten von Vögeln in beiden Geschlechtern zusammen, sind zwar sehr laut, aber durchaus friedlicher Natur. Der zweite derartige Baum, der lange nicht die Anziehungskraft wie jener auszuüben scheint, befindet sich in dem Hofe der Kreishauptmannschaft auf dem Roßplatze. Zum zweiten Male werden im Oktober Versammlungen auf derartigen Bäumen abgehalten, die aber weit schwächer besucht zu sein pflegen, auch weniger lange dauern, sowohl alle zusammen wie jede einzelne. Wahrscheinlich werden solche Plätze in den meisten Städten vorkommen, aber kaum nimmt einmal jemand Notiz von ihnen und hält es nicht für der Mühe wert, über sie zu berichten.

Ein gewisser Tuke Memel gedenkt derartiger Bäume in London auf dem alten Kirchhofe von St. Dunstans-in-the-East und Russel erzählt, daß die Haussperlinge in Lissabon, wo sie sehr häufig wären, abends im April bei Tausenden auf den Akazien der Avenida zusammenkämen, so daß deren Zweige sich bögen, und das Gezwitscher der Vögel wie das Rauschen eines Wasserfalls klänge. Nervöse Leute sollen deshalb in jener Straße keine Wohnungen mieten.

Es liegt nahe, zu vermuten, daß diese Erscheinungen irgendwie mit dem Geschlechtsleben der Spatzen zusammenhängen, freilich bleiben dann die kleineren Herbstkonferenzen immer noch dunkel und umsomehr, weil stellenweise diese allein vorkommen. So ist es der Fall nach Patterson an jedem Abend im Herbst gegen Sonnenuntergang auf einigen Bäumen bei der St. Nikolaus-Kapelle zu Great Yarmouth. Hier zwitschern die Vögel eine halbe Stunde lang zusammen, machen großen Lärm und verschwinden dann in ihre Nachtquartiere.

Etwas anderes sind jene Spatzenzusammenkünfte, die zur Zeit der Weizenreife stattfinden. Während dieser begeben sich zahlreiche jener Vögel, die in Dörfern und Städten wohnen, auf die benachbarten Felder und dann abends in die Hecken und auf die Obst- und anderen Laubbäume, die dort in der Nähe sind. Das geht zwar auch nicht ohne bedeutendes Lärmen ab, hat aber einen leicht verständlichen Zweck, nämlich den, dort zu übernachten, was auf den anderen Sperlingsbäumen nicht geschieht.

Eine sehr sonderbare Sache erwähnt ein gewisser Witchell. Bei Eltham in der Grafschaft Kent in England befindet sich ein Birkenhölzchen, in dem die Spatzen im Dezember übernachten. An einem Dezembertag hat unser Gewährsmann die Vögel, die hier zusammenkamen, gezählt. Es stellten sich in der Zeit von 3 Uhr 30 Minuten bis 3 Uhr 50 Minuten ihrer 439 Stück ein. Sie kamen in kleinen Flügen von meistens 30 Stück, selten von mehr, von allen Seiten, und setzten sich zu 30 bis 60 in dicht zusammengedrängten Gruppen in die obersten Zweige der Birkenbäumchen ganz frei, so daß sie von einem in der Nähe vorbeiführenden Weg zu sehen waren, und blieben hier dem nächtlichen Regen und allen Unbilden des Wetters ausgesetzt.

Ein anderer eigentümlicher Punkt der Naturgeschichte der Sperlinge liegt in ihren Kämpfen, die immer mit großem Geschrei verbunden sind. Es gibt deren, wie ich beobachtet zu haben glaube, von zweierlei Art: die einen sind gewöhnliche Krakehle, die besonders die Hähne miteinander haben, die zu allen Zeiten des Jahres stattfinden und in der Regel irgend einen guten Bissen oder während der wärmeren Monate wohl auch ein Weibchen zum Gegenstand haben. Die sind nicht weiter gefährlich. Anders liegt die Sache bei denen der zweiten Art, die auf die Fortpflanzungszeit beschränkt und ein Strafgericht oder besser eine soziale Maßregel zu sein scheinen.

Dann sieht man, wie eine ganze Schar, bis 12 Stück habe ich gezählt, Hähne, nur selten sind einige wenige Weibchen dabei, hinter einem einzelnen Siechen her sind und es, trotz seines heftigen Geschreis und trotz seiner Verteidigungsversuche mit großer Wut zerzausen und wahrscheinlich früher oder später umbringen oder doch so verletzen und schwächen, daß es eingehen muß. Ich vermute nun, daß diese Weibchen alt und fortpflanzungsunfähig, daher nach Ansicht der Sperlingshähne eine unnütze Last für die Spatzengesellschaft geworden sind.

Ebenso aufsässig sind sie einem Kameraden, gleichgültig welchen Geschlechts, der durch irgend etwas auffällig ist, sei es, daß er ein ganz oder größtenteils weißes Gefieder, oder ein von unnützen Jungen auf den Kopf geklebtes Papierhütchen oder rotes Tuchläppchen hat. Auch fremdartige Vögel, namentlich entflogene Kanarienvögel verfolgen und töten sie. Übrigens habe ich auch einmal beobachtet, wie die in der Stadt Leipzig sehr häufigen Saatkrähen einen durchgebrannten grünen Papagei in die Klopfe genommen hatten und ihn wahrscheinlich getötet haben würden, wenn ihm nicht Hilfe von seiten einiger, zu seiner Habhaftwerdung entsandter Männer gebracht worden wäre.

Über die Bande der Ehe sollen die Sperlinge eine sehr freie Auffassung haben, und sollen Mann sowohl als Weib viel zu genial sein, um sich nicht mit Leichtigkeit über philiströse Schranken hinwegsetzen zu können. Auch Witwer sollen sich bald zu trösten verstehen. Ein gewisser Clark schoß von einem bauenden Pärchen das Weibchen weg, zehn Minuten darauf machte der eben Verwitwete einem anderen den Hof. Die Damen scheinen übrigens in der Mehrzahl und ziemlich verliebter Natur zu sein. Der eben erwähnte Herr Clark tötete vom 25. bis zum 31. März einem Hahn vier Weibchen und am 1. April hatte dieser das fünfte. Aber vielleicht war dieser Hahn ausgezeichnet vor seinen Mitbrüdern und dem weiblichen Geschlechte besonders angenehm, denn Ende April bewarben sich fünf der leichtsinnigen Schwestern zu gleicher Zeit um seine Gunst.

Auch mit den Weibern anderer Vogelarten, namentlich mit denen der Feldspatzen haben die Hähne des Haussperlings öfters Verhältnisse und mehr noch umgekehrt die Weibchen dieser Art mit den Männchen jener, und die Nachkommen aus einer solchen Liaison sollen untereinander und mit Individuen einer der beiden elterlichen Sippen fruchtbare Verbindungen eingehen.

Die Unterschiede der Geschlechter sind bei unserem Hausspatzen zum großen Teile auffallend und bekannt genug und steigern sich bei den Männchen mit dem Alter. Aber es gibt auch feinere, die nicht so ohne weiteres in die Augen fallen. In der Gesamtlänge des Körpers weichen die Hähne nur wenig von den Siechen ab, weit mehr in der der Flügel, die nach Butler bei jenen im gleichen reifen Alter etwa 7 mm bedeutender ist als bei diesen. Bei den meisten Singvogelarten scheinen im weiblichen Geschlechte die Flügel kürzer und daher die Flugkräfte geringer zu sein als im männlichen. Die Unterschiede beruhen wesentlich auf der Entwickelung der 2. bis 5. Handschwinge, die bei jenem auch schmäler als bei diesem zu sein pflegen. Größere Schnelligkeit und Beweglichkeit ist bei den männlichen Individuen einer bedeutenden Menge von Tierarten eins der Hauptmittel zur Erlangung der weiblichen.

In der Regel brütet der Haussperling dreimal im Jahre; wurden ihm aber die beiden ersten Bruten zerstört, dann noch zweimal. Wenn einem Pärchen ein Nest vernichtet wurde, so wartet es in der Regel etwa zehn Tage, bis es mit dem Bau eines neuen beginnt.

Die vollständigen Gelege sollen ebenso häufig vier wie fünf Eier enthalten, von hundert sollen etwa fünfzehn aus bloß drei Eiern bestehen, aber noch nicht eins aus sechsen. Eine interessante Beobachtung hat ein gewisser Messikommer zu Wetzikon im Kanton Zürich gemacht. Dort hatten die Haussperlinge gefehlt, als man sie aber eingeführt hatte, brüteten die ersten Pärchen viermal im Jahre: die neuen Ansiedler hatten noch nicht unter dem Wettbewerb zu leiden und konnten, sozusagen, recht aus dem Vollen wirtschaften.

Der gemeine Spatz ist in der alten Welt sehr weit verbreitet, bildet aber wie die meisten weit verbreiteten Tierarten zahlreiche örtliche Rassen und Unterarten, deren manche von einzelnen Forschern als selbständige Arten angesehen werden. Ich kann das unmöglich näher auseinandersetzen, kann mir zum Teil auch darüber kein selbständiges Urteil erlauben, was man nur darf, wenn einem eine sehr große Sammlung zur Verfügung steht. Doch das sind Katheder- und Doktorfragen, an und für sich schon langweilig genug, und passen am allerwenigsten hierher auf die Dorfstraße. Nur eins sei erwähnt: die indische Hauptrasse, die man, wie nicht anders zu erwarten ist, auch zu einer eigenen Art (Passer indicus) gemacht hat, ist allerdings etwas kleiner und etwas heller in der Farbe als unser Hausspatz, wenn aber dieser nach Indien eingeführt wurde, werden nach Ogilvie Grant seine Nachkommen nach mehreren Generationen zu indicus. Das sagt genug! Vom Rotkopfspatzen (Passer Italiae), auch so einer „schlechten" Art, bemerkt König, der ihn in Tunis genau beobachtete, er sei eben nur eine südliche Rasse des Haussperlings und gleiche diesem in seinem Betragen genau. „In den Wintermonaten", sagt der vortreffliche Beobachter, „schlägt er sich zu seinesgleichen und bildet dann wolkenartige Flüge, welche in den Saat- und Gemüsefeldern ihr Wesen treiben. Gern kommt er dann auch in die Olivenwaldungen. Solche herumziehende Banden halten dann wohl bisweilen ihre Nachtruhe in den dunkel belaubten Johannisbrotbäumen, wo sie einen das Ohr betäubenden Lärm verursachen. Das pflegen die jüngeren Vögel zu sein, während die Alten jahraus, jahrein ihre Brutplätze besetzt halten, dort zur Nachtruhe gehen und sich am Tage schlecht und recht durchs Leben schlagen."

Meist haben alle diese Vögel, gleichgültig, ob sie wirkliche Arten sind oder nicht, die ausgesprochene Neigung, sich an den Menschen und seine Wirtschaft anzuschließen. Sie sind unsere Schmarotzer und leben fast allenthalben auf unsere Kosten.

Übrigens ist der Spatz stellenweise in Deutschland erst in neuerer Zeit eingewandert, anderwärts fehlt er noch ganz. In viele Walddörfer Thüringens hat er sich während des vorigen Jahrhunderts eingefunden und 1864 war er noch in den höheren Gebirgsgegenden des Schwarzwaldes abwesend. Nach Koepert war er 1896 im Dorfe Meusebach im Altenburger Westkreise ein Fremdling. Dieser Ort liegt mit einer kleinen Feldflur mitten im Walde. Versuche, ihn hier einzuführen sind stets mißglückt. Die Sage erzählt, sie seien zur Zeit der Kreuzzüge, weil sie gar zu massenhaft aufgetreten seien, verbannt worden. Auf dem Grund und Boden des Ritterguts Kriebstein in Sachsen gibt es auch keine. Ein Zauberer soll sie zu Zeiten des heiligen Benno, Bischof von Meißen, des sächsischen Nationalheiligen, also etwa um 1092, und auf dessen Veranlassung auf ewig aus dieser Gegend verwiesen haben. Es ist eine schnurrige Sache, daß ein Heiliger das nicht selbst kann und erst einen Zauberer dazu kommen lassen muß!

Dieses Einwandern findet auch in anderen Ländern Europas statt. So sagt Tschudi 1860, die Spatzen seien erst seit wenigen Jahren im Sernftale erschienen und Chichester Hart berichtet, sie seien 1890 in der Grafschaft Donegal in Irland erst in wenigen Ortschaften und nur in wenigen Exemplaren vorhanden gewesen.

Auch im Kaukasus gibt es durchaus nicht in allen Städten und Dörfern Spatzen. Radde erzählt, daß die Großfürstin Olga Feodorowna, die sie gut leiden mochte, sie gern bei ihrem Sommerschlosse zu Borshom, wo keine vorkamen, gehabt hätte. Natürlich, der Wunsch einer so hohen Dame ist den Hofleuten Befehl: man führte also 1875 vier, und 1877 zehn weitere Pärchen ein, aber sie sind ohne eine Spur von Nachkommen zu hinterlassen, stillschweigend verschwunden. Das hätten Hofleute selber gewiß nicht getan! Sperlinge haben eben mehr Charakter und weniger Untertänigkeit!

Im Jahre 1869 soll jemand Haussperlinge bei Aden haben fliegen lassen, aber die Vögel fühlten sich da nicht wohl und wanderten sogleich nach Lajeh und Schaik Othman aus. Aber schon 1896 fand man sie in Aden selbst an vielen Stellen und in Lajeh wimmelte es von ihnen. In Rußland gilt der Haussperling sehr allgemein als ein verfluchter Vogel, und wegen seines sonderbaren Hüpfens sagt man von ihm, er trüge unsichtbare Fesseln um die Füße zur ewigen Strafe, denn Spatzen waren es, die die Nägel zu Christi Kreuzigung herbeischleppten. Viele Russen der niederen Stände sehen es als ein verdienstliches, gutes Werk an, einen Sperling zu töten, und es gilt als ein böses Zeichen, wenn einem einer ins Zimmer fliegt.

Nach Middendorff gab es vor dem Eindringen der Russen in Sibirien keine Spatzen. Im Jahre 1735 erschienen sie in Berjosów am Ob unter dem 64° n. Br., 1739 in Narym unter dem 59° und bei Uimonsk im Altai im siebenten Jahre nach Begründung dieser Ansiedelung, die 17 geographische Meilen vom nächsten Dorfe, von wo her Einwanderung stattfinden konnte, entfernt war. Der Sperling hat sogar auf der Insel Sólovenskoje im Weißen Meere trotz ihrer nordischen Lage angesichts des Polareises Platz genommen. In gleicher Weise ist er auch inmitten der Waldwildnisse des Nordural den nördlichsten Versuchen des Getreidebaues unter dem 66° an der Usa gefolgt. Weiter im Süden erfolgte sein Eindringen rascher als an seiner Polargrenze. Schon 1710 siedelte er, aus der Umgegend von Irkutsk kommend, in das Quellengebiet der Lena über, und 1781 in die Gegend von Witimsk, unter 59°30′ zugleich mit der Einführung des Ackerbaues. Auf der Insel Olchon im Baikalsee erschien er, wie Radde angibt, des Samens des Gänsefußes (Chenopodium) wegen und beim Changinskischen Grenzposten der Kosaken im Sajan-Gebirge angelockt durch den Mist und das verschleuderte Futter der Pferde.

Der Spatz brütet in ganz Afghanistan und Kelât, verschwindet aber meist im Winter. Im September versammelt er sich in großen Scharen, um fortzuziehen und vermutlich nach Belutschistan und Sind der Hirsefelder wegen zu wandern. Allan Hume traf im Dezember bei Needongam Attavan in Tenasserim viele Meilen weit von allen menschlichen Wohnungen einen ungeheuern, aus vielen Tausenden von Vögeln bestehenden Schwarm des Haussperlings in einem dichten Binsengestrüpp.

Auf Ceylon, wo der Spatz stellenweise sehr häufig ist, gilt er beim Volke für glückbringend, man veranlaßt ihn, an den Häusern zu nisten und füttert ihn täglich. Die Eingeborenen nennen ihn Gewal kurula, das heißt „Hausvogel“ und die Tamal in Südindien Utu-kuruvic, was „Heimvogel“ bedeutet.

Der Europäer hat nun seit langer Zeit schon die sentimentale Neigung gehabt, einheimische Tiere in die Kolonien mitzunehmen und sie dort frei zu lassen, kurz, sie dort einzuführen. Vielfach mag das geschehen sein, um gewissermaßen immer noch ein Stückchen Heimat um sich zu haben. Durch die schnellen Fahrten der Dampfer ist der Sache selbstverständlich bedeutend Vorschub geleistet worden. Es ist aber damit viel Unfug geschehen, so unter anderem auch mit der Heimischmachung des Haussperlings in fernen Erdteilen.

Nach St. Helena, Mauritius und Rodriguez ist er schon bald verschleppt worden. Als Gundlach 1839 nach der Habanna kam, wußte man dort noch nichts von Haussperlingen. Im Jahre 1853 oder 1854 waren in der Innenstadt schon mehrere und 1860 Tausende, in der Vorstadt Cerro waren aber noch keine. Da ihnen hier die Löcher an den Häusern zum Nisten fehlen, brüten sie auf Bäumen, z. B. zwischen dem dichtverzweigten Laubwerk der Kasuarinen, und haben das ganze Jahr Junge. Das Seebad Marianao, das drei Wegstunden von Habanna liegt, hatten sie 1863 erreicht. Da hier die Häuser aus Brettern bestanden, fanden sie auch hier keine Niststellen und mußten auf Bäumen bauen. Durch die Vertilgung von Insekten können sie sich hier nicht gut verdient machen, da sie nicht an Örtlichkeiten kommen, wo diese schädlich auftreten. Da fressen sie denn in den Höfen und Hausgärten die Früchte: Feigen, Trauben, Anonen usw. und werden selbst dadurch außerordentlich schädlich. Professor de la Torre in Habanna sagt, der europäische Spatz sei 1850 in einigen Stücken von Spanien herübergebracht worden, die man in dem Garten eines Konvents losließ, und 1854 habe man schon viele gesehen.

Die Geschichte der Einschleppung des Haussperlings oder englischen Spatzen nach Nordamerika ist besonders merkwürdig. Die ersten, soweit man weiß, und zwar in der Zahl von acht Pärchen, wurden 1850 eingeführt, aber es waltete zufällig ein Unstern über ihnen und man hat niemals wieder etwas von ihnen oder ihren Nachkommen gehört. Zwei Jahre später traten Mitglieder des Brooklyn-Instituts zusammen zur Bildung einer Kommission zur Einführung des europäischen Sperlings, zu welchem Zwecke 200 Dollars bewilligt wurden. Man führte darauf eine Menge aus England ein. Verschiedene wurden gleich nach ihrer Ankunft frei gelassen und der Rest in dem Turm der Kirche auf dem Greenwood-Kirchhof in Brooklyn untergebracht. Da sie hier nicht recht gedeihen wollten, nahm ein gewisser John Hoope sie in seine Privatpflege. Im Jahre 1853 ließ man eben diese Vögel auf jenem Kirchhofe frei fliegen und stellte einen Mann an, der über sie wachen sollte, damit sie ungestört blieben und sich tüchtig vermehren könnten. Nach Kanada wurden die Sperlinge 1854 vom Mutterlande her eingeführt.

Auf Brooklyn und Kanada folgte die Stadt Newyork 1860 selbst mit der Einführung, 1867 New-Haven und die Stadt Philadelphia, in der 500 Pärchen ausgesetzt wurden. In S. Francisco wurden die Vögel 1871 oder 1872 eingeführt, 1873 oder 1874 in die Mormonenstadt am Salzsee, und rasch folgten nun zahlreiche nordamerikanische Städte und kleinere Ortschaften, die ihre Spatzen entweder aus Europa bezogen oder aus anderen Gemeinden der Vereinigten Staaten, wo die Vögel schon festen Fuß gefaßt hatten.

Dabei blieb es aber nicht, die Sperlinge gingen in Sachen Verbreitung selbsttätig vor. Zuerst erschienen sie in größeren, dann in kleineren Städten, darauf in Dörfern und Weilern, endlich auf den Ländereien in solchen Gegenden, wo diese dicht beieinander lagen. Die meisten Städte, in denen die Vögel sich aus freien Stücken einstellten, waren Eisenbahnstationen, und es unterliegt keinem Zweifel, daß namentlich im Westen der östlichen Vereinigten Staaten die Eisenbahnen, auf denen ja hier ungeheuere Massen von Getreide befördert werden, die Heerstraßen waren, auf denen die Spatzen von Ort zu Ort einwanderten.

Man hat in Nordamerika noch anderweitige Beobachtungen gemacht, die sehr merkwürdig sind und beweisen, wie selbständig die Sperlinge in ihrem Handeln vorzugehen verstehen. Bringt man sie auf ein Landgut in der Nähe einer größeren Stadt, so bleiben sie nicht da, sondern wandern in diese ein. Erst wenn hier Übervölkerung eintritt, suchen sie freiwillig das Land wieder auf. Meist tun das die jungen Vögel vom laufenden Jahre, die sich im Spätsommer und Herbst flugweise zusammenscharen, um zunächst die Felder zu brandschatzen. Tritt dann ungünstige Witterung, namentlich Schneefall ein, so suchen sie in den nächsten Ortschaften, auch auf einzelnen Gehöften, Winterquartiere, aus denen dann leicht ständige Aufenthaltsorte werden können. So ist es möglich, daß die unternehmungslustigen Vögel nach Stellen verschlagen werden, die weit entfernt sind von denen, wo sie ausgebrütet wurden.

Wie rasch der Sperling sich vermehrt und vordringt, beweist die Tatsache, daß er bis 1875 über 500, aber 1886 schon über 516 500 Quadratkilometer in den Vereinigten Staaten verbreitet war. Für seine große Häufigkeit hier spricht es auch, daß ein einziger Mann in Indianopolis vom 1. Oktober 1885 bis dahin 1887, also innerhalb zweier Jahre nicht weniger als 40 000 Stück Spatzen unschädlich machen konnte. Diese große und schnelle Vermehrung führt stellenweise zur Übervölkerung und zwingt die Vögel, die Gesellschaft der Menschen zu verlassen und sich im freien Lande anzusiedeln, wo sie dann kolonienweise meist auf Bäumen nisten. Der amerikanische Ornithologe Ridgway zählte in Wheatland auf einer einzigen Eiche an der Landstraße nicht weniger als 21 Sperlingsnester.

Schon als man anfing, die Spatzen in die Vereinigten Staaten einzuführen, erhoben einsichtsvolle Naturforscher ihre warnenden Stimmen, wurden aber selbstverständlich von einflußreichen, alles besser wissenden Laien niedergeschrien. Die setzten es denn auch glücklich durch, daß immer mehr von den unschätzbaren „Wohltätern" eingeführt wurden. Man erließ zu ihrem Schutze zahlreiche Polizeibestimmungen von drakonischer Strenge. Nach und nach aber, als man den wahren Wert der „Wohltäter" kennen lernte, trat ein Umschwung in der öffentlichen Meinung ein, von wann ab, läßt sich nicht nachweisen. Man zog die früher erlassenen Polizeiverordnungen zurück, oder sie schliefen anderwärts von selbst ein. Der Staat Michigan zahlt jetzt einen Cent für einen eingelieferten Sperlingskopf!

In Neu-Braunschweig lebt der Vogel im Winter in den Städten und Dörfern, wohin er sich, nachdem er den ganzen Sommer über im Lande umhergestrolcht ist, während des Oktobers begibt. Die Yankees haben auch den Bermudas-Inseln die Wohltat des Besitzes der Spatzen zugewendet und sie zweimal in den siebziger Jahren des vorigen Jahrhunderts, das letzte Mal 1874, eingeführt, und immer mit großem Erfolge, so daß sie jetzt auf allen Inseln sehr häufig sind. Weniger Glück hatte man mit den allerdings verwegenen Versuchen, sie im südlichen Grönland einzubürgern: von den 1883 oder 1884 dort losgelassenen lebten 1886 noch fünf Stück und 1888 bloß noch zwei Männchen, die im folgenden Jahre auch verschwunden waren.

Im Jahre 1872 war schon das südliche Südamerika an die Reihe der Besiedlung gekommen. Bei Buenos Ayres tut nämlich ein Spinnerschmetterling aus der Familie der Sackträger oder Psychiden (Oeceticus platensis) bedeutenden Schaden. Da erinnerte man sich des großen Wohltäters, Spatz genannt, und bezog ihn aus Europa, damit er dem verderblichen Beginnen dieser Insekten

Einhalt täte. Das tat er nicht nur nicht, sondern er wurde im Laufe der Jahre selber eine große Last. Unter anderen vertrieb er ein kleines harmloses Finkchen (Zonotrichia pileata), das ganz nach Sperlingsart bei den Menschen gewohnt hatte, aber als gern geduldeter Gast.

Die nämlichen Erfahrungen wie in Amerika mußte man auch in Australien und auf Neuseeland mit dem Sperlinge machen, wohin man ihn ebenfalls leichtsinnigerweise verschleppt hatte. Auch hier hat er sich anfänglich längere Zeit des behördlichen Schutzes erfreut, er wurde aber so schädlich, daß von allen Seiten Klagen über die sogen. „Sperlingspest" einliefen. So hatte er 1879 ganze Felder mit Gerste so gut wie kahl gefressen und den Farmern die Mühe und die Kosten des Aberntens erspart. Seine ungeheuere Häufigkeit in Australien mögen zwei Beispiele beweisen: an der Außenseite einer einzigen, nicht einmal großen Kirche wurden 1300 junge Spatzen ausgenommen, und auf dem Anwesen eines Gutsbesitzers zu Oakland sammelten zwei Knaben innerhalb zweier Tage 1900 Sperlingseier. Der Vorsitzende einer unter Beihilfe der Regierung 1887 zu Adelaide zusammengetretenen Kommission zur Bekämpfung der Sperlingsplage eröffnete die Versammlung mit der Bemerkung, es könne allerdings viel getan werden, das Übel einzuschränken, es aber gänzlich abzustellen sei unmöglich, dazu seien der Vögel gar zu viele. In der Nachbarschaft der größeren Städte vertreiben sie, und zwar gemeinsam mit dem auch eingeführten Stare, fast alle kleineren wilden Vogelarten, und North klagt 1901, in der unmittelbaren Nachbarschaft von Melbourne sei kaum noch einer der dort ursprünglich einheimischen Vögel zu sehen.

Mit dem Sperlinge auf Neuseeland hat sich besonders ein gewisser Kirk beschäftigt. Zunächst untersuchte er während des Verlaufs eines ganzen Jahres den Mageninhalt von zusammen 53 Stück. Danach bilden Insekten nur einen sehr kleinen Bruchteil der genossenen Nahrung. Dann beobachtete er die Eierzahl in einer sehr großen Menge von Nestern und fand, daß die vollen Gelege nie unter fünf, sehr oft sechs und häufig sieben enthielten. Er fand bisweilen frisch gelegte Eier und noch nicht flügge Junge zusammen in einem Neste. Jene werden dann von diesen unabsichtlich ausgebrütet, wozu sie Wärme genug entwickeln. Wenn dann die Jungen des einen Geleges das Nest verlassen, schlüpfen die des nächsten in wenigen Tagen aus, so daß die Mutter bei jeder Brut nur halb so lang wie sonst an das Nest gebunden ist, wenn sie die erste einmal hinter sich hat. Und so geht das den ganzen Sommer lang, nach der dortigen Verteilung der Jahreszeiten vom September bis April. Wie Kirk an durch bunte, an die Füße der betreffenden

Vögel gebundene Fäden feststellte, können im September ausgekrochene Junge im März des nächsten Jahres selbst schon wieder Junge haben. Es finden jährlich fünf bis sechs, manchmal sogar sieben Bruten statt. Unser Gewährsmann sagt, die Sperlinge seien in Neuseeland auch besonders kühn. Er sah einmal, wie einige Hunderte von ihnen ein Exemplar einer dortigen aasfressenden Weihenart (Circus Gouldi) mit lautem Geschrei anfielen und in die Flucht trieben. Auch Tauben greifen sie an und verjagen sie. —

Wie kommt es nun wohl, daß der Hausspatz in Europa so viel weniger Schaden tut als in Amerika, Australien und Neuseeland? Zunächst, und darin dürfte der Hauptgrund liegen, scheinen sie bei uns weniger fruchtbar zu sein. Ob sich diese Erscheinung unmittelbar oder nur mittelbar auf klimatische Ursachen zurückführen läßt, ist schwer mit Sicherheit festzustellen, — wahrscheinlich ist beides der Fall, sie beruht im allgemeinen sowohl auf günstigerer Witterung wie auf reichlicherer Ernährung. Ein weiterer Grund liegt wohl darin, daß die Bestandteile einer uralten Fauna, wie der Spatz eins der westasiatisch-europäischen ist, derartig aufeinander einwirken, daß durch das Erdulden von Verfolgungen, durch den Wettbewerb um die Nahrung, die Wohn- und Brutstätten keiner auf die Dauer zu sehr überhand nehmen kann. Die Mitglieder einer alten, in sich abgeschlossenen und gewissermaßen zur Ruhe gekommenen Tierwelt werden, wenn nicht sehr plötzliche und tief eingreifende Veränderungen der Lebensbedingungen eintreten, immer in einem gewissen Gleichgewicht zueinander stehen und bleiben. Für den Spatz liegen die Verhältnisse der Ernährung sowohl in Nordamerika wie in Australien und auf Neuseeland sehr günstig. Die ungeheuren Getreidefelder der Vereinigten Staaten sind so recht sein Gebiet, auf dem ihm keine dort beheimatete Tierart Konkurrenz machen kann. Der Papperling (Dolichonyx oryzivorus), ein echter amerikanischer Bürger, schadet zwar auch genug, kommt aber gegen den Sperling nicht auf, der sich in viel höherem Grade im Verlaufe eines viel längeren Zeitraumes an die Ernährung durch Getreide, von dem er ein geborener Landsmann ist, angepaßt hat. Ebenso liegt die Sache in Australien und Neuseeland und nicht nur mit Getreide, sondern auch mit Früchten, denn die hier von den letzteren in Betracht kommenden sind zum weitaus größten Teil westasiatisch-europäischen Ursprungs, daher dem Spatzgeschlechte bekannt und vertraut seit einer ungeheuer langen Zeit, den in jenen Ländern einheimischen Vögeln aber nicht.

In Europa und Westasien werden die Sperlinge auch durch natürliche Feinde viel schärfer in Schach gehalten. Gewiß gibt es auch in Australien und Nordamerika Säugetier- und Raubvögelarten, die auf kleinere Vögelformen gewohnheitsgemäß Jagd machen, ja manche nordamerikanische sind von europäischen nicht oder kaum zu unterscheiden, aber die Sache verhält sich dabei doch wohl so: die betreffenden europäischen Raubtiere haben als Landsleute des Spatzen seit Jahrtausenden seine Kniffe, Schliche und Listen genau kennen gelernt und lassen sich nicht mehr so ohne weiteres von ihm übertölpeln, die amerikanischen, australischen und neuseeländischen Vogelfresser sind aber noch lange nicht so weit.

In Mittelasien, Persien, Turkestan, China bis Japan vertritt der Feldsperling den Haussperling und schließt sich dort an die Menschen, ihren Haushalt und ihre Baulichkeiten an, wie dieser bei uns. Man hat ihn, wie Bernstein 1861 mitteilte, um das Jahr 1800 nach Java eingeführt. Er heißt hier Curung grédja, „Vogel der Christenkirchen", und soll sich in der Tat zuerst an Kirchen angesiedelt haben. Er findet sich nur längs den großen Poststraßen, die sich von Batavia aus ostwärts erstrecken und fast nur in der Nähe mehr in europäischer Art ausgeführter Baulichkeiten, aber nur ganz ausnahmsweise in javanischen Dörfern. Dies ist um so auffallender, weil er in Europa menschliche Wohnungen meidet, aber allerdings in Mittelasien nicht. Der javanische Feldsperling fängt an eine eigene Rasse zu bilden. Er ist durchweg 5 bis 10 mm kleiner als der europäische, heller von Farbe, und zeigt auf der Unterseite sogar einen starken Stich ins Rostrote. Er nistet nur an Häusern, während doch in Java an Astlöchern und Baumhöhlungen, in denen er bei uns brütet, Überfluß herrscht. Die Eier variieren weit mehr als bei der Stammrasse, sind auch etwas kleiner. —

Nun, Freund Spatz hat uns fast über Gebühr lange beschäftigt. Er verdient aber auch unsere Aufmerksamkeit, wie kaum eine wilde Vogelart sonst. Die Tiere, die sich nahe an den Menschen anschließen, zeichnen sich in der Regel durch Schlauheit und Raffinement aus, wie Haussperling, Ratte, Maus und Floh. Der Mensch braucht hierauf nicht stolz zu sein, es ist gerade kein Lob darin enthalten!

Fast nicht minder als der Sperling gehören die Schwalben zum deutschen Dorfe und zum deutschen Bauer, freilich in ganz anderer Weise.

Wir haben in Deutschland drei Arten von Schwalben: die Ufer-, Stachel- und Mehlschwalbe, aber bloß die beiden letzteren kommen als Gefährten des Menschen in Betracht. Das Volk unterscheidet sie kaum und spricht einfach von der Schwalbe oder den Schwalben, es heißt: „die Schwalben sind wieder da", und „eine Schwalbe macht noch keinen Sommer", und nicht „die Stachelschwalben sind wieder da" und „eine Mehlschwalbe macht noch keinen Sommer", was auch eine entschiedene Geschmacklosigkeit wäre.

Wenn die Schwalben bei uns volkstümlich sind wie der Sperling, so sind sie es doch in sehr anderer Art. Den Spatz sieht man eigentlich mehr als ein kleines, notwendiges Übel, an das sich unser Volk als Ganzes und der Deutsche als einzelner von Jugend an, seit den Tagen der Kindheit gewöhnt haben und mit humoristischen Augen an — man duldet ihn als Genossen, schätzt ihn aber weiter nicht und es kommt nichts auf ihn an. Durchaus anders ist es mit der Schwalbe! Sie wird mit Hochachtung, ja mit einer gewissen Ehrfurcht betrachtet und gilt als heilig. Es liegt, wie ich glaube, der Grund mit darin, daß diese Hausfreundin ein Zugvögelchen ist, das uns den Frühling bringt, die köstlichste Zeit des Jahres. Sie ist der Vogel der Hoffnung, dazu noch hübsch in ihrem Äußeren, zierlich in ihren Bewegungen, gemütlich in ihrem Gesange, — so kommt eins zum anderen, uns das Tierchen wert und teuer zu machen.

Der gemeine Mann in Spanien sagt „wer eine Schwalbe tötet, mordet seine Mutter“, begeht also das furchtbarste Verbrechen, dessen sich ein Mensch schuldig machen kann. In Westfalen und Schwaben heißt das Tierchen „Herrgottsvögelein“, in Schlesien, Böhmen, Tirol und anderen katholischen Gegenden Deutschlands „Muttergottesvögelein“. In Hessen blies sonst der Türmer vom Turm, wenn er die erste Schwalbe im Frühling auf seinem luftigen Sitze bemerkte. Man nannte das das „Schwalbenanblasen“. An manchen Orten war es üblich, daß der Hausbesitzer vor die Türe trat und die Schwalben begrüßte, wenn sie heimkehrten. Von einem Hause, wo Unfriede waltet, zieht die Schwalbe weg, wo sie bleibt, bringt sie Glück und ist ein vortrefflicher Blitzableiter, denn der Wetterstrahl verschont ihrem Nestchen zuliebe die menschliche Wohnung. Wenn die an einem Anwesen nistenden im nächsten Frühling nicht heimkehren, ist das aber ein Zeichen, daß es im Laufe des Jahres abbrennen wird, und wenn ein Nestchen herunterfällt, daß die Bewohner das Haus bald verlassen müssen. Sie fliegen gern über eine Braut, und wenn ein Mädchen zuerst im Lenz gleich zwei Schwälbchen beieinander sieht, so heiratet es in dem Jahre noch. In Thüringen trugen die Bauerndirnchen früher ein getrocknetes Schwalbenherz in einer Kapsel um den Hals, um das junge Mannsvolk anzulocken.

Berühmt war der Schwalbenstein, Chelidonius, den man, so groß und geformt wie ein Hanfkorn, im August in der Leber junger Schwalben fand. Patrin sagt von ihm, man fände in den Bächen in der Umgegend von Sassenage in der Dauphine kleine Chalcedone oder Achate von Linsenform, die man pierres de Chélidoine (Schöllkrautsteine) nenne, weil sie dem

Samen des Schöllkrauts glichen, oder pierres d'hirondelle, weil man sie in dem Magen der Schwalbe (hirondelle) fände. In der Normandie erzählt man folgendes: Die Schwalbe sucht am Ufer des Meeres einen Stein, der blinden Augen die Sehkraft wieder gibt. Die Bauern blenden die Jungen eines ganzen Nestes, worauf die alte Schwalbe fortfliegt den Stein zu holen. Die Bauern haben unterdessen unter dem Neste ein rotes Tuch ausgebreitet, darauf läßt die Schwalbe, die es für Feuer hält, den Stein fallen, um ihn dem Menschen zu entziehen und zu vernichten.

Aus den Schwalben selbst wurden allerlei Volksarzneimittel bereitet, es mußten aber Stachel- oder Rauchschwalben sein, die für heilsamer galten und stellenweise in Deutschland den schönen Namen „Edelschwalben" führen. Besonderen Ruf genossen sie zu Mitteln gegen Augenleiden. Das lag der mittelalterlichen Anschauung nahe: „Hat eine Schwalbe den Vater Tobias um sein Augenlicht gebracht, dann muß sie günstig für die Augen sein." Das war so ein Pröbchen des alten Satzes: similia similibus curantur! Aus Schwalbennestern wurde eine Salbe gegen das Podagra hergestellt, und Schwalbennester legte man an Krämpfen leidenden Kindern unter das Kopfkissen als Gegenmittel; sie mußten aber vom eigenen Hause sein. Wenn in alten Zeiten von Schwalbennestern die Rede ist, sind, wie sich aus dem Zusammenhange der Mitteilung ergibt, wohl immer die der Mehlschwalbe gemeint.

Bei dem großen Ansehen, das die Schwalben auch im Altertum genossen, ist die Angabe des Diogenes von Laërte doppelt auffallend, daß nämlich die Anhänger der pythagoräischen Schule keine unter ihrem Dache nisten ließen. Nun, die waren ja überhaupt schnurrige Herren, bei denen vieles möglich war, wunderlicher ist es eigentlich, daß man die Tierchen hin und wieder in Deutschland fing um sie zu essen. Das wird besonders den Halloren zu Halle schuld gegeben.

Die Chinesen stehen den Vögelchen ebenso wohlwollend gegenüber wie die Deutschen, und in Peking, wo sie in großer Menge an den Häusern nisten, befestigt man oft Brettchen an die Mauern, um den Nestchen besseren Halt zu geben. Von der Mehlschwalbe berichtet Russel, daß sie in Lissabon ganz auffallend wenig scheu seien. Sie setzen sich hier in den lebhaftesten Straßen zwischen die Gleise der Pferdebahnen, um den zum Aufbau ihrer Nestchen nötigen Straßenkot zu holen.

Die Neigung, sich dem Menschen und seinen Bauwerken anzuschließen, sitzt übrigens den Angehörigen des Schwalbenstammes tief im Blute, ähnlich wie der ganzen Spatzenbande, und sie wählen sich bisweilen die wunderlichsten

Stellen, um ihre Nestchen anzubringen. Die wunderlichste war vielleicht aber doch einmal das Innere eines Gepäckwagens, der vielfach auf der Bahn benutzt wurde und oft hin und herfahren mußte.

Auch sonst sollen die Beziehungen der Schwalben zum Menschen zum Teil sehr eigentümlicher Art sein. So wird öfters behauptet, daß sie Städte, in denen sie zu leben gewohnt sind, plötzlich und gemeinsam verlassen, wenn Epidemien über diese hereinbrechen. So will man es 1832 vor dem Auftreten der Cholera in mehreren Orten beobachtet haben. Plinius berichtet, sie sollten zu Thebä keinen Aufenthalt nehmen, weil die Stadt öfter eingenommen und zerstört wurde, wobei ihre Nester natürlich mit zugrunde gingen.

Auch einer Art Schwalbenpost gedenkt Plinius, von der Quintus Fabius Pictor, einer der ältesten römischen Geschichtsschreiber, der zugleich als Offizier in Gallien gedient hatte, in seinen „Annalen“ spricht. Dieser erzählt, daß man ihm von seiten einer römischen Besatzung, die von den Ligustinern, einem gallischen Volksstamme, in einer Stadt eingeschlossen war und belagert wurde, eine Schwalbe, die man von ihren Nestjungen genommen hatte, gebracht habe, damit er sie zurücksende, nachdem er an einem an ihren Fuß gebundenen Faden durch Knoten angedeutet habe, am wievielsten Tage man seiner Hilfe gewärtig sein und einen Ausfall machen könne. Wohl aus eigener Erfahrung fügt Plinius hinzu, ein gewisser Caecina, ein Ritter von Volaterrae und Besitzer eines Viergespanns, habe in seinem Heimatsort Schwalben gefangen und mitgenommen, wenn er sich zu den Rennen nach Rom begab. Hier habe er sie dann mit der Farbe der sieghaften Partei bestrichen fliegen lassen, um so, da sie immer zum Neste zurückkehrten, seinen Freunden zu Hause so schnell als möglich Nachricht zukommen zu lassen.

Wahrscheinlich veranlaßten die plinianischen Angaben im Jahre 1858 einen Franzosen, einen gewissen Desbouvrie zu Roubaix, dem Gedanken „Briefschwalben“ abzurichten näher zu treten, und er betrieb die Sache 30 Jahre lang. Ein Dutzend folgte ihm, wo er nur hinging. Sie flogen um seinen Kopf und setzten sich auf offener Straße auf seine Schultern. Er hatte sie an das Aus- und Einfliegen gewöhnt und hatte ihnen einen nach Süden gelegenen Schlag eingerichtet, in dem sie auch während des Winters freiwillig verblieben. Womit er sie fütterte, verriet er nicht. Der Vorzug der Briefschwalben vor den Brieftauben ist klar: sie sollen schneller sein, jedenfalls aber reisen sie sicherer, denn sie sind schwerer zu schießen und weniger leicht von Raubvögeln zu fangen. Man hatte sich zwar (1888) im französischen Kriegsministerium für die Sache interessiert, sie dann aber fallen lassen, und man hat nichts weiter von ihr gehört. Eine in Roubaix bei ihren Jungen gefangene wilde Schwalbe, d. h. keine von Desbouvries Pfleglingen, die man in Paris wieder fliegen ließ, soll nach 90 Minuten wieder beim Neste gewesen sein, hätte folglich in dieser Zeit einen Weg von 258 Kilometer, also in einer Minute 2860 Meter zurückgelegt, was ich mit Erlaubnis der englischen Zeitschrift „the Globe“ für eine fette Ente halte. Der englische Naturforscher Harting hatte eine auf dem Neste gefangene Mehlschwalbe zehn Kilometer weit gefahren, um 10 Uhr 30 Minuten fliegen lassen und um 10 Uhr 43 Minuten, also nach 13 Minuten, war sie wieder zu Hause. Harting sagt nicht, ob er die zehn Kilometer in der Luftlinie zurückgelegt hatte oder nicht. Auf alle Fälle aber glaube ich ihm eher als dem Globe!

Weniger unwahrscheinlich ist mir die Angabe, daß die Schwalben bei ihrem Abrichter Desbouvrie immer mit Leichtigkeit über den Winter wegkamen. Es sind verschiedene Fälle bekannt, daß ihrer in England und Deutschland überwintert haben. So war es im Winter 1882 auf 1883 in Rostock, wo sich einige Mehlschwalben in einen Pferdestall in der Georgienstraße einquartiert hatten. Sie blieben während der ganzen kalten Zeit hier, wo sie Futter an in dem warmen Raume überwinternden Fliegen genug finden mochten. Bei schlechtem Wetter und bei Kälte kamen sie nicht hervor, aber an schönen Tagen wurden sie wiederholt im Freien gesehen. —

Ein sehr niedliches Stadt- und Dorfvögelein und ein treuer Anhänger des europäischen Menschen und seiner Wohnungen ist auch das Hausrotschwänzchen, das hier nicht fehlen wird. Allerdings an strohbedachten, hauptsächlich aus Fachwerk bestehenden Baulichkeiten, die die Mehlschwalbe zum Nisten gerade vorzuziehen scheint, dürfen wir es nicht suchen, sondern an steinernen, mit Ziegel- oder Schieferdächern versehenen, die es für Felsgebilde zu halten scheint. Brehm meint sogar, es vergrößere sein Verbreitungsgebiet in Deutschland in dem Maße, wie Häuser mit Strohdächern denen mit Ziegeldächern Platz machen. Das Hausrotschwänzchen ist unbedingt ursprünglich ein Gebirgs- und Felsenvogel und so verhält es sich mit allen Arten der Gattung Ruticilla, deren es 13 gibt. Der Schwerpunkt ihrer Verbreitung liegt im Himalaya; von hier aus entsendet sie Vertreter ostwärts bis Japan, westwärts bis zum Atlantischen Ozean. In Europa nördlich der Alpen finden sich zwei Arten: das Gartenrotschwänzchen (Ruticilla phoenicurus) und eben das Hausrotschwänzchen (Ruticilla tithys). Beide sind, wo sie vorkommen, allgemein beliebte Vögelchen, nur die Bienenväter haben einen Groll auf sie und mit Recht, denn sie schaden deren Pfleglingen sehr empfindlich, und wenn die Schönfärber sagen, sie fräßen bloß die doch unnützen Drohnen, weil sie die Stachel der Arbeiterinnen fürchteten, so sagen sie, wir wollen hoffen, unbewußt, nicht die Wahrheit. Man kann sie schon im Mai, wenn es noch gar keine männliche Imagines gibt, die Bienen an den Stöcken wegfangen sehen, was sie so geschickt zu tun verstehen, daß sie nicht gestochen werden.

Von den Alpen und Pyrenäen aus hat sich der Hausrotschwanz nach Norden und Süden verbreitet. England besucht er nur gelegentlich; Mac Gillivray wußte 1835 nur von fünf Fällen. Erst 1888 wurde er brütend in Essex beobachtet. In den meisten Gegenden Norddeutschlands, zumal des westlichen, ist er in den letzten 40 Jahren häufiger geworden. In den Karpathen soll er nach den Beobachtungen des Grafen Wodzicki die erste Brut im Tieflande abhalten, dann zu einer zweiten und bisweilen dritten in die Berge, bis über das Knieholz hinausgehen um in Felsen zu nisten. Das ist eine sehr auffallende Erscheinung und mir ist von keiner anderen europäischen Vogelart eine ähnliche bekannt.

Auf Capri erscheint der Hausrotschwanz nur im Winter und auf Sizilien ist er, aber nicht sehr häufig, nur am Ätna und bei Syrakus. Bei Lyon findet er sich im Gebirge und geht nur durch die Kälte vertrieben in die Ebene: In der Provence ist er kein Standvogel, sondern erscheint, wohl aus Nordosten kommend, im Herbst und zieht im Frühling wieder fort. In den Pyrenäen lebt er kaum unter 1200 m und ist sehr scheu. Auch in Spanien, wo er z. B. in Galizien Standvogel ist, soll er sehr scheu sein und die Gesellschaft des Menschen fliehen.

Bisweilen brütet er auch in Wäldern, und zwar in Baumlöchern, gelegentlich, z. B. im Riesengebirge, hat man sein Nest auf dem Boden stehend gefunden.

Das Hausrotschwänzchen ist ein munteres Vögelchen, das sehr früh, lange vor Sonnenaufgang aufsteht, was seiner Ernährung bedeutend zu gute kommt. Um diese Zeit sitzen sehr viele Insekten und Spinnen nicht bloß schlafend und ruhend, sondern halb erstarrt zu aller Tätigkeit unfähig an den Wänden und in den Winkeln unter den Dachkästen. Da macht sich ein Jagen gar nicht nötig, das Rotschwänzchen nimmt sie einfach mit dem Schnabel weg, — es pflückt sie gewissermaßen von der Mauer, wie andere Vögel die Beeren vom Busche. Am Tage sieht man es oft vor einem Punkte der mit Fliegen besetzten Wand mit den Flügeln schwirrend in der Luft stehen oder rütteln: dann fixiert es ein an ihr sitzendes Insekt oder eine Spinne im Netze, um im geeigneten Augenblicke zuzufahren und die Beute zu fangen. Man sieht auch wohl wie es sich senkrecht von einem Essenkopf oder von der Giebelspitze des Daches einige Meter hoch in die Luft wirft und ebenso auf die nämliche Stelle, von der es aufstieg, zurückkehrt. Das kann geschehen, um ein vorbeifliegendes Insekt zu haschen, es kann bei den Männchen, und das scheint sogar das häufigere zu sein, aber auch eine Art Lufttanz darstellen.

Die Männchen lassen früh morgens außerdem einen eigentümlichen Gesang hören, der teilweise aus ganz sonderbaren knirschenden Tönen besteht, „fast wie wenn der Vogel vomieren wolle“ bemerkt Bechstein. Häufig läßt er auch, namentlich wenn ihn etwas beunruhigt, sein „Whist! tack, tack“ hören, wobei er überaus höfliche Bücklinge macht. Jenes „Whist“ bringt er überhaupt gern an und der Name Wistling, den er vielfach beim Volke führt, rührt jedenfalls daher. —

Eine größere Vogelart, die zwar nicht im Dorfe, aber dicht dabei, wahrscheinlich in einer der Erlen oder Eschen am Bache nistet, haben wir schon wiederholt ihr charakteristisches Geschrei ausstoßen hören — die Elster. Obgleich sie proskribiert und tatsächlich vogelfrei ist und jeder der überhaupt das Recht hat das Gewehr irgendwo zu gebrauchen, sie schießen darf, — wenn er sie nämlich trifft! — ihr mit Blasrohr, Bogen, Netzen und Fallen auf den Leib rücken kann nach Herzenswunsch, ebenso ihre Nester ganz nach Gefallen ausnehmen mag, findet man sie in Thüringen doch noch dicht bei vielen Dörfern. Die Bauern, die wohl wissen, daß sie ein schädlicher Vogel ist, der ihre Obstbäume plündert und ihnen die Küchelchen vom Geflügelhof wegholt, wollen sie doch nicht ganz beim Dorfe missen, zu dem sie eben auch gehört seit alten, grauen Zeiten. Schon Gesner sagt, man habe gern, daß sie nahe bei den Häusern niste, und begründet das damit, daß sie durch ihr Geschrei die Diebe verriete und von ihrer schlimmen Absicht abhalte. Die Elster ist ja überdies ein Hexenvogel und ein Zauberwesen. Das haben der Bauern Großmütter gesagt und deren Großmütter haben das auch schon gewußt.

Wenn man in die Rinde des Baumes, auf dem sie ihr Nest hat, ein Kreuz schneidet, verläßt sie dieses sofort, denn sie kann das heilige Zeichen nicht vertragen. Sie ist auch verflucht, weil sie beim Tode Christi nicht wie alle andere Kreatur trauerte, sondern lustig lachte und schackerte. Ihre Schwatzhaftigkeit spielt beim Volke überhaupt eine große Rolle, und von einem schwatzhaften Menschen, einem „Gährluder“, um gut Thüringisch zu reden, sagt man, er habe Elstereier gegessen. Läßt sie ihre Stimme noch nach Johanni laut erschallen, so ist Teuerung zu erwarten. Wenn sie des Morgens vor einem Hause schreit, so gibt es an dem Tage noch Lärm, Zank und Streit in ihm, oder es stellt sich ein unangenehmer, wenig erwünschter Besuch ein. Wenn sie aber ebenda fröhlich schackert und lustig schwatzt und plaudert, so darf man auf liebe Gäste rechnen. So gut das Geschrei einer einzelnen für eine Familie Zwist und Hader bedeutet, so das großer Elstergesellschaften Krieg für das ganze Land.

Hüpft einem eine über den Weg, wenn man zu irgend einem wichtigen Unternehmen gerüstet ausgeht, so kann man nur ruhig umkehren und zu Hause bleiben, denn Erfolg hat man doch nicht, höchstens Ärger und Verdruß. Dieser Aberglaube scheint in ähnlicher Art weit verbreitet zu sein, wenigstens glauben nach Humphrey Davy in England die Leute, die zum Forellenfang ausziehen, eine Elster, die ihnen begegnet, sei ein schlechtes Zeichen, kämen aber zwei, dann würden sie Glück haben.

In Deutschland ist man noch vielfach überzeugt, daß, wenn sich eine Elster auf ein Haus setze, der Besitzer oder Inhaber sterben müsse — sei das Haus eine Kirche, der Pastor, eine Zitadelle, der Kommandeur. Eine innerhalb der sogen. Zwölf Nächte, das ist zwischen Weihnachten und dem Tage der Heiligen drei Könige, geschossene in den Stall gehängt, hielte für das kommende Jahr die Fliegen aus ihm entfernt. Ebenso blödsinnig ist der Aberglaube, der behauptet, eine in der nämlichen Zeit geschossene liefere zu Asche gebrannt die besten Pulver gegen die Epilepsie. Im Jahre 1855 oder 1856 erließen gewisse Mitglieder der Königl. sächsischen ersten Kammer, wie Karl Vogt mitteilt, einen Aufruf, man solle in jener Zeit Elstern schießen für die Diakonissenanstalt in Dresden, damit den frommen Damen der Stoff zu solchen Pulvern nicht ausgehe.

Als etwas Unheimliches wurden vom Volke immer die sogen. Elsterhochzeiten betrachtet, merkwürdig sind sie freilich. Gelegentlich hat man namentlich im Herbst sowohl in Deutschland wie auch in anderen Ländern, namentlich in England, bei schönem Wetter und besonders in den Vormittagsstunden beobachtet, daß mehrere Elstern, manchmal der Schätzung nach, denn so unruhige Vögel in größeren Mengen zu zählen ist unmöglich, über hundert, zusammenkommen, auf Bäumen, in Hecken und auf Wiesen hin und herhüpfen und -flattern, dabei laut schackernd und schwatzend. Die Bedeutung solcher Vereinigungen ist unklar, mit den Herbstversammlungen anderer Vogelarten, namentlich der Schwalben lassen sie sich nicht so ohne weiteres vergleichen, denn die Elstern sind keine Zugvögel.

Bezüglich des Nistens befolgen diese Vögel ihre besonderen Gewohnheiten, die von denen anderer Krähen- und Rabenformen einigermaßen abweichen.

Sie benutzen das vorjährige Nest nicht gern wieder, bessern es meist auch nicht aus, ja sie sollen in jedem Jahre auf einem anderen Baume, wenn auch immer in der Nachbarschaft, nisten. Meist bauen sie ihren Horst auf ziemlich hohe Bäume in der Nähe des Gipfels, sie sind aber in dieser Beziehung durchaus nicht pedantisch, ja nisten selbst sehr häufig in Büschen. Man hat sogar zwei Elsterrassen annehmen wollen: eine langschwänzige Baumelster und eine mehr kurzschwänzige Buschelster. In der Regel sind die Nester überdeckt.

In Norwegen baut der Vogel nach Davies fast immer in Büsche, in Santersdal sehr oft unter die Dachkästen der Häuser, wo die Bauern manchmal große Stützen anbringen, auf denen die Nester ruhen, denn die Elster gilt hier als ein Tier von guter Vorbedeutung und man hat es gern, wenn sie am Hause selbst oder wenigstens in seiner nächsten Nachbarschaft brütet. Unser Gewährsmann sah einmal neun Elsternester auf einem niedrigen Fichtenbaume dicht bei einem Hause.

Noble fand die Nester auch in Andalusien ganz dicht über dem Boden in Korkeichen oder in Brombeerbüschen, in letzterem Falle waren sie nicht mit einer Kuppel versehen. Im Kaukasus brütet sie, wie Radde beobachtet hat, da, wo Bäume fehlen, sogar stellenweise einfach auf Felsen auf dem Boden.

Die Gattung Elster (Pica) umfaßt nur drei Arten: die gewöhnliche (caudata), die algerische (mauritanica) und die kalifornische (californica). Die erste ist die am weitesten verbreitete, denn sie bewohnt ganz Europa und das nördliche Asien bis Japan, sowie außerdem das westliche Nordamerika. Die größere algerische findet sich nur in Marokko und Algerien, aber im Süden der Iberischen Halbinsel treten Übergänge zwischen ihr und der gemeinen auf. Die kalifornische ist bedeutend kleiner und hat einen gelben Schnabel, während die beiden altweltlichen Formen einen schwarzen haben.

Nach Irland soll die gemeine Elster vom Winde verschlagen erst gegen Ende der Regierung König Jakobs II., also etwa 1688 gekommen sein. Zu Fynes Morysons Zeiten (1603) war sie jedenfalls noch nicht dort, denn dieser hätte sie in seiner Naturgeschichte der Insel sonst gewiß erwähnt. —

Die Elster ist im allgemeinen sicher ein schädlicher Vogel, und wenn es mir auch herzlich leid tut, daß das schöne Tier bei uns so eifrig verfolgt wird, kann ich doch keine stichhaltigen Gründe dagegen ins Feld führen. Wohl kann ich das mit zwei anderen Vogelarten, die auch zur Tierwelt dieses Dorfes gehören, das sind der Turmfalke und die Schleiereule. Gerade hier allerdings erfahren sie, dank dem Einfluß und den Belehrungen des tierkundigen Pastors, keine Nachstellungen, wohl aber sonst in den meisten Ortschaften Thüringens, eines Landes, in dem der alte Bechstein, die beiden Brehms, Vater und Sohn, Hermann Schlegel, Liebe und Pastor Thienemann, sämtlich Ornithologen ersten Ranges, geboren sind und zum Teil auch gewirkt haben.

Was Palmer, ein nordamerikanischer Naturforscher, über die Verfolgungssucht, die man Tag- und Nachtraubvögeln gegenüber zu entwickeln sich für verpflichtet hält, sagt, gilt nicht nur für die Vereinigten Staaten, sondern auch für Deutschland.

„Seit 1875," bemerkt Palmer, „machte sich ein Übereifer in den Bestrebungen die Tagraubvögel und die Eulen auszurotten bemerkbar, obwohl es klar bewiesen war, daß die Mehrzahl der Arten dieser Vögel in Wahrheit eher nützlich als schädlich sei. Hawklaws (Raubvögelgesetze) gingen in neun Staaten durch. In New Hampshire wurden sie, nachdem sie vier Jahre in Geltung gewesen waren, 1881 verworfen, aber 1893 wieder eingeführt. In Pennsylvanien haben sie anderthalb Jahre bestanden und dem Staate während dieser Zeit nicht weniger als 90000 Dollars Prämiengelder allein für Raubvögel gekostet. Hart Merriam, amerikanischer Staatsornithologe und ein tüchtiger Mann dazu, hat nun berechnet, daß der Wert des Hausgeflügels, das innerhalb dieser Zeit den Raubvögeln in Pennsylvanien zum Opfer fiel, 1875 Dollars war. Aber ein jeder der Tagraubvögel und eine jede von den Eulen töten in einem Jahre mindestens 1000 Mäuse. Jeder einzelne jener Vögel würde, wenn man den Schaden, den eine Maus in eben der Zeit tut, nur zu zwei Cent rechnet, dem Landmann 20 Dollars erhalten haben. Mit anderen Worten: die Ausgabe von 90000 Dollars veranlaßte die Ausrottung von einer Vogelmenge, deren ideeller Wert sich auf 3875130 Dollars belief, um dem möglichen Verluste von 1875 Dollars an Hausgeflügel vorzubeugen!"

Diese Berechnung eines der tüchtigsten Fachleute der Vereinigten Staaten von Nordamerika zeigt so recht, was solche Maßregeln zur Ausrottung sogen. schädlicher Vögel für zweischneidige Schwerter sind. Außerdem stellte ein gewisser Dr. Warren noch fest, daß unter den in Pennsylvanien als von Raubvögeln herrührend abgelieferten Köpfen, sich solche von Haushühnern und wilden Hühnerarten, Kuckucken usw., ja sogar von Nachtschwalben befanden.

Der Turmfalke (Falco tinnunculus) ist ein prächtiger Geselle, der in der wärmeren Jahreszeit ganz Europa und das nördliche Asien einschließlich Japan bewohnt, im Winter nach Nordafrika, gelegentlich auch nach West- und Südafrika und selbst bis zu den Seychellen, im Osten bis Vorderindien und Ceylon wandert. In Vorderindien soll er von Kaschmir bis zu den Nilghiribergen brüten. Es frißt bei uns größere Insekten, Reptilien, ab und zu wohl auch ein Vögelchen, wenn es ihm in die Fänge fliegt — wir wollen ihn nicht besser machen, als er ist — vorzüglich aber Mäuse. Nach Hamilton frißt er in Indien nur sehr ungern Vögel und nach Legge im Winter in Ceylon gar nicht. Im westlichen Asien fängt er sich viel Wanderheuschrecken, über die er in der Luft rüttelt. Den gefangenen reißt er Flügel und Beine aus und in zwei Minuten ist alles fix und fertig: in der Zeit hat er sich eine Heuschrecke gefangen, zurecht gemacht und gefressen. Auch im Kaukasus lebt er, wie Radde bemerkt, hauptsächlich von Mäusen, weshalb er auch in trockenen Ebenen und auf Kulturboden ungleich viel häufiger als in Wäldern und feuchten Niederungen ist. In Tunis fand König in den Mägen der von ihm erlegten Turmfalken nur selten Vögel, öfters schon Mäusereste, aber meist größere Mistkäfer und Heuschrecken.

In der Regel brütet der Vogel bei uns in alten, hohen Bauwerken, wie hier in diesem Dorfe in dem romanischen Kirchturme, oder in Felsenlöchern, auf Bäumen und nicht ganz selten in Baumhöhlungen. Man hat seinen Horst sogar auf dem flachen Boden gefunden, obwohl ein paar Kilometer davon Bäume genug waren.

Wie uns der Senator von Heyden aus Frankfurt a. M. erzählt, war es früher bei Rippoldsau im Schwarzwalde bei den Bauern üblich, Körbe vor die Häuser zu hängen, in die die Turmfalken nisteten und die Menschen nicht scheuten. Man tat das noch um 1830, um die Habichte durch die Anwesenheit und das Geschrei der Falken von den Hühnerhöfen abzuhalten. Man hat es aber später unterlassen, als man erfahren mußte, daß man einigermaßen die Böcke zu Baumgärtnern gemacht hatte und die Turmfalken selbst sich die Küchelchen wohlschmecken ließen. —

Viel allgemeiner bekannt und gewürdigt als der Turmfalke ist im Volke die Schleiereule als nützlicher Vogel. In der Mitte des 18. Jahrhunderts schrieb Erich Pontoppidan, die norwegischen Bauern sähen es gerne, wenn die Eulen in ihren Gehöften nisteten, und an den niedersächsischen Bauernhäusern befindet sich seit altersher bis auf den heutigen Tag das „Uhlenloch", durch das der Rauch abziehen und die Schleiereule frei ab- und zufliegen kann.

Die Nahrung des Vogels besteht aus Mäusen, Ratten, Spitzmäusen, Maulwürfen, Fledermäusen, kleinen Vögeln und Kerbtieren, gelegentlich holt er sich wohl auch einen Fisch mit den Fängen aus dem Wasser. Wie alle Eulenarten gibt die Schleiereule unverdauliche Teile ihres Fraßes, Knochen, Zähne, Schnäbel, Haare und Federn durch das Maul wieder von sich in der Gestalt der sogen. Gewölle, filzartiger, grauer, mehr oder weniger gestreckt eirunder

Massen. Diese Gewölle sind von Altum auf ihren Inhalt auf das genaueste untersucht worden, aber die Untersuchung ist nicht zu gunsten der Schleiereule ausgefallen! Er fand in 706 Gewöllen Reste von 2530 Säugetieren und von 22 kleineren Vögeln. Von den Säugetierresten gehörten nur 933 schädlichen, die übrigen nützlichen Arten und unter ihnen 1580 Spitzmäusen an, die bekanntlich ausschließlich von tierischer Kost leben. Ein anderes Mal untersuchte der genannte Forscher 349 Gewölle der nämlichen Eulenform. Er fand Reste von sechs Vogel- und von 13 Säugetierarten, die letzteren in 1433 Individuen, wovon 897 zu den als nützlich angesehenen gehörten, und zwar waren es bis auf neun Fledermäuse und einen Maulwurf lauter Spitzmäuse. Mit manchen Angaben, die die Nützlichkeit der Schleiereule dartun sollen, kann man so gar nichts anfangen, so z. B. mit der, daß ein fütterndes Pärchen seinen Jungen aller 12 bis 15 Minuten eine Maus bringt. Ja, ist das nun der Nager oder der Insektenfresser „Maus“? Das dürfte schwer zu entscheiden sein!

Sucht sich nun der Vogel mit besonderer Vorliebe Spitzmäuse, oder sind diese durchschnittlich häufiger als Haus- und Feldmäuse? Ich glaube beides nicht, wohl aber, daß die kleinen Nager bedeutend schlauer und vorsichtiger, daher schwerer zu jagen sind, als die in geistiger Hinsicht viel weniger begabten Insektenfresser. Sonst dürfte die Schleiereule zwischen kleinen Säugetierarten keinen Unterschied machen und in sogen. Mäusejahren, wenn in gewissen Gegenden im Spätherbste die Äcker von Feldmäusen wimmeln, daher auch viele gefangen werden können, wird sie gewiß grimmig unter diesen aufräumen. Man hat auch in solchen Jahren in Deutschland und England im Oktober, November und sogar im Dezember Junge gefunden und Eier, auf denen die Alte brütend saß. Die eigentliche gewöhnliche Brütezeit fällt in den April und Mai und wenn eine Brut gegen Ende des Jahres stattfindet, ist das meiner Meinung nach keine verschobene erste, sondern eine zweite.

Freilich ist es noch die Frage, ob die Spitzmäuse wirklich so nützlich sind, wie man von ihnen sagt. Insekten fressen sie freilich, aber welche hauptsächlich? Unbedingt solche, die sich auf dem Boden aufhalten, und da sie selbst wesentlich in der Nacht tätig sind, in erster Linie nächtliche. Als nächtliche Bodeninsekten kommen namentlich Laufkäfer in Betracht, die ihrerseits auch wieder sehr eifrige Vertilger anderer Kerbtiere und der Schnecken sind.

Es ist gar nicht leicht über den Nutzen oder Schaden, den Tiere stiften, ein entscheidendes Urteil zu fällen. Sehr häufig kann man lesen, daß es irgend einer Säugetier- oder Vogelart hoch angerechnet wird, daß sie Grasfrösche und Eidechsen frißt, die selbst zu den sehr nützlichen Geschöpfen gehören!

Sonst wird der Schleiereule im besonderen als Schaden angerechnet, daß sie Vögel, die sich in Dohnen und Schlingen gefangen haben, und Singvögel, die ihre Besitzer über Nacht vor dem Fenster im Käfig haben hängen lassen, rauben. Was den ersten Vorwurf betrifft — nun, wenn die Vögel einmal gefangen sind, gönne ich sie lieber der Eule als irgend einem menschlichen Leckermaule, und was den zweiten Punkt angeht, da will ich den Vogelbesitzern einen Rat geben, wie sie ihre Pfleglinge unbedingt vor solchen nächtlichen Angriffen schützen können, und der lautet: laßt sie nachts nicht vor den Fenstern hängen!

In Spanien wird den Schleiereulen nachgeredet, sie söffen das Öl in den Kirchen aus den ewigen Lampen. Wenn nur nicht die Kirchendiener etwa eigenes Vergehen den armen Vögeln aufhalsen, nicht, daß sie selbst das Öl verzehren, aber wohl daß sie es verkaufen oder das dafür bestimmte Geld unterschlagen. Abgesehen davon, groß wäre der Schaden überhaupt nicht! Nach meiner Meinung wirkt Öl, das einem Tiere zur Nahrung dient, nützlicher und ist Gott wohlgefälliger, als solches, das zwecklos verqualmt.

Die Schleiereule sammelt sich auch Vorräte, allerdings nicht auf lange Zeit, das geht bei der ausschließlich tierischen Natur ihrer Nahrungsmittel nicht wohl an, aber doch für etliche Nächte. Sie trägt, wie die meisten Vögel, einen äußerst empfindlichen Barometer in sich und fühlt, wenn anhaltendes schlechtes Wetter droht, das ihre nächtlichen Beutezüge erfolglos machen würde. Sie fängt sich dann mehr kleine Säugetiere und Vögel, als sie zur augenblicklichen Befriedigung ihres Hungers gebraucht, und hebt sie sich auf. Dann liegen sie auf einen Haufen getragen neben ihrem gewöhnlichen Sitz. Vögel zerstückelt sie beim Fressen, die kleinen Säugetiere schluckt sie aber ganz herunter, ohne auch nur die größeren Knochen zu zerkleinern.

Die Stimme der Schleiereule ist nach meinen Erfahrungen nichts weniger als schön. Ob es wahr ist, daß ihr, wie Publius Nigidius Figulus, ein Freund Ciceros, nach Plinius behauptete, neunerlei verschiedene Weisen zu Gebote stehen, weiß ich nicht, ich kenne nur ein übellautendes Kreischen von ihr, das sie besonders in Frühlingsnächten hören läßt, und ein sonderbares schnarchendes Pfauchen. Sehr merkwürdig ist die Beobachtung eines gewissen Woodewart, daß sie in Zululand ganz anders schreit als in Europa.

Die Jungen, die lange im Neste bleiben, vollführen auch noch, nachdem sie ausgeflogen sind, nachts einen abscheulichen Lärm, um, wie der ältere Brehm glaubte, die Alten immer wissen zu lassen, wo sie sich befänden. Da dies aber auch geschieht, so lange sie noch im Neste sind, wo die Alten sie doch sicher anzutreffen wüßten, sehe ich die Ursache davon mehr im Hunger, oder besser, in ungeduldiger Gefräßigkeit.

Der Vogel ist fast über die ganze Erde verbreitet, aber in heißen Ländern seltener als in gemäßigten. Er fehlt auf Neuseeland, sowie auf manchen ozeanischen und austromalayischen Inseln, auch auf den Falklandinseln. Nach Radde kommt er auch, was sehr merkwürdig wäre, nicht im Kaukasus vor. Bei einem so gewaltig großen Verbreitungsgebiet bildet die Schleiereule selbstverständlich viele lokale Formen, von denen man 5, teilweise sogar 12 als Arten unterschieden hat. Über diese Frage äußert sich der Engländer Bowdler Scharpe folgendermaßen: „Was die Schleiereule anlangt, so bin ich zu dem Ergebnis gekommen, daß nur ein Haupttypus vorhanden ist, der auf dem gesamten Festlande der Alten und der Neuen Welt vorherrscht. Er ist je nach den Lokalitäten dunkler oder heller, bietet aber sonst keine durchgehenden Eigenschaften, die genügen könnten, Arten danach aufzustellen. Auf Inseln beheimatete Schleiereulen variieren, aber doch nicht in dem Grade, daß man Arten unterscheiden könnte, denn in großen Reihen von Festlandexemplaren findet man immer solche, die den betreffenden Inselformen nahestehen."

Am abweichendsten soll die auf Curaçao vorkommende Form sein, auch von den auf den übrigen westindischen Inseln lebenden. Namentlich soll sie viel kleiner sein.

Bei uns in Deutschland ist diese Eulenart ein Standvogel im ausgesprochensten Sinne des Wortes, der nicht einmal streicht, es sei denn in der Jugend, wenn sie eine Familie begründen will und Wohnung sucht. Sie vermeidet große Waldungen und das Hochgebirge, sowie öde, entlegene Gegenden, liebt aber die Nähe von Getreideland und menschlichen Wohnungen der Mäuse und der Nistgelegenheiten wegen. In erster Linie bewohnt sie alte Gebäude, Ruinen, Schlösser, Kirchböden und Scheunensöller, doch auch Felsen- und Baumlöcher.

Am Tage sitzt sie in einem Winkel ihres Aufenthaltsortes versteckt, verläßt ihn abends und zwar, wenn er größer ist und mehrere Ausgangsöffnungen hat, immer durch die nämliche, ganz bestimmte. In mondhellen Nächten jagt die Schleiereule bis gegen Sonnenaufgang, in dunkeln aber bloß des Abends und gegen Morgen nochmals. Wahrscheinlich macht sie bei größerer Dunkelheit reichere Beute und kann ihren Hunger eher befriedigen.

Ich bezweifele, daß sie an ihren Aufenthaltsorten selbst jagt. Gern dringt sie in Taubenschläge ein, um in ihnen zu nisten und sich aufzuhalten. Sie tut aber den Tauben nichts und diese sind bloß an den beiden ersten Tagen von ihrer Gegenwart beunruhigt, schon am dritten Tage haben sie sich an die Eule gewöhnt und nehmen keine Notiz von ihr, selbst wenn sie Junge haben nicht.

Wenn die Schleiereule da, wo sie wohnt, wie ich vermute, nicht jagt, hilft ihre Gegenwart auf Kornböden auch nichts gegen die hier befindlichen Mäuse. Auch Katzen den freien Zutritt zu gestatten hat sein Bedenkliches. Da kann die sonst so lobenswerte Reinlichkeit dieser Tiere sehr lästig werden. Bekanntlich haben sie die Gewohnheit, ihren höchst widerlich riechenden Unrat zu verscharren, und einer Katze kann man verständigerweise nicht wohl zumuten, daß sie in dieser Hinsicht zwischen einem Haufen von losem Sande und von Getreidekörnern einen Unterschied macht, das hieße denn doch den Katzenverstand überschätzen. Der beste Mäusevertilger ist da der Igel, den die intelligenteren Bauern in Thüringen auch vielfach in Scheunen und Ställen halten.

Der Igel ist, wie alle Angehörigen der Ordnung der Insektenfresser, ein wunderlicher Kauz, dem Plinius ein ziemlich langes Hauptstück gewidmet hat. Der Handel mit seinen Fellen war im alten Rom monopolisiert und warf einen großen Gewinn ab, es lief aber dabei viel Betrug mit unter und über keinen Gegenstand lagen häufigere Senatsbeschlüsse vor und kein Kaiser blieb mit Klagen aus den Provinzen hierüber unbestürmt. Wäre die stachelige Haut des Igels nicht, so wären für die Menschen, nach Plinius Meinung, die weichen Bliese der Schafe nutzlos, denn mit jenen Häuten bürste man die Kleider. Diese unklare Stelle hat verschiedene Deutung gefunden: die einen Ausleger meinen, daß sich die Alten der Igelhäute zum Karden der Wolle, die anderen, daß sie sich ihrer zum Auskämmen der fertigen Kleider bedient hätten, die aus langhaarigen Wollstoffen gemacht waren. Ich bin zwar weder ein Philolog noch ein Tuchfabrikant, aber die erstere Auffassung gefällt mir besser: das Karden der Wolle war entschieden wichtiger und von allgemeinerem Interesse, als das Ausbürsten der Kleider von Privatpersonen. Inwieweit aber bei dem Handel mit Igelfellen ein Betrug unterlaufen konnte, ist mir unklar.

Die Igel sind eine altweltliche Gattung der Insektenfresser von etwa 20 Arten und haben Vertreter in ganz Europa und auf dem ganzen Festlande von Afrika, sowie auf einem großen Teil von dem asiatischen, fehlen aber auf Madagaskar, in Burma, Siam und Malakka, sowie in der gesamten australischen Region. Sie besitzen die Fähigkeit sich mittels eines kappenartig über die ganze Oberseite verlaufenden Muskels vollständig zusammenzurollen, so daß Kopf, Schwanz und die vier Gliedmaßen von dem Stachelkleide bedeckt sind. Die Arten Indiens und Afrikas sind das ganze Jahr munter, die der kälteren mehr nördlich gelegenen Gegenden verfallen in einen Winterschlaf.

Der europäische Igel (Erinaceus europaeus) hat einen kleinen Kopf, ein rötlich-gelbes Gesicht, eine spitze Schnauze oder geradezu einen Rüssel, ein weitgespaltenes Maul, kurze, breite, behaarte Ohren, kleine, schwarze Äuglein, kurze Beine, starke Krallen und einen sehr kurzen, stummelförmigen Schwanz. Die Unterseite ist hellrötlich bis grau behaart. Die Stacheln sind äußerst charakteristische Gebilde, und daher ist es mir doppelt rätselhaft, wie die alten Römer es angefangen haben, mit ihnen Betrügereien vorzunehmen. Sie sind gelblichweiß von Farbe, am oberen Ende und in der Mitte braun, und jeder hat 24 oder 25 Längsfurchen, die nach der Spitze zu immer seichter werden und endlich ganz verstreichen. Die ganz jungen Igel haben schon, wenn sie geboren werden, ein Stachelkleid, aber ein noch ganz weiches und völlig weißes.

Durch die Anwesenheit der starken Krallen an seinen Füßen ist der Schall der Tritte des Igels ein ziemlich lauter und in stiller Nacht, wenn er die Kornböden eifrig auf- und abläuft ein sehr vornehmlicher. Es ist sonderbar, daß er hierdurch sein vorsichtiges, scheues Wild, die Hausmäuse nicht verscheucht. Vielleicht schätzen diese den ihnen doch ziemlich im allgemeinen fremden Gesellen gar nicht für einen so gefährlichen Feind.

Die Jäger und viele Leute aus dem Volke mit ihnen unterscheiden und unterschieden schon zu Gesners Zeiten zwei Rassen des gemeinen Igels: den Sau- oder Schweinigel und den Hundsigel. Ersterer soll einen mehr stumpfen Rüssel haben und in wilderen Gegenden und Wäldern wohnen, letzterer aber mehr eine Schnauze wie ein Hund aufweisen und sich mehr in der Nähe menschlicher Wohnungen aufhalten. Daß die Sache Unsinn ist, bedarf wohl kaum erwähnt zu werden. Ich kannte vor Jahren einen alten, etwas versoffenen Waldbruder, der, wenn man ihm einen einzelnen Igel vorlegte, mit großer Bestimmtheit erklärte: „das ist ein Schweinigel“ oder „das ist ein Hundsigel“, aber angesichts mehrerer Exemplare zweifelhaft war und daher solchen verfänglichen Versuchen und Fragen lieber aus dem Wege ging, oder sich mit allgemeinen Redensarten aus der Schlinge zog.

Ein anderer die Naturgeschichte des Igels betreffender Punkt, der vielfach von Gelehrten und Laien besprochen worden ist, betrifft seine Festigkeit gegen Gift, sowohl gegen Gift, das er innerlich erhält, wie gegen solches, das mit dem Bisse einer Giftschlange in sein Blut kommt. Ich muß sagen, ich stehe dieser sogen. Immunität des Igels gegen Gifte, sie mögen ihm wie auch immer beigebracht sein, sehr wenig gläubig gegenüber. Giebel verabreichte einem Igel Blausäure, und dieser verendete so prompt, wie nur irgend ein anderes Säugetier. Professor Harnack in Halle a. S. und sein Assistent Dr. Kleine sind bei ihren Untersuchungen zu folgenden Resultaten gekommen: Der Igel ist widerstandsfähig gegen gewisse Gifte, die sich in Kerbtieren, Lurchen und Kriechtieren finden. Diese Tatsache steht ohne Zweifel mit der Nahrung des Tieres im engsten Zusammenhange, wobei noch darauf hingewiesen sei, daß Kaninchen mit den Blättern der Tollkirsche, sowie Ziegen mit Schierlingskraut ohne wesentlichen Nachteil gefüttert werden können. Auf einer Zerstörung der tierischen Gifte im Organismus des Igels scheint diese Widerstandsfähigkeit jedenfalls nach Harnacks Untersuchungen nicht zu beruhen.

Über das Verhalten des Igels gegen Schlangen liegen mehrere Beobachtungen vor. Ich will bloß zwei mitteilen und eine, die sich bei Gesner findet, nur kurz erwähnen. Der Schweizer Plinius sagt, der Igel und die Schlangen hätten große Feindschaft gegeneinander. Wenn beide Tiere zusammenkämen, so rolle sich der Insektenfresser sofort zusammen, die Schlange aber umschlinge ihn trotz der Stacheln immer fester und lasse nicht davon ab, obwohl sie sich jämmerlich dabei zerstäche und zerfleische. Schließlich ginge sie an den Verwundungen zugrunde, und dann fräße sie der Igel auf.

Eine zweite Beobachtung wird von dem berühmten englischen Geologen Buckland mitgeteilt. Er tat einen Igel und eine Ringelnatter zusammen in einen Kasten. Der erstere rollte sich sofort ein, die letztere nahm keine Notiz von ihm, sondern kroch umher und suchte einen Ausweg. Nun legte Buckland den Igel auf die Schlange und zwar so, daß, wenn er sich entrollte, sein Bauch auf ihr zu liegen kam. Er entrollte sich denn auch, gab der Ringelnatter einen tüchtigen Biß und rollte sich sofort wieder zusammen. Das wiederholte er noch zweimal. Beim letzten Male zerbiß er der Schlange das Rückgrat. Darauf ließ er sie ihrer ganzen Länge nach zwischen seinen Zähnen passieren und zermalmte ihre Wirbelsäule in Abständen von etwa 1,5 cm Länge, so daß sie völlig bewegungsunfähig wurde. Darauf fing er an, sie vom Schwanze aus nach vorn zu aufzufressen, zwar langsam aber ohne Unterbrechung, bis er sie halb verzehrt hatte. Die andere Hälfte genoß er in der folgenden Nacht.

Ein weiterer Bericht rührt von dem Franzosen Coste her und bezieht sich auf einen Igel und eine Kreuzotter. Die Schlange lag im Sonnenschein und schlief. Lautlos näherte sich der Insektenfresser, versetzte ihr einen Biß in den Schwanz und rollte sich zusammen. Die Kreuzotter wurde natürlich sofort wach, wandte sich um und, den Feind erblickend, stürzte sie sich wütend auf ihn. Der Igel rührte sich nicht. Die Otter erhob sich über ihn, zischte, biß ihn wiederholt in die Stacheln, und krümmte sich unter furchtbaren Windungen. Innerhalb fünf Minuten war sie mit Blut bedeckt und ihr zerstochenes Maul war eine große Wunde. Sie machte noch einige krampfhafte Zuckungen und verendete. Nachdem die Schlange so eigentlich Selbstmord begangen hatte, und der Igel merkte, daß sie tot war, rollte er sich auf und schickte sich eben an sie zu fressen, als er sah, daß er von Menschenaugen beobachtet wurde. Da ließ er die Mahlzeit im Stich und entfloh.

Durch diese Beobachtungen von Coste gewinnen die Angaben von Gesner bedeutend an Wahrscheinlichkeit. Man braucht nur anzunehmen, daß die Schlangenart, von der er spricht, keine Giftschlange war, die sich auf ihr Beißen verließ, sondern irgend eine südeuropäische Art von Schlingschlange, die ihren Feind dadurch zu töten sucht, daß sie ihn umschlingt und erdrückt. Unsere Haselotter, die das auch so macht, kann das nicht gewesen sein, die ist einem Igel gegenüber zu klein dazu.

Die Speisekarte des Igels ist reichhaltig. Sie umfaßt so ziemlich alle lebenden Tiere, die er hoffen darf zu bewältigen, und Früchte, sowie saftige Wurzeln und Knollen, wie z. B. Kohlrabi. Er ist ein ziemlich dreister Geselle. Gunn beobachtete, wie er sich an ein erwachsenes Kaninchen machte, das mit einem Beine in einer Falle festsaß. Ein gewisser Mathew hörte einmal einen jungen Hasen Ende April spät am Abend klagen. Als er hinzutrat sah er, daß ihn ein Igel am Hinterbein gepackt hatte.

Vor allen Dingen ist aber der Igel ein tatkräftiger Feind und hartnäckiger Verfolger der Mäuse und Ratten. Ein Beleg möge genügen dieses zu zeigen: Lord Lilford erzählt uns, daß der Garten einer Dame seiner Bekanntschaft von Ratten wimmelte, so daß man sich nicht zu helfen wußte. Da setzte man einige Igel aus und die Ratten verschwanden. Nach einem halben Jahre waren, wohl hauptsächlich durch die Verfolgungen der scharfen Terrier, die Igel ausgestorben, und die Ratten stellten sich wieder ein.

Bekanntlich sehen sich der Igel und seine Frau äußerlich durchaus ähnlich, wie schon in dem plattdeutschen Volksmärchen von seinem Wettlauf mit dem Hasen gesagt wird. Das Weibchen ist, was die niedrige Stellung der Igel in der Reihe der Säugetiere, die auch durch verschiedene anatomische Eigentümlichkeiten bewiesen wird, bestätigt, bloß vier Wochen trächtig. Im Juli oder August wirft es in einem sicheren, versteckten Neste von Moos und im Oktober in der Regel zum zweiten Male vier bis sieben Junge. —

Die Mäuse sind schlimme Gäste auf einem Kornboden, aber es gibt ihrer hier noch mehr, gegen die weder Katze noch Igel helfen, und gegen die auch die Schleiereule nichts nützen würde, selbst wenn sie da die Jagd betriebe. Selbstverständlich meine ich Insektenformen, die außer im Meere allgegenwärtig sind und von allen möglichen organischen Dingen fressen. Diese großartigen Helfershelfer fehlen, wie wir schon bei Vater Mandelblüth im Leipziger Brühl erfuhren, auch auf Kornböden nicht und eine ganze Anzahl von Arten schädigen als Larven oder Imagines oder als beides die Getreidekörner.

Damit hätten wir einen nur kleinen Teil der Tierwelt eines Thüringer Dorfes durchmustert. Wir wollen später dem Gemeindeanger und dann auch einmal dem größten Garten des Orts, der dem wohlhabendsten Bauer gehört, einen Besuch abstatten.

Jetzt laß uns zum alten Hannfried in die Schenke gehn und dort auf den verwitterten, windschiefen Bänken an den grauen, sehr ländlich einfachen Holztischen im gemütlichen, mit alten großen Obstbäumen bestandenen Grasgarten sitzend, ein Glas Lagerbier nebst etlichen Sooleiern vertilgen, so wie wir es vorzeiten, als Hannfrieds Vater dort vor 40 Jahren noch das Szepter schwang, zu halten pflegten.

5. Der Gemeindeanger.

Es freut mich, daß es dir neulich gefallen hat hier in dem alten Thüringer Dorfe, und da die Genüsse aus Freund Hannfrieds Küche und Keller kaum den Grund dafür abgegeben haben dürften, so schmeichle ich mir, daß es die Tierwelt gewesen ist, die ich dir vorführte. Das gibt mir Mut, dich heute, wie ich schon gedroht hatte, auf den Gemeindeanger des Ortes zu schleppen.

Wir folgen der uns bekannten Heerstraße ungefähr 300 m weit vors Dorf und da liegt er an unserer rechten Seite. Es hat sich im Laufe der Zeit auch manches an und auf ihm geändert. Vor allem ist eine prächtige alte Linde, die vor 40 Jahren noch einen guten Teil von ihm beschattete, dem Blitze zum Opfer gefallen, dem jetzt auch hinübergegangenen Schulzen des Orts gewissermaßen zum Hohne, der immer behauptete und sich dabei auf das Zeugnis seines längst begrabenen Großvaters berief, in Linden schlüge das Wetter nicht. Mir war der Baum merkwürdig. Es war nämlich an seinem Stamme ein uraltes Halseisen befestigt; dem Dorfe mochte wohl in früheren Jahrhunderten eine niedere Gerichtsbarkeit über Landstreicher, Felddiebe und solches Gesindel zugestanden haben.

Der Platz ist ansehnlich und wenn im Sommer ein Karussell, eine Bande Rasenwälzer oder ähnliches fahrendes Volk das große, wohlhabende Dorf aufsucht, pflegen hier die Drehfahrten und Vorstellungen mit „hoher obrigkeitlicher Erlaubnis“ stattzufinden.

Ich weiß nicht recht, wie ich das Wasser, das sich in seiner Mitte befindet, nennen soll. Es ist zwar nicht klein, aber die Bezeichnung Weiher oder gar Teich scheint mir nicht recht passend. Es ist eigentlich nichts mehr und nichts weniger als eine große Pfütze trüben, rötlichgelben Lehmwassers, auf deren Oberfläche kein Pflanzenwuchs grünt; nur hier an ihrem Rande stehen ein paar vereinzelte Binsen und auf ihr treiben einige Gänsefedern herum. Gänse und Lehm sind überhaupt die Wahrzeichen dieser Stätte: auf dem kurzen Rasen um den Tümpel herum liegen noch mehr Gänsefedern und zahlreiche andere grünweiße Spuren dieser biederen Vögel. Nach den Äckern zu endet der Anger mit einem senkrechten Lehmabhang, der an seinen höchsten Stellen wohl über doppelmannshoch sein mag. Entlang des oberen Randes dieses Abhangs zieht sich ein langgestreckter, wallförmiger Haufen von Steinen dahin, wie sie vielleicht seit Jahrhunderten auf den benachbarten Äckern aufgelesen wurden. Er ist bewachsen mit Brombeerranken und Schlehenbüschen, mit Wolken von Labkraut, mit stachligem Hauhechel, mit hellgelbem Löwenmaul, mit blauer Mannstreu und goldigem Johanniskraut. Dazwischen erheben sich Skabiosen, Schafgarbe und zierliche Pechnelken. Es ist ein Garten zum Entzücken! Auch eine reiche Tierwelt birgt dieses bescheidene Stückchen Gotteserde: vom Wiesel und der Feldmaus bis zur moderliebenden Assel und der sonnenfreudigen Heideschnecke. Hier huschen flinke Eidechsen und tummeln sich muntere Steinschmätzer, hier treibt der grausame Neuntöter sein Wesen, hier singt die sangeseifrige Goldammer ihr langweiliges Liedchen, hier schleicht die harmlose Blindschleiche ihre trägen Pfade!

An der linken Ecke des Platzes stehen unmittelbar am Lehmabhange fünf oder sechs Pappeln mit fußdicken Stämmen in einer Reihe und lassen ihre unruhigen Blätter im leisen Luftzuge rauschen. Zu welchem Zwecke die wohl hier angepflanzt wurden? Viel wird nicht aus ihnen werden! Von einer bereits abgebrochenen ragt noch der fußhohe Stumpf mit einem dichten Buschwerke schlanker Wurzeltriebe aus dem Boden.

In dem gegenüberliegenden Winkel des Angers befindet sich ein großer Schutthaufen, bestehend aus alten Ofenkacheln, den Scherben von allerlei zerbrochenem irdenen Geschirre, verrosteten Bratpfannen und hunderterlei anderem Abfall Thüringer Bauernwirtschaften. Überwachsen ist ein großer Teil des Ganzen mit Brennesseln, soweit die Gänse sie haben aufkommen lassen, Disteln, Kletten, unheimlichem Bilsenkraut, steifer Wegwarte und anderen Vertretern der Pflanzenwelt des Schuttes, der Ruderatenflora, um mit den Botanikern von Fach zu reden. Ihnen schließen sich noch einige dichte Stachelbeersträucher an und bilden ein undurchdringliches Buschwerk. Daß dieses wunderliche Gemisch von Gewächsen auch seine besondere Tierwelt beherbergen wird, läßt sich denken: da gibt es Kröten, graue Kellerschnecken, nächtliche Laufkäfer usw., lauter versteckt lebende Gesellen, die das Tageslicht hassen, aber auf den Brennesseln sitzen auch Klumpen von dornigen, stachligen, schwarzen, weißpunktierten Raupen, die sich bald in eckige, goldgefleckte, freihängende Puppen, und dann in die koketten Tagpfauenaugen verwandeln werden.

Von der ganzen Tierwelt dieses Erdenfleckchens tun sich am meisten die Gänse hervor, und das ist ihr gutes Recht, denn ihretwegen haben die klugen Vorfahren der jetzigen Einwohner des Dorfes den Gemeindeanger vor vielen, vielleicht schon vor tausend Jahren angelegt.

Was ist so eine Gans für ein prächtiges, gemütliches, urdeutsches Tier! Jawohl, urdeutsch! Ist doch der Name, mit dem wir sie heute noch nennen, eines der ältesten bekannten Worte unserer Sprache, das wir haben: von der germanischen ganza schreibt schon Plinius. Der nämliche erwähnt auch, daß die Moriner, ein germanisch-batavischer Stamm, der in der Gegend der Scheldemündung seßhaft war, bedeutende Gänsezucht betrieben und die Erfolge dieser Zucht zum großen Teil zu Fuß durch Germanien und über die Alpen nach Rom gebracht habe. Von diesen Morinern lernten die Römer auch den Gebrauch Kissen mit Dunen zu stopfen. Für dergleichen Dinge des Luxus und der Verweichlichung hatten die Römer der Kaiserzeit vielen Sinn und ein entgegenkommendes Verständnis, ebenso für gewisse Tafelgenüsse, die man dem Vogel verdankte. Gänsebraten speisten die vornehmen Leute und die, die für solche gelten wollten, in Rom nicht, das Fleisch wurde für eine Kost der geringeren Bevölkerung angesehen. Mit der Leber war es eine andere Sache. Um eine solche große zu erzielen, mästete man die Gans mit Feigen, und Horaz gedenkt einer mit diesen und mit Fett herangefütterten weißen. Noch zu Gesners Zeiten, in der Mitte des 16. Jahrhunderts war dieses Verfahren üblich. Da man aber Feigen in frischem Zustande diesseits der Alpen nicht so leicht haben konnte, bediente man sich hier getrockneter, die mit Wasser aufgeweicht wurden.

Als besondere Leckerbissen wurden von den alten Römern die Füße oder Latschen der Gänse angesehen, die man röstete und mit einem Ragout aus Hahnenkämmen auftrug. Plinius hielt es für der Mühe wert, den Namen des Schlemmers, der dieses Gericht erfand, der Nachwelt aufzubewahren: er hieß Messalinus Cotta, und war Sohn des Schöngeistes Marcus Valerius Messala Corvinus.

Die Römer selbst zogen viel Gänse in besonderen, Anserarien und Chenoboscien genannten Gebäuden, und Columella und Palladius, zwei Schriftsteller über Landwirtschaft, der erste aus dem 1., der zweite aus dem 4. Jahrhundert unserer Zeitrechnung, geben den weißen Gänsen als Speisevögel den Vorzug, und ich bin vollkommen ihrer Meinung. Auch sollen sie besser im Brüten als graue und gescheckte, diese aber fruchtbarer und widerstandsfähiger sein. Das letztere läßt sich hören.

Diese Vögel genossen im alten Rom eine hohe Achtung und waren der Juno Regina, der Himmelskönigin, oder der Matrona tonantis, der Gattin des Donnerers Jupiter, die mit diesem und mit der Minerva die kapitolinische Götterdreiheit bildete, heilig. Das waren sie schon, bevor sie durch ihr Geschnatter die Götterburg des Kapitols vor dem Einbruch der Gallier retteten und weil sie das waren, wurden sie dort gehalten. Sie waren aber jener hohen Herrin geweiht, weil sie häusliche und fruchtbare Tiere waren. Aus dem nämlichen Grunde waren sie bei den Hausfrauen des Altertums, bei der Penelope an der Spitze, beliebt und hochgeschätzt. Die Zensoren, denen die Angelegenheiten des Kapitols unterstanden, hielten die Sorge um die Pflege der hier gehaltenen Gänse für eine ihrer Hauptpflichten. Sie sollten die eindringenden Gallier durch ihren feinen Geruch eher als die Hunde verspürt haben, was ein Unsinn ist, denn das Geruchsvermögen aller Vögel, vielleicht mit Ausnahme der Strauße, ist gering, hingegen haben sie ein vortreffliches Gehör und sind in der Tat sehr wachsam. Doch dem sei, wie ihm wolle, jedenfalls rechnete man ihnen im alten Rom die Rettung des Kapitols hoch an. Jährlich wurde zur Erinnerung an jenen Tag eine Gans mit feierlichem Gepränge und großer Pracht um den Tempel herumgetragen, während ein Hund zum Gedächtnis an die Saumseligkeit seiner Genossen bei jener Gelegenheit in der Nähe lebendig an das Kreuz geschlagen wurde.

Die Wachsamkeit der Gans und ihre Gewohnheit, alles Ungewohnte in ihrer Umgebung mit Geschnatter zu begrüßen, hebt auch die „Gänse-Logia“, eine merkwürdige Scherzschrift des 17. Jahrhunderts über die Gans, hervor. „Die Gans,“ heißt es in ihr, „warnt den Einbrecher mit Gah! Gah! (Geh! Geh!) oder mit Kak! Kak! (Pranger) und zugleich weckt sie ihren Herrn und Meister.“

Die Römer nannten das Geschnatter tonmalend „gratiare“, danken: „gratiat improbus anser“. Warum sie die Gans als „improbus“ (unredlich) bezeichneten und warum sie von jemandem, der es mit der Wahrheit nicht allzu genau nahm, sagten „der schwört auch bei der Gans“, ist gerade bei der sonstigen Wertschätzung, deren der Vogel sich bei ihnen erfreute, merkwürdig, aber dunkel.

Dunkel ist es auch, weshalb der Vogel in Deutschland als dumm verschrien ist. Das ist eine große Ungerechtigkeit, denn er ist im Gegenteil ein sehr gescheites Tier und von unseren Hausvogelarten sicher bei weitem die gescheiteste. Einsichtigere Leute haben schon vorzeiten jene Ungerechtigkeit eingesehen. Der berühmte Julius Cäsar Scaliger, der unter seinen gelehrten Zeitgenossen (um 1530) als einer der Gelehrtesten galt, hielt eine Lobrede auf die verkannte Gans, und in einem alten deutschen Gedichte, „Die Verteidigung der Gans“, heißt es:

Ich bin ein' Gans, schaut mich recht an,
Mein' Tugend weiß nicht jedermann,

und zum Schlusse:

Man hält gar manchen außen schlecht,
Und sieht ihn ganz vor albern an,
Weiß nicht, was er inwendig kann.

Manche Gänseindividuen haben für manchen Menschen eine merkwürdige Vorliebe. Schon im Altertum sprach man von der Zuneigung des Vogels zur Gesellschaft des Menschen im allgemeinen und die Freundschaft zwischen einer Gans und dem Philosophen Lykades war berühmt. Sie folgte dem Denker bei Tag und Nacht auf Schritt und Tritt, und als sie gestorben war, wurde Lykades tief betrübt, beweinte sie und vergaß sogar das Philosophieren für ein Weilchen.

Die Gans ist auch ein militärischer Vogel, der aus freien Stücken, ohne Dressur und Drill, den Gänsemarsch angenommen hat und im wilden Zustande in der Gestalt der altmilitärischen Phalanx, einen erfahrenen Gansert an der Spitze, beim Wandern fliegt. Der Thüringer Bauer nennt diese Figur, prosaisch genug, aber aus seinem Anschauungskreise heraus eine Pflugschleife.

Ein weiterer Beweis des militärischen Sinnes des Vogels liegt in ihrer öfters gezeigten Neigung, sich freiwillig an einzelne Soldaten sowohl, wie an ganze Truppenteile anzuschließen, mit ersteren auf Posten zu ziehen und mit letzteren zum Exerzieren auszurücken.

Schon im Mittelalter war dem Bauersmann und dem ehrsamen Kleinbürger Gänsebraten das Festgericht und es war schon wenigstens beim Beginne der Neuzeit üblich, die Gans, bevor man sie in die Pfanne tat, mit Äpfeln oder Kastanien zu füllen. Auch den Beifuß an den Gänsebraten zu tun, ist ein alter deutscher Brauch, und ein gewisser Poppius berichtet von ihm in seinem Kräuterbuche. Er nennt den Beifuß „gleichsam ein correctorium der Gänse“. Deren Fleisch galt nämlich allgemein als eine nicht sehr gesunde Speise, wenn es schon in der „Gänse-Logia“ heißt: „die Gans ist an ihr selber eine gute Substanz von Gott geschaffen zur Speise denen Menschen.“

Bekannt und wohl heidnischen Ursprungs ist die Sitte, im Spätherbst feierliche, wohl mit Opfergebräuchen zusammenhängende Gänseschmäuse zu veranstalten. Das christliche Mittelalter verlegte den Brauch auf den 10. November, den Martinstag, oder eigentlich auf den Abend des vorhergehenden Tages, und brachte ihn mit dem heiligen Martin von Tours in Zusammenhang.

Der Zufall hat es gewollt, daß Martin Luther am Martinstage das Licht der Welt erblickte, wodurch dieser auch für die Protestanten eine erhöhte Bedeutung behielt, und man hatte so einen angenehmen Vorwand, zu seiner Feier bei der katholischen, ursprünglich freilich heidnischen Sitte zu bleiben und eine Martinsgans zu speisen.

Einen Hauptaufschwung erfuhr das Ansehen des Gansvogels, namentlich in den Augen der gelehrten Welt des Mittelalters, durch den Gebrauch seiner Schwungfedern zum Schreiben. Wir wissen nicht, wann und durch wen diese Verwendung aufkam, von der der bekannte Technologe Beckmann im vorvorigen Jahrhundert sagte, wenn sie die Alten gekannt hätten, so würden sie die Gans und nicht den Kauz zum Vogel der Minerva gemacht haben. Die alte Schreiberei mit harten Griffeln auf mit Wachs überzogene Täfelchen muß ihre großen Unbequemlichkeiten gehabt haben, jedenfalls wird die mit Pinseln oder einem Schilfrohre, dem calamus, und einem flüssigen Farbstoff auf Papyrusrollen viel angenehmer gewesen, und aus ihr mag die mit der Gänsefeder hervorgegangen sein.

Im 16. und 17. Jahrhundert, in denen man über alles mögliche schrieb, entwickelte sich eine besondere Literatur über die Schreibfeder in Deutschland. So verfaßte ein gewisser Michael Fendius 326 Distichen über den Gegenstand und der pfalzgräfliche Leibarzt Michael Majer nach dem erwähnten Vorbilde Scaligers eine Lobrede. In dieser führt er aus, das Geschlecht der Gänse sei eines der edelsten und vornehmsten, denn es lebe auf und in drei Elementen: der Erde, dem Wasser und der Luft. Es nütze der Menschheit durch sein Fleisch, sein Fett, seine Dunen und nicht am wenigsten durch seine Flügelfedern, durch die der Kaiser den anderen Fürsten geböte.

Der gegen Ende des 16. Jahrhunderts berühmte Dichter Johann Stigelius singt:

> O Feder, du regierst auf Erd
> Der Kön'ge Szepter und Schwert,
> Du meldest an zu jeder Zeit,
> Ob Fried' im Land sei oder Streit . . .
> Ohn' deine Hülffe, Rath, Beistand
> Ist kein gelehrter Mann im Land.

Ein anderer, etwas hölzerner Poet jener Zeit, Olorinus, dessen lateinisch geschriebenen Gedichte verdeutscht zu haben einer der wunderlichsten Streiche des wunderlichen Taubmann gewesen ist, sagt in dieser Übersetzung:

Die Feder tuth regieren
Die gantze weite Welt,
Tuth manchen Menschen zieren,
Verdient ihm Gut und Geld.

In der erwähnten „Gänse-Logia“ findet sich folgendes, nicht üble Rätsel:

Ich bin ein kurzes Rohr, belochet in der Mitten,
Von dem, der mich gebraucht, geritzet und geschnitten;
Ich trinke schwarzen Saft, der auf dem weißen Feld
Gelehrte Furchen zieht, zu dienen aller Welt.

„Die Gans,“ sagt Büttner, „lebt auch noch nach ihrem Tode durch ihre Federn fort“ und Zeilerus bemerkt, gewiß nicht ohne Witz, die Schreibfeder sei der sechste Sinn, dessen man sich beim Umgang mit Abwesenden bediene, wie der fünf anderen Sinne beim Verkehr mit Gegenwärtigen.

„Wie manches arme Schülerlein,“ heißt es weiter in der „Gänse-Logia“, „hat die Schreibfeder aus dem Gänseflügel aus dem Staube gehoben und in den Ehrenstuhl gesetzt, mit Reichtum und Ehre gezieret.“ „In summa,“ so schließt die Betrachtung, „sie mag wohl imperatrix penna (Königinfeder — jetzt würde man nach neuester Latinität imperator penna, wie mors imperator, sagen!) heißen.“ Auch wird der Schreibfeder mit Bezug auf Rechnungen, oder nach älterem Sprachgebrauch „Mahnbrieflein“, ein gutes Gedächtnis zugeschrieben, „was einer vergessen hat, dessen erinnert sie einen.“

Ich habe noch mit der Gänsefeder schreiben gelernt. War das ein Gequieke und Gequietsche, wenn die ganze Klasse ein Diktat des Herrn Lehrers nachschrieb! Und es lenkte so hübsch seine lästige Aufmerksamkeit ab, wenn man ihm einige zu schneiden ersuchte: „Meine 'n bißchen hart, Herr Jakobi!“ „Nich so sehre weeche, Herr Jakobi!“ „Die spritzt!“ und so ging das fort cum gratia ad infinitum!

Wenige sonst unersetzliche Dinge sind in den letzten fünfzig Jahren so gründlich aus dem Kulturleben der Völker verschwunden, wie die Gänseschreibfedern, nur noch etwa die Phosphorzündhölzchen, das Briefsiegellack, die Oblaten, die Talglichter und die dazu gehörigen Lichtputzscheren!

Die Geschichte der Züchtung der Hausgans durch den Menschen verliert sich wie die der Züchtung der meisten Haustiere in unbekannte Vorzeit, und wir wissen ebensowenig, wo es geschah, wie wir wissen, wann es stattfand. Man hat wohl gesagt, in Babylonien, aber die Graugans (Anser cinereus), die unzweifelhafte Stammform, findet sich als Brutvogel nur in Europa. Es mag in Babylon eine Gänseform gezüchtet worden sein, ich weiß nicht, auf welche Tatsachen — nicht etwa bloße Vermutungen! — sich diese Behauptung stützt, aber sicher nicht die Graugans. Wenn die alten Babylonier eine Hausgans überhaupt hatten, dann stammte sie vielleicht von der weißstirnigen (Anser albifrons). Möglicherweise hielten sie auch, wie die alten Ägypter, die Afrika und Palästina bewohnende Nilgans (Chenalopex aegyptiacus) gezähmt. Das alte Testament spricht an keiner Stelle von gezähmt gehaltenen oder gar gezüchteten Gänsen.

Ich vermute, daß unsere Hausgans im nordwestlichen Europa aus gezüchteten Graugänsen hervorging. Dafür spricht der große Umfang, den schon um Christi Geburt herum die Gänsezucht, wie wir sahen, bei den Morinern hatte, und eine sehr merkwürdige Notiz in Julius Cäsars „Gallischem Kriege“, die besagt, die alten Briten hätten Gänse nicht der Schnabel-, sondern lediglich der Augenweide, also nicht als Nutz-, sondern als Ziergeflügel sportmäßig gehalten.

Den Griechen waren Hausgänse schon in sehr alter Zeit wohlbekannte Tiere, bereits in der Odyssee ist von ihnen die Rede und zwar von weißen, also von Nachkommen längere Zeit gezüchteter Vorfahren. Zur Zeit des Pausanias (im 2. Jahrhundert v. Chr.) scheint die Gans ein häufiger und wohlfeiler Hausvogel in Griechenland gewesen zu sein, denn die armen Leute, die den Preis der Perlhühner, der eigentlichen Opfertiere der Isis, nicht erschwingen konnten, opferten ihr dafür gewissermaßen als „Surrogat“ Gänse.

Dem deutschen Volke ist die Gans ein recht gemütlicher, anheimelnder Vogel. Eine ganze Reihe niederer Pflanzen heißt nach ihr, von denen das liebe Gänseblümchen (Bellis perennis) das bekannteste ist, während das Gänsekraut (Potentilla anserina) das meiste Recht auf seinen Namen hat, denn die Gänse fressen die Blätter dieses Gewächses, das an Bächen und auf feuchten Weiden am meisten zu Hause ist, mit ausgesprochener Vorliebe. Sie verbreiten es auch, denn seine sehr kleinen Samenkörnchen, die zur Zeit ihrer Reife in großer Menge auf den Blättern liegen, gehen unverändert durch ihr Darmrohr.

Sagen, Märchen und Sprichworte der Deutschen haben des volkstümlichen Vogels selbstverständlich nicht vergessen. Im Märchen gilt er, sehr im Gegensatze zu der sonst allgemeinen Anschauung, für klug, beobachtend und vielwissend, und es lohnte sich wohl, seine Sprache verstehen zu lernen. Das war aber nicht so leicht, dazu gehörte eine weiße Schlange, die zwar im Märchen oft, aber in der Wirklichkeit um so seltener vorkommt. Deren abgehackten Kopf mußte man spalten, eine Erbse hineinlegen und beide dann in die Erde vergraben. Wenn man nun die beiden aufgehenden Keimblätter der Erbse aß, verstand man die Sprache der Gänse. Wenn nur die weißen Schlangen häufiger wären!

Das Volk nennt das Wasser „Gänsewein" und mit den nackten Füßen der Gänse beschäftigt es sich viel, wie im Wiegenliede:

Eiapopeia, was raschelt im Stroh?
's sind die kleinen Gänschen,
Die haben keine Schoh!

und es tröstet sich mit dem Gedanken, daß die Gänse überall barfuß laufen.

Auch Gänsebuben und Gänsemädchen sind beliebte Gestalten des Volksmärchens, und mancher und manche, die als Kinder barfuß diese Vögel gehütet haben, befördert es zu Königen und Königinnen! —

Wir dürfen nicht erwarten, daß uns die große Lehmpfütze, die fast ohne Pflanzenwuchs ist, eine sonderlich arten- und individuenreiche Tierwelt bieten kann, aber deren ganz ledig ist sie doch nicht. Zunächst ist hier die Unke zu finden, die gerade solche Gewässer liebt.

Die Unken oder Feuerkröten bilden die Gattung Bombinator, von der es drei Arten gibt, zwei in Europa und weit davon im Osten Chinas die dritte. Die beiden deutschen Arten hat man erst in neuerer Zeit unterschieden, früher nahm man bloß eine an, die echte Feuerkröte (Bombinator igneus). Sie ist 4 bis 4,5 cm lang, oben schwarzgrau mit schwarzen Flecken, unten unregelmäßig schwarzblau und orange gezeichnet. Die Spitzen der Zehen der Vorder- und Hinterfüße sind schwarz.

Die andere Art, die dickfüßige Unke (Bombinator pachypus) ist von gedrungenerer Gestalt, hat eine kürzere, mehr abgerundete Schnauze. Ihre Oberseite ist schmutzig und dunkel gelbgrau mit einem schwachen Bronzeschimmer und die Unterseite heller gelb mit blaugrauen und schwärzlichen Flecken. Ein Hauptunterschied zwischen ihr und der echten Feuerkröte liegt aber darin, daß die Unterschenkel ihrer Hinterbeine im Verhältnis zu deren Füße länger sind, und daß alle zwanzig Zehen gelbe Spitzen haben.

Bei beiden Arten ist die Haut auf dem Rücken und auf der Oberseite warzig, aber bei dickfüßigen stärker als bei der anderen.

Die Unken verlassen das Wasser nur selten, stets aber im Herbst, wenn sie sich in die Erde zum Winterschlaf zurückziehen. Auch glaube ich, daß sie nächtliche Ausflüge auf das Land machen. Sie bewegen sich hier hüpfend, zwar ziemlich flink, aber nicht so gewandt, wie es etwa ein Gras- oder Laubfrosch tut. Wenn man eine auf festem Boden fängt, oder wenn es einem gelingt, eine aus dem Wasser zu holen und sie ein wenig drangsaliert, so schlägt sie ein wunderliches Manöver ein: sie wirft sich nämlich rücklings nieder, biegt ihre Gliedmaßen weit nach hinten, die vorderen besonders bis auf den Rücken und wölbt ihre Unterseite, so viel sie nur kann, hervor, verhält sich aber im übrigen regungslos. Fährt man mit seinen kleinen, dem Tierchen nur lästigen und ihn gefährlich erscheinenden, aber nicht schmerzhaften Quälereien fort, so gibt es schließlich seine geheuchelte Ruhe doch auf und schwitzt aus den auf der Oberseite befindlichen Warzen einen weißlichen Gischt aus, einen für etwaige freßgierige Feinde gefährlichen Angstschweiß. Dieser Gischt ist eine Absonderung von in den Warzen enthaltenen Hautdrüsen und giftig.

Durch diese Tatsache wird uns die sonderbare Stellung einer auf dem Lande erwischten oder dahin mit Gewalt gebrachten Unke klar: dabei soll die auffallende bunte Färbung als Warnungsschild dienen. Eine auf festem Boden befindliche Feuerkröte duckt sich, wenn sie eine Gefahr fürchtet, zunächst nieder und zieht ihre Gliedmaßen an sich, kurz, macht sich so klein als möglich und verhält sich ganz ruhig, in der unbewußten Hoffnung, bei ihrer unscheinbaren, vom Untergrunde, auf dem sich sich befindet, sich nicht abhebenden Farbe übersehen zu werden. Glückt ihr das nicht, so versucht sie zunächst ihr Heil in unbeholfener Flucht, ist auch das vergeblich, nimmt sie jene Warnstellung an und ihr letzter Trumpf ist das Ausschwitzen des Giftstoffes. Das Ducken und Flüchten sind Äußerungen ihres Willens, das Verdrehen des Körpers und das Hervortreten des Gischtes aber nicht, die sind unwillkürliche, reflektorische Erscheinungen.

Im Wasser halten sich die Unken mit Vorliebe etwas entfernt vom Rande an dessen Oberfläche auf, aus der sie mit dem Köpfchen hervorlugen. Dabei hängt ihr Rumpf mit seitwärts abgespreizten Beinen oft lange bewegungslos herab. Ich vermute, daß sie dann nicht bloß einfach ruhen, sondern tatsächlich schlafen. Auch in diesem Falle wird die lebhaft gefärbte Bauchseite von unten her nahenden Feinden, wie Raubfischen — denn nicht alle Unken leben in so trostlosen Gewässern, wie dieses hier eins ist, die meisten vielmehr in pflanzen- und tierreicheren — ein Zeichen der Ungenießbarkeit sein. Manchmal hängen auch die Frösche so starr von der Oberfläche in das Wasser herab, besonders aber die Wassermolche. Es ist dabei zugleich bemerkenswert, wie sehr diese und namentlich die großen Kammmolche den Feuerkröten in der Farbenverteilung ähneln — ein schönes Beispiel gleicher Anpassung an gleiche Verhältnisse.

Die Unken haben hübsche Köpfchen und besonders hübsche Äuglein mit dreieckiger Pupille und goldgelber Regenbogenhaut, mit denen sie munter in die Welt blicken, und hier hat einmal der bekannte Ausspruch: „in den Augen liegt das Herz", volle Berechtigung, denn die Feuerkröten sind im Wasser sehr muntere und lebhafte kleine Wesen. Sie schwimmen sehr gut, tauchen vortrefflich und sind sofort verschwunden, wenn sich etwas, das ihnen verdächtig vorkommt, naht. Auf dem Boden verstehen sie sich mit erstaunlicher Behendigkeit in den Schlamm einzuwühlen.

Die Tierchen erreichen erst im dritten Lebensjahre ihr fortpflanzungsfähiges Alter. Sie sind zwar Lurche, also sogen. kaltblütige Tiere, aber doch, wie man das vor hundertundfünfzig Jahren nannte, „galanter Komplexion", übrigens ganz nach Art der meisten ihrer Sippengenossen, die, wenigstens im männlichen Geschlechte, das Courschneiden als ein ernsthaftes Geschäft, als das wichtigste ihres Lebens betreiben und viel Zeit darauf verwenden. Die Liebe macht im Mai auch den Unkerich zum Dichter und Sänger, zum bescheidenen zwar nur, aber doch zum gefühlvollen. Läge etwa kein tiefes Gefühl in den leisen, halb bauchrednerischen Glockentönen „u-unk, u-unk, u-unk", die er ungefähr dreimal in der Minute hören läßt. Dem Weibchen „schenkte nicht des Gesanges Gabe, der Lieder süßen Mund, Apoll", es weiß aber inniges Empfinden in sein schwaches Murksen zu legen. Der Laich erscheint in Klumpen und fällt so zu Boden. Die Kaulquappen erreichen eine unverhältnismäßige Größe.

Die beiden Arten der Feuerkröten schließen sich in ihrer Verbreitung aus: die dickfüßige findet sich mehr in den gebirgigen Teilen unseres Vaterlandes und in Süd- und Westdeutschland, die echte mehr in den Ebenen des Ostens und Nordens. Ganz streng ist aber diese Verteilung nicht durchgeführt. Wir haben in Thüringen beide Formen: bei Eisenach die dickfüßige, bei Weimar aber und hier „hing'rn Etterschbarge" (hinter dem Ettersberg) die echte.

Das Volk hat im ganzen nicht viel Notiz von den Unken genommen und es kennt höchstens den Ruf der Männchen als etwas Unheimliches, wie auch Bürger in seiner Romanze von der Tochter des Pfarrers zu Taubenheim. Im Märchen ist zwar öfters vom „Unk" die Rede, das ist aber des

„Hausunk“, der die Milch den Kühen aus dem Euter und den Kindern vom Teller wegsäuft und gemeint ist damit die Ringelnatter oder ein Fabelwesen.

Ich habe mich manchmal darüber gewundert, was eigentlich die Unken an solche Lehmpfützen wie diese hier vor uns fesselt. Über die knappste Nahrung und Notdurft des Leibes scheint es nicht hinauszugehen. Wenn sich natürlich wohl auch einmal ein Schwimmkäfer oder eine Wasserwanze hierher verfliegt, so sind das doch nur ganz vorübergehende Erscheinungen, die, da sie nichts Genießbares zum Zerfleischen oder Aussaugen für ihre Kiefer und Schnäbel finden, auch machen, daß sie so bald wie möglich wieder wegkommen. Höchstens dürfen wir erwarten, im Frühling kleine, mattschwarze, etwa 3,5 mm lange Fliegen (Hydrobaenus occultans) oder Mücken hier anzutreffen, die wie die Wasserläufer auf der Oberfläche der Pfütze hin und her laufen und die sterbend oder gestorben vom leichten Winde an dem ihm gegenüberliegenden Uferrande bei Tausenden zusammengetrieben werden. Auch von ihnen würden die Unken nicht fett werden, denn so massenhaft zeigen sie sich durchaus nicht immer, und wenn sie ja einmal in solcher Menge erscheinen, ist es nur für zwei, höchstens für drei Tage.

Das gelegentlich massenhafte und oft plötzliche Auftreten mancher Tierarten, nachdem bisweilen jahrelang auch nicht ein Stück von ihnen zu sehen gewesen war, hat etwas Überraschendes, für den ersten Augenblick wirklich Rätselhaftes. Man findet es angesichts solcher Erscheinungen begreiflich, wenn früher die Leute, die Gelehrten und Naturforscher mit inbegriffen, und heutigentages noch das Volk annahmen und annimmt, die betreffenden Wesen seien wie der Regen vom Himmel gefallen.

Im Frühling nach der Schneeschmelze und nach heftigen Sommerregengüssen treten hier auf dem Anger in der Umgebung der großen Hauptpfütze, die selbst auch bei anhaltender Dürre wohl bedeutend einschrumpft, aber kaum je ganz austrocknet, kleinere Nebenpfützen auf, die bei nicht gar zu starker und anhaltender Trockenheit wochenlang stehen bleiben können. Dann bemerkt man wohl, wie ich vor Jahren gerade an dieser Stelle, eine Menge seltsamer, bis 2,5 cm langer, abgeflachter Wesen in ihnen und auf ihrer Oberfläche mit dem Rücken nach unten lebhaft schwimmend.

Wenn man eins herausholt, umdreht und vom Rücken her betrachtet, so sieht man, daß sein Körper aus zwei Abschnitten besteht: einem vorderen eirunden, dessen Breite sich zu seiner Länge ungefähr wie 20 zu 27 verhält. Hinten zeigt er einen tiefen, halbrunden Ausschnitt, aus dem das hintere, kürzere und schmälere, geringelte Stück wie ein Schwanz hervorsieht,

16*

das mit einem mittleren, nur kurzen, flachen, klappenartigen, unpaaren Fortsatz und einem Paare an dessen Anfang rechts und links entspringender langer, gegliederter, fühlerartiger Bildungen endet. Auch an jeder Seite des Vorderrandes ragen drei gegliederte, in der Reihe von vorn nach hinten an Größe abnehmende ähnliche Anhänge hervor.

Untersucht man das Geschöpf näher, so sieht man, daß der vordere Abschnitt eine schildförmige, flach gewölbte Schale ist, über deren Oberfläche im hinteren, größeren Teil ein Längskiel verläuft und deren vorderer, kleinerer, glatter durch einen Querkiel von dem hinteren getrennt ist. In ihm befinden sich zwei ansehnliche, nierenförmige, vorn fast aneinanderstoßende, hinten auseinanderweichende, zusammengesetzte Augen, zwischen denen hinten ein kleines, unpaares, einfaches sich einschiebt. Flüchtig und ohne Vergrößerung angesehen erscheinen diese drei Augen wie eins, was Linné veranlaßte, dem Tiere den Gattungsnamen Monoculus, „Einauge“, zu verleihen.

Wenn man den Cyklopen umdreht und von unten betrachtet, so bemerkt man, daß die schildförmige Schale ausgehöhlt ist und, wie der alte Jakob Christian Schäffer (1756) sagt, „das Ansehen einer Muschel oder eines Kahnes“ hat. In ihr liegt das eigentliche, sich nach hinten zu verjüngende Tier, dessen letzter Körperabschnitt der von der Schale nicht mehr bedeckte, die beiden Endanhänge tragende „Schwanz“ ist. An jeder Seite liegt eine Reihe von 60, von vorn nach hinten an Größe nach und nach abnehmender Blättchen dicht aneinander wie die Blätter eines Buches. Das vorderste trägt die drei erwähnten, seitlich unter dem Schilde hervorragenden geißelförmigen Anhänge, das elfte beim Weibchen eine Art Kapsel zur Aufnahme der Eier. Die letzten sieben Ringel des Schwanzes sind ohne solche Blättchen, die selbst die äußeren Stücke der Gliedmaßen sind, während deren inneren gegliedert sind und fünf einwärts gerichtete, verschieden große und verschieden gestaltete, aber meist dreieckige, kleinere Blättchen tragen. Die großen äußeren Blättchen der Füße sind die Kiemen, oder, wie Schäffer dialektisch sagte, „Kiefen“, wonach er das Tier „den krebsartigen Kiefenfuß mit der kurzen Schwanzklappe“ (Apus cancriformis) nannte.

Die Kiemen haben verschiedenes zu besorgen: einmal selbstverständlich die Atmung, dann einen Teil der Ortsbewegung und der Nahrungsaufnahme. Daß Organe Atmung und Ortsbewegung zugleich vermitteln, kommt sehr häufig im Tierreiche vor. So ist es schon mit dem Haarbesatz der Aufgußtierchen und sehr vieler, das Wasser bewohnender Larven niederer Geschöpfe der verschiedensten Ordnungen, den Kiemenanhängen zahlreicher Arten von

Ringelwürmern, den Räderorganen der Rädertierchen, dem Mundsegel einer ganzen Reihe von Weichtierlarven, dann in gewissem Sinne mit den Flügeln der Insekten und der Schwimmblase der Fische, ja den Lungen bezw. Luftsäcken der Vögel.

Wir haben in Deutschland noch eine zweite Art von Kiefenfuß, den „mit der langen Schwanzklappe" (Apus productus), wie ihn Schäffer genannt hat, der etwas kleiner, höchstens 2,25 cm lang ist, eine längere Schwanzklappe und eine nach hinten birnenförmig verschmälerte Schale hat. Schäffer, geb. 1718, gest. 1779, der protestantischer Stadtpfarrer, später Superintendent zu Regensburg war, hat über diese Tiere eine für ihre Zeit glänzende, heutigentages noch wertvolle, äußerst sorgfältige Abhandlung geschrieben, in der er unter anderem angibt, er habe beim krebsförmigen Kiefenfuß jedes „Glied", das ist jedes Ringelchen und jedes Borstchen, gezählt und gefunden, daß es zusammen 1802604 bei einem einzigen seien!

Entdeckt wurde das Tier von dem Danziger Stadtsekretär Jakob Theodor Klein, einem bedeutenden Tierkundigen und Gegner Linnés, bei Uderwanga in Ostpreußen, von dem es Frisch, der Rektor des Gymnasiums zum Grauen Kloster in Berlin erhielt. Der hat es 1732 zuerst beschrieben und abgebildete.

Schleiden erzählt in seinem Buche „Das Meer", bei Jena wäre einst ein einzelnes Exemplar gefunden und Goethe, der zufällig in der Nähe spazieren ging, gebracht worden. Dieser wünschte mehrere zu haben und bot für das nächste einen Speziestaler, für das dritte einen Gulden und so abwärts, bis zu sechs Pfennigen. Aber ungeachtet sehr viele Leute eifrig danach suchten, wurde doch kein weiterer Kiefenfuß gefunden. Oskar Schmidt sagt, er wisse nicht, wo Schleiden die Geschichte her habe und ich weiß es auch nicht, ich weiß nur, was Goethe (Annalen 1807) selbst darüber sagt und das widerspricht bis zu einem gewissen Grade den Angaben Schleidens: „Nächstdem wurden die versammelten Freunde der organischen Metamorphosenlehre durch einen Zufall begünstigt. Es zeigt sich nämlich der monoculus apus manchmal (!), obgleich selten, in stehenden Wassern der Jenaischen Gegend; dergleichen wird mir diesmal gebracht, und nirgends ist wohl die Verwandlung eines Gliedes, das immer dasselbige bleibt, in eine andere Gestalt deutlicher vor Augen zu sehen, als bei diesem Geschöpfe."

Nun kam aber Schleiden 1839 als Professor nach Jena, wo er bis 1861 in dieser Stellung verblieb, und da kann es wohl sein, daß in akademischen Kreisen noch eine mündliche, einschlagende Überlieferung lebendig war.

Sehr merkwürdig sind die Fortpflanzungsverhältnisse der Kiefenfüße. Die Geschlechter sind fast völlig gleich, nur sollen die äußerst seltenen Männchen ein wenig kleiner sein als die Weibchen von dem nämlichen Alter, und diese tragen an jedem elften Beine äußerlich einen großen Eiersack.

Auf 999 Weibchen von Apus productus fand von Siebold 1866 nur sieben Männchen, 1871 auf zusammen 1625 bloß zwölf, 1865 bei Berlin und 1871 bei Ingolstadt überhaupt ausschließlich Weibchen. In besonders hohem Grade ist die Tatsache bemerkenswert, daß der genannte Forscher sechs Jahre hintereinander unter zusammen 8392 weiblichen Individuen aus dem gleichen Tümpel, die er während der Zeit untersuchte, kein einziges männliches zu finden vermochte.

Es handelt sich also hier um eine Form der Jungfernzeugung, bei der Weibchen durch eine Reihe von Generationen immer wieder Weibchen hervorbringen. Siebold nannte diese Art der Parthenogenese „Thelytokie“. Männliche Eier werden erst nach einer erfolgten Begattung von den Weibchen hervorgebracht.

Nach Simon sind die Männchen in Frankreich weniger selten als in Deutschland: ihr Zahlenverhältnis zu dem der Weibchen gestaltet sich dort durchschnittlich wie 55 : 136.

Die kugelrunden, sehr kleinen, gelbbraunen Eier, die die Weibchen nach Simon an den Stellen der Pfützen abzulegen pflegen, die am ehesten austrocknen, entwickeln sich in den Eierstöcken nicht alle zugleich und werden in verschiedenen, aber immer größeren Portionen abgesetzt. In der Regel entwickeln sie sich erst, wenn sie geraume Zeit im eingetrockneten Schlamm des Wohnwassers gelegen haben. Semper erhielt von bei Würzburg gefangenen Kiefenfußweibchen eine Menge von Eiern in seinen Aquarien, aber kein einziges davon entwickelte sich. Mit Eiern gefüllter Schlamm, den der Forscher aus der nämlichen Pfütze, wie jene erwachsenen Weibchen, geholt hatte, lieferte ihm, nachdem er ein Jahr trocken gehalten war, nach Aufgießen von Wasser keine Larven. Erst im zweiten erschienen einige wenige. Von da ab gelang es regelmäßig, sie in größerer Anzahl und zu beliebigen Zeiten zur Entwicklung zu bringen.

Semper kam nach seinen Erfahrungen zu dem Schlusse, die Eier müßten, um sich überhaupt entwickeln zu können, notwendigerweise erst einige Jahre trocken gelegen haben. Spätere Untersuchungen haben ergeben, daß das so ausnahmslos nicht der Fall ist, daß die Eier vielmehr auch unmittelbar nach ihrer Ablage sich zu entwickeln vermögen.

Sie tun das gleich gut bei 0° wie bei 30° C., nur in der Zeitdauer finden Unterschiede statt. Bei einer konstanten Temperatur von 30° erschienen die Larven nach 24 Stunden, bei einer von 16 bis 20° aber erst nach einigen Wochen.

Wenn wir im Auge behalten, wie lange — vielleicht viele, viele Jahre lang! — die Eier ihre Entwicklungsfähigkeit bewahren und wie sehr klein sie sind, so wird uns das bisweilen plötzliche Auftreten von Kiefenfüßen verständlich. Die betreffende Pfütze, in der das geschieht, kann Jahre hindurch verschwunden gewesen sein, aber in ihrem alten Schlamm befanden sich Eier von Kiefenfüßen. Es können aber solche auch durch den Wind eingeführt worden sein und sich dann an anderer Stelle entwickeln. Bei der geringen Größe der Jungen wurde das nicht gleich bemerkt und man achtete erst darauf, als die Tiere schon recht ansehnlich waren.

So erschienen, nachdem in der Nacht vorher ein heftiger Gewitterregen gefallen war, am Vormittag des 13. August 1821 in den Regenpfützen auf den Straßen von Hernales und anderer Vorstädte von Wien eine Unmenge von Kiefenfüßen. Es war vorher wochenlang regnerisches Wetter gewesen und die Pfützen hatten in geringerem Umfange schon lange gestanden. In diesem Falle glaubte das Volk, die Tiere seien vom Himmel gefallen.

Die aus dem Ei hervorgehende Larve ist ein sogen. „Nauplius", wie bei den meisten Krebsen, wenn bei ihnen, einerlei welcher Ordnung sie angehören, überhaupt eine Verwandlung vorkommt. Der Nauplius des Kiefenfußes ist 0,6 mm lang, eiförmig und mit drei Paar Gliedmaßen, aus denen im Laufe der weiteren Entwickelung das fast völlig verschwindende erste, sowie das beim ausgewachsenen Tiere auch nur schwach erscheinende zweite Fühlerpaar und der Oberkiefer hervorgehen. Bei der Larve, die sich insoweit von den Nauplien der meisten anderen Krebsformen unterscheidet, daß sie schon weiter entwickelt ist und einen teilweise bereits geringelten Hinterleib besitzt, ist das gespaltene zweite Fühlerpaar im Verhältnis sehr groß, ja es ist vereint größer und massiger als der ganze übrige Körper. Auf der Mitte der Stirn des Nauplius steht ein unpaarer Augenfleck. Nach zahlreichen Häutungen, deren jede mit einem Fortschritt in der Organisation des Kiefenfußes verbunden ist, erreicht dieser das fortpflanzungsfähige Alter.

Das Wasser, in dem sich diese Tiere aufhalten, ist, wie Schäffer sagt, „keins der angenehmsten. Es ist allezeit ein totes, von geschmolzenem Schnee oder vom Regen zusammengelaufenes unreines, zum Teil faules und stinkendes und mithin trübes und undurchsichtiges." Bei schönem, stillem, warmem Wetter nähern sich die Tiere so weit als möglich dem Rande der Pfütze, wo das Wasser kaum den Boden bedeckt, hier halten sie sich haufenweise auf und schwimmen auf der Oberfläche meist mit dem Rücken nach unten, selten nach oben, herum oder wühlen im Schlamme. Wenn das Wasser tief genug ist, steigen und sinken sie anhaltend: bald erscheinen sie und bald verschwinden sie wieder. Bei kühlem, trübem und stürmischem Wetter begeben sie sich nach der Mitte und den tiefsten Stellen ihres Heimwassers und suchen hier den Grund auf. Vornehmlich kommen sie erst, wenn das Wasser recht durchwärmt ist, nach oben und so kann es geschehen, daß ein Graben, der am Vormittag ganz unbewohnt von ihnen erschien, am Nachmittag von ihnen wimmelt.

Die Blättchen der Beine bewegen sich in rascher Reihenfolge von vorn nach hinten, so daß auf der Unterseite in dieser Richtung eine fortwährende Welle zu verlaufen scheint, so schnell und regelmäßig, „daß einem", wie Schäffer sich ausdrückt, „das Gesicht im Zusehen ganz vergehet". An der Vorwärtsbewegung beim Schwimmen, das sich hastig und ungestüm vollzieht, beteiligt sich in erster Linie das die langen Geißeln tragende vorderste Beinpaar, während der sehr bewegliche Schwanz das Steuern besorgt.

Zur Nahrung dienen den Kiefenfüßen allerlei kleine Wassertiere, wie Wasserflöhe und Hüpferlinge, sowie tote und sterbende Stücke der eigenen Art, außerdem fressen die erwachsenen den Kaulquappen der Kröten und Frösche die Beine und Schwänze ab. Wie alt ein solches Tier werden kann, läßt sich nicht sagen. In der Gefangenschaft halten sie nur selten acht Tage aus.

Neben und mit den krebsartigen Kiefenfüßen kommt häufig, bei Leipzig fast immer, noch eine andere Form dieser Tierordnung vor, die Schäffer 1752 bei Regensburg auffand und der er den Namen des „fischförmigen Kiefenfußes" (Branchipus stagnalis) verlieh. Entdeckt wurde das Geschöpf allerdings schon 1709 von einem Engländer, namens Petiver.

Dieses Tier zeichnet sich zunächst dadurch aus, daß es kein Rückenschild besitzt, sein schlanker, ziemlich rollrunder Körper vielmehr vom Anfange an deutlich geringelt ist. Hinten trägt er ebenfalls zwei Anhänge, aber nicht in Gestalt geringelter Borsten, sondern gestreckt dreieckiger, an den Rändern gefiederter Blättchen. Am Kopfe stehen zwei Paar Fühler, von denen das zweite beim Männchen zu einem kräftigen, zangenförmigen Greiforgan umgestaltet ist, mit dem es das verfolgte und eingeholte Weibchen packt, bei diesem hat es aber die Form gestreckt kegelförmiger Zapfen. Ferner befindet sich auf dem verhältnismäßig großen Kopf ein Paar ansehnlicher, runder, auf beweglichen Stielen sitzender, zusammengesetzter Augen und auf der Stirn ein kleiner Augenfleck.

Das zweite Fühlerpaar trägt das Männchen nach unten gerichtet, so daß jenes eine entfernte Ähnlichkeit mit den Hauern eines Walrosses gewinnt und Réaumur nannte das Tierchen vachette aquatique, „Wasserkühchen“. Auf den Kopf folgen zwanzig Ringe, von denen die elf ersten je ein Paar zweispaltiger Ruderfüße tragen, die neun hintersten aber gliedmaßenlos sind.

Die Weise, sich zu betragen und sich zu geben, ist bei den fischförmigen Kiefenfüßen so ziemlich die nämliche, wie bei den krebsförmigen; auch sie schwimmen auf dem Rücken, aber weniger stürmisch, sondern ruhiger und elegant gleitend. Jungfernzeugung oder Thelytokie kommt bei ihnen auch, aber seltener vor und Männchen und Weibchen sind sehr oft gleich häufig.

Die Familie, zu der diese Geschöpfe gehören, bewohnt das süße und das salzige Wasser, aber nicht das offene Meer, sondern brackische bis ungemein salzhaltige größere und kleinere Binnengewässer und vom Meere abgeschnittene Lagunen mit einer Sole bis zu 25 -Prozent Salzgehalt. Die Arten, die Salzwasser bewohnen, haben bloß acht gliedmaßenlose Ringe am Hinterleib und viel kürzere Schwanzanhänge als die des Süßwassers. Sie bilden eine besondere Gattung, Artemia, die zahlreiche Arten hat und in Europa, Sibirien, Nordafrika, Port Natal, Palästina und Ostindien, sowie in der Neuen Welt von Grönland und Labrador bis Westindien gefunden werden, vermutlich aber überall da, wo die geeigneten Lebensbedingungen geboten werden, anzutreffen sind.

An diesen Tieren machte nun, durch den Zufall geleitet, ein russischer Forscher, Schmankewitsch mit Namen, sehr merkwürdige Untersuchungen und Entdeckungen.

Die Lagune von Kuljanik bei Odessa, die durch einen Damm vom Schwarzen Meer getrennt war, enthielt Salzwasser, das zufolge von Verdunstung zu einer Sole von 25 Prozent Salzgehalt eingedickt, aber nicht von Artemien bewohnt war. Da zerriß im Jahre 1871 der Damm und Wasser des Schwarzen Meeres von 4 Prozent Salzgehalt überschwemmte die Lagune und schwächte und verdünnte ihre Sole bis auf 8 Prozent. Mit jenem Wasser von so viel weniger Salzgehalt war auch eine Menge von Artemia salina eingeschwemmt worden. Als nun der Damm wieder hergestellt und der Zusammenhang der Lagune mit dem Meere unterbrochen war, verdunstete ihr Wasser aufs neue immer mehr und wurde dementsprechend immer salziger, so hatte es 1872 schon 14, das Jahr darauf 18 und Ende September 1875 wiederum 25 Prozent Salz. Aber nicht bloß mit dem Wasser ging eine langsame Veränderung vor sich, sondern auch mit der eingeführten Artemia salina, die sich im gleichen Maße in eine andere, aus stark salzhaltigem Wasser schon bekannte Art, Artemia Milhausenii verwandelte. Es gelang nun Schmankewitsch, auf künstlichem Wege diesen Vorgang zu wiederholen, durch allmählich gesteigerte Salzzufuhr aus der salina die Milhausenii und aus dieser durch eine nach und nach vermehrte Beimischung von süßem Wasser zu dem Salzwasser wieder jene zu machen. Er setzte diese Versuche fort, versüßte dieses Aufenthaltswasser immer mehr und so gelang es ihm schließlich, Artemia salina in die alte Stammrasse, in die Süßwasserform Branchipus stagnalis über und zurückzuführen.

Alle diese Kiefenfüße gehören, wie die ihnen äußerlich auf den ersten Blick wenig gleichenden Wasserflöhe, zu jener Ordnung der niederen Krebstiere, die den Namen der Blattfüßer oder Phyllopoden führt. —

Doch genug sei über das trübe Lehmwasser der von Wohlwollenden „Gänseteich“ genannten Pfütze und ihrem kümmerlichen Inhalt an Tieren gesagt. Wir wollen uns jetzt einmal dem großen Schutthaufen rechts zuwenden und ihn ein wenig näher untersuchen. Die Scherben, die ihn zusammensetzen helfen, könnten vermutlich viel erzählen: vielleicht stand dieses jetzt fußlose Weinglas auf dem Kindtaufstische eines erstgeborenen Stammhalters und später neben dem Sterbebette seiner Großmutter oder gar neben dem eigenen. Vielleicht schmorte in dieser verrosteten Bratpfanne an einem Sonntage eine Gans, die ihren Lebenslenz hauptsächlich auf diesem Anger verbrachte, und am nächsten ein verstohlen in die Küche gelaufenes Häslein. Man soll zwar seinem Nächsten nichts Schlechtes nachreden, aber wundern sollte es mich doch, wenn unsere Freunde, die Bauern hier, nicht zum Teile Wilddiebe wären: dafür sind es Thüringer Bauern!

Welche Freude wird möglicherweise in 2000 Jahren ein Altertumsforscher haben, vorausgesetzt, daß es dann noch solche gibt, der den längst vergessenen Schutthaufen wieder ausgräbt und dabei auf eine henkellose, sonst aber leidlich wohlerhaltene Kaffeetasse aus des alten Hannfrieds Wirtschaft stößt! Was er vermutlich wohl für gelehrte Hypothesen in einer dickleibigen Abhandlung über dieses Bruchstück eines alten Senflöffels von Horn entwickeln wird?

Doch lassen wir Dinge, deren Wichtigkeit und Tragweite der Nichteingeweihte nicht ahnt und kümmern wir uns um unsere Angelegenheiten, die der Altertumsforscher nicht begreift. Einem jeden Gelehrten gefällt seine Kappe!

Wir wollen zunächst die großen Klettenblätter einmal lüften und unter ihnen Nachschau halten. Da es noch ziemlich früh am Morgen ist, können wir vielleicht den einen oder den anderen Nachtschwärmer abfassen, der auf dem Rückzuge in sein Tagesquartier begriffen ist.

Richtig, die dicke Freundin hatte ich wohl vermutet! Eine ehrwürdige Krötenmatrone, eine entfernte Verwandte der Unke, aber keine Freundin des Wassers, wenn schon der Feuchtigkeit. Es ist ein schönes Stück, gewiß seine 12 cm lang, aber immer noch keines von den größten, denn bei diesen kann die Länge in seltenen Fällen freilich und wohl nur in Südeuropa bis 22 cm betragen.

Ihre Schnauze ist kurz, abgerundet und springt wenig vor. Ihre Augen sind sehr hübsch, ihre Pupille ist queroval und ihre goldiggelbe Iris glänzt lebhaft. Sie quellen weit hervor und nach Newman kann die Kröte jedes einzelne ähnlich, wenn wohl auch weniger stark und umfassend wie ein Chamäleon, für sich bewegen. Ihr bedeutender Glanz soll in England zu dem seltsamen Aberglauben Veranlassung gegeben haben, daß die Kröte sie mit der Lerche vertauscht habe. Die Gliedmaßen sind ziemlich kurz, die Zehen an den vorderen Füßen völlig frei, an den hinteren aber zur Hälfte durch Schwimmhäute verbunden. Der ganze Körper ist mit dicken Warzen bedeckt. Die Farbe der Oberseite ist schmutzig dunkelgrau und zieht bald mehr ins Grünliche, bald mehr ins Bräunliche, besonders sind die Warzen öfters rotbraun. Die Unterseite ist schmutzig weiß oder gelblich, nicht selten, und namentlich im weiblichen Geschlechte, schwärzlichgrau gefleckt.

Unsere gemeine Kröte (Bufo vulgaris), die auch Erdkröte genannt wird, bewohnt die Alte Welt in einem Gürtel, der in der Breite ungefähr vom 32° bis zum 60° nach Norden und in der Länge vom Atlantischen bis zum Stillen Ozean reicht und den japanischen Archipel mit einschließt. Auf Korsika und Sardinien fehlt sie, desgleichen in Irland, aber es sollte mich sehr wundern, wenn sie nicht dahin eingeführt worden wäre. In ganz England ist sie häufig, ebenso auf den Kanalinseln, wo sie besonders stattlich und für ihre Verhältnisse schön werden soll.

Am Tage hat sie ihre Schlupfwinkel unter Steinen, in Felsenspalten, in altem Mauerwerk, in dichtem Gestrüppe, besonders großblättriger Pflanzen, in verlassenen Mäuse- und Maulwurfslöchern, nach Newman auch in leerstehenden Nisthöhlen der Uferschwalben, zu denen sie öfters einen steilen Aufstieg hat. Im Notfall gräbt sie sich auch mit den Hinterpfoten ein Loch in die Erde. Mit Vorliebe benutzt sie das nämliche Quartier längere Zeit und kehrt früh bei Tagesanbruch zu ihm zurück.

Sie krabbelt sehr bedächtig und langsam, macht, ähnlich wie der Feuermolch, ab und zu ein Weilchen Halt und bleibt stehen oder sitzen, gleichsam in tiefen Gedanken. Wenn sie verfolgt wird, bewegt sie sich mit einer Reihe ungeschickter, direktionsloser Sprünge. Wenn diese auch nicht so weit und sicher sind, wie die eines Frosches, so ist es doch eine irrige, wenn auch weit verbreitete Ansicht, sie mache überhaupt keine.

Die Nahrung der Kröte besteht nur aus lebendigen Tieren, tote frißt sie nie und verhungert lieber. Am liebsten genießt sie Insekten und Regenwürmer gelegentlich, aber selten Schnecken. Wie der treffliche Thomas Bell in seiner Naturgeschichte der britischen Kriech- und Lurchtiere bemerkt, frißt sie lebende Wesen nur ganz, zerquetscht höchstens einmal eine zarte Larve durch Zufall dabei. Obwohl sie sehr gefräßig ist, kann sie doch lange vor einem Beutetier, auf das sie stößt, ruhig sitzen und es fixieren, bis es sich bewegt, worauf sie rasch mit dem Maule zufährt und es in sich hineinleckt. Große Regenwürmer packt sie in der Mitte, wogegen jene sich mächtig sträuben und wilde Bewegungen ausführen. Aber die Kröte läßt nicht locker, sie verschluckt den Wurm in Absätzen, wobei sie mit den Vorderpfoten nachhilft und stopft.

Sie soll zwar ungern Schmetterlinge fressen wegen deren Schuppen, die auf ihrer klebrigen Zunge und in der Mundhöhle hängen bleiben, trotzdem aber wird versichert, sie käme zu dem Fuß eines Baumes, an dem berauschende Stoffe zum Fange von Nachtfaltern angebracht sind und nähme etwa herabfallende auf dem Boden in Empfang. Das soll sie in verschiedenen Nächten wiederholen und dabei eine exemplarische Geduld entwickeln.

Sie hat übrigens einen merkwürdigen Ortssinn, was sie einmal durch das eben Mitgeteilte beweist, dann aber auch dadurch, daß sie frühmorgens stets den nämlichen Schlupfwinkel zum Übertagen aufsucht und aufzufinden weiß. Auch soll sich eine, die einen Bienenständer entdeckt hat, immer wieder bei ihm einstellen, um Bienen zu fangen. Schon in einem englischen Büchlein aus dem 17. Jahrhundert, betitelt „Profit and Pleasure, or the Husbandsman Magazine" (Vorteilhafter Zeitvertreib oder des Landmanns Magazin), ist eine Liste der Bienenfeinde gegeben, und an erster Stelle figuriert die Kröte. Brunet fing eine ab, die an einem Bienenstande auf die heimkehrenden Bienen lauerte. Er trug sie 30 m weit seitwärts in einen Teil des Gartens auf ein Kohlbeet, wo es von den schönsten fettesten Raupen wimmelte. Sie blieb hier aber nicht, sondern kehrte zu den Bienen zurück. Ebenso in einem zweiten Falle, wo er sie noch weiter abseits getragen hatte.

Alle erfahrenen Zoologen, die Erdkröten gehalten, gepflegt und beobachtet haben, wie Leydig, Bell, Newman u. a. m. stimmen darin überein, daß sie für ihre doch tiefe Stellung in der Tierreihe geistig begabte Geschöpfe sind und daß sie ganz außerordentlich zahm würden, besonders die weiblichen. Bell hatte eine, die, wenn er sie auf seine eine Hand setzte, ruhig sitzen blieb und aus der anderen dargebotene Leckerbissen ohne Zögern annahm und fraß. Lord Holland hatte zwei von diesen, den meisten Menschen höchst widerlichen Lurchen in dem Gewächshause, in dem er Ananas zog. Sie kamen am Tage sofort aus ihren Verstecken, wenn die Pflanzen besprengt wurden und machten sich so flach und breit wie möglich, um nur von der Feuchtigkeit recht viel zu profitieren. Sie waren nicht im mindesten schüchtern und fraßen, wie die Bell gehörige, aus der Hand.

In England setzt man sie vielfach als eine Art Polizei in den Gärten aus, damit sie schädliche Insekten, Regenwürmer und Nachtschnecken vertilgen. Da sie aus Frankreich billiger zu beziehen, als wie in England selbst zu kaufen sind, so läßt man sie schon lange aus Paris kommen. Hier findet einmal wöchentlich in der nach dem bekannten Zoologen getauften Straße Rue Geoffroy de St. Hilaire hinter dem Jardin des Plantes Krötenmarkt statt, zu dem die Tiere in großen Fässern mit durchgelöcherten Böden in Moos gepackt und nach Größe und Stärke sortiert gebracht werden. Im Jahre 1859 kostete das Dutzend der größten in Paris 2 Franks 50 Centimes und wurde in London um 9 Franks 50 Centimes verkauft. Achtzehn Jahre darauf war der Preis in Paris schon bedeutend gestiegen und verlangte man für das Hundert großer 75 bis 80 Franks. Entsprechend höher werden natürlich die Forderungen in London gewesen sein.

Kröten können sehr alt werden. Ein gewisser Arscott kannte, wie Pennant berichtet, eine solche 30 Jahre lang und sein Vater hatte sie ungefähr schon 36 Jahre vorher kennen gelernt. Sie kam durch einen Zufall um ihr Leben. Oft ist behauptet worden, Kröten könnten stocksteif frieren, lebten aber nach vorsichtigem Auftauen ungestört weiter. Newman zweifelt die Wahrheit dieser Angabe sehr stark an und wie mir scheint, mit vollem Rechte.

Öfters geschieht es, daß unglückliche Kröten bei lebendigem Leibe von Fliegenmaden an- und nach ihrem Ableben aufgefressen werden. Dunker fand bei einer in den Nasenlöchern und deren Umgebung haufenweise solche Larven. Die Kröte starb und ihre Leiche wurde innerhalb zehn Tagen bis auf die Knochen verzehrt. Ich selbst habe das auch einmal gesehen. Nach Dunker wären es die Maden einer echten Fliegenart oder Muscide (Lucilia sylvarum) gewesen, ich konnte den Fall nicht näher untersuchen. Newman sagt, er habe in England auch die Larven von echten Fliegen sowie von Blumenfliegen (Musca und Anthomyia) unter solchen Verhältnissen gefunden. Einmal waren es die der gemeinen blauen Brummfliege (Calliphora vomitoria), die von ihrem bedauernswerten Schlachtopfer nichts übrig ließen, als die Haut und Gebeine. Krafft hat aus Australien berichtet, daß er solche Fälle mehrfach sowohl bei Kröten wie Fröschen angetroffen habe. Ihm schienen es Maden von Bremsen (Oestridae) gewesen zu sein, was mir zweifelhaft ist.

Unsere Erdkröten verfallen, wie alle unsere Lurcharten, in einen Winterschlaf, der von Ende September oder Anfang Oktober bis in den April dauert. Sie suchen, um die kalte Jahreszeit geschützt zu überstehen, ähnliche Plätze auf wie für ihre Tagesruhe, nur tiefere. Wenn sie sich dabei bisweilen in Gesellschaften befinden, so beruht das, wie ich glaube, auf Zufall. Nur der gleiche Schlupfwinkel lockt die Tiere an und daher finden sie sich zusammen.

Hier dürfte wohl auch die Gelegenheit für uns geboten sein, ein seltsames Ammenmärchen, das seit sehr langer Zeit über die Kröten im Umlaufe ist, zu besprechen. Es hat eine gewisse Ähnlichkeit mit jenem anderen vom Winterschlafe der Schwalben in hohlen Bäumen oder im Schlamme der Teiche und Seen. Es gibt über die eine dieser Fabeln in der Literatur der Kulturvölker wohl ebenso viele Berichte, Notizen usw. wie über die andere.

Was ich meine, das sind die Geschichten über die in Steinen eingeschlossenen Kröten. Da wird erzählt, wie, als man einen großen Stein oder einen Felsblock zerschlug, ein solches Tier zum Vorscheine kam, und es war nicht der allergeringste Zugang zu seiner Lagerstätte von außen. Dahin konnten keine Nahrungsmittel, kein Wasser, ja kaum Luft dringen, und das Tier war doch sehr munter, bewegte sich lustig und hüpfte davon. Die Gesteinart wird nur selten einmal näher bezeichnet. Höchstens heißt es, es war ein „Kalkstein", womit so gut wie nichts gesagt ist, nur ein oder das andere Mal, aber in ein paar Fällen, die möglicherweise die nämlichen in etwas verschiedener Darstellung sind, ist von Steinkohlenstücken die Rede.

Der Angaben sind es so viele, sie lauten so bestimmt, sie rühren zum Teil von so ehrenwerten Leuten in so angesehenen Stellungen, sogar von Geistlichen her, daß man unmöglich annehmen kann, sie wären alle nichts als Schwindel. Eine Anzahl von ihnen mögen allerdings auf Mystifikationen leichtgläubiger Personen von seiten der Arbeiter oder zu lustigen Streichen aufgelegter Leute beruhen, aber doch kaum alle. An manchen muß doch etwas Wahres gewesen sein. Nun vieles, bisweilen das meiste, in einzelnen Fällen alles kann zugegeben werden, nur das eine nicht, daß kein Zugang von außen zu dem Raum, in dem die Gefangenen eingeschlossen waren, dagewesen wäre, durch den Nahrung zu ihnen gelangen und sie selbst hineingeraten sein konnten. Es ist oft sehr schwer, objektiv zu beobachten und zu urteilen, Selbsttäuschungen sind gar sehr leicht möglich, auch da, wo einer bei einem solchen Funde in Person zugegen war und ohne daß er dem Hörensagen nacherzählt. Das geschieht sogar noch in unserer Zeit guten Naturforschern, also Leuten, die zu beobachten und das Beobachtete zu deuten gewohnt sind, wie viel leichter solchen, die doch den Tatsachen fernstehen. Es ist bei allen solchen Dingen und Ereignissen immer das einzig richtige, von vornherein an ihnen zu zweifeln, und der Forscher muß damit anfangen, daß er zunächst an seiner Beobachtungsgabe und seinem Erkenntnisvermögen zweifelt. Die Geschichte der menschlichen Wissenschaften ist zu einem guten Teile eine Geschichte der menschlichen Irrtümer. Es ist ganz ausgeschlossen, daß solche Kröten auch nur fünf Jahre in gänzlicher Abgeschlossenheit leben, geschweige denn vielleicht viele hunderttausende, die seit den Tagen, als die Steinkohlen lebende Organismen waren, verschwunden sind.

Die Erdkröten sind sehr friedfertige Geschöpfe, nicht einmal Futterneid gibt es bei ihnen, nur in einem Punkte verlieren die Männchen ihre philosophische Ruhe, das geschieht, wenn es sich um den Besitz eines Weibes handelt, dazu bietet sich ihnen aber in der Zeit ihrer Liebe, die im Wasser verstreicht, vielfach Gelegenheit, denn die Zahl der Herren ist bedeutend größer bei ihnen als die der Damen. Aber auch in ihrer Eifersucht sind sie noch recht harmloser Natur, einer ist nur bemüht, den anderen abzudrängen von dem Gegenstande der gemeinsamen Zuneigung, zu Katzbalgereien kommt es wohl kaum und zu Beißereien vollends gar nicht und aus den allertriftigsten Gründen, — sie haben keine Zähne:

Und wenn er keine Zähne hat,
Wie kann der Edle beißen?

Doch singen können die Männchen der Erdkröten wie die der Unken, aber es sind herzlich unbedeutende Leistungen, die sie hören lassen, — ein sonderbares leises Heulen, Knurren, Bellen, Meckern.

Die männlichen Kröten erwachen etwas früher aus dem Winterschlafe als die weiblichen. Sie sind kleiner und schmächtiger als diese und in der Fortpflanzungszeit haben sie eine glattere und glänzendere Haut als sonst, während sie bei den Weibchen rauh und warzig bleibt wie immer. Auch die Färbung wird bei jenen lebhafter, oft grünlich überhaucht und die Muskeln ihrer Vorderbeine sollen vorübergehend stärker werden.

Die Weibchen bringen ihren Laich in zwei 3 bis 5 m langen bleistiftdicken Schnüren zum Vorschein, die aus Tausenden von Eiern bestehen. Man wird sich vielleicht verwundert fragen: „Mein Gott! wie finden solche Massen in einer Kröte Raum? Da muß sie ja platzen!“ O nein! Die Sache ist sehr einfach: die Hülle der nicht mit einer harten Schale versehenen Eier, die nicht gerade aus Eiweiß im gewöhnlichen Sinne besteht, ist in hohem Grade hygroskopisch, wie man das nennt, d. h. sie hat die Fähigkeit, eine Menge Wasser in sich aufzunehmen und beträchtlich zu schwellen. Die abgelegten, befruchteten Laichschnüre werden von der Mutter, nachdem sie sich ohne Zärtlichkeiten von dem Gatten getrennt hat, an Wasserpflanzen und an andere im Wasser befindliche Gegenstände befestigt, dann überläßt sie sie ihrem Schicksale. Die Krötenmännchen sind, was bei dem bedeutenden Mangel an Weibchen, wenn auch nicht zu billigen, so doch zu entschuldigen ist, von perversen Neigungen nicht ganz freizusprechen, besonders belästigen sie Fische und töten sie oft, wie ein Mann namens Förster an seinen Goldfischen erfuhr. Villiers beobachtete die Sache im großen zwischen Kröten und Karpfen und faßt sie wohlwollend aber fälschlich für einen Akt des Kommigratorismus auf, d. h. er glaubt, die auch im Wasser langsamen Kröten wollten bloß die Kräfte der schnellen Fische benutzen, um rascher von der Stelle zu kommen. —

Wenn man die ungeheure Masse bedenkt, in der die Kaulquappen der Kröten und Frösche im Frühling in Tümpeln und Pfützen erscheinen, so wird man zugeben müssen, daß sie zum Reinhalten dieser Gewässer sehr wesentlich beitragen. Sie schaffen alle verfaulenden tierischen und pflanzlichen Stoffe bald beiseite und fressen tote Fische, Frösche, Kröten, ihre eignen verendeten Geschwister, Rinderdung und faulende Blätter, von letzteren aber nur die weicheren Teile, während sie die härtere Nervatur zurücklassen und sie auf diese Weise sauber skelettieren.

Die jüngsten Krötchen, die den Larvenzustand hinter sich haben, sind nicht viel größer als eine Stubenfliege und von schwarzer Farbe. Bald werden sie bräunlich oder graulich und bekommen eine hellere, manchmal rostrote Unterseite.

Ein von Laien und Nichtlaien umstrittener Punkt in der Naturgeschichte der Kröten ist ihre Giftigkeit. Newman bemerkt hierzu: „Es ist merkwürdig zu finden, daß, während das Volk zu allen Zeiten an das Vorhandensein des Krötengiftes geglaubt hat, dies die Leute der Wissenschaft fast allgemein für ein Märchen erklärt haben.“ Das Volk hatte aber diesmal recht!

Die Kröten sind in der Tat sehr giftige Tiere. Wenn der Storch eine Kröte antrifft, so tötet er sie wütend, gleichsam durch Enttäuschung beleidigt, mit zornigen Schnabelhieben, läßt sie dann aber unverzehrt liegen.

Bei Versuchen, die Gemminger mit verschiedenen Tieren unternahm, hatten ein Iltis und ein hungernder Maulwurf Angst vor den Kröten. Ein Sperber, der nur etwas Hautsaft von einer verschluckt hatte, starb unter Lähmungserscheinungen sofort. Lataste ließ eine sehr lebhafte grüne Eidechse nur ein einziges Mal in die Vorohrdrüse einer Kröte beißen: sieben Minuten darauf bekam sie krampfartige Anfälle und nach neun war sie tot. Sauvage berichtet, daß Frösche, die man mit Kröten zusammen in einen Sack steckt und einige Zeit darin beläßt, alle an Vergiftung durch Aufnahme von Krötengift durch die Haut verenden. Er brachte einem Frosche etwas von diesem Gifte unter die Haut: nach wenigen Augenblicken wurde seine Atmung beschwerlich, es traten Zuckungen ein, die sich bei Berührung des Kopfes und des Rückens steigerten. Die Muskulatur zog sich krampfhaft zusammen, das Tier wurde ab und zu wie von einer Art Tanzwut befallen, es strampelte wild mit seinen Gliedmaßen und starb endlich unter Erscheinungen des Starrkrampfes.

Der berühmte Vulpian flößte einem Hunde durch einen an der Innenseite des rechten Hinterschenkels gemachten Einschnitt das Gift aus beiden Vorohrdrüsen einer Erdkröte unter die Haut ein. Darauf wurde das Tier in eine Stube gebracht, in der es sich nach Gutdünken frei bewegen konnte. Während zehn Minuten etwa schien es ziemlich lebhafte Schmerzen im rechten Hinterbeine zu empfinden, zog es beim Laufen hoch und schrie jeden Augenblick. Es schien sehr aufgeregt zu sein und vermochte nicht an einer Stelle zu bleiben. Nach Verlauf dieser zehn Minuten beruhigte sich der Hund etwas und legte sich in einen Winkel. Aber bald erlitt er einen neuen Schmerzanfall, stieß einige Schreie aus, erhob sich plötzlich und kroch für drei oder vier Minuten in einen anderen Winkel. Eine halbe Stunde, nachdem ihm der Giftsaft der Kröte beigebracht war, bekam er Erbrechen und brach zunächst zwölfmal innerhalb 20 Minuten, später noch häufiger mit großer Anstrengung und offenbar unter lebhaften Schmerzen. Eine Stunde nach Zustellung des Giftes wankte er beim Aufstehen, machte einige Schritte, fiel auf die Seite, strampelte mit den Beinen, streckte den Schwanz, heulte zwei- oder dreimal jämmerlich auf und starb.

Bei einem gleich nach Beibringen des Krötengiftes von Vulpian geöffneten Frosch war das Herz ohne Bewegung, aber von Blut strotzend gefüllt, die Leber, das Gehirn und Rückenmark waren mit Blut infiltriert, die Lungen hingegen blutleer. Sonst schlägt das Herz bei einem gesunden Frosche nach lange fort, nachdem er geöffnet wurde, manchmal 24 Stunden.

Das Gift der Kröte, das den wissenschaftlichen Namen Phrynin erhalten hat, soll ähnlich wirken wie das des roten Fingerhuts. Nach Kobert sollen die ausgewachsenen Kröten selbst unempfänglich gegen seinen Einfluß sein, ihre Kaulquappen aber, die selber noch keins hervorbringen, nicht. Claude Bernard will sich aber überzeugt haben, daß auch die ausgewachsenen Tiere, sehr gegen die allgemeine Ansicht, durchaus nicht immun dagegen wären. Man brauche zu ihrer Vergiftung im Verhältnis nicht mehr als zu der eines anderen Tieres. Ringelnattern, Warneidechsen und Riesenmolche sollen nach diesem berühmten Forscher Frösche und Kröten in gleicher Weise ohne Schaden für ihre Gesundheit verschlingen, das gälte aber nun nicht etwa für alle sogen. kaltblütige Wirbeltiere.

Ich habe dir, lieber Freund, die über die Giftigkeit der Kröte von Männern wie Lataste, Sauvage und Vulpian gewonnenen Erfahrungen ausführlich mitgeteilt, weil manche volkstümliche Schriften wohl eine gewisse Schärfe des Saftes zugeben, aber seine wirkliche Giftigkeit leugnen, als ob ihre Verfasser überhaupt je selbständige Untersuchungen angestellt hätten, gegen welche die großer physiologischer Spezialisten völlig bedeutungslos und nichtssagend wären.

Wir sind aber hiermit noch nicht mit der Erdkröte fertig. Es bleibt uns vielmehr noch ein Kapitel zu besprechen übrig, das zwar nicht in die Tierkunde, aber wohl in die Kulturgeschichte gehört und in dem sie die Hauptsache ist: dieses Kapitel handelt von den Krötensteinen.

Unter diesem Namen versteht oder richtiger verstand das Volk zweierlei ganz verschiedene Dinge: die einen waren versteinerte Seeigel bezw. in Feuerstein verwandelte Ausgüsse oder Steinkerne von ihnen, zumal von Galerites abreviatus aus der Kreide. Sie sollen vom Himmel fallen und sind wie eine Kröte mit Warzen besetzt. Mit diesen Warzen waren bei den lebenden Tieren die beweglichen Stacheln gelenkig verbunden. Es gibt Arten mit kleinen Warzen, das waren Brontien, und solche mit großen, die hießen Ombrien. Sie verhalfen zum Sieg, wenn man sie bei sich trug, und die Männer ließen sie deshalb oben in den Degenknauf fassen, sie schützten aber auch gegen Verhexung, und die Bauernweiber legten sie aus diesem Grunde in ihre Milchkammern. Auch sollten sie gegen Wespen- und Bienenstiche helfen, wenn man sie dagegen drücke, aber schon der alte Valentini sagt, ein jeder beliebige harte Gegenstand leiste die nämlichen Dienste.

Die andere Art war die, von der es heißt:

ich höre von steinen sagen,
die Nattern und Kroten tragen,
daz groze Tugend darin lige,
swer sie habe der gesige

und über die Andersen ein schönes, tiefsinniges Märchen verfaßt hat.

Der alte Konrad von Megenberg, der 1379 als Dom- und Ratsherr zu Regensburg starb, nennt diese Art Borax und sagt, auch von ihr gäbe es zwei verschiedene Formen: hellere, bessere und dunklere, weniger gute, die letzteren wären aber immer noch um so besser, je heller sie wären. Nähme man den Stein aus einer Kröte, die noch zapple, so habe er ein Äuglein, wäre sie aber schon längere Zeit tot, so habe er keins und sei weniger kräftig und wirksam. Er wäre ein Gegengift und reinige, verschluckt, die Gedärme.

Der alte Volksglaube weiß, daß sich solche Steine im Kopfe sehr alter Kröten finden, und man erhalte sie nur, wenn man diese in Ameisenhaufen zerfressen lasse. Streiche man mit jenen eine Wunde, so heile sie sofort und komme Gift in ihre Nähe, so fingen sie an zu schwitzen. Berühre man mit einem ein Frauenzimmer, so springe alles Gebundene, Geknüpfte und Zusammengenestelte an ihm auf.

Laminus, ein Gelehrter des 17. Jahrhunderts, wirft beide Arten von Krötensteinen durcheinander. Er sagt, der Krötenstein sehe einer Kröte ähnlich. In Frankreich gäbe es deren so groß wie eine Haselnuß, die seien gut und heilsam gegen Bisse und Stiche. Kröten, die sich lange in Hecken aufgehalten hätten, wüchsen sie in den Köpfen.

Ich könnte dir von Krötensteinen noch mancherlei erzählen: welche Mittel man anwenden müsse, sich in ihren Besitz zu setzen, wie der alte de Boot nach diesen Ratschlägen als junger Mensch verfahren ist, ohne Erfolg selbstverständlich, und wie er darob entrüstet die Sache für Schwindel erklärte usw. Doch wir wollen die alten Schutthaufen, den wirklichen da vor uns und den aus vergessenen Büchern zusammengetragenen in uns ruhen lassen und uns wieder der lebendigen Natur zuwenden. —

Einen häufigen Schmetterling hoffte ich hier jetzt im Hochsommer zu finden, aber ich sehe mich in meinen Erwartungen getäuscht. Du kennst ihn wohl, denn er war uns vor 50 Jahren schon in der Knabenzeit sehr vertraut und wir bedauerten nur, daß er so schön und doch so wenig selten war. Das ist der braune Bär (Euprepia caja). Er klaftert durchschnittlich 6 cm.

Sein Vorderleib und seine Vorderflügel sind kaffeebraun, letztere bald breiter, bald schmäler weiß gegittert, sein Hinterkörper ist rot und die mennigroten Hinterflügel haben rundliche stahlblaue, schwarzgerandete Flecken. Wenig einheimische Schmetterlingsformen eignen sich so gut zur Zucht von Farbenspielarten. Ihre schwarze, zum Teil grau und zum Teil rostrot behaarte Raupe frißt schon von Haus aus allerlei niedere Pflanzen: Brennesseln, Ampfer „und fast von allen Pflanzen, die man ihr vorlegt", wie Ochsenheimer sagt. Man hat daher allerlei Spielereien mit ihr vorgenommen und Formen gezogen, die nahezu einfarbige braune oder gelbe Vorder- und blauschwarze Hinterflügel hatten. Die Sache ist mehr eine Kuriosität, als daß sie besonderen wissenschaftlichen Wert hätte; den würde sie erst erhalten, wenn der Nachweis zu führen gelänge, weshalb die Farbe des Spinners auf den Genuß gewisser Pflanzenarten heller, auf den anderer dunkler wird, und wo dieser Einfluß des Futters überhaupt herrührt.

Merkwürdig ist die geographische Verbreitung des Schmetterlings. Er bewohnt einen Gürtel quer durch die Alte Welt vom Atlantischen bis zum Stillen Ozean, geht in Europa nordwärts bis zum nördlichen Lappland und südwärts bis zur Insel Sardinien. Auch findet er sich in Nordamerika, aber nur im Westen vom Felsengebirge, wie das bei der Verbreitung von Gattungen von Tieren öfters, aber bei der von Arten nur sehr selten vorkommt; vielleicht ist dieser Fall der einzige.

Manche Tiergattungen hingegen haben sowohl in der Alten Welt wie in Nordamerika, aber nur östlich, nicht auch westlich vom Felsengebirge Vertreter und ich glaube, daß die Sache folgendermaßen zu erklären ist: die letzteren Formen standen in längst entlegenen Zeiten, als sich der Norden der Alten und Neuen Welt noch nicht getrennt hatten, in unmittelbarem Zusammenhange. Da trat die Trennung ein, ob rasch und plötzlich oder langsam und allmählich, ist gleichgültig. Es sank das Riesengebiet des Stillen Ozeans und es sank auch das westliche Nordamerika, es hob sich aber das östliche und auch das Felsengebirge. Die früher im Zusammenhange gewesenen Faunen der Alten und Neuen Welt wurden getrennt und entwickelten sich selbständig weiter. Darauf trat auch wieder eine Hebung des westlichen Nordamerikas ein, dessen passiven Bewegungen noch nicht zur Ruhe gekommen sind, wie uns die neueste Zeit in den gräßlichen Vorgängen von San Francisko gezeigt hat. Jedenfalls war hier am westlichen Gestade des Stillen Ozeans neues Festland für pflanzliche und tierische Einwanderer freigeworden, denen aber das Felsengebirge zunächst ein Weitervordringen nach Osten verwehrte.

Zu diesen Einwanderern von Westen her aus der Alten Welt nach dem westlichen Nordamerika mag auch der braune Bär gehört haben. —

Einmal habe ich an einer ganz ähnlichen Stelle wie diese hier, auch auf einem Schutthaufen beim Dorfe Gelmerode unweit von Weimar einen der seltensten deutschen Schmetterlingsarten gefangen: auch eine Bärenform und gleichfalls von sehr merkwürdiger Verbreitung auf Erden — die Deiopeia pulchella oder den Sonnenwendespinner, wie ihn der alte Hübner genannt hat.

Er klaftert 3,5 bis 4 cm, hat einen rotgelben, schwarzgefleckten Kopf, Halskragen und Rücken, einen bläulichweißen, an den Seiten schwarz punktierten Hinterleib. Die vorderen Flügel sind rahmfarbig, mit dichtstehenden kleineren schwarzen und größeren roten Fleckchen, die hinteren haben eine milchweiße Grundfarbe, ein schwarzes Mittelstrichelchen und eine schwarze Randbinde. So erscheint das niedliche Tierchen auffallend genug und hat entschieden viel „Ausländisches", d. h. Tropisches an sich. Die Raupe hat die nämlichen Farben wie der Falter: das Schwarze ist zum Teil in Bläulichgrau abgeschwächt und bildet den Grundton, entlang der ganzen Rückenmitte verläuft eine breite, weiße Längsbinde, neben der jederseits auf jedem Körperringe rechts und links ein schwarzer Punkt, sowie ein roter Strich stehen.

Goethe sagt in seiner Farbenlehre, die Raupen zeigten oft die schönsten, spezifizierten Farben, die auf die Farben des künftigen Schmetterlings deuteten. Die Behauptung ist in diesem Umfange nicht richtig, dergleichen Übereinstimmungen in der Farbe der Raupe und des Schmetterlings sind vielmehr gerade selten, obgleich sie sozusagen das Einfachste und Natürlichste wären. Wir finden eine ähnliche Übereinstimmung in Färbung der Raupe und des Schmetterlings beim Stachelbeerspanner oder Harlekin (Abraxas grossulariata), die beide weiß, mit schwarzer und gelber Zeichnung sind, so wie bei den, die großen Gespinste auf Obstbäumen machenden gesellig lebenden Raupen und Schmetterlingen der Schnauzenmotten (Hyponomeuta), die gelblichweiß und mit schwarzen Punkten besetzt sind, die Raupen ganz, die Motten wenigstens auf den Vorderflügeln.

Du könntest sagen, daß das doch gar nichts Besonderes wäre, daß z. B. bei den Gras- und Erdeulchen die Larven und Imagines auch die gleiche allgemeine graubraune Farbe hätten. Das ist ganz richtig, ebenso wie daß es Spannerarten gibt, bei denen Raupen und Schmetterlinge grün sind. Das halte ich aber für etwas ganz anderes. Ich glaube nicht, daß in diesen Fällen zwischen den beiden Entwickelungsstufen ein tieferer Zusammenhang stattfindet. Ich halte das vielmehr für eine ähnliche Erscheinung, wie wenn ganz verschiedene Tierformen, nicht Entwickelungsstufen der nämlichen, gleich gefärbt sind, wie wenn z. B. Eisbären, Eisfüchse, Polarhasen, Schneehühner und Schneeeulen, zum Teil immer, zum Teil wenigstens im Winter weiß, oder Wüstentiere, wie Mäuse, Löwen, Gazellen, Hühner, Lerchen, Eidechsen, Schlangen usw. gelb erscheinen. Die gemeinsame Färbung haben sowohl die Wüsten- wie die Schneetiere unabhängig voneinander erworben und ebenso verhält sich die Sache bei den Raupen und den Imagines der Gras- und Erdeulen.

Die lebhaften Farben des Stachelbeerspanners, des Sonnenwendespinners und der Schnauzenmotten sind aber Warn- oder Schreckfarben um die wahrscheinlich übelschmeckenden Tiere insektenfressenden Feinden gleich als solche kenntlich zu machen. Du meinst, in diesem Falle sei es nicht nötig gewesen, daß Larven und Schmetterlinge gerade die nämlichen Farben aufwiesen, sie könnten so verschieden sein, wie sie nur wollten, wenn sie überhaupt nur auffällig wären. Zugegeben und um so lieber zugegeben, weil das tatsächlich auch vorkommt, bei den Widderchen oder Blutströpfchen z. B., wenigstens bei den einheimischen, deren Larven oft wie die der Schnauzenmotten gelblichweiß mit schwarzen Punkten sind, während die trägen Imagines meist blau- oder schwärzlichgrün mit Rot gezeichnet erscheinen.

Die Raupe des Sonnenwendespinners lebt übrigens nicht nur von Sonnenwende (Heliotropium europaeum), sondern auch von Ackervergißmeinnicht (Myosotis arvensis), von wolligem Nachtschatten (Solanum tomentosum) und Wegericharten (Plantago).

Das Tier ist ungemein weit verbreitet: in der Alten Welt vom 55° n. Br. (Danzig) bis zum 34° s. Br. (Kap der guten Hoffnung), in Deutschland, England, Frankreich, über die iberische und appenninische Halbinsel, Sardinen, Korsika, Elba, Cypern, über den größten Teil des Festlandes von Afrika, und hier stellenweise sehr häufig, über Kleinasien, Arabien, Himalaya, Ceylon, Koromandel, Trankebar, Java, Australien und Nordamerika, sicher östlich, vermutlich auch westlich vom Felsengebirge und überhaupt vielleicht über einen großen Teil der Neuen Welt. Nach den Beobachtungen von Seitz ist der Schmetterling auf Ceylon und bei Sydney häufig. Auf der ersteren Insel ist er kleiner als in Europa und in Australien noch kleiner.

In Europa zeigt er sich nördlich der Alpen und Pyrenäen sowohl der Zeit wie dem Orte nach nur sehr vereinzelt. Das kommt bei mehreren Schmetterlingsarten vor: beim Oleanderschwärmer, beim großen Weinvogel, beim Frauenstrohschwärmer (Deilephila lineata), bei verschiedenen Eulenarten aus den Gattungen Heliothis, Plusia usw. Bei denen liegt aber die Sache doch anders als beim Sonnenwendespinner: bei jenen ausgezeichnet und am Tage fliegenden Schmetterlingsarten sind das gelegentliche Vorstöße, versuchte Einwanderungen, die nur in gewissen, für sie günstigen Jahren aus Süden und besonders aus Südosten stattfinden. Der Sonnenwendespinner ist aber ein sehr schlechter Flieger, der solche kühne Züge unmöglich wird unternehmen können. Er wird immer bei uns sein, aber sehr versteckt leben und nur durch Zufall, und wenn er einmal verhältnismäßig häufig ist, gefunden werden.

Doch verlassen wir den alten Schutthaufen nun endgültig und wenden wir uns der anderen Ecke des Angers mit ihren Pappelbäumen zu. Die geringe Strecke bis dahin ist mit Rasen, den die Gänse schon kurz zu halten verstehen, und etlichen frischen und vorjährigen, verdorrten Pflänzchen der zypressenförmigen Wolfsmilch (Euphorbia cyparissias) bestanden, deren Milchsaft die mit Warzen an den Händen gesegneten Dorfschönen zu deren Wegbeizen benutzen, wenn sie nicht vorziehen, was sehr wahrscheinlich ist, eine Sympathiekur des alten Schäferlips dagegen zu gebrauchen.

Die Wolfsmilch ist zwar eine giftige, wenigstens sehr „scharfe" Pflanze, hat aber doch ihre Liebhaber in der Raupenwelt, die zum Teil zu Schmetterlingen gehören, die nach ihr den Artennamen führen: so die allbekannte des prächtigen Wolfsmilchschwärmers, die der seltenen Wolfsmilcheule und die des rötlichgrauen, am Tage fliegenden Wolfsmilchspanners (Minoa euphorbiata).

Den Wolfsmilchschwärmer haben sich die meisten Deutschen oder wenigstens sehr viele von ihnen in der Jugend gezogen: er ist schön und seine Raupe häufig und leicht zur Verwandlung zu bringen. Sie verpuppt sich im Hochsommer oder zeitig im Herbst und der Schmetterling erscheint von frühen Puppen noch in dem nämlichen Jahre oder von überwinterten im nächsten Mai oder Juni. Die ersteren sterben aber ohne sich fortgepflanzt zu haben. Das ist eigentlich eine sonderbare Sache, aus der man fast schließen könnte, daß sich das Tier an unsere klimatischen Verhältnisse noch nicht so recht angepaßt hat.

Wäre es noch früher im Jahre, so dürften wir hoffen, in den vorjährigen, abgestorbenen Stengeln der Wolfsmilch die weißlichgelben, braunköpfigen Raupen, oder die sehr gestreckten Puppen des sägewespenähnlichen Glasschwärmers (Sesia tenthrediniformis) zu finden. Die Familie der Glasschwärmer umfaßt merkwürdige Arten, die häufig und bisweilen in hohem Grade anderen Insekten gleichen. Danach führen sie auch ihre lateinischen Artennamen: asiliformis, gestaltet wie eine Raubfliege, rhinigiaeformis, wie eine Schnabelfliege, culiciformis, wie eine Schnake usw. Einer hat sich einmal den Namen Zetterstedtiformis geleistet. Es ist ein alter Brauch in der Wissenschaft, neue Tierformen nach einem Gelehrten, den man besonders achtet, oder der in der Erforschung der betreffenden Tiergruppe, zu der das Patenkind gehört, Hervorragendes geleistet hat, zu benennen. So haben wir: die Laufkäfer Carabus Linnei, Creutzeri, Preissleri, Hoppei, Bonellii, die Schmetterlinge Melitea Desfontainesi und Beckeri, Lycaena Donzelii, Zygaena Kefersteinii und Mannii, Hoplitis Milhauseni und viele andere derartige Namen mehr aus allen Klassen des Tierreichs.

Leute, die am Ordensbandwurm leiden — auch Wissenschaft schützt vor Torheit nicht! — wählen, namentlich für schöne Arten von Paradiesvögeln, Kolibris und Papageien die Namen von regierenden Fürsten und deren Damen.

Bei jenem Guten, der die Bezeichnung Sesia Zetterstedtiformis ersann, sind nun zwei Möglichkeiten offen: entweder er hat keine Ahnung vom Latein und daher auch keine von der Geschmacklosigkeit, die er sich zu schulden kommen ließ, oder er war ein Humorist und Zetterstedt, übrigens ein verdienter schwedischer Entomologe, ein hervorragend schlanker, dünner Herr, so was man hier in Thüringen einen „Dürrländer“ nennt.

Auch solche jüngere Pappelbäume, wie hier am Lehmabhang stehen, sind der Lieblingsaufenthalt einer anderen Art von Glasflügler, der größten deutschen, des Hornissenschwärmers, der von Linné den ganz unpassenden Namen des „bienenförmigen“ (Sesia apiformis) erhalten hat. Interdum dormitat bonus Linneus! Mit einer Biene hat der Schmetterling nicht die geringste Ähnlichkeit, mit einer Hornisse hingegen eine bedeutende. Er klaftert durchschnittlich 4 cm, ist braunschwarz und gelb gezeichnet und hat glasige, braungeaderte Flügel, die bei frisch ausgekrochenen Stücken mit einem bräunlich und bläulich schillernden Schuppenstaub bedeckt sind. Dieser Staub geht und namentlich auf den Hinterflügeln sehr leicht verloren. Er hat, soweit wir übersehen können, für den Falter gar keine physiologische Bedeutung mehr und gehört in die Gruppe der sogen. rudimentären Organe. Meist sitzen die Tiere im Juni und Juli mit etwas gespreizten Flügeln an den Stämmen der Futterpflanze ihrer gelblichweißen Raupen.

Die Mutter legt ihre Eier einzeln an die untersten Teile der Stämme der jungen, bis zwanzigjährigen Pappeln, bisweilen auch an aus dem Boden hervorragende Wurzeln. Die eben ausgekrochenen Räupchen fressen sich zunächst in die Rinde und dann weiter in das Holz ein, wo sie ziemlich lange

Gänge machen, aus denen sie durch eine Öffnung in der Nähe des Fußes des Baumes grobe Nagespäne und Kotballen ausstoßen. Die Raupe überwintert zweimal, so daß das Tier 22 Monate lang in diesem Zustande, drei Wochen als Puppe und nur ein paar Tage als Schmetterling lebt.

Die Raupe verfertigt zur Verpuppung einen Kokon, den sie im Holze mit Nagespänen, im Boden mit Erdkrümeln verstärkt.

Ganz ähnliche Missetaten wie die Raupe des Hornissenspinners läßt sich die Larve eines Bockkäfers (Saperda carcharias) beikommen, der bei Bechstein die deutschen Namen „seehundsfarbener“, „gelbgänsehäutiger“ und „haiartiger Walzenkäfer“ führt. Die letzte Benennung lehnt sich an das lateinische carcharias an, was Haifisch heißt und die ihm Linné wegen der feinen chagrin- oder haifischhautartigen Körnelung seiner Oberseite gegeben hat. Die Länge der Männchen beträgt durchschnittlich 2,25 und die der Weibchen 3 cm. Die Farbe ist eigentlich schwarz, sie ist aber mit einem dichten gelbgrauen Filze allenthalben verdeckt und auf dem Halsschilde und den Flügeldecken bricht sie in Gestalt der erwähnten Körnelung durch.

Das Weibchen legt seine Eier an die Rinde junger Pappelbäume, die noch ziemlich glatt ist und noch nicht die tiefen Furchen und die Stärke der der älteren hat. Die Larve frißt sich zunächst in die Rinde ein, dann durch sie hindurch und bohrt weiter im Holze oft lange, aufwärts steigende Gänge mit eirundem Querschnitt. Aus einer unteren Auswurfsöffnung quellen dann, wie aus den Gängen der Raupe des Hornissenschwärmers, die Nagespäne.

Nicht selten hausen die Larve des Käfers und die Raupe des Glasflüglers, manchmal sogar von beiden mehrere in dem nämlichen Pappelbaum, dann aber die Raupen im Erd- oder sogar im Kellergeschoß, die Käferlarven aber in der Bel-Etage. Dem vereinten Arbeiten solcher Mietsleute ist der Baum nicht gewachsen und eines schönen Tages bricht ihn der Sturm um, wie es vermutlich dem einen von dieser Gesellschaft widerfahren ist. Die gelbgänsehäutigen Walzenkäfer selbst fressen mitten in die Pappelblätter unregelmäßige, runde Löcher von etwa 1,5 cm Durchmesser mit fein gezackten Rändern.

Mit diesen zwei namhaft gemachten Formen ist natürlich die Tierwelt der Pappelbäume bei weitem nicht erschöpft, aber was sich sonst an, auf und in ihr herumtreibt, ist im ganzen belangloses Volk, wir wollen es deshalb auf sich beruhen lassen. Mich treibt es jetzt den Lehmabhang hinauf zu einem Besuche des Steinwalls. Vor 40 Jahren wären wir freilich bequemer dahin gelangt, da wären wir einfach unmittelbar emporgeklettert. Das erlauben die alternden Gebeine nicht mehr und wir müssen schon einen kleinen Umweg machen und den Abstich auf jenem Feldwege umgehen.

Ich mag solche Ackerraine mit den auf ihnen zusammengeworfenen Steinen besonders wohl leiden und habe sie immer leiden mögen. Das Sammeln solcher Steine meint der Prediger Salomo, wenn er sagt: „Ein Jegliches hat seine Zeit: Steine sammeln hat seine Zeit." Mineralogisch-geologische Kabinette werden wenigstens damals, 's ist schon recht lange her, nicht üblich gewesen sein. Diese Raine mit ihren Steinhaufen bergen eine reiche Tier- und Pflanzenwelt und manchmal hat mich schon die Lust angewandelt deren Naturgeschichte zu untersuchen und zu beschreiben. Die werden mancherlei Unterschiede aufweisen, je nachdem sie, wie hier, auf Muschelkalkboden sich befinden oder auf buntem Sandstein, auf Granit oder auf Tonschiefer. Außerdem kann man stellenweise noch etwas finden, nämlich die Reste von Steinwaffen; die vollständigen Hämmer, die „Dunnerkiele" (Donnerkeile) heben die Bauern selber auf zu allerlei häuslichem Zauber. Namentlich die Saalegegenden von Jena an flußabwärts sind reich an ihnen. Hier wurden in grauer Vorzeit viele Schlachten geschlagen in den häufigen Kriegen, die die Thüringer um den Besitz der Salzquellen und Salzlager mit den Slaven führen mußten.

So, da sind wir oben angelangt und „Tschilp — Tschack — Tschack", da werden wir begrüßt. Die Begrüßungen klingen nicht gerade freundlich und entgegenkommend, eher ärgerlich und ängstlich und der Begrüßende ist ein mißtrauischer Steinschmätzer, der sein Nest mit Eiern oder Jungen, wahrscheinlich der zweiten Brut, irgendwo in dem Steinhaufen hat.

Der Steinschmätzer (Saxicola oenanthe), hierherum auch die Steinklatsche genannt, ist für gewisse Gegenden Thüringens der wahre Charaktervogel. Speerschneider sagt hierüber: „Im südlichen Thüringer Walde stoßen sehr verschiedene Gebirgsarten hart zusammen: Muschelkalk, Sandstein jüngerer Formation, Grauwacke, an einigen Punkten selbst Porphyr wechseln mannigfach und schnell miteinander ab. Da kann man recht gut beobachten, wie Saxicola oenanthe nicht schlechtweg magere Triften mit Steingeröll, sondern vorzüglich Boden mit Muschelkalkunterlage bewohnt. Die Berge am linken Schwarzaufer haben sehr viel Geröll, auf ihrer Höhe oft große, kahle Triften, aber keinen Muschelkalk, und da ist Saxicola oenanthe nur selten und nur vorübergehend zu treffen. Die Berge am linken Rinneufer bestehen zum Teil aus Muschelkalk und daselbst findet sich der Vogel sehr häufig."

Die nämliche Erfahrung habe ich bei Bad Berka an der Ilm unweit Weimar gemacht, wo Muschelkalk und bunter Sandstein aneinander grenzend zu Tage treten: letzteren verschmäht der Vogel und brütet nicht auf ihm, auf dem ersteren ist er hingegen überaus häufig. Der Grund dieser einseitigen Bevorzugung wird überhaupt wohl darin zu finden sein, daß der Muschelkalk günstigere und zahlreichere Nistgelegenheiten als der bunte Sandstein bietet. Auch Bechstein sagt, er liebe den Aufenthalt in Gegenden, die hohe, zusammenhängende Kalkgebirge hätten. Die Engländer nennen den Steinschmätzer „stonechat", was ungefähr ebensoviel bedeutet wie sein deutscher Name, und die Bergschotten cla charan, „den kleinen Steinmetz".

Macgillivray sagt, daß er sich im Frühjahre unmittelbar nach seiner Ankunft in Großbritannien auf trockene Tristen begäbe, entweder in der Nähe des Meeres oder im Innern des Landes, aber immer nur dahin, wo er im Gestein oder im Boden Schlupfwinkel fände. Unter solchen Verhältnissen bewohne er ganz Großbritannien von Südengland bis zu den Shetland- und Orkneyinseln. Entlang der Seeküste wäre er sehr häufig, besonders in sandigen Dünen mit verlassenen Kaninchenhöhlen, in denen er brüte. Aber auch im Innern des Landes, wo Stein- und Torfhalden sich fänden, wäre er keineswegs selten. Namentlich wäre er hier auf steinigen Abhängen in der Nähe von Viehtriften anzutreffen und in solchen Gegenden hausten oft mehrere Pärchen auf einem kleinen Raum, während die Vögel in den Dünen mehr vereinzelt lebten.

An der Havel, wo ihm kaum Steinhalden zu Gebote stehen dürften, brütet er in verlassenen Nisthöhlen der Uferschwalbe, also ähnlich wie in Englands Sanddünen in Kaninchenlöchern.

Der Vogel ist weit und merkwürdig auf der nördlichen Erdhälfte verbreitet: in Europa findet er sich diesseits der Pyrenäen-, Alpen-, Balkankette so weit nordwärts, wie es überhaupt Land gibt. In Südeuropa bewohnt er die Gebirge, wenn sie hoch genug sind, der Fichte und der Birke Aufenthalt zu bieten. Wahrscheinlich brütet er in ganz Mittel- und Nordasien. Im Winter wandert er bis nach Westafrika und in Ostafrika bis über den Äquator hinaus und in Asien bis Persien und Nordindien.

Sehr eigentümlich sind die Verhältnisse seines Vorkommens in der Neuen Welt: er wird hier in Grönland, wohin er wahrscheinlich über Island, wo er auch Brutvogel ist, kommt, bis zum 73° n. Br., in Labrador und Kanada angetroffen, aber außerdem im Westen, in Alaska. Die ersteren Steinschmätzer wanderten von Europa, die letzteren von Asien her ein. Es ist sehr wahrscheinlich, daß beide Stämme nach und nach ganz Nordamerika besiedeln werden. Die östlichen Vögel wandern im Winter bis zu den Bermudas, von den westlichen weiß man noch nicht, wohin.

In vielen Gegenden Deutschlands, z. B. gerade in Thüringen, sowie in Westfalen bei Münster nimmt der Vogel stark ab. Natürlich! Denn die moderne, wie Landois sie nennt, „alles fressende“ Kultur nimmt ihm die Brutstätten und die Lieblingsplätze und räumt unerbittlich mit den Steinhalden und alten Feldmauern auf.

Der Steinschmätzer ist ein sehr hübscher, zwar nicht bunt und lebhaft, aber doch auffallend gefärbter Vogel, oben hellaschgrau mit weißer Stirn und weißem Bürzel; Kehle und Oberbrust sind hellbräunlichgelb, die übrige Unterseite ist weiß. Die Flügel sind schwarz und der hinten gerade abgeschnittene Schwanz ist weiß mit schwarzem Ende. Schnabel und Füße sind schwarz. Beim Weibchen sind die Farben matter, und besonders ist das Weiß der Unterseite etwas stumpfer und das Grau des Rückens bräunlich überhaucht.

Er ist ein munteres Tier, das sich wie fast alle auf steinigem Boden, in Felsen und Gemäuer lebenden Singvögel gern aufrecht setzt, kurze Flüge macht und den Schwanz gestelzt trägt. Mit Vorliebe sitzt er auf einem Lugaus, namentlich auf einem Grenzstein: wird sein Mißtrauen erregt, was sehr leicht geschieht, so fliegt er gern entlang den Wällen zusammengelesener Steine, jeder ihrer Krümmungen und Biegungen folgend. Sonst fliegt er in kurzen, flachen Bogen niedrig über dem Boden. Er läuft mit großer Geschwindigkeit über die Erde von einem Stein zum anderen, auf denen er sich dann vorübergehend niederläßt, Bücklinge macht, mit dem Schwanze wippt und ihn wie einen Fächer auseinander breitet und wieder zusammenschlägt.

Man muß ihn als einen auffallenden Vogel bezeichnen, der sich durch seine Färbung, sein unruhiges und lebhaftes Wesen und nicht am wenigsten durch sein Geschrei, „das,“ wie Macgillivray sagt, „klingt, als ob zwei Steine aneinander geschlagen würden,“ sehr bemerklich macht.

Sein Gesang ist ein kurzes, angenehmes Trillern, und er läßt ihn bisweilen hören, wenn er auf seinem Lugaus sitzt, häufiger aber, wenn er sich von da aus ein Stückchen gerade in die Luft erhebt oder in dieser nicht hoch über dem Boden rüttelt. Wenn das Männchen in der Paarungszeit das Weibchen jagt ist es sehr laut und bewegt dabei seine Flügel in ganz eigener Art.

Er ist ein ausgesprochener Kerbtierfresser, der namentlich den an seinen Wohnstätten so häufigen kleinen Laufkäferarten laufend nachstellt, aber auch niedrig vorbeifliegende Insekten aus der Luft hascht, und selbst Würmer und kleine Schnecken frißt.

Der Steinschmätzer schreitet anfangs Mai zur Brut und nistet in Mauerlöchern, in Spalten und unter hohlen Platten in Steinbrüchen, in verlassenen

Nisthöhlen der Kaninchen und Uferschwalben, wie wir sahen, und wohl auch einmal in einem Maulwurfs- oder Mauseloch. Sein Nest ist ein liederliches, hauptsächlich aus dürrem Gras und Vogelfedern bestehendes Bauwerk. Das Weibchen legt fünf bis sechs, manchmal wohl auch acht Eier von heller grünlichblauer Farbe, die während des Brütens etwas dunkler, gräulich werden. Das Männchen versteht sich nur dazu, des Nachmittags das Weibchen für etliche Stunden abzulösen, es ist aber ein um so aufmerksamerer Wächter des Nestes und seines Inhalts. Er duldet nicht, daß sich der Brütestätte ein anderer Steinschmätzer oder überhaupt kleinerer Singvogel nähert.

Der vortreffliche Macgillivray sagt von ihm, so vorsichtig und scheu er sonst auch sei, so komme er doch gleich herbei, sobald man sich seinem Nestchen nähere, flattere hin und her, hüpfe auf dem Boden herum, mache seine Knixe und rufe dabei beständig „Tschack — Tschack — Tschack", und werde dabei um so lebhafter und erregter, je näher man dem Neste käme. Wenn die flüggen Jungen verfolgt werden, so huschen sie an einer Stelle durch ein Loch in den Steinwall oder in die Mauer und schlüpfen aus einem anderen wieder heraus, etwa so wie die Wiesel.

Sie bleiben den ganzen Sommer über bei den Alten und begeben sich mit ihnen im Herbste auf die Wanderschaft; vor dem Wegzuge mausert sich die ganze Familie. Die Steinschmätzer sind zärtliche Zugvögel, die in der ersten Hälfte des April zu uns kommen und uns in der ersten des September wieder verlassen. Die Landleute in Thüringen glauben, nach ihrer Ankunft seien starke Nachtfröste nicht mehr zu befürchten.

Bei uns wird diesen Vögeln wohl nur ganz ausnahmsweise einmal nachgestellt, obgleich sie im Herbste sehr fett werden und dann von großem Wohlgeschmack sein sollen. Doch fressen gefangene Eulen nach Bechstein sie nicht.

In England wird ihnen sehr nachgestellt und sie werden sehr gern gegessen, in Schottland nicht. Zu Pennants Zeiten in der Mitte des 18. Jahrhunderts wurden jährlich zu Eastbourne in der Grafschaft Sussex durchschnittlich 22000 Stück gefangen. Ihren Fang beschreiben Montagu und William Markwick. Man legt dazu zwei kleinere Torfplatten derart schräg aneinander, daß sie gewissermaßen ein vorn und hinten offenes Dach bilden. An beiden Enden wird je eine Pferdehaarschlinge an einem Stöckchen befestigt. Der Vogel kriecht in die Falle um nach Nahrung zu suchen oder um sich gegen Regen, Wind, Nachtkühle und dergl. zu schützen und ist gefangen. Früh werden von einem Fänger, bisweilen an mehreren Morgen hintereinander 50 bis 60 Stück erbeutet, manchmal keins. Man sieht die Vögel nix in größeren Flügen kommen, wahrscheinlich treffen sie in der Nacht ein. Meist verkauft man das Dutzend um eine Mark. In der Regel werden sie von den Schafhirten, die dort ihre Schafe hüteten, in den Dünen der Südküste in geradezu ungeheuren Mengen gefangen. Die Fallen werden auch jetzt noch jährlich vom St. Jakobstage (25. Juli) an aufgestellt und sogleich gewinnt der Fang der Vögel einen wahrhaft erstaunlichen Umfang, obwohl sie doch nur paarweise leben. Es sind alle, mit ganz wenig Ausnahmen junge Vögel, die am zahlreichsten bei Westwind und zwar gegen ihn fliegend ankommen, also vermutlich aus Skandinavien stammen. Ein Schäfer erzählte, er habe am 15. und 16. August 1792 nicht weniger als 27 Dutzend gefangen und es wären nur ein Paar Alte dabei gewesen. Von einem Bekannten erfuhr Markwick, der Schäfer von dessen Vater habe sogar einmal an einem Tage 84 Dutzend erbeutet.

Die Vögel wurden nicht bloß in die nächsten Städte zum Verkauf gebracht, sie wurden auch wie Ortolane in Fäßchen eingemacht und verschickt. Nach Macgillivray waren die Steinschmätzer ungemein häufig am König Arthurs Stuhl und an anderen Felsen bei Edinburg. Auf der Halbinsel Harris auf den Hebriden gab es ihrer so viele, daß die Knaben anfangs Mai ihre, übrigens sehr wohlschmeckenden Eier zum Verspeisen sammelten. Du lieber Himmel, — Eierkuchen und Rührei aus Steinschmätzereiern! ein Gericht eines Heliogabel würdig! —

Am Tage und bei heißem Sonnenscheine so wie heute können wir den Tierbestand einer solchen bäuerlichen „Steinsammlung“ nur sehr bruchstückweise abschätzen. Die Nacht und die Feuchtigkeit locken viele Formen hervor und viele verlassen ihre Schlupfwinkel überhaupt nie freiwillig, wie z. B. die Asseln und Tausendfüße, die hier in mehreren Arten hausen.

Auch eigenartige Formen von Gehäuseschnecken bewohnen solche Raine in kalkreichen Gegenden. Sie lieben trockene und sonnige Stellen mit kurzem Rasen und der ganzen ihnen eigentümlichen Pflanzenwelt, eine Form oder Rasse, nicht eine besondere Art, die sich bei Augsburg findet, hat daher den sehr wohlgewählten Namen thymorum erhalten. Alle die Schneckenarten, die ich meine, es sind deren in Mitteldeutschland drei, gehören zu der Gattung Xerophila, d. h. die „die Dürre, die Trockenheit liebende“. Diese Gattung ist in Europa im Süden und Südosten wohl entwickelt und von dort mögen auch unsere Arten nach Deutschland eingewandert sein, vielleicht zweimal: zuerst unmittelbar nach der Eiszeit, als unser Vaterland größtenteils eine Steppe war und darauf nochmals, als nach der immer mehr um sich greifenden Kultur die Wälder stärker und stärker gelichtet wurden. Diese Arten haben manches Gemeinsame, was auf ihre Entstehung in sonnigen, trockenen Gegenden hinweist: ihre Schalen sind hauptsächlich weiß oder gelblich, glanzlos und verhältnismäßig dick. Auch ihre Verbreitung und der Grad ihrer Häufigkeit in Europa und Deutschland sprechen für diese Ansicht. Nach Norden und Westen nimmt ihre Individuenzahl immer mehr ab, eine Art, das Weißschneckchen (Xerophila candidula) erreicht schon am Harz ihre Nordgrenze.

Wenn sie auch trockene und sonnige Aufenthaltsorte lieben, so halten sie sich doch bei trockener Wärme und Sonnenbrand versteckt, z. B. werden wir heute und hier nichts von ihnen gewahr, wenn aber nur ein gelinder Strichregen fällt, so kommen sie massenhaft, denn sie leben gesellig, hervor. Dann kriechen sie am Grase und an Pflanzenstengeln empor, und das Volk glaubt wohl, wie stellenweise in Ungarn, wo jene Erscheinung besonders auffallend sein mag, und wie es das, wie gesagt, beim plötzlichen und massenhaften Auftreten von Tieren meist glaubt, einerlei ob die betreffenden Tiere Lemminge, krebsförmige Kiefenfüße oder Xerophilen sind, sie seien als Regen vom Himmel gefallen. Oft bleiben sie besonders die der größten Art, die Heideschnecken (Xerophila ericetorum), wenn wieder trockenes Wetter eintritt, durch ihren erhärteten Schleim festgeleimt, in ihrer, gleichfalls von erhärtetem Schleime geschlossenen Schale etwas zurückgezogen, an den Stellen, bis zu denen sie gekrochen waren, in Trockenschlaf verfallen hängen.

Alle drei Arten sind meist mit mattbraunen Längsbinden von verschiedener Breite und von verschiedener Tiefe der Farbe gezeichnet. Es kommen aber auch einfarbige, ungezeichnete Stücke vor, am häufigsten vom Weißschneckchen, von dem beiderlei Formen durcheinander und ziemlich zu gleichen Teilen gefunden werden. Das numerische Verhältnis, in dem bei allen drei Arten die gebänderten und ungebänderten Stücke auftreten, soll nach den betreffenden Fundorten verschieden, an ihnen aber ziemlich gleichmäßig sein.

Die dritte Art, die wir noch nicht namhaft gemacht haben und die stellenweise in Thüringen, z. B. bei meiner Vaterstadt Weimar unter den geeigneten Bedingungen überaus häufig erscheint, ist das Rippenschneckchen (Xerophila striata), das außer den gelegentlich häufiger oder weniger häufig auftretenden braunen Längsbinden noch Querrippchen auf der Schale zeigt. Was die durchschnittlichen Größenverhältnisse betrifft, so ist die Heideschnecke 15 mm breit und 7 mm hoch, beim Weißschneckchen betragen die entsprechenden Maße 6 und 4,5 mm und beim Rippenschneckchen 6,5 und 4,5 mm.

Wenn wir Zeit dazu hätten und uns die Mühe nehmen wollten, so könnten wir uns hier durch Umdrehen namentlich der dem Erdboden unmittelbar aufliegenden Steine noch den Anblick von mancher Tiergestalt verschaffen: von Spinnen, Käfern, Springschwänzen und besonders auch Tausendfüßen.

Die Tausendfüße, in jeder Beziehung merkwürdige Geschöpfe, ziehen wie die Schnecken im Gebiete der Kalkgebirge liegende Gegenden zum Aufenthalt allen anderen vor. Sie bedürfen zwar des Kalkes zum Aufbau ihrer Schalen nicht, denn sie haben keine Gehäuse wie diese, sondern wie die Insekten und Spinnentiere nur eine mehr oder weniger feste und dicke Hornbedeckung des Körpers, aber sie finden in jenen Gebieten reichlichere Nahrung und vor allen Dingen zahlreichere und geeignetere Schlupfwinkel für sich und ihre Brut.

Sie sind im allgemeinen keine angenehmen Tiere, von einfachen Farben, weiß, mattgelb, hell- bis dunkelbraun, unheimlich durch ihre düsteren Aufenthaltsorte, ihre vielen Beine und manche durch ihre raschen, huschenden und schlängelnden Bewegungen. Auch ich, obwohl ich nachgerade durch langjährige Gewohnheit einigermaßen vertraut geworden bin mit allerlei Viehzeug, erschrecke doch und fahre unwillkürlich zurück, wenn mir in Südeuropa, während ich sammelnd Steine umwende, plötzlich eine mehr als fingerlange Bandassel mit angstvoller Schnelle beinahe über die Hand wegläuft.

Die Tausendfüße haben mancherlei systematische Schicksale gehabt. Die älteren Forscher vereinigten sie nach Linnés Vorgange mit den Asseln, Spinnen, Skorpionen, Zecken, Springschwänzen, Zuckergästen, Läusen, Flöhen und ungeflügelten Wanzen in die Gruppe der Insecta aptera, „der flügellosen Insekten“. Erichson hielt sie für Krebs-, Burmeister für Spinnentiere, Latreille, der den Namen Myriapoda, eine wörtliche Übersetzung von Tausendfüße, für sie in die Wissenschaft einführte, sah in ihnen eine besondere Ordnung der Insekten und erst der Engländer Leach trennte sie von diesen und verlieh ihnen den Rang einer eigenen Klasse der Kerbtiere.

Wir können uns auf die nähere vergleichende Erörterung der Organisations- und Entwicklungsverhältnisse der Tausendfüße und Insekten unmöglich einlassen, nur soviel sei erwähnt, daß man dabei auf einen eigenartigen Widerspruch stößt. Es stehen sich da zwei Anschauungen, die im Grunde genommen beide das nämliche wollen, nämlich den inneren Zusammenhang der Tausendfüße und der Insekten nachweisen, in eigenartiger Weise gegenüber. Die eine betont namentlich zu ihrer Begründung, daß viele Formen der Schnurenasseln gewissermaßen auf einem Insektenstandpunkt mit wenig Körperringen und als wirkliche Sechsfüßer mit nur drei Beinpaaren das Ei verlassen. Die andere weist darauf hin, daß es gewisse unzweifelhafte, aber sehr tiefstehende und altertümliche Insektenformen gibt, — sie gehören zu der Ordnung der

Springschwänze und zur Familie der Kampodeïden — die nicht bloß an den drei Brustringen wirkliche Beine, wie die anderen Insekten tragen, sondern auch wie die Tausendfüße an den hinteren Leibesringen, allerdings nur in verkümmerter Gestalt als Fußstummel. So sieht man, wie man auf zwei nicht bloß verschiedenen, sondern sogar vollkommen entgegengesetzten Wegen bei gutem Willen zu dem gleichen Ziele gelangen kann.

Man teilt die Kerbtierklasse der Tausendfüße in zwei Ordnungen: in die der Band- und die der Schnurenasseln. Die ersteren wissenschaftlich als Chilopoda bezeichnet und wohl auch als Skolopendren bekannt, sind flinke, sich schlängelnd bewegende, flach gedrückte Geschöpfe mit nur einem Beinpaar an jedem Körperringe und leben wesentlich räuberisch von anderen niedern Tierarten, die Schnurenasseln oder Chilognatha sind von walziger oder halbwalziger Gestalt, führen langsame und nicht schlängelnde Bewegungen aus, tragen zwei Paare von Gliedmaßen an jedem Leibesring und ernähren sich hauptsächlich von frischen oder in Verwesung begriffenen Pflanzenstoffen.

Die Größe, die die Tausendfüße erreichen können, ist verhältnismäßig beträchtlich. Es gibt tropische Formen, die 25 cm lang werden, dagegen findet sich in Europa eine winzige Art (Brachypauropus hamigera), die kleinste von allen bis jetzt bekannten, die bei einer Breite von 0,2 mm nur eine Länge von 0,4 mm hat. Der vortreffliche Untersucher und Kenner der Tausendfüße, Professor Robert Latzel in Wien, sagt, das Sammeln dieser punktförmigen Tierchen sei so schwierig, daß nur wenige der gefangenen Stücke unbeschädigt genug seien, um sich zu einer näheren Untersuchung überhaupt zu eignen. Sie leben an feuchten, unter Torfmoos versunkenen Steinen an der Nordseite bewaldeter Berge. Um sie in unversehrtem Zustande betrachten und abzeichnen zu können, müßte man im Walde an Ort und Stelle das Mikroskop aufstellen, denn bevor man sie von den Steinen abhöbe und nach Hause brächte, würden sie durch Beschädigungen sehr entstellt.

In ihrem Ansehen und Betragen sind die einzelnen Arten der Tausendfüßler sehr verschieden und sind die Bandasseln im allgemeinen als flinke Fleischfresser auch geistig regsamer als die meist langsamen, fast ausschließlich von Pflanzenkost lebenden Schnurenasseln. Sir John Lubbock erkennt in dieser Beziehung die Palme den Angehörigen der von ihm bei London entdeckten Gattung Pauropus zu. Es sind auch nur kleine, nur wenig über 1 mm lange, zierliche und sehr schnellfüßige Geschöpfchen, die man, wenn man die Unterseite eines an den Stellen ihres Vorkommens gefundenen Steines betrachtet, hier rasch herumlaufen, bald in einer kleinen Höhlung verschwinden, bald wieder aus ihr auftauchen sieht. Sie reinigen sich sehr oft ihre Füße und Fühler mit dem Munde und werden dadurch leichter gesehen, daß sie mit ihrer weißen Farbe gegen den Untergrund, auf dem sie sich befinden, scharf abstechen. Sehr zart sind auch die lichtscheuen farblosen Skolopendrellen, die aber eine Länge von 8 mm erreichen. Sie laufen ruckweise, oft auch ein Stückchen rückwärts.

Manche Formen der artenreichen Gattung der Steinlinge (Lithobius) laufen nicht weg, wenn sie überrascht werden, sondern legen sich auf den Rücken, krümmen sich zur Seite und stellen sich tot. Dieses Sichtotstellen wird wohl auch bei diesen Tieren, wie bei den meisten anderen, bei denen es vorkommt, eine unbeabsichtigt und unbewußt ausgeführte Erscheinung des Hypnotismus und ein Schutzmittel gegen ihre Feinde sein. Aber die Tausendfüße haben auch noch andere Waffen. Die Bandasseln haben mit Gift absondernden Drüsen verbundene Beißwerkzeuge, und die riesenhaften tropischen Formen können durch ihre Bisse auch dem Menschen gefährlich, unter Umständen tödlich werden.

Viele Schnurenasseln haben statt dessen meist auf dem Rücken gelegene und hier durch besondere Öffnungen (foramina repugnatoria, Wehrlöcher) nach außen mündende Drüsen, die einen oft sehr übelriechenden, die Finger braunfärbenden Saft von öliger Beschaffenheit absondern. Bei einer bis 23,5 mm lang und 2,3 mm breit werdenden, oben dunkelbraunen, unten gelblichweißen Art (Fontaria gracilis), die ursprünglich tropische Gegenden, die Antillen und Fidschiinseln, bewohnt, aber mit ausländischen Gewächsen in europäische Gewächshäuser eingeschleppt ist, enthält dieser Saft merkwürdigerweise Blausäure.

Ein Mittel der Verteidigung dürfte wohl auch die Fähigkeit mancher Arten von Bandasseln, zu leuchten, sein. Sie findet sich unter anderen bei drei deutschen Arten und ist namentlich von dem Franzosen Dubois bei der einen (Scolioplanes crassipes), die eine Länge von 40 bis 56 mm erreicht, untersucht worden. Dieses Leuchten ist kein nervöses und geht auch nicht, wie bei den Leuchtkäfern, von inneren Organen aus, es hängt vielmehr wahrscheinlich auch an einem, aus besonderen Hautdrüsen abgesonderten Stoff, wenigstens bleibt es an Dingen, die von den Tieren berührt wurden oder die sie, wie menschliche Finger angefaßt haben, haften. Aus einer Entfernung von zehn Schritten ist es noch sehr wohl erkennbar und es ist stark genug, daß man in nächster Nähe bei ihm die Ziffern einer Taschenuhr unterscheiden und nicht zu kleinen Druck lesen kann. Das Licht selber ist grünlich, stärker wie das des Phosphors, aber schwächer als das unserer Johanniskäfer. Diese Leuchtkraft ist beiden Geschlechtern eigen.

Wie schon bemerkt wurde, sind die Bandasseln nächtliche räuberische Tiere von großer Gewandtheit und außerordentlicher Kühnheit. Sie fressen Kerbtiere, Würmer und kleine Schnecken, vielleicht auch Aas. Die Steinlinge sind sogar Kannibalen. Aber auch manche Schnurenasseln genießen außer Pflanzenstoffen lebende Tiere. So der bis über 3 mm lange und 0,8 mm breite, gelblichbraune Haarschwanz (Polyxenus lagurus), den Latzel „einen wahren Komiker unter den Myriopoden" nennt. Er hat eine entfernte Ähnlichkeit mit einer kleinen Larve des gemeinen Speckkäfers und starrt wie diese von Borsten. Am Vorderrande seines Kopfes findet sich ein Besatz, an jedem Körperring rechts und links ein Büschel und am Ende des Hinterleibs ein aus derartigen Haargebilden bestehendes Schwanzpinselchen, das er bei Berührungen sträubt, lebhaft hin- und herwirft, wobei er bald nach der einen, bald nach der anderen Seite förmlich damit ausschlägt. Ich vermute, daß mit dem Pinselchen Stinkdrüsen der Haut verbunden sind, und daß das Ganze einen Duftapparat darstellt, dessen Wirkungen freilich zu unbedeutend sind, um von uns empfunden zu werden, aber doch genügen dürften, kleine Feinde abzuhalten. Das Weibchen bedeckt mit diesen Pinselhaaren nach Art mancher Schmetterlingsweibchen seine gelegten Eier.

Nach Latzel hat man die Beobachtung gemacht, daß dieses Tierchen die Reblaus emsig aufsucht und vertilgt. Er schlägt daher vor, es aus den Wäldern, in denen es stellenweise massenhaft beisammen lebt, in die Weinberge zu verpflanzen, falls es sich nicht etwa ohnedies hier schon findet.

Die Weibchen einer ganzen Reihe von Tausendfußarten, außer denen dieses Polyxenus lagurus, treiben eine Art von Brutpflege. So setzen die Erdfreundchen (Geophilidae) in ihren Schlupfwinkeln oft in einer kleinen Vertiefung ihre zahlreichen Eierchen ab, die sie sowie die junge Brut bewachen, indem sie sich wie die Weibchen der Pythonschlangen spiralig um sie herumlegen. Die Mütter aus der Gattung Polydesmus bauen halbkuglige, schalen- oder becherförmige Nestchen: sie fressen sich vorher voll feiner Erde, die rasch den Darm passiert und aus ihm in Gestalt zarter Plättchen wieder zum Vorscheine kommt. Durch Aneinanderfügen dieser Plättchen wird um die Eier ein glockenförmiger Bau aufgeführt, der dann von außen mit Steinchen, Erdklümpchen und Moosstückchen, die zwischen den Kiefern herbeigeschleppt werden, belegt wird. Auch die Jungen bauen sich ähnliche Nestchen, in denen sie überwintern.

Viele Gattungen, ja Arten finden sich sowohl in Europa wie in Nordamerika zugleich. Eine Art (Lithobius forficatus) bewohnt die meisten Länder

Europas nicht nur, sondern auch einen großen Teil von Nord- und Südamerika. Da dieses 20 bis 30 mm lange, gelbliche bis kastanienbraune Tier in unseren Gärten sehr häufig ist, kann es sehr wohl mit Gewächsen aus Europa dorthin eingeführt worden sein, so gut wie die vorher erwähnte Art (Fontaria gracilis) aus den Tropen zu uns. —

Wenn jetzt die Lüftchen des Wonnemonats in Thüringens Gefilden wehten, anstatt daß die Sonne eines besonders heißen Julitags den Menschen und Tieren auf das Fell herabbrennt, dann würden wir in dem jungen Rasen des Rains hier vermutlich das eine oder das andere Stück eines wunderlichen Insekts, einer Käferart, und zwar aus der Gattung der Maiwürmer (Meloë), die der alte biedere Merklein in seinem „historisch-medizinischen Tierbuche" von anno 1696 „Schmalzkäfer" nennt und die unseren Thüringer Bauern als Ölmütter bekannt sind, herumspazieren sehen. Ihre Beine sind sehr kräftig und lang, aber trotzdem ist ihr Gang langsam stelzend und „krakelig". Sie haben gar keine Eile und sie können sich nach Herzenslust auffällig betragen, kein insektenfressendes Tier, außer vielleicht dem Igel, nimmt Notiz von ihnen, und das hat seine guten Gründe, sie sind nämlich als leibliche Vettern der spanischen Fliegen in hohem Grade giftig. Alle unsere Arten, von denen aus Thüringen neun bekannt, aber nur drei häufig sind, haben eine schwarze, wenig glänzende Farbe, bald mit einem Stich ins Blaue, oder ins Violette oder ins Grüne. Ihr Kopf ist groß, dreieckig, sitzt auf einer Art Hals und wird nach unten gesenkt getragen, ihr Halsschild ist klein, quadratisch mit abgerundeten Ecken. Die Flügeldecken sind ziemlich stark verkürzt, am hinteren Ende abgerundet und spreizen sich hier auseinander, während vorn eine mit ihrem Innenrand über den der anderen weggreift. Flügel haben die Tiere nicht, was einen gewissen Meyer, der 1800 eine „gemeinnützige Geschichte der giftigen Insekten" herausgab, zu dem verblüffend wahren Ausspruch veranlaßte: „Weil das Tier keine Flügel hat, so ist es sehr natürlich, daß es nicht fliegt." Stimmt auffallend!

Die Ölmütter sind als Imagines Pflanzenfresser und genießen als solche Gras und die Blätter niederer Pflanzen, Löwenzahn, Hundeveilchen und ähnlicher. Sie sind ziemlich gefräßig. Sie haben eine weiche Körperbedeckung, und wenn man eine anfaßt, so läßt sie aus den Gelenken einen Tropfen Saft austreten, den sie, wenn die Beunruhigung aufgehört hat, wieder zurückziehen kann. Dieser Saft ist gelb von Farbe, von ölartiger Beschaffenheit, und enthält den nämlichen Giftstoff, den die spanische Fliege in ihrem ganzen Körper birgt.

Dieses Giftsaftes wegen erfreuten sich die Ölmütter in der älteren Heilmittellehre eines großen Ansehens.

Er sollte gegen das Reißen, gegen Steinleiden, Wespenstiche und den Biß giftiger Schlangen, vor allem aber toller, oder wie man früher sagte, „törichter" Hunde helfen. Im Jahre 1776 bot ein schlesischer Bauer gegen eine ansehnliche Summe das Geheimnis aus, ein gegen den Biß tollwütiger Hunde unfehlbar wirkendes Mittel zuzubereiten. Friedrich der Große, der sonst wahrhaftig seine Groschen ein paarmal umdrehte, ehe er sie verausgabte, wendete das Geld daran und ließ das Geheimnis zum allgemeinen Nutzen veröffentlichen. Das Rezept verordnete, einer solle Maiwürmer mit zwei Hölzchen hochheben, ein anderer ihnen über einem Gefäß mit Honig die Köpfe abschneiden, in das die Käfer dann zu werfen wären, damit von dem gelben Öle, das im Körper sitze, nichts verloren gehe. Diese Mischung war dann das Geheimmittel.

Aber das Mittel war vermutlich deutschen Jägern, Schäfern, Scharfrichtern, weisen Frauen und dergleichen Leuten bereits seit Jahrhunderten bekannt, ebensogut wie den russischen Bauern. Abgesehen davon hatte es ein gewisser Selle schon lange vorher veröffentlicht, ebenso Mathias Martini 1676 in seinem Buche „Armer Kranken Rat". Auch Selle verordnete, die Käfer zu köpfen, sie darauf aber in Baumöl zu werfen, und zwar ihrer 60 auf ein Pfund Öl. Davon solle man dem Patienten zwei bis vier Lot, je nach dem Alter und der ganzen Individualität, verabfolgen. In manchen Gegenden Deutschlands, z. B. in Anhalt, Schlesien usw. rät das Volk, den ersten Maiwurm, den man sieht, in ein Leinwandsäckchen einzunähen und dieses auf dem bloßen Körper zu tragen gegen das Fieber.

Es ist mir bis jetzt ein Rätsel geblieben, wie sich bei diesen äußerst langsamen, flugunfähigen Käfern die Geschlechter zusammenfinden. Wenn manche Arten auch keineswegs selten gefunden werden, so sind sie doch keineswegs so häufig, daß es nun geradezu von ihnen wimmelt.

Die Weibchen sind außerordentlich fruchtbar, jedes trägt etwa 1200 Eier bei sich, und sie müssen auch viele Eier hervorbringen, weil ein hoher Prozentsatz der Nachkommenschaft gemäß des sehr eigentümlichen Entwicklungsganges der Larven zugrunde geht. Zufolge der Eiermenge nimmt der Hinterleib der trächtigen Ölmütter bedeutend an Größe, namentlich an Länge zu und sie sind genötigt, noch langsamer und würdevoller zu gehen wie sonst, wobei sie ihre Eierpatrone auf dem Boden nachschleppen.

Wenn die Eier reif sind, sucht sich das Weibchen eine Stelle auf lockerem Grund, in den es mit dem vordersten Beinpaare eine runde Grube von etwa 25 mm Tiefe gräbt, wobei es sich häufig hin und her wendet. Die abgelöste Erde schafft es mit dem mittelsten und hintersten Beinpaare aus der Grube hinaus und häuft um sie deren Rand an. Wenn es damit fertig ist, kriecht es heraus, ruht einen Augenblick noch der schweren Arbeit und nimmt wohl auch einige Bissen Grünfutter zu sich. Dann setzt es sich in das selbstgegrabene Erdnest, hält sich mit seinen vordersten Beinen an dessen Rand fest und legt seine gelben, langgestreckten Eier hinein. Das wiederholt es ein- oder zweimal und bringt bei jedem Gelege 300 oder 400 Eier zur Welt.

Nach drei oder vier Wochen erscheinen die 2,5 bis 3 mm langen, bei den meisten Arten gelben und orangenen, bei der in Thüringen seltenen, dunkelgrünlich schimmernden Meloë variegata aber schwarzen, gelbbeinigen kleinen Lärvchen. Sie sind ziemlich hartháutig, haben einen großen, dreieckigen Kopf, der nach vorn geradeausgestreckt getragen wird, ein Paar kurzer Fühler und dahinter ein Paar einfacher Augen. Die Kiefer sind lang, bogenförmig gekrümmt mit einfachen, sehr feinen Spitzen, und werden gekreuzt getragen. Die drei ansehnlichen Brustringe, von denen der mittelste der größte ist, sind zusammen etwa so lang, wie die neun des Hinterleibs. Jedes der sechs wohlentwickelten Beine trägt eine Klaue von Gestalt eines Dreizacks, dessen mittelster Zacken der längste und breiteste ist. Der ganze Körper ist kurzborstig behaart, am Ende des Hinterleibs stehen zwei sehr lange Borsten. So gleicht das Tierchen etwa einer stark verkleinerten Arbeiterin der weißen Ameisen oder Termiten.

Sobald die kleine Gesellschaft die Eier verlassen hat, was von Ende April bis in den Juni geschieht, zerstreut sie sich und kriecht auf die nächsten, zur Zeit gerade blühenden Blumen, auf die sie sich dann oft in Mengen zusammenfindet.

Sein erstes Begegnen mit Larven von Ölmüttern, und wahrscheinlich von Meloë variegatus, da sie schwarz waren, schildert von Siebold folgendermaßen: „Am 21. April (1841) machte mich hier (Erlangen) bei einem Spaziergange meine Tochter, welche mit dem Pflücken der Blumen von Anemone nemorosum beschäftigt war, auf eine Menge Anemonenblüten aufmerksam, welche statt gelben Staubfäden ganz schwarzgefärbte besaßen: bei genauerer Untersuchung zeigte es sich, daß die gelben Antheren dieser Blumen von einem Haufen schwarzer Meloëlarven ganz bedeckt waren, die alle ganz ruhig saßen, aber bei der geringsten Berührung alarmiert wurden und unruhig in den Blumen hin und her krochen; hielt ich irgend ein haariges Insekt in eine solche von Meloëlarven gefüllte Blume, so war in kürzester Zeit dieses Insekt vollständig von jenen Tierchen bedeckt."

Ein andermal hatte Siebold eine Menge der orangenen Larven von Meloë proscarabaeus, einer andern Art, auf Blumen mit nach Hause genommen. Hier tat er sie in einen Blumentopf, den er mit einer nicht ganz festliegenden Glasscheibe bedeckte und auf eine Fensterbank setzte. Natürlich war nach einiger Zeit eine große Anzahl der kleinen Geschöpfe heraus und auf die Fensterbank gekrochen, wo sie verschiedene Gruppen bildeten. Sie verhielten sich hier ganz ruhig, nur wenn sich ihnen eine Stubenfliege so weit näherte, daß sie unmittelbar zu ihr gelangen konnten, kam Leben in die Trüppchen und sie beeilten sich, auf diese zu klettern.

Auf den Blumen im Freien lauern sie auf Bienen, auf die sie sich begeben und an deren Borsten sie sich festhalten, um sich von ihnen forttragen zu lassen. Diesen ganzen Vorgang kannte schon der vortreffliche Insektenforscher de Geer, aber diese Beobachtung war, wie so viele seiner anderen in Vergessenheit geraten. Als daher der ältere Kirby, auch ein ausgezeichneter Entomologe, dergleichen Tierchen, ohne ihre Abstammung und Herkunft zu kennen, auf Bienen entdeckte, hielt er sie, wozu er völlig berechtigt war, für eine Art Schmarotzer und nannte sie Bienenläuse (Pediculus melittae). Später fand sie, ohne die Angaben seiner beiden Vorgänger zu kennen, der Franzose Léon Dufour nochmals und taufte sie nochmals, und zwar nach den dreizackigen Fußklauen Triungulus tricuspidatus. Nach ihm erst konnte der Engländer Newport den wahren Zusammenhang wieder feststellen.

So weit war man denn glücklich gekommen, also gerade so weit, wie ungefähr 100 Jahre vorher de Geer gekommen war. Nun wurde es aber eine brennende Frage: wo und wie werden diese winzigen Geschöpfchen zu den verhältnismäßig ansehnlichen Ölmüttern? Einer der Forscher, die der Wunsch, den Schleier dieses Geheimnisses zu lüften, ganz besonders peinigte, war der ganz hervorragende südfranzösische Entomologe Fabre. Endlich bekam er die Sache denn auch heraus, zunächst zwar noch nicht bei einer Maiwurmart, sondern bei einer verwandten, zu der nämlichen Familie gehörigen, in Deutschland nicht vertretenen Gattung (Sitaris), später bei einer auch in Thüringen, aber sehr selten vorkommenden Ölmutterform (Meloë cicatricosus).

Wenn der Instinkt den auf einer Blume lauernden Triungulus nicht getäuscht hat und er wirklich auf einer Blumenbiene, und nicht, was sehr häufig geschieht, auf ein anderes fliegendes Insekt zurechtgekommen ist, so trägt ihn diese in ihr Nest. Am einfachsten dürfte sich nun der Vorgang in oder bei den Wohnungen solcher Bienenformen abspielen, bei denen nur Weibchen und Männchen, aber keine Arbeiterinnen vorkommen, die also nicht staatenbildend sind.

Hier besuchen die eierlegenden Weibchen zugleich auch die Blumen, um Honig und Pollen zu sammeln, bei den geselligen Honigbienen und Hummeln aber nicht, da besorgen das die Arbeiterinnen. Die aber legen so selten einmal und ausnahmsweise Eier, daß daraufhin eine andere Tierform sich nicht anpassen konnte. Bei denen also müßten die Meloëlarven im Neste erst wieder von den Arbeiterinnen, die sie dahinbrachten, auf Königinnen übergehen. Sobald nämlich ein Weibchen irgend einer Bienenform, auf dem die Larve einer Maiwurmart schmarotzt, in eine Zelle ein Ei legt, folgt jene diesem und gerät so gleichfalls in die Zelle.

Das erste, was sie hier tut, ist, daß sie sich den Konkurrenten vom Halse schafft, d. h. sie frißt das Ei. Gleich darauf häutet sie sich zum ersten Male und sieht nun ganz anders aus, indem sie alle Eigenschaften, die sie als freilebendes Tier notwendig brauchte, unter den neuen Lebensverhältnissen aber als überflüssig besser entbehrt, ablegt. Sie verliert ihre feste Körperbedeckung, ihre lebhafte Farbe, sowie ihre Augen, wird weichhäutig, dick, fleischig, engerlingartig, bis auf den braunen Kopf weiß und blind. Außerdem hat sie kurze, zum Laufen völlig undienliche Beine mit einfachen, nicht mehr dreizackigen Klauen erhalten. In diesem Zustande häutet sie sich noch dreimal, dann hat sie den Inhalt der Bienenzelle gefressen und verwandelt sich ohne Häutung in eine Schein- oder Interimspuppe, Pseudochrysalide, wie Fabre das genannt hat. Die letzte Larvenhaut wird zwar nicht abgeworfen, aber sie lockert sich und hebt sich ab, ohne zu bersten. Die in ihr liegende Scheinpuppe ist wieder hornig, hat statt der Beine bloß Höckerchen, ist kaum bewegungsfähig und nimmt keine Nahrung zu sich. Auf dieser Stufe überwintert die Ölmutter und im nächsten Frühling kriecht aus dieser Scheinpuppe nicht etwa der fertige Käfer, sondern abermals eine weiche, wurmähnliche Larve, die nichts genießt und sich schließlich in eine echte Käferpuppe verwandelt, die den fertigen Maiwurm liefert. Während die Entwicklungsstufen der außerhalb der Familie der Blasenkäfer stehenden Käferformen sind: Ei, einmalige, abgesehen vom Wachstume unverändert bleibende Larvenform und Puppe, sowie endlich die Imago, sind sie hier: Ei, erste, darauf zweite Larvenform, Scheinpuppe, dritte Larvenform, wahre Puppe und Imago.

Man hat diese Art der Metamorphose „Hypermetamorphose", Überverwandlung genannt, und zugleich ist sie bis zu einem gewissen Grade eine „rückschreitende" Verwandlung, denn die erste Larvenform ist bedeutend höher organisiert als die späteren.

Nicht bei allen Arten der Gattung Meloë scheint die Verwandlung ganz die nämliche zu sein, wenigstens weicht nach den Mitteilungen eines gewissen Aßmuß die von Meloë variegatus ab. Während die sonst ihrer Entwicklung nach bekannten Formen den erwachsenen Bienen nicht schädlich, sondern nur Mörder am kommenden Geschlechte werden und den Honig wegfressen, soll diese ihre Wirte auch selbst unmittelbar töten. Während die Larven der ersten Stufe bei den übrigen Arten sich nur an den Haaren der Bienen, und zwar am liebsten in der Gegend des Nackens und des mittelsten Brustringes festhalten, sollen sich die von Meloë variegatus, und öfters mehrere zugleich, durch die zwischen den Ringen des Hinterleibs befindliche weiche Verbindungshaut einbohren. Die verletzten Bienen (Honigbienen!) sollen ihre heimatlichen Wohnstätten noch zu erreichen suchen. Wenn sie hier sterbend oder schon gestorben liegen, sollen die Ölmutterlarven sie verlassen und sich über das Innere des Stockes verbreiten, auch andere Bienen und die Königin befallen, aber der Mehrzahl nach zugrunde gehen.

Aßmuß berichtet, er habe einmal in jungen Stöcken vom 5. bis 15. Juni täglich 200 Bienen eingebüßt. Dann hätten die Verluste mehr und mehr nachgelassen und am 2. Juli ihr Ende erreicht. Ein gewisser Köpf will aus seinen 23 Stöcken neun Königinnen und 172 500 Stück Arbeitsbienen verloren haben. Jene Larven sollen zum Teil die Veranlassung der sogen. „Toll- oder Maikrankheit" sein.

Ich muß gestehen, daß mir diese Geschichte nicht besonders deutlich ist, wie überhaupt die ganze Geschichte von der Verwandlung der Ölmütter noch manche unklare Kapitel enthält.

Im Jahre 1870 waren 71 Arten der Gattung Meloë bekannt, von denen welche außer in dem größten Teil der Alten Welt in Kalifornien, bei Montevideo, auf St. Domingo und Madagaskar vorkommen. Diese letzte Tatsache ist besonders merkwürdig. Wenn man erwägt, wie verwickelt der ganze Vorgang der Verwandlung der Maiwürmer ist und wie wenig die Tierwelt Madagaskars mit der anderer Länder in näherem Zusammenhange sonst steht, so wird man mit mir wohl die Ansicht von dem hohen Alter des Stammes der Ölmütter teilen. —

Die Honigbienen haben viele Feinde, denn sie sind wohlschmeckend, und einer der größten ist der Klapperstorch: das ist so einer von den Biedermeiern, die ich besonders gut leiden kann! Ihm werden auch seine Sünden noch als Verdienste angerechnet. „Ach," heißt es da, „der ist ein gar nützlicher Vogel, der lebt mit seinen Kindern hauptsächlich von Fröschen und Eidechsen." Das ist gerade so, als ob man einen Mörder einen um den Staat wohlverdienten Mann nennen wollte und etwa sagte: „Ja, er mordet, das ist wahr, aber nur Schutzleute." —

Doch ich glaube, es wird hohe Zeit, daß wir bei Hannfried möglichst rasch unter Dach und Fach zu kommen suchen. Im Süden über dem Walde steht ein dicker, blauschwarzer Butzemann und das Donnern rückt näher und näher.

6. Im Bauerngarten.

Ernst Valentin Gessert ist ein Mann in unseren Jahren, steht also im Anfang der Sechziger, und ist der reichste Bauer nicht bloß im Dorfe, sondern in der ganzen Gegend. Ich war einmal in meiner früheren Stellung in der Lage, ihm einen nicht unwesentlichen Dienst zu leisten, und da ich das tat, ohne daß es ihm etwas kostete, schätzt er mich seitdem sehr hoch.

Dort drüben am Ende des großen Dorfs das altertümliche Haus mit dem hohen Giebel und dem vorspringenden Erker an der linken Ecke gehört ihm. Es sieht völlig städtisch aus und mag vor 400 Jahren, so alt dürfte es wohl sein, irgend ein kurmainzisches oder gräflich Gleichensches Amtsgebäude gewesen sein. Es heißt noch die „Rentei". Gessert kann keine Auskunft darüber erteilen. Seine Vorfahren haben, soviel er weiß, das Anwesen in der trostlosen, verwilderten Zeit nach dem dreißigjährigen Kriege erworben — weiter ist ihm nichts bekannt. Der sehr große Garten, mit dem wir es allein zu tun haben, reicht hinten bis zu dem an der Stelle breiten und tiefen Bach, oder eigentlich kleinen Fluß.

Dieser Garten ist noch ein echter Bauerngarten vom alten Schlage, wie sie immer seltener werden. Er liegt hinter dem Hause. Wenn wir dessen Flur durchschritten haben, kommen wir auf einen geräumigen, gepflasterten Hof mit einem Laufbrunnen in der einen und einem schönen Lindenbaum in der anderen Ecke, unter dem, wenn der Besitz uns gehörte, gewiß die nötigen Gartenmöbel ständen. Aber daran denken unsere Bauern nicht. Es ist schon viel, daß vorn im Garten eine allerdings prächtige Laube von Jelängerjelieber, wie du weißt, eine meiner Lieblingspflanzen, zum traulichen Besuch einladet.

Wir müssen drei Steinstufen hinauf, um in den Garten zu gelangen, denn er ist untermauert und liegt etwas höher als der Hof, von dem er außerdem durch einen dichten schönen Ligusterzaun geschieden ist. Dieser Zaun umgibt ihn an allen Seiten, nur an der hinteren nicht, wo der Bach ihn vertritt. Wenn ich den Gessertschen Garten besuche, fallen mir allemal die Schlußworte des Direktors im Faust ein, die er am Ende des „Vorspiels auf dem Theater" spricht:

Und wandelt, mit bedächt'ger Schnelle,
Vom Himmel durch die Welt zur Hölle!

Er ist nämlich dreiteilig. Der erste Teil, in dem sich die Laube befindet, ist der Himmel. Er ist den Blumen geweiht und steht unter der Obhut von Gesserts hellblonden, blauäugigen, wunderhübschen Töchtern, Bertchen und Klärchen, seinen einzigen Kindern und Zwillingsschwestern von 20 Jahren.

Der zweite Teil bietet uns die Welt. Er ist ein wohlbestellter Gemüsegarten, gehört daher ausschließlich der praktischen Seite des Lebens, also der Welt an. Sein Umfang ist wohl viermal größer als der des Blumengartens, der durch Vermittelung einer Anpflanzung von Johannis-, Stachel- und Himbeersträuchern in ihn übergeht, und erfreut sich der erfahrenen Aufsicht der etwas korpulent geratenen Frau Gessert, bekannter unter dem Namen „die dicke Mutter Lenchen".

Nun bist du, wie du sagst, auf die „Hölle" neugierig! Das ist sehr einfach: das ist der sehr große Obst- und Grasgarten und gehört Vater Gessert im besonderen zu. Ich habe ihn in Gesprächen oft genug, wenn die Rede auf dieses hervorragend schöne Stück seines Eigentums kam, ärgerlich äußern hören, das sei ihm eine Hölle auf Erden, und da säße der Teufel drin! Diese entrüsteten Schmerzensschreie entsprangen der Tatsache, daß, nach seiner Behauptung wenigstens, die eine Hälfte des Ertrages vom Ungeziefer gefressen und die andere von den Spitzbuben, die nachts über den Bach kämen, gestohlen würde. Ich glaube, er weiß recht wohl, wer diese Spitzbuben zum Teil sind, und hat irgend einen Grund sie zu schonen, denn als ich ihm riet, doch einen bissigen Hund zu halten oder Fußangeln zu legen, zuckte er die Achseln und lenkte das Gespräch auf etwas anderes. Wer kennt die Schliche und Kniffe der Bauernpolitik? Vielleicht geschehen jene Einbrüche mit seinem Vorwissen und mit seiner Genehmigung und er stellt sich nur erbost.

Der Blumengarten oder „den Mächens ihr Garten“ sieht blitzsauber aus wie seine Hüterinnen selbst. Links haben wir die bewußte Laube und in der rechten Ecke, die hinter dem Brunnen im Hofe liegt und etwas feucht ist, sehe ich zahlreiche Blätter von Maiblumen, die seit mindestens sechs Wochen ausgeblüht haben. Ein Kreuzweg führt durch diesen Garten und neben den Seitenbeeten am Zaune verlaufen andere und alle sind mit dichtem, altväterischem Buchsbaum gemütlich eingefaßt. Die Hauptpflanzen, die wir hier auf den ersten Blick sehen, sind weiße Lilien, Goldlack, Levkoien, Eisenhut, Nelken, besonders in den bei unseren Bauern beliebtesten Varietäten der „Feuerfexe“ und „Flammeusen“, und Rosensträuche, viele Rosensträuche, von denen einige noch Blüten haben. Schauten wir näher zu, so würden wir wahrscheinlich noch Brennende Liebe, Balsaminen, Jungfer in Haaren und ähnliche sommerliche Lieblingsblumen unserer Landleute vorfinden.

Wir wollen, neugierig wie wir sind, zunächst in die Laube treten. Die Zwillinge in ihr zu finden, dürfen wir leider nicht erwarten, denn die sind, wie uns Geffert erzählte, mit ihrer Tante nach Neudietendorf, der Heimat der Herrnhuter, der Pfefferminzplätzchen und des bekannten und in Thüringen sehr beliebten Aromatikschnapses, gefahren.

Da flattern träge vor uns einige kleine, graue Schmetterlinge auf, wie wir die Blätter des Jelängerjelieber im Vorbeigehen streifen, und sind sofort wieder verschwunden. Ich habe mir gemerkt, wo der eine hinschlüpfte und ich denke, ich werde ihn bald ausfindig machen. Sieh, da sitzt er auf dem Blatte hier rechts! Betrachte ihn dir genau, er ist es wohl wert. Kannst auch unsere große Lupe dazu nehmen und ihm ziemlich nahe kommen, denn er sitzt recht fest. Das ist ein wunderliches Tierchen, eine der seltsamsten Schmetterlingsarten, die wir überhaupt in Deutschland haben. Er gehört in die Familie der Geistchen (Pterophoridae), deren Angehörigen sich dadurch auszeichnen, daß ihre Flügel vom Rande bis zur Wurzel in mehrere Lappen, entweder die vorderen in zwei und die hinteren in drei oder beide in je sechs, gespalten sind, und daß sie beim Sitzen diese Flügel wagerecht ausgebreitet tragen wie zahlreiche Spannerarten.

Diese Art hier ist das Geißblatt- oder Jelängerjeliebergeistchen (Alucita hexadactyla), bei dem jeder der vier Flügel in sechs einzelne Strahlen aufgelöst ist, die ihren Rand entlang von der Spitze bis zur Spaltungswurzel mit feinen Haarschuppen oder Schuppenhaaren besetzt und abwechselnd heller und dunkler quer gebändert sind. Das zarte Wesen hat eine Körperlänge von 6,5 mm und eine Spannungsbreite von 16 mm.

Die Verschiedenheiten, in denen die Flügel der Schmetterlinge entwickelt sind, erscheinen merkwürdig und erlauben einen natürlich nur oberflächlichen, nicht tiefer in das Grundwesen der Sache eindringenden Vergleich mit den Flügeln der Wirbeltiere. Deren gibt es in der Jetztwelt bei zwei Gruppen von diesen: die einen bilden eine Ordnung der Säugetiere, die Fledermäuse, die anderen eine ganze und sehr große Klasse der Wirbeltiere, die Vögel. In der Vorzeit gab es noch fliegende Kriechtiere, die Flugechsen oder Pterodaktylier. Wenn wir die Flügel dieser letzteren und die der Fledermäuse einerseits mit denen der Vögel andererseits vergleichen, so fällt, was den Stoff anbetrifft, aus dem beide gebildet sind, ein großer Unterschied auf: ein Fledermaus- und Flugechsenflügel besteht wesentlich aus Teilen des Skeletts und der Unterhaut, ein Vogelflügel hingegen aus solchen der Oberhaut, in diesem Falle aus Federn.

Ähnlich liegen die Verhältnisse bei den Flügeln der Schmetterlinge: die der Tagfalter sind am Rande kaum mit besonders verlängerten oder als haarartige Bildungen entwickelten Schuppen besetzt. Diese, die wie die Vogelfedern zur Oberhaut gehören, eigentlich von ihr abgeschieden sind, bleiben bei vielen, ja den meisten Arten aus den verschiedenen Familien der Großschmetterlinge nur schwach, werden im allgemeinen stärker bei den Kleinschmetterlingen und erreichen ihre höchste Entfaltung bei gewissen Gattungen (Coleophora, Tischeria usw.) der Motten. Während diese Randschuppen, Fransen (Ciliae) ist ihr offiziell wissenschaftlicher Titel, bei den Tag- und Abendfaltern nur einen ganz gering entwickelten Saum bilden, nehmen sie der Flächenentfaltung nach bei der kaum 1 cm spannenden Lärchenminiermotte vom Vorderflügel reichlich soviel wie die Hälfte, am Hinterflügel aber zwei Drittel ein. So gleichen, was die Beteiligung der Oberhaut an dem Aufbau der Flügel als Ganzes angeht, die der Tagschmetterlinge denen der Fledermäuse, die gewisser Motten denen der Vögel. In den Flügeln der Geistchen oder Federmotten, und namentlich des Geißblattgeistchens, tritt uns eine Art der Flügelbildung entgegen, die bei den Wirbeltieren nicht vorkommt. Wenn am Flügel einer Fledermaus jeder Finger frei und nicht durch die Flughaut mit den anderen verbunden, sowie entlang seiner Seitenränder ähnlich wie ein Eichhörnchenschwanz mit langen Haaren besetzt wäre, so würden die Flugwerkzeuge dieser Säugetiere eine große, allerdings immer nur äußerliche Ähnlichkeit mit denen jener Kleinschmetterlinge gewinnen.

Ich habe es schon als Knabe bedauert, daß viele Motten so winzig klein sind, denn es befinden sich prachtvolle, auf den Oberflügeln mit lebhaften

Farben und herrlichem Metallschmucke ausgezeichnete Arten darunter, viel schöner wie die beträchtliche Mehrzahl unserer Großschmetterlinge. Jetzt wünsche ich, die Geißblattmottchen klafterten soviel wie ein Segelfalter oder ein Bisamschwärmer: ich bin sicher, das Volk hätte einen ganzen, wesentlich unheimlichen Sagenschleier um sie gewoben.

Die Weibchen dieser Art von Geistchen legen ihre Eier einzeln jetzt im Juli an die Augen des Jelängerjeliebers, wo sie überwintern um im nächsten Frühling die Raupen zu liefern. Diese bohren sich in die Röhren der Blütenknospen ein und verschließen sie mit einigen selbstgesponnenen Fädchen, ähnlich wie man einen Sack zubindet. Innerhalb dieses Sackes frißt nun jede Raupe Staubfäden, Stempel und Fruchtknoten der Geißblattblüte. Wenn sie damit fertig ist, ist sie erwachsen, etwa 6,5 mm lang, grün, glasig, durchscheinend und mit nur sehr vereinzelten Härchen besetzt. Sie bohrt sich aus der Blütenröhre heraus, sucht sich in irgend einer Ritze oder sonstwo ein Plätzchen, wo sie sich innerhalb eines locker gesponnenen, grauen Kokons in eine schlanke, gelbbraune Puppe verwandelt, aus der nach etwa 20 Tagen der Schmetterling hervorgeht. —

Doch jetzt wollen wir die Laube verlassen und die in der gegenüberliegenden Ecke des Gartens gewachsenen Maiblumenpflanzen, auf denen ich eine besondere Käferart erwarte, in Augenschein nehmen. Ich habe mich in meinen Voraussetzungen nicht geirrt, da ist das Bürschchen schon und zwar in zahlreichen Exemplaren. Es ist ein hübsches, etwa 7,5 mm langes und über die Schultern 3 mm breites Tierchen, das ein auf der Oberseite scharlachrotes Halsschild und ebenso gefärbte Flügeldecken hat, sonst aber glänzend schwarz ist. Es ist ein Lilienhähnchen (Crioceris merdigera) und gehört in die große Familie der Blattkäfer, von der wir hier im Garten wahrscheinlich noch mehrere Arten kennen lernen werden.

Der Käfer hat auch noch den Namen „Lilienpfeifer“ und die Gattung, zu der er gehört, heißt auf deutsch „Zirpkäfer“. Beide Benennungen geben zu denken! Sie deuten auf die Fähigkeit hin, daß unser rotschwarzer Freund, der stellenweise in Deutschland sogar „Musikant“ heißt, die Fähigkeit besitzt, wenn nun auch gerade keine Musik zu machen, so doch Töne hören zu lassen. Du brauchst bloß einen ohne ihn zu drücken in die hohle Hand zu nehmen und diese in geeigneter Weise ans Ohr zu halten, so wirst du bald ein leises, aber doch deutlich vernehmbares Zirpen hören. Das geschieht bei vielen Arten von Käfern, so z. B. bei allen Bockkäfern und zahlreichen anderen, aber auf sehr verschiedene Weise. Auf einer eigentlichen Stimme in dem Sinne, wie wir und andere Säugetiere, Vögel und Lurche eine solche entwickeln, beruhen diese Geräusche nicht, sie haben mit den Atemwerkzeugen nicht das geringste zu tun. Sie entstehen durch Bewegung, namentlich Reibung verschiedener Stellen des hornigharten äußeren Skeletts gegen- und aneinander und entsprechen am besten den Tönen, die wir durch Knipsen mit unseren Nägeln hervorbringen können. Was das Zirpen des Lilienpfeifers im besonderen angeht, so kommt es dadurch zustande, daß der Käfer den letzten Hinterleibsring hinten an die Unterseite der Flügeldecken dicht bei der Naht, in der sie zusammenstoßen, reiben.

Die Bedeutung dieses Zirpens ist bei den Käfern wohl meist die, einen etwaigen Feind, der die Tiere erfaßt hat, einen Vogel, eine Libelle usw. zu erschrecken, so daß er verdutzt das Opfer wieder fallen läßt und dieses Gelegenheit findet zu fliehen und sich zu verbergen. Das wird wohl auch beim Lilienhähnchen so sein, ob aber unter allen Umständen auch bei den Bockkäfern, erscheint mir zweifelhaft. Ich habe bei diesen Insekten Beobachtungen gemacht, die gegen die Verallgemeinerung jener Ansicht sprechen dürften: mehrmals traf ich männliche Stücke verschiedener Arten, besonders aber vom kleinen Heldbock (Hammatichaerus cerdo, jetzt heißt er einmal wieder der Abwechslung und der Verwirrung zulieb mit dem Artennamen heros!), die in lebhafter Aufregung ganz frei auf kahlen Ästchen saßen und mit weit vorausgestreckten, auf eine ziemliche Strecke hinten dicht aneinander gelegten Fühlern, lebhaft musizierten.

Das kann man bei Bockkäfern besser als bei anderen Formen sehen, denn es geschieht durch Reibung des Kopfes vorn an das Halsschild, und jener wird dabei nickend auf und ab bewegt. Dieses „Geigen", wie man bei Bockkäfern das Hervorbringen von Geräuschen nennt, machte ganz den Eindruck, als ob es geschähe Weibchen anzulocken.

Das Lilienhähnchen hat den lateinischen Namen merdigera, und der ist zusammengesetzt aus gera „Trägerin" und merda, das französische „merde", in gewählterem Deutsch „Kot, Unrat". Wenn man die saubere Imago dieser Käferart ansieht, bleibt einem die Ursache dieser Benennung völlig unklar, sie wird erst verständlich, wenn man ihre Larve und deren Lebensweise kennt. Auf den breiten Blättern der Maiblumen findet man im Juni in Querreihen vereinigt fünf oder sechs längliche, aus einer grünlich-schwarzen, glänzenden, schmierigen Masse bestehende 7 bis 12 mm lange Körperchen. Betrachtet man diese, nachdem man das Blatt abgeschnitten hat, näher, so bemerkt man bald, daß an ihrem scheinbaren hinteren Ende ein kleines glänzend schwarzes

Kügelchen und dahinter jederseits drei gekrümmte, schwarze Häkchen sichtbar werden, und wer etwas in der Insektenkunde erfahren ist, kommt bald dahinter, daß er es da mit den Köpfchen und Beinchen irgend einer Insektenlarve zu tun hat.

Die Reihe zieht sich entlang des unteren Randes einer Stelle auf der Oberseite des Blattes, auf der das Parenchym fehlt. Nun heraus mit der Lupe oder dem Leseglas und die schwarzen Köpfchen der Larven beschaut! Nicht wahr! nun siehst du, wie ihre Kieferchen gegeneinander arbeiten, das Parenchym des Blattes wegschaben und dessen Oberfläche kahl machen, und wie sie sich selbst notwendigerweise dabei rückwärts bewegen. Jetzt wollen wir ein paar der Larven reinigen, was eigentlich am besten geschähe, wenn wir sie in einem kleinen Gläschen mit Wasser abschwenkten, sich aber durch vorsichtigen Gebrauch des Taschentuches schließlich auch bewerkstelligen läßt. So, nun haben wir ihrer drei ihrer schmierigen Hülle entkleidet. Natürlich sind sie kleiner als wie mit ihr. Sie sind schmutzigweiß, oben hinter der Mitte ihres Körpers etwas angeschwollen und hier jederseits mit vier unbestimmten, grauen Fleckchen gezeichnet. Auf der Unterseite haben die Leibesringe eine gemeinsame, eirunde, am Rande von fleischigen Wärzchen umgebene Scheibe. Diese Vorrichtung dient, da die Wärzchen namentlich noch eine Art Leim absondern, dazu, die Larven auf ihrer Unterlage inniger zu befestigen. Selbstverständlich tritt aus deren After am Hinterende des Körpers der Kot, da der aber nicht trocken und krümelig, sondern feucht und klebrig ist, rollt er nicht herab und fällt auf die Erde, sondern sammelt sich an. Wenn nun die weidenden Larven rückwärts kriechen, so schieben sie sich mit ihren hinteren Leibesenden in den Unrat hinein, und dieser kommt auf ihren Rücken zu liegen.

Man kann nun die drei in ihrer Gemütlichkeit gestörten und ihres originellen, wenn auch nicht gerade sauberen Kleides beraubten Larven auf irgend ein Maiblumenblatt zurücksetzen, wo sie sich durch beschleunigtes Fressen und gesegnetes Verdauen bald eine neue Decke bereiten. Zur Verpuppung begeben sie sich in die Erde, wo sie sich in einer Höhle mit geglätteten Wandungen verwandeln. Die Puppen überwintern und liefern im nächsten Frühjahre die Käfer der ersten Generation, deren Kinder jetzt im Juli die zweite des Jahres bilden.

Am meisten von allen unseren Gartenblumen hat aber gerade die edelste von allen, die Rose, unter den Angriffen der Insekten zu leiden — unter und über der Erde! Taschenberg der ältere zählt deren in seiner vortrefflichen „praktischen Insektenkunde“ nicht weniger als 32 Arten auf, von denen 13 zu den Schmetterlingen und zehn zu den Hautflüglern, darunter nicht weniger als neun zu den Blattwespen gehören. Die meisten der letzteren befallen neben den Rosen keine anderen Pflanzen, während von den Schmetterlingsarten nur vier auf jene Königin der Blumen beschränkt sind.

Von den Blattwespen sind zwei Formen besonders merkwürdig und ihnen wollen wir einige Worte widmen. Die erste ist die bohrende Rosenblattwespe (Monophadnus bipunctatus). Die 6,5 mm lange, etwas über 14 mm klafternde Imago ist schwarz, fein grau behaart, hat einen weißen Rand hinten am Halskragen; die Vorderfüße, die Knie und die Schienen sind bräunlichweiß, die Hinterränder der Körperringe sind silbergrau und die Flügel ein wenig rauchig. Die Mutter, die im April oder Mai erscheint, legt ihre Eier einzeln an die Spitzen der zarten, jungen Triebe. Nach ein paar Wochen erscheint die Larve, die im ausgewachsenen Zustande etwa 15 mm lang, wurmartig und knochenweiß mit hellbraunem Kopfe ist. Sobald sie das Ei verlassen hat, frißt sie sich in den Trieb ein und ernährt sich von dessen Marke. Wenn sie im Juni oder in den ersten Wochen des Juli ihre Maximalgröße erreicht hat, bohrt sie sich seitlich aus dem Trieb heraus und begibt sich in die Erde, wo sie sich einspinnt, aber erst im Februar oder März des nächsten Jahres verpuppt. Die Wespe erscheint, wie die meisten Arten der schädlichen Blattwespenarten, nur bisweilen in größeren Massen und kann dann wirklich schädlich werden.

Das dürfte bei der zweiten Art, der Rosen-Wickelwespe (Lyda inanita), die zu der als „Gespinstwespen" bekannten Gruppe der Blattwespen gehört, obwohl sie kein Gespinst macht und auch nicht gesellig lebt, kaum je der Fall sein. Die Imago erscheint gleichfalls Ende April oder im Mai und ist auch schwarz, wie die vorige Art, aber mehr und gelb gezeichnet. Das Weibchen legt seine Eier an die Rosenblätter, die die gelbgrüne, an den beiden Seiten des ersten Körperringes mit je einem schwarzen Fleck, sonst noch mit zarten, unterbrochenen Längsstreifen von roter Farbe versehene Larve in längliche Stücke zerbeißt. Aus diesen Stücken macht sie sich, sie spiralig anordnend, eine Wohnröhre, die sie in dem Maße verlängert, wie sie selbst größer wird, und die ein Länge von mehr als 4 cm erreichen kann. In den ersten Tagen des Juli verläßt die Larve ihre Wohnung, diese bleibt an der Unterseite eines Blattes zurück, jene begibt sich zur Verpuppung in die Erde. Diese Wespenart findet sich nur stellenweise in Deutschland, und ich kenne sie lediglich aus Sammlungen, die Larvenröhre überhaupt nicht.

Die Stachel- und Johannisbeersträucher, die in diesem Garten den Übergang vom Himmel zur Welt bilden, haben selbstverständlich auch ihre

Feinde, die meist für beide Pflanzenarten die nämlichen sind. Die grün und gelbe, mit kleinen schwarzen, je ein kurzes Borstenhaar tragenden Wärzchen bedeckte, etwas dickliche, 15 mm lang werdende Larve der gelben Stachelbeerblattwespe (Nematus ventricosus) tritt im Mai und besonders wieder im Hochsommer manchmal äußerst zahlreich auf und kann die Büsche unter Umständen so abfressen, daß sie wie die Besen erscheinen. Bei dieser Wespenart kommt gelegentlich Jungfernzeugung vor, und aus den Eiern entwickeln sich, wie das meist der Fall bei Insekten ist, nur Männchen. Bei uns hat dieses Tier in der Regel nur zwei Generationen im Jahre, aber im südlichen Rußland sind deren fünf beobachtet worden.

Die Raupe eines jetzt fliegenden, über 26 mm klafternden Spanners, der den albernen deutschen Namen Weling (Fidonia wawaria) führt, weil sich aus der Zeichnung seiner beiden zusammengelegten Vorderflügel mit gutem Willen der Buchstabe W erkennen läßt, lebt in der Regel von den Blättern des Johannis- und Stachelbeerstrauches, aber Taschenberg sen. traf sie auch in den Früchten des letzteren. Er fand einmal sehr viele, ziemlich ausgewachsene Stachelbeeren, deren jede ein Loch hatte und von einer Welingraupe bewohnt wurde. Um sich zu verpuppen, verließen die Raupen die Beeren und spannen diese in einer Schachtel, ohne daß ihnen Erde zur Verfügung stand, zum Teil mit einem klebrigen Gespinste zusammen. —

So, nun hätten wir den Blumen- und Beerengarten hinter uns, wir verlassen den Himmel und treten in Mutter Lenchens Welt, die wohl versehen und in der besten Ordnung ist.

Da klettern die Bohnen an ihren Stangen in die Höhe, Möhrenbeete zeigen ihr schönes dunkles Grün, die Kohlpflänzchen, die zwar noch klein und anspruchslos sind, nehmen den größten Raum ein. Zwiebeln und Porree, Dill und Kümmel spreizen ihr duftiges, würziges Blattwerk in den heißen Strahlen der Julisonne. Kartoffeln werden hier nicht gezogen, zu dem Behufe hat Vater Gessert draußen im Felde seine besonderen Äcker.

Die Gurken, Lieblingsfrüchte der Thüringer, reifen der Schüssel und mehr noch den Fässern entgegen, denn „nischt gibt über 'ne neie sawre Gorke“ ist eine Haus- und Lebensregel der Familie Gessert. Wo Gurken sind, darf Gurkenkraut, hierzulande unter dem Namen „Boretsch“ besser gekannt, nicht fehlen, und daneben finden sich noch in kleinen Gruppen wie in einem botanischen Garten verteilt allerlei altmodische Gewächse, deren Bedeutung und Wert für die Küche und die Hausapotheke — Frau Gessert hat's Doktern stark — unsereins meist nicht einmal ahnt.

Selbstverständlich wird einer so reichen Pflanzenwelt eine entsprechende Tierwelt nicht fehlen, und da sitzen denn die kleinen Feinde allenthalben in den Wurzeln, Knollen, Zwiebeln, Stengeln, Blüten, Früchten, und schwelgen im Genusse üppiger Blätter. Am meisten wird Klage geführt über das unterirdische, unparteiische Walten der „Drahtwürmer", die das Wurzelwerk fast aller hier gezogenen Küchengewächse nach ihrem Geschmacke finden und sich auch nach den Blumen des Himmelreichs gezogen haben.

Diese Drahtwürmer sind schlanke, gestreckte, walzige Tiere von etwa 2 cm Länge und 1,5 mm Breite, die aus einem mit scharfen Kiefern ausgestatteten Kopf und zwölf Körperringen bestehen, von denen die elf ersten nahezu quadratisch sind, während das längere Endglied nach hinten sanft zugespitzt ist. An den drei vordersten Ringen haben die Drahtwürmer je ein kurzes Paar Beine, ihre Körperbedeckung ist hart und von gelber Farbe. Sie sind mit sehr einzeln stehenden Borsten, besonders entlang den Seiten, besetzt. Drahtwürmer heißen die Larven der Schnellkäfer oder Schmiede (Elateridae) und die, von denen ich jetzt rede, sind die des Saatschnellkäfers (Agriotes lineatus). Sie wachsen langsam und es dauert mehrere Jahre, bevor sie sich in der Erde in weiße Puppen verwandeln.

Die Käfer sind 10 mm lang, 3,5 mm breit, nach hinten zugespitzt und haben ein kissenartig gewölbtes Halsschild. Von Farbe sind sie braun, grau behaart, und haben bräunlichgelbe Fühler und Beine. Die Flügeldecken sind abwechselnd heller und dunkler mattbraun gestreift. Sie fangen jetzt an zu erscheinen, überwintern und verschwinden im nächsten Frühjahre.

Sie besitzen, wie alle Arten ihrer Familie, die Fähigkeit, sich, wenn sie auf den Rücken zu liegen kommen, in die Höhe zu werfen und sich beim Wiederherabfallen in der Regel auf der Unterseite ihres Körpers zurecht zu finden. Ihre Beine sind zu kurz und zu schwach, als daß sie sich, auf dem Rücken liegend, wie andere Käferformen, mit deren Hilfe, sie gegen die Unterlage an einer Seite stemmend, umdrehen könnten. Ihr Verfahren, das sie, um ihre Luftsprünge auszuführen, einschlagen, ist sehr merkwürdig. Fange dir einmal einen von den Saatschnellkäfern und betrachte ihn dir mit Hilfe des geliebten Leseglases von unten. Zunächst zieht er Beine und Fühler an und stellt sich tot, aber bald merkt er das Vergebliche seiner heuchlerischen Machenschaften und strampelt nun um so lebhafter mit seinen Gliedmaßen. Du siehst, daß das Tier sein langes Halsschild, oder besser seine Vorderbrust dadurch, daß es sie stark zurückbiegt, weit von der zunächst folgenden, das zweite Beinpaar tragenden Mittelbrust, die ihrerseits mit dem dritten Bruststücke, der Hinterbrust, an der das hinterste Beinpaar sich befindet, fest verbunden ist, abwärts biegen kann. Der Hinterrand der Vorderbrust ist auf der Unterseite in der Mitte in einem ziemlich langen Dorn ausgezogen, der am Vorderrand der Mittelbrust in einer entsprechenden Grube ruht. Wenn nun der auf dem Rücken liegende Käfer sich in die Höhe schnellen will, so biegt er die Vorderbrust so weit nach hinten, daß die Spitze des Dorns oben auf den Vorderrand der Grube zu liegen kommt. Die höchstgewölbte Stelle des Halsschildes, sowie die der Flügeldecken berühren dabei allein von der ganzen Körperoberfläche die Unterlage. Man kann unten zwischen ihr und jener durchsehen und die Längsachse des Käfers erscheint an dieser Stelle geknickt. Jetzt läßt er mit bedeutender Muskelkraft plötzlich den Dorn vom Vorderrande der Grube ab und in diese zurückschnappen. Dadurch biegt sich die Unterseite der Vorderbrust mit großer Gewalt nach innen und ebenso schlägt das aufgetriebene Vorderende der beiden Flügeldecken auf die Unterlage auf. Auch in dieser schnell vorübergehenden Lage erscheint die Längsachse des Käfers geknickt, aber in der entgegengesetzten Richtung als vorher, und sein Körper wird durch den starken Rückstoß nach oben in die Luft geschleudert. Diese Bewegung ist mit zwei Geräuschen verbunden, die so rasch aufeinander folgen, daß sie auf unser Ohr den Eindruck von einem machen. Sie kommen durch das Abschnellen des Dorns und das Aufschlagen des Vorderteils der Flügeldecken zustande. Auf einer harten Unterlage sind Ton und Rückstoß stärker, daher auch der Sprung höher, als auf einer weichen, nachgiebigen.

Trägt man durch einen geeigneten Schnitt mit einem sehr scharfen Messerchen einem Schmied die Wölbung des Halsschildes ab, aber so, daß seine Lebenstätigkeiten sonst nicht weiter dadurch beeinträchtigt werden, so ist die Sprungfähigkeit des Käfers nicht wesentlich verringert, wohl aber, wenn die aufgetriebenen Teile der Flügeldecken oder diese gar ganz entfernt wurden. Wenn man aber den Dorn unten an der Vorderbrust weggeschnitten hat, ist es mit der Springerei zu Ende. Sehr beachtenswert scheint mir die folgende Äußerung von Kiesenwetters zu sein: „Die Sprungfähigkeit der Elateren dient ihnen wahrscheinlich mehr, kleinere Feinde durch das Plötzliche des Sprunges zu schrecken und sich ihrem Angriffe schnell zu entziehen, als nur dazu, sich aus der Rückenlage auf die Beine zu helfen, wenigstens vermögen dies unsere einheimischen Elateriden sämtlich, ohne von Schnellkraft Gebrauch zu machen."

Die durchschnittliche Höhe des Sprunges einer Käferart dieser Familie hängt viel weniger ab von ihrer Größe als von ihrer Schlankheit, dem Grad der Wölbung ihres Halsschildes und ihrer Flügeldecken, sowie von der

Länge des Dorns der Vorderbrust. So ist der breite, flache, mäusegraue Schnellkäfer (Lacon murinus), eine der gemeinsten, einheimischen Arten von 15 mm Länge, ein sehr mäßiger Springer, hier der Saatschnellkäfer ist ein weit besserer. —

Vor einigen Jahren hatte sich einmal der Erdkrebs in Frau Gesserts Gemüsegarten eingenistet und da arg gehaust.

Du sagst, der Erdkrebs sei dir noch nicht vorgestellt und bezweifelst, daß es ein gut zu essendes Krustentier sein dürfte. Für uns Menschenkinder allerdings nicht, aber er hat auch seine Liebhaber, und Saatkrähen, Maulwürfe und Wiesel wissen ihn als Leckerbissen wohl zu schätzen. Ich sehe schon, du kannst mit dem Namen keinen rechten Begriff verbinden. Ich will dir ein wenig auf die Sprünge helfen und kann dir zunächst mit einer ganzen Reihe deutscher Namen dienen, aus der dir vermutlich der eine oder der andere bekannt ist. Er heißt auch: Reitkrebs, Erdwolf, Erdochse, Schrot-, Gerst-, Reutwolf und Ackerweibel. Du meinst „Reit“ und „Reut“ erinnere an Reutmaus, wie die Feldmaus oft genannt wird und Weibel sei ein veraltetes Wort für Rüsselkäfer. Ja, auch für Sergeant!

Nun, vielleicht sind dir die Benennungen „Maulwurfsgrille“ und „Werre“ geläufiger! Siehst du, da fällt es dir wie Schuppen von den Augen und du meinst, das hätte ich gleich sagen können. Hätte ich auch, dann wärst du aber um eine schätzenswerte Bereicherung der Kenntnis deiner Muttersprache gekommen. Der lateinische wissenschaftliche Gattungsname Gryllotalpa des Tieres, von dem Maulwurfsgrille die deutsche wörtliche Übersetzung ist, ist auch alt. Aldrovandi nennt das Tier vermis curcurbitarius, „Gurkenwurm“, weil es besonders in Gurkenbeeten lästig würde.

Die Maulwurfsgrille ist dem Äußeren nach ein höchst wunderliches Insekt, das die Zusammensetzungen seines Namens mit Maulwurf sehr verdient: es lebt nicht nur wie dieser grabend in der Erde, die Lebensweise hat seinen Bau auch in ähnlicher Art beeinflußt, soweit zwischen einem Kerb- und einem Säugetier von Ähnlichkeit die Rede sein kann.

Ein schönes Tier ist unsere versteckt, unterirdisch lebende und wesentlich nachts tätige Werre nach menschlichen Begriffen nicht, hat es auch nicht nötig, denn sie ist dabei auch ein einsam lebendes Geschöpf, das seinen Mitgeschöpfen kaum einmal unter normalen Verhältnissen zu Gesichte kommt, was auch ganz seinen Wünschen entspricht.

Die Farbe dieses Insekts ist die echte Erdfarbe — graubraun, stellenweise etwas heller, stellenweise etwas dunkler. Es hat im ausgewachsenen Zustande eine Länge von etwa 50 mm, wovon 15 mm auf den vordersten Brustring entfallen, während der mittelste und hinterste nur klein sind. An jedem von ihnen hängt je ein Beinpaar, an dem zweiten und dritten auch je ein Flügelpaar.

Der Umfang und die Größe der einzelnen Brustringe der Insekten stehen immer mit denen ihrer oberen und unteren Anhänge, eben der Beine und Flügel, in unmittelbarem Zusammenhange und die dieser richten sich nach dem Grade ihrer Tätigkeit. Da, wo diese für die einzelnen Paare ziemlich gleichartig ist, sind auch die Gliedmaßen nahezu gleichartig entwickelt und dementsprechend die Brustringe, wie z. B. bei den Arbeiterinnen der Ameisen. Bei den Schwimmkäfern (Dytiscidae), wo das dritte Beinpaar am meisten von allen Bewegungsorganen zu leisten hat, ist auch der dritte Brustring von allen der ansehnlichste. Die Fliegen haben bloß ein Flügelpaar, das vordere, dem mittelsten Brustringe anhängende, und das muß bei manchen Arten ungemein viel arbeiten. Der Mittelteil des Thorax ist entsprechend kolossal entwickelt, und bei der Werre sind es das vorderste Beinpaar, gewaltige Grabwerkzeuge, und die Vorderbrust. Ähnlich liegen die Verhältnisse der Ausbildung der vorderen und der hinteren Gliedmaßen bei den Wirbeltieren: Orang Utan, Gibbon und Turmschwalbe einerseits und Känguruh, Strauß und Frosch andererseits sind erläuternde Beispiele und treffende Gegensätze.

Selbstverständlich beruhen diese Unterschiede bei den Kerbtieren auf den verschiedenen Graden der Entwicklung der die betreffenden Organe bewegenden Muskeln. Jene besitzen ein äußeres Skelett: die mehr oder weniger stark verhornte, unter Umständen sogar, wie bei sehr vielen Krebsformen, verkalkte Oberhaut. Die seine einzelnen Abschnitte gegeneinander bewegenden Fleischmassen können daher nicht wie bei den Wirbeltieren auf, sondern müssen in ihm liegen und finden Ursprung und Ansatz an seiner Innenseite, die eine um so größere Ausdehnung haben muß, je umfangreicher die betreffenden Muskeln sind, oder je mehr sie, mit anderen Worten, auszuführen haben. Danach richtet sich auch der Grad des Umfangs der einzelnen Brustringe bei den verschiedenen Insektenformen.

Die Beine der Imagines dieser Ordnung bestehen in der Regel, denn es kommen Ausnahmen vor, aus fünf Abschnitten. Das sind von innen nach außen, oder vom Ursprunge zum Ende: das kuglige Hüftstück, das in einer entsprechend gestalteten Vertiefung (Pfanne) des Brustrings, zu dem die Gliedmaße gehört, sich bewegen kann, dann aus dem kurzen Schenkelringe, dem Schenkel, der Schiene, wohl auch Schienbein genannt, und dem Fuße, der selbst wieder aus einer, der Zahl nach bei den einzelnen Formen verschiedenen

Reihe von hintereinander gelegenen Gliedern besteht. Hüftstücke und Schenkelringe sind, wie meist an den Insektenbeinen, so auch an dem vordersten Beinpaare der Maulwurfsgrille nur kurz, aber seine übrigen Teile sind sehr eigentümlich gestaltet und weisen in ihrer Gesamtheit eine merkwürdige äußerliche Ähnlichkeit mit den Vorderbeinen des Maulwurfs auf.

Die Schenkel sind kurz und breit, ebenso die Schienen, die sich in breiten Quergelenken mit diesen verbinden und am Außenrande mit vier kräftigen Zähnen bewaffnet und schräg nach außen gerichtet sind, aber nach innen gegen den Schenkel eingeschlagen werden können. Die Füße sind kurz, bestehen aus drei Gliedern und sind offenbar von untergeordneter Bedeutung. Mit den Schienen versteht die Werre in geeignetem Boden wie mit Grabschaufeln meisterhaft zu graben, indem sie mit ihnen die lockeren Erdkrümelchen jederseits nach außen und nach hinten wirft. In losem Gartenboden ist sie in wenigen Minuten verschwunden. Auf lehmigem oder gar steinigem Terrain kommt sie lange nicht so gut zurechte, und sie vermeidet es daher so viel wie möglich.

Ihre Muskelkraft ist, wie bei den meisten Insekten, ganz bedeutend und sie vermag, wie durch besondere Untersuchungen dargetan wurde, obgleich sie im Grunde doch nur ein kleines Tier ist, auf einer ebenen Fläche einen drei Pfund schweren Gegenstand fortzubewegen. Wenn man eine lebende Maulwurfsgrille in der geschlossenen Hand hält, — man tut gut, diese dabei mit einem Handschuh bedeckt zu haben, denn sie kann gehörig beißen, und ihr Angstgefühl pflegt sie in verschiedener, nicht gerade angenehmer und sauberer Weise zum Ausdruck zu bringen — so wird man bald verspüren, wie kräftig sie zu stemmen weiß, so daß man wirklich eine Art von Gewalt anwenden muß, die Finger in ihrer Lage zu belassen.

Über die beiden übrigen Beinpaare der Werre ist nicht viel zu sagen und ihr Lauf ist bei ihrem plumpen Körperbau eigentlich mehr ein Rutschen. Sie soll springen können, und ihr hinterstes Beinpaar ist allerdings verlängert und seine Schenkel sind verdickt, aber ich zweifle daran, habe es wenigstens nie gesehen, obwohl ich sie lebend oft und längere Zeit beobachtet habe. Zu schwimmen, wobei sie ihre Vorderbeine als Ruder benutzt, vermag sie vortrefflich, das kann ich als Augenzeuge bestätigen.

Der Kopf der Maulwurfsgrille ist groß und mit sehr ansehnlichen Freßwerkzeugen, sowie mit einem Paar etwa 2 cm langer, borstenförmiger Fühler ausgestattet. Ihr größeres, zusammengesetztes Augenpaar, zwischen und vor dem sie noch ein paar kleinere, einfache Augen hat, ist von schwarzer Farbe, nicht ansehnlich, aber glänzend, und verleiht dem Tiere entschieden einen lebhaften, gescheiten Gesichtsausdruck. Der berühmte Forstzoologe Ratzeburg sagt auch von ihr, sie sei klug, überlegend und aufmerksam, und man habe in diesem Falle durchaus kein Recht, zu sagen, daß in einem plumpen, trägen Leib auch ein entsprechender Geist wohne.

Im ausgebildeten Zustande verfügt die Werre, die als ein Geradflügler ein Insekt mit sogen. unvollkommener Verwandlung ist, über zwei Paar Flügel. Das vordere oder die Flügeldecken sind kurz, dreiseitig, und haben hinten abgerundete Spitzen, das hintere, unter diese zusammengefaltene ist groß, zart und feingegittert. Es ist wirklich so, als ob die poetischste Bewegungsart der Tiere, der Flug, alles, was sie sich dienstbar macht, idealisieren müßte!

Unsere einheimische Werrenart fliegt selten und nur durch die Liebe dazu bewogen in der Dämmerung in Mannshöhe in steigenden und fallenden Bogenlinien über dem Boden. Ausländische Arten sollen abends nach dem Lichte fliegen, was unsere meines Wissens nie tut. Die Maulwurfsgrille hat am Hinterende des Körpers zwei gerade, etwa 18 mm lange, fein borstig behaarte Fortsätze, gewissermaßen hintere Fühler, wie sie als sogen. „Raife“ in mannigfacher Umgestaltung zahlreichen Insektenformen zukommen.

Ein schönes, zierliches Wesen und ein niedliches, anmutiges Tierchen ist die Werre jedenfalls nicht, das kann der größte Schönfärber nicht behaupten, nein, sie ist recht eigentlich ein Scheusal, oder wie mein alter, trefflicher Freund, Johann August Ephraim Goeze, — der im Jahre 1793 gestorbene jüngere Bruder des durch Lessing berühmt gewordenen „Zionswächters“ Johann Melchior — bemerkt, „eins der sonderbarsten und häßlichsten Tiere seines Geschlechts“. Als Welsch, ein namhafter Arzt und Naturforscher des 17. Jahrhunderts, zum ersten Male eine Maulwurfsgrille zu Gesicht bekam, konnte er sich anfangs nicht dazu entschließen, sie zu zergliedern, so unheimlich kam ihm die Bestie vor, bis ihm der Landmann, der sie ihm überbrachte, versicherte, sie sei ganz harmlos und bei ihm zu Hause spielten die Kinder mit ihr. Nicht immer und überall erfreut sich das Tier bei unserem Volke, das ja auch nach dem Äußeren zu urteilen pflegt, dieses Vertrauens, es gilt vielmehr häufig, freilich ganz ungerechterweise, für giftig, und die Schweine, die es übrigens sehr gerne fressen, sollen durch seinen Genuß sterben. Der sonst so scharf beobachtende und klarblickende Goeze, ich meine selbstverständlich nicht den Zionswächter, sondern seinen jüngeren Bruder, ist der abenteuerlichen Ansicht, sie könnten wohl den Magen und den Darm der trefflichen Rüsseltiere zerkratzen.

Was den inneren Bau der Werre anlangt, so will ich nur so viel bemerken, daß ihre Verdauungswerkzeuge sehr wohl entwickelt sind. Sie hat eine Erweiterung an der Speiseröhre, einen Kropf, sowie einen äußerst starken Muskelmagen und innen in ihm sechs dreifache Längsreihen von je 15 harten Hornzähnen, also im ganzen 270 derartige Gebilde. Hierdurch wird der Magen zu einem sehr kräftigen Kauapparat, und was die Kiefer nicht zerkleinerten, wird in dieser Raspelmaschine noch einmal gehörig durchgearbeitet.

Das Freßbedürfnis der Maulwurfsgrille entspricht der Entwicklung ihrer Verdauungswerkzeuge, und das Urteil, das ihre Schädlichkeit als sehr bedeutend hinstellt, ist ein allgemeines, wenn auch die Ansichten über die Art ihrer Nahrungsmittel sehr verschieden sind. Die einen Forscher, und besonders die älteren, stellen sie als reine Pflanzenfresserin hin. Andere sagen, sie würde den Gewächsen allerdings sehr nachteilig, aber nicht sowohl dadurch, daß sie sie fräße, als vielmehr dadurch, daß sie ihre feinen Wurzeln bei den Anlagen ihrer unterirdischen Wohnungen zerstöre. Gerstäcker meint, das Weibchen schnitte die Wurzeln der über ihrem Neste wachsenden Pflanzen durch, damit diese es nicht beschatteten und ihrer Nachkommenschaft nicht die nötige Sonnenwärme entzögen.

Mir ist es, wenn ich alle von ganz einwandsfreien Gewährsleuten gemachten Beobachtungen und gegebenen Mitteilungen gegeneinander abwäge, am wahrscheinlichsten, daß die Werren gemischte Kost genießen, sowohl tierische wie pflanzliche, und daß sie sie mit dem Alter etwas ändern: in der Jugend mögen sie bloß pflanzliches Futter zu sich nehmen, nach und nach aber tierisches hinzuziehen, und wenn sie völlig ausgewachsen sind, namentlich die Weibchen der Bildung der zahlreichen Eier wegen, fast nur noch dieses genießen.

Eine bekannte Tatsache ist es, daß die Maulwurfsgrillen sich untereinander fressen. Sie sind im männlichen Geschlechte äußerst händelsüchtig und geraten besonders des Ewigweiblichen wegen sehr leicht in grimmige Zweikämpfe, nach denen der Sieger den Besiegten, den Triumph mit einer üppigen Mahlzeit vereinigend, zu verzehren pflegt. Nicht glauben mag ich es, daß Mütter unter normalen Verhältnissen, also vor allem nicht in der Gefangenschaft, ihre eignen Kinder fräßen. Was wir über das Betragen gerade der mütterlichen Werre gegen ihre Nachkommen genau wissen, widerspricht diesen Angaben.

Der äußerliche Unterschied der Geschlechter ist bei diesen Insekten nicht bedeutend. Die etwas selteneren Männchen sind schmächtiger und haben mitten auf den braunen Flügeldecken eine von stärkeren Chitinadern umgebene und durchzogene Stelle. Sie reiben abwechselnd die Unterseite der einen Flügeldecke gegen die Oberseite der anderen und gerade über jene Stelle hin, wodurch ein nicht sehr lautes, anhaltendes, schnarrendes Geräusch erzeugt wird. Dieses Geräusch vergleicht ein gewisser Kidd mit fernem Froschgequake, der berühmte Westwood mit dem Schnurren der männlichen Nachtschwalbe und Ratzeburg mit dem Geräusche einer ablaufenden Weckuhr. Die Weibchen, die durch diese Töne angelockt werden, haben nicht jene eigentümliche Stelle auf der Oberseite jeder Flügeldecke und können daher auch keine Streichmusik machen.

Wenn die Weibchen sich Mutter fühlen, was in der Regel im Juli, also zu jetziger Jahreszeit der Fall zu sein pflegt, so legen sie ein kunstreiches unterirdisches Nest an. Sie graben zunächst einen 20 cm langen und etwa 3 cm im Durchmesser weiten Gang, der aber nicht gerade ist, sondern in anderthalb sanft abfallenden Umgängen spiralig abwärts verläuft und in eine etwa hühnereigroße Kammer endet. Die Wandungen des Ganges sowohl wie der Endkammer sind geglättet und durch Speichel gewissermaßen zementiert, so daß letztere aus bindigem Boden als Ganzes herausgehoben werden kann. In diese Kammer legt das Weibchen 200 bis 300 Eier von der Größe der Hanfkörner und von gelblicher Farbe. Neben ihnen bleibt in jenem Raume noch Platz genug, daß die Mutter sich darin aufhalten und bequem bewegen kann. Sie macht in der unmittelbaren Nähe ihres Nestes noch einen etwa 30 cm tiefen, senkrechten Stollen, in dem sie sich häufig aufhält, um ihre Eier zu bewachen. Nach 10 bis 14 Tagen schlüpfen die anfangs weißen, aber bald braun werdenden, 5 mm langen, wie Ameisen aussehenden Jungen aus. Sie häuten sich in ihrem Geburtsjahre noch dreimal, gehen auseinander und überwintern einzeln. Im nächsten Frühjahre häuten sie sich zum vierten und im Vorsommer zum fünften und letzten Male.

Selbstverständlich hat man die Werren, und wahrscheinlich seitdem man sie als die schädlichen Feinde des Garten-, Feld- und Wiesenbaues, die sie tatsächlich doch auch sind, hat kennen gelernt, bekämpft und dazu verschiedene Mittel verwendet. Vor ein paar Jahrhunderten benutzten die Bauern hiesiger Gegend hierzu Kreuzottern, die sie entweder in Stücke schnitten um diese auf den befallenen Feldern zu vergraben oder zu Asche verbrannten, mit der sie sie zu einer bestimmten Stunde und unter Hermurmeln gewisser Sprüche bestreuten. Im Jahre 1765 kaufte Ludwig XV. einem Lothringer, namens Augustin Pilland, der die königlichen Küchengärten von den dort massenhaft auftretenden Maulwurfsgrillen befreit hatte, das Geheimmittel, dessen er sich dazu bediente, ab, um es zum Besten seines Volkes bekannt zu machen. Es bestand darin, daß in die Löcher Wasser und auf dieses Öl gegossen wurde, das sich an die Tiere, wenn sie flüchten wollten, anhing und ihnen die Atmungsöffnungen verklebte, so daß sie ersticken mußten. Ähnliche Mittel sind noch üblich, sowie das Vergraben neuer, innen gut glasierter Töpfe an den Stellen, wo sie ihre unterirdischen Wege haben.

Alle Mittel, die fast immer nur ein Individuum auf einmal betreffen, sind umständlich, kosten viel Zeit, Mühe und Geld. Ich habe der Frau Gessert, als ihr Gemüsegarten vor einigen Jahren unter den Heimsuchungen dieser Insekten zu leiden hatte, ein von unserem Landsmann, dem berühmten, in Nürnberg lebenden, aber in Arnstadt geborenen Naturforscher Rösel von Rosenhof empfohlenes Verfahren vorgeschlagen, und sie hat es, wie sie mir sagte, mit bestem Erfolg angewendet. Es besteht darin, daß man im Herbste, wenn die Jungen noch in den Nestern beisammen sind, die Stellen, wo sich diese befinden, und die man bald an den abgestorbenen Pflanzen darüber erkennen lernt, wiederholt mit tüchtigen Massen siedenden Wassers begießt. —

Frau Gessert, die zwar eine tüchtige und daher auch sparsame Hausfrau ist, ist deshalb noch lange nicht geizig oder wie sie selbst sagt „schmutzig" und gönnt ihrem „Alten" und ihren „Mächens", — unter uns gesagt, sich selbst nicht am wenigsten, — wohl eine Leckerei. „Warum sullten mer nich? Mer han's ja derzu!" ist ihre vernünftige Ansicht. So hat sie denn drüben am Zaune ein schönes Spargelbeet anlegen lassen, auf dem jetzt die Pflanzen ihr prächtiges, mit roten Beeren geschmücktes Kraut üppig entwickelt haben. Da wollen wir einmal hin, darauf finden sich zur Zeit ein paar allerliebste Arten von Käferchen, Vettern des Lilienhähnchens, das wir eben vorhin in Berthas und Klaras Blumengärtchen kennen lernten. Es sind das das Spargelhähnchen (Crioceris asparagi) und das zwölfpunktierte Zirpkäferchen (Crioceris duodecimpunctata).

Was ihren allgemeinen Körperbau anlangt, so gleichen sie ihrem Vetter von den Maiblümchen, sind aber etwas kleiner und anders gefärbt. Das Spargelhähnchen ist das hübschere von beiden, ebenso lang wie das Zirpkäferchen, nämlich 6 mm, aber etwas flacher und etwas schmaler in den Schultern. Die Färbung seines Körpers ist metallisch blaugrün, das walzenförmige Halsschild, sowie der Außenrand der Flügeldecken sind schön rot und auf jeder der letzteren stehen drei strohgelbe Querflecken, die in mannigfach verschiedener Weise unter sich und mit dem roten Randsaume verschmelzen können. Einmal fing ich ein solches Käferchen, das fast ganz gelbe Flügeldecken hatte und völlig den Eindruck einer eigenen Art machte.

Die etwa 7 mm lange Larve des Spargelhähnchens schwillt hinter der Mitte etwas an und wird darauf nach den Körperenden zu wieder etwas schmächtiger. Sie ist von schmutziggrüner Farbe, mit schwarzem Kopfe und schwarzen Beinen. Äußerlich ist sie nach Taschenberg sen. sehr oft massenhaft mit den Eiern einer schmarotzenden Fliegenart besetzt. Wie das Zirpkäferchen lebt sie einsam, deckt sich nicht mit ihrem Kote zu und verpuppt sich Ende September in der Erde. Der Käfer erscheint im nächsten Frühjahr als erste Generation des Jahres, pflanzt sich in gewöhnlicher Art fort und seine Kinder, die jetzt zu finden sind, bilden die meist zahlreichere zweite Generation. Der Schaden, den die Käfer und ihre Larven durch Fressen des Laubes und Benagen der Rinde der Spargelpflanzen anrichten, ist nicht sehr bedeutend.

Das zwölfpunktierte Zirpkäferchen hat eine Schulterbreite von 3 mm. Sein Kopf, Halsschild, Hinterleib und ein Teil der Beine sind rot, sonst ist sein Leib schwarz. Auch jede seiner beiden Flügeldecken ist rot mit sechs schwarzen Punkten. Die bleigraue Larve hat gleichfalls einen glänzend schwarzen Kopf und ebensolche Beine. Sie ist hinter der Mitte etwas stärker verdickt als die der vorigen Art, lebt aber gleichfalls einzeln und ohne Kotdecke wie diese.

Es tritt auch in zwei Generationen jährlich auf, und die Larven der zweiten bohren sich zum Teil — aber nicht alle! — in die Beeren des Spargels ein, von deren Inhalt sie leben und aus denen sie herauskommen, um sich zur Verpuppung auf die Erde fallen zu lassen. Es ist eine bemerkenswerte Erscheinung, daß die freilebenden Larven vom Spargelhähnchen und vom Zirpkäferchen farbig sind, während die unter einer vom eigenen Kote hergestellten Decke hausenden des Lilienhähnchens fast weiß erscheinen.

Die beiden den Spargel bewohnenden Arten von Crioceris sind auch, natürlich durch Zufall und unabsichtlich, nach den Vereinigten Staaten von Nordamerika gebracht worden und haben dort ihre Lebensweise in zum Teil sehr merkwürdiger Weise geändert.

Der Spargel, der gleich von den ersten Ansiedlern nach dem Norden der Neuen Welt eingeführt worden war, hatte hier bis zum Jahre 1862 kaum von Insekten zu leiden gehabt. Zwei Jahre vorher war, und zwar bei Astoria, unweit New-York, das Spargelhähnchen zuerst beobachtet worden und bereits 1862 hatte es stellenweise den dritten Teil der Ernte im Gesamtwerte von 50000 Dollars vernichtet. Die Larven traten in einzelnen Fällen in solchen Mengen auf, daß die Pflanzen teilweise von einer schwarzen, klebrigen Schmiere, die jene Insekten aus dem Maule von sich gaben, überzogen waren. Auch die Eier waren in solchen Massen da, daß der Spargel unscheinbar erschien und schlüpfrig anzufühlen war. Eine Spargelpflanze muß drei Jahre wachsen, bevor sie auf die Tafel gebracht werden kann, und gerade in ihrer Jugendzeit hatte sie am meisten zu leiden.

Das Insekt überwintert merkwürdigerweise in Nordamerika als Imago, die Eier der überwintert habenden Käfer werden Ende April oder Anfang Mai abgelegt und geben nach 3 bis 8 Tagen die Larven, die bereits nach 10 bis 14 Tagen ausgewachsen sind. Sie verpuppen sich in der Erde in einem kleinen, runden, mit Schmutz bedeckten Kokon. Nach weiteren 5 bis 10 Tagen erscheinen die Käfer. Die Zeit von der Ablage der Eier bis zum Auftreten der Imago währt nach Angabe von Asa Fitch durchschnittlich 30 Tage, im Juli und August etwas kürzer, im Mai und Juni etwas länger. Im August dauert die Eiruhe drei Tage, die Larve erreichte innerhalb fünf Tagen ihre volle Größe, und die ganze Entwickelung vollzieht sich in dieser Jahreszeit in etwa drei Wochen. Diese kürzeste Dauer der Verwandlung wird in Kolumbia beobachtet. In kälteren Gegenden entwickeln sich die Tiere immer und in wärmeren im Frühling innerhalb 4 bis 7 Wochen. So folgen in den nördlichen Gegenden der Vereinigten Staaten während der guten Jahreszeit zwei bis drei Generationen, in den südlichen aber vier bis fünf aufeinander. Die Farbenvarietäten der Imagines stellen gewissermaßen geographische Rassen dar, bei denen, je weiter südlich sie gefunden werden, desto mehr das Gelb in den Zeichnungen der Flügeldecken vorherrscht.

Der Spargel ist ein in Nordamerika häufiger Gartenflüchtling und tritt an der Meeresküste verwildert stellenweise in bedeutender Menge auf, und auf solchen Pflanzen erscheinen die Spargelhähnchen oft zuerst. Sie hatten sich bereits 1896 in Nordamerika sehr stark verbreitet und fanden sich allgemein in New-Jersey, Delaware, Maryland und im südlichen Pennsylvanien in der Nähe des Delawareflusses. In den Staaten New-York und Ohio war in dem zuletzt genannten Jahre sein Vorkommen noch sehr beschränkt.

Eine auffallende Tatsache ist es, daß das Käferchen, das bei uns außer den erwähnten Schmarotzerfliegen kaum Feinde hat, deren als Neuling in Nordamerika sofort eine ganze Reihe fand. Da ist zunächst eine Art der Marienkäferchen oder Coccinellen (Megilla maculata), deren Larven „keine andere Beschäftigung zu haben scheinen", wie Chittenden sich ausdrückt, „als die des Spargelhähnchens zu fressen". Ebenso tätige Feinde sind zwei Wanzenarten (Podisus spinosus und Stiretrus anchorago), die die Larven aussaugen. Wespen und eine kleine Libellenart (Agrion positum) stellen ihnen gleichfalls stark nach. Letztere schwebt über dem Spargelkraute und wenn sie eine Larve erblickt, holt sie sie gleich weg.

Das ist merkwürdig, denn sonst haben schädliche Tiere in einem Lande mit völlig fremder Fauna in diesem keine an ihre Verfolgung angepaßten Feinde, so daß es sich bisweilen nötig macht, deren aus der ursprünglichen Heimat der Schädlinge nachträglich einzuführen, um auf diese Weise ein Gegengewicht gegen sie zu haben.

Bei Millionen gehen in den Vereinigten Staaten die Spargelhähnchen als ausgebildete Käfer in ihren Winterquartieren zugrunde, wenn auf milde Witterung strenge Kälte folgt. Das kann ihnen in der Alten Welt nicht geschehen, denn hier überwintern sie als Puppen viel geschützter. Diese Veränderung in der Lebensweise ist eigentlich das Allerseltsamste, denn durch sie ist in der kurzen Zeit von wenigen Jahren mit einer durch Tausende von Generationen vererbten und, wie man glauben sollte, gänzlich in ihr Fleisch und Blut übergegangenen Sitte und Gewohnheit gebrochen worden.

Das zwölfpunktige Zirpkäferchen wurde in Nordamerika zuerst 1881 in der Umgebung von Baltimore, aber gleich in größeren Mengen bemerkt, und das macht es wahrscheinlich, daß es schon vorher anwesend war ohne beachtet zu werden. In dem genannten Jahre fand sich das Insekt nur einige Meilen südlich von der Stadt Baltimore auf verwilderten Spargelpflanzen, die massenhaft an den Ufern eines brackisches Wasser enthaltenden Arms des Potopscoflusses, aber 1883 war der Käfer, der in Europa nur als wenig schädlich bekannt ist, noch lästiger als selbst das Spargelhähnchen. Während anfangs die Verbreitung des Käferchens nur langsam von statten ging, ist es jetzt über den größten Teil des Ostens des gemäßigten Nordamerikas verbreitet.

Chittenden hebt hervor, daß, wenn man sich den von den beiden Käferarten bewohnten Spargelpflanzen nähert, das Spargelhähnchen, wie ein Eichhörnchen auf einem Baume, ihre vom Beobachter abgewendete Seite zu gewinnen sucht, während das Zirpkäferchen in diesem Falle davonfliegt. —

Der Spargel hat auch noch seinen eigenen, nur ihm schädlichen Feind, oder richtiger Feindin, in einer Fliegenart, der Spargelfliege (Platyparaea poecilloptera), die ein für eine Fliege hübsch gezeichnetes Tier ist. Sie gehört in die Gruppe der Bohrfliegen, in der die Weibchen sich durch den Besitz einer meist weit hervorstreckbaren, gegliederten Legeröhre am Hinterleibsende auszeichnen.

Die hier in Rede stehende Art hat eine Körperlänge von durchschnittlich 5 mm und auf den durchsichtigen Flügeln eine ziemlich breite, im Zickzack von der Wurzel bis zur Spitze verlaufende braune Längsbinde. Das Weibchen, das im April oder Mai erscheint, schiebt, wenn es befruchtet wurde, zur Eiablage seine Legeröhre unter die Schüppchen der Spargelkuppen, sobald diese sich nur oberhalb der Erde zeigen. Nach etwa 20 Tagen erscheinen die walzenförmigen, glatten, glänzend gelblichweißen Maden, die keinen deutlichen Kopf haben und sich in den jungen Spargel einbohren. Diesen durchwühlen sie, in der Regel in größerer Gesellschaft, während seines weiteren Wachstums ganz bis in die Wurzeln hinein, in denen sie sich in tonnenähnliche Puppen verwandeln. Das geschieht im August und von da bis zum nächsten Frühjahre, bis zum Erscheinen der Fliegen, ruhen die Puppen.

Dieses Insekt kann bei uns zu Lande dem Spargel mehr schaden, als die beiden Käferarten aus der Gattung Crioceris. Aber aller Schaden, der dem Spargel widerfährt, betrifft eigentlich nur die Leute, die durch seine Zucht einen größeren oder kleineren Teil ihres Lebensunterhaltes verdienen müssen, und das ist bedauerlich genug. Ob aber du und ich und einige Tausende besser gestellte Leute mit uns Spargel zu essen bekommen oder nicht, ist eigentlich herzlich gleichgültig. Das ist mit den Kohlarten, die die Frau Gessert hauptsächlich in ihrem Gemüsegarten zieht, ein ander Ding, denn der Spargel ist doch mehr ein Genußmittel der höheren Stände, der Kohl aber in verschiedener Gestalt ein wirkliches und sehr wichtiges Nahrungsmittel breiterer Schichten des Volkes.

Unsere verschiedenen kultivierten Kohlarten haben viele Feinde in der Insektenschar, weniger der Arten- als ganz besonders der Individuenzahl nach. Da wären zunächst Erdflöhe zu nennen und vor allem der Kohlerdfloh (Haltica oleracea), ein kleines, wenig über 4 mm langes und 1,75 mm breites, eirundes, stark gewölbtes, dunkelgrünes, blau schillerndes Käferchen, das mit den Spargel- und Lilienhähnchen in die große Familie der Blattkäfer gehört. Es hat, wie alle die zahlreichen Arten seiner Gattung verdickte Schenkel an seinem hintersten Beinpaare, die ihm die Fähigkeit verleihen, für seine Größe außerordentlich weite Sprünge zu machen. Die Imagines dieser Art leben fast ausschließlich auf Kreuzblütlern, auf den zur „Welt" gehörigen Kohlformen sowohl, wie auf Levkojen oder Goldlack, die wir dem „Himmel" zurechneten. Die Käfer überwintern und im Frühling legen die dann erst befruchteten Weibchen ihre Eier nicht etwa an Kreuzblütler, sondern ebenfalls fast nur an Angehörige der Pflanzenfamilie der nachtkerzenartigen Gewächse, an Nachtkerzen (Oenothera) selbst, an Weidenröschen (Epilobium), Hexenkraut (Circaea), den allerliebsten Clarkien (Clarkia) usw. Es ist sehr merkwürdig, daß die Larven und die

Imagines der Kohlerdflöhe, obwohl sie beide Pflanzenfresser sind, sich in der Art ihres Futters unterscheiden.

Die etwa 6 mm langen, wurstförmigen, sechsbeinigen Larven sind sehr dunkelbraun und stark borstig. Sie verwandeln sich in einem lockern Kokon oberflächlich in der Erde. Dieser Käfer dürfte in mehreren Generationen den Sommer über auftreten, man findet wenigstens seine verschiedenen Verwandlungsstufen zu gleicher Zeit.

Ganz besonders unangenehme Tiere sind mir, obgleich sie nur wenig schaden und, sine ira ac studio betrachtet, eigentlich ganz hübsche Insekten sind, die etwa 7,5 mm langen Gemüsewanzen (Eurydema oleraceum), ich kann aber einmal diese, mir vielleicht widerlicher als anderen riechenden Geschöpfe nicht vertragen. Die Art gehört zu den wenigen einheimischen Wanzenformen, bei denen sich die Geschlechter in der Färbung nicht unwesentlich unterscheiden. Sie sind beide schwarzblau oder schwarzgrün mit metallischem Schimmer, aber die Männchen haben die nämlichen Zeichnungen, die bei den Weibchen blutrot sind, weiß. Sie finden sich den größten Teil des Jahres auf allerlei wilden und kultivierten Arten von Kreuzblütlern.

Zwei Insektenarten leben als Larven in den Wurzeln der verschiedenen Kohlarten, das sind der Kohlgallenrüßler (Ceutorhynchus sulcicollis) und die Kohlfliege (Anthomyia brassicae).

Ersterer ist ein kleiner, kurzeiförmiger, ohne den Rüssel etwas unter 3 mm langer, schwarzer, wenig grau beschuppter Käfer aus der artenreichen Gattung der Verborgenrüßler (Ceutorhynchus), deren Angehörigen ihren ziemlich langen und schlanken Rüssel in eine Furche an der Brust zurückgeklappt tragen, wenn sie ihn nicht zum Fressen benutzen. Das befruchtete Weibchen legt seine Eier an die Wurzelstöcke mehrerer Arten von Kohl und anderen Kreuzblütlern meist da, wo deren ober- und unterirdischen Teile aneinanderstoßen. Die winzigen Lärvchen bohren sich hier, sobald sie das Ei verlassen haben, ein und es bilden sich an der Stelle kleine, runde Anschwellungen, sogen. „Gallen“; meist entsteht um jede Larve je eine einzelne Galle, manchmal treten sie aber auch in Mehrzahl als Träubchen von 10 bis 25 Stück auf. Anfangs wächst nach Taschenberg die Galle rascher als die in ihr enthaltene Larve, und jene kann schon erbsengroß sein, wenn diese mit bloßem Auge kaum wahrnehmbar ist. Bald aber tritt im Wachstum der Pflanzengeschwulst ein Stillstand ein und das in ihr hausende Insekt frißt sie aus und füllt sie dafür mit seinem Kot und Nagespäne. Nach etwa vier Wochen ist die Larve ausgewachsen, bohrt sich nach außen und verläßt die Galle. Dann begibt sie sich in den Boden, verpuppt sich hier in einem aus Erde bestehenden Kokon, dem nach weiteren vier Wochen die Imago entschlüpft. So braucht das Tierchen im Frühling und Sommer zu seiner ganzen Entwickelung etwa zwei Monate. Sehr merkwürdig ist die von Taschenberg angeführte Tatsache, daß sich an solchen Gallen, die sich an jungen Pflanzen befinden, das Ausschlupfloch des Käfers schließt, wenn er sie verlassen hat, und daß sie selber aber danach größer werden.

So sehr diese Rüßlerart die Ernährung der von ihr befallenen Pflanzen stört und diesen dadurch schädlich werden mag, belästigt sie den Menschen nicht, da seine Larven Teile der Kohlarten bewohnen, die nicht von uns verzehrt zu werden pflegen. Das ist aber mit den gelblichweißen, bis 9 mm langen, walzenförmigen, kopflosen Maden der Kohlfliege eine andere Sache, die hausen gesellig, zwar auch in den Strünken von Kohlarten, aber nicht ausschließlich, sondern auch in denen anderer Kreuzblütler, die wir selbst genießen, wie Rüben, Rettige und Radieschen, die sie oft völlig durchnagen. Es ist eine unangenehme Überraschung, wenn man sich auf den Genuß saftiger, würziger Rettige oder Radieschen gefreut hat, zu finden, daß diese durch und durch madig sind.

Sehr unangenehm ist es auch, wenn man mitten in einer schönen, mit Butter übergossenen, lecker dampfenden Blumenkohlrose die Leiche eines fetten, von der Köchin beim Zurechtmachen übersehenen Herzwurmes findet.

Was ein Herzwurm ist, möchtest du gern wissen? Das ist die dicke, feiste, etwa 4,5 cm lange Raupe eines Schmetterlings, der Kohleule (Mamestra brassicae), eines weit, von Grönland bis Ostindien, verbreiteten Nachtfalters. Daß er auch in England vorkommt, weiß ich, denn ich fand seine junge, tote, aber wohlkonservierte Raupe einmal in einem zu echten Mixed Pickles mit verarbeiteten Stückchen Blumkohl. Die Farbe dieser Raupe, nicht gerade der eingemachten, ist sehr verschieden, heller oder dunkler grünlichbraungrau, immer aber an der unteren Längshälfte mehr grünlich, an der oberen mehr schwärzlich; beide sind scharf getrennt und gehen nicht ineinander über. Der Schmetterling ist zwar in den Farben einfach, aber in deren Verteilung recht mannigfaltig gezeichnet, und es hieße unnütz Zeit vergeuden, sich auf seine nähere Beschreibung einzulassen, außerdem sehe ich etwas da drüben in dem Dill, was mein Herze mehr erwärmt.

Komm mit, das wollen wir uns näher ansehen, das ist eine der schönsten Raupenarten, die zu einem sehr wohlbekannten und viel bewunderten, gleichfalls der Farbe und Gestalt nach schönen Tagfalter, dem Schwalbenschwanz gehört. Nicht wahr, diese Raupe ist ein wundervolles Geschöpf? Ihre Länge beträgt reichlich 4 cm und sie ist abwechselnd breiter maigrün und schmäler schwarz gegürtelt, und in jedem der schwarzen Gürtel stehen 7 bis 9 rote Fleckchen. Aber nun passe auf! jetzt kommt das Hauptstückchen! Zwischen dem Kopfe und dem ersten Körperring zeigt sich ein orangeroter Fleck und jetzt, da ich die Raupe anfasse, stülpt sich hier ein ebenso gefärbter Wulst hervor, von dem bald zwei, in ihrem hinteren Teil vereinigte und daher zusammen die Gestalt eines Y annehmende, runde, spitze Schläuche von etwa 12 mm Länge bei der erwachsenen Raupe ihren Ursprung nehmen. Zugleich verbreitet sich auch ein unangenehmer, scharfer, schwer zu beschreibender Geruch, etwa nach mit denaturiertem Spiritus ausgezogenem Fenchel. Ähnliche Duftapparate an der nämlichen Stelle haben unter den Raupen einheimischer Tagschmetterlinge auch die des Segelfalters und des Apollos (Papilio Podalirius und Parnasius Apollo). Es sind vereinigte Hautdrüsen und das Tier kann sie nach „Gutdünken", wie man wohl sagt, oder unter dem Zwange von Reflexerscheinungen, was richtiger ist, ausstülpen und einziehen.

Ihre Bedeutung für den Haushalt der Raupe ist unschwer zu erraten und ergibt sich aus den Tatsachen, daß sie nach Berührung zum Vorschein kommen, und daß ein übler Geruch von ihnen ausgeht. Es sind Schutzwaffen und dienen hauptsächlich zur Abwehr von Schlupfwespen! Derartige ausstülp- und einziehbare Drüsenschläuche kommen bei vielen Insektenarten aus verschiedenen Ordnungen vor.

Doch ich habe mich durch diesen angenehmen Zwischenfall von unserem „Kohl" und seinen Feinden abziehen lassen, zu denen wir zurückkehren wollen. Das letzte, worüber wir redeten, war der Herzwurm. Der ist zwar unangenehm und den Kohlpflanzen gewiß nichts weniger als zuträglich, aber es geht noch mit ihm: er ist zwar häufig genug, tritt aber doch lange nicht in so ungeheuren Mengen auf wie die Raupe des Kohlweißlings (Pieris brassicae). Eine Beschreibung dieses Insektes auf den verschiedenen Stufen seiner Entwickelung brauche ich dir nicht zu geben, wenn dir aber daran liegt wenigstens die Imagines näher anzusehen, da fliegen mehrere über den Kohlbeeten, fang dir welche, mir ist es zu heiß dazu. Mit den Raupen und vollends mit den Puppen mußt du noch 4 bis 8 Wochen warten, bis du deine Wißbegierde befriedigen kannst.

Im Frühling erscheinen aus den überwinterten Puppen die Falter in geringer Anzahl und die befruchteten Weibchen legen ihre Eier an wilde Kreuzblütler. Aus ihnen gehen zahlreich die Raupen der Schmetterlinge der zweiten Generation hervor. Bisweilen sind die Imagines in großen Massen vorhanden, unternehmen dann jene Wanderungen, über die wir vor Jahren schon einmal sprachen, die mit Veranlassung zur Sage vom Blutregen gaben. Die meisten größeren Schmetterlingsarten lassen, sobald sie aus der Puppe geschlüpft sind, ein paar Tropfen einer mehr oder weniger lebhaft roten, bald eintrocknenden Feuchtigkeit, so eine Art von „Kindspech", aus dem After entweichen. Wo nun eine Form, die gestern noch Puppe war und übersehen wurde, in ungeheuerer Menge auf einmal erscheint, können jene roten Tropfen Dächer, Wände, Straßenpflaster, zum Bleichen ausgebreitete Wäsche usw. unter Umständen dicht bedecken. Das Volk, das den Zusammenhang nicht kennt, ist gleich mit der Erklärung bei der Hand: „es hat Blut geregnet". Fälle von sogen. Blutregen sind schon aus dem Altertum und Mittelalter bekannt, es läßt sich aber meist nicht entscheiden, ob es sich bei ihnen um von Schmetterlingen herrührende handelt oder um einen anderen. Es gibt nämlich mehrere, auf verschiedenen Ursachen beruhende Arten von Blutregen.

Man sah in der Erscheinung ein Ereignis von sehr übler Vorbedeutung und entnahm daraus im Mittelalter mehrfach Gelegenheit, eine der beliebten Judenverfolgungen loszulassen. Die in bisweilen so unbegreiflich großen Scharen wandernden Weißlinge, die als Raupen und Puppen in den Gegenden, in denen sie plötzlich erschienen, nicht gesehen worden waren, galten für Teufelskinder. Die Namen, die diese Schmetterlinge stellenweise führen, wie z. B. Milchdieb und Buttervogel, sind alte Hexennamen.

Bei Übervölkerung, und wenn sie das eine Feld kahl gefressen haben, wandern auch die Kohlraupen in bedeutender Menge, um sich in der Nachbarschaft Nahrung zu suchen. Bei solchen Gelegenheiten sind mehrfach schon ihre Heere auf Eisenbahngleise geraten und Ursache geworden, daß die Züge stockten, da die aus ihren zerquetschten Körpern entstandene Schmiere die Schienen zu glatt machte, als daß die Räder der Lokomotiven und Wagen hätten greifen können. Ähnliches ist durch andere Insekten geschehen. Im Jahre 1867 mußte ein Zug der Berlin-Görlitzer Linie auf offener Strecke Halt machen, weil wandernde Raupen der Kieferneule seinen Weg kreuzten. So winzige Formen von Insekten, wie gewisse Arten von Springschwänzen haben öfters schon das nämliche zustande gebracht und in Ungarn einmal auch die Larven einer Blattkäferart (Entomoscelis adonidis).

Wenn die Raupen des Kohlweißlings im Herbst erwachsen und zum Verpuppen reif sind, unternehmen sie samt und sonders kleine, örtliche Wanderungen, indem sie ihre Futterpflanzen verlassen und sich an einer Mauer, an einer Planke, einem Baumstamm usw. ein Plätzchen zur Verwandlung aufsuchen. Viele trennen sich schon vorher von ihren Kameradinnen, kriechen unruhig und offenbar mit gestörter Gesundheit umher und an benachbarte Wände und dergl. hinauf, wo sie sich krampfhaft mit den Beinen festhalten, schwarz werden und eine welke, faltige Haut bekommen. Dann steht es nicht lange an die tote Raupe, oder eigentlich ihr Balg hängt da bedeckt und umgeben von zahlreichen kleinen, gelben Gebilden. „Die Kohlraupen legen Eier“ ruft der Landmann und ist nun mit Weib, Kind und Gesinde doppelt bemüht die schlimmen Gäste mit der vermeinten Brut aus der Welt zu schaffen. Kurzsichtiger Eifer! Verkehrtes Bemühen! Jene vermeinten gelben Eier enthalten die vor der Verpuppung stehende oder schon zu Puppen gewordenen Larven einer Art von Schlupfwespe (Microgaster glomeratus), der größten Feindin der Kohlraupe, und sind deren Kokons.

Die Mutterwespe, ein kleines, nur wenige Millimeter klafterndes, schwarzes Tierchen mit gelben Beinen, legt ihre Eier in größerer Zahl in die Kohlraupen. Die daraus hervorgehenden Larven haben keinen Mund und keine Freßwerkzeuge und nehmen ihre Nahrung, das sie umgebende Blut der Raupen, mittels Aufsaugen durch die äußere Haut, durch sogen. Osmose in sich auf. Erst wenn die Wespenlarve die Raupe verlassen will, um sich außerhalb ihrer zu verpuppen, häutet sie sich innerhalb der Wirtin zum ersten und letzten Male. Dabei zieht sie ihren in Gestalt einer Blase vorgestülpten Mastdarm ein und bekommt, nicht eigentlich Freß- sondern nur Beißwerkzeuge. Jener würde sie nicht bedürfen, denn sie nimmt weiter keine Nahrung mehr zu sich, wohl aber dieser, denn sie muß sich nun durch die Haut der Kohlraupe durchnagen, um nach außen zu gelangen.

Der Kohlweißling ist auch, wie wir hoffen und wohlmeinend über unsere Mitmenschen urteilend annehmen wollen, durch Zufall und wahrscheinlich als überwinternde Puppe nach Nordamerika gekommen. Er nahm hier maßlos zu und wurde viel schädlicher als in seinem Stammlande, da hier die Feinde, die ihn zu Hause einigermaßen in Schach hielten, fehlten, darunter besonders jene kleine, schwarze Schlupfwespenart. Die brachte man sie absichtlich und sich der Tragweite seiner Maßregel wohl bewußt in die Vereinigten Staaten. Der Erfolg soll der gewünschte gewesen sein, doch habe ich Näheres über die Sache nicht vernommen.

Auch die Puppe wird von einer noch kleineren Schmarotzerwespe (Pteromalus puparum) heimgesucht, die in ihr bisweilen in 70 und mehr Stücken überwintert. Dieses Wespchen, das sich niemals in Raupen, sondern ausschließlich in Puppen von Tagschmetterlingen verschiedener Art findet, erreicht eine Klafterbreite von 2,5 mm und hat eine hauptsächlich metallisch-schwarzgrüne Farbe. Da dieses winzige Tierchen einen entsprechend kurzen und schwachen Legbohrer hat, so drängt sich die Frage auf, wie bringt es seine Eier in die doch ziemlich fest, jedenfalls fester als eine Raupe bepanzerte Puppe? Darüber liegt eine Beobachtung von Ratzeburg vor. Der sah, wie zwei Weibchen dieser Wespenart sich zu einer Raupe des großen Fuchses (Vanessa polychlorus, es kommt, wie gesagt, auf die Art des Tagfalters gar nicht an!) gesellten, die eben im Begriffe stand, ihre Haut abzustreifen, um sich in die Puppe zu verwandeln. Jene Wespen trieben sich neben oder auf ihr herum ohne sie zu stechen, solange sie noch Raupe war, kaum war die letzte Raupenhaut aber gefallen und die Puppe fix und fertig, aber, und das ist wichtig und bedeutungsvoll, dabei noch weichhäutig, so holten sie das Versäumte nach. Dieses Erzwespchen hat sicher verschiedene Generationen im Jahre und jede entwickelt sich in den Puppen anderer Schmetterlingsarten, wie sie eben die jeweilige Zeit des Jahres bietet.

Falter und Raupe des Kohlweißlings haben im allgemeinen wenig Feinde und werden von den meisten Vögeln, wahrscheinlich eines unangenehmen Geschmacks wegen, verschmäht. Die Puppen aber werden während ihrer Winterruhe massenhaft von Meisen, Kleibern und Baumläuferlein vernichtet, dabei leider aber zugleich auch unzählige der in ihnen verborgenen Wespchen. Überhaupt kann man außer dem Absammeln der Eier und Raupen herzlich wenig gegen den Kohlweißling machen und steht seinen Missetaten ziemlich wehrlos gegenüber und ganz besonders dem Massenfraß seiner Raupen. Die Bauern helfen sich da durch Sympathie. Hierzulande in Thüringen bindet man sieben gesammelte Raupen zusammen und hängt sie in den Schlot. In anderen Gegenden Deutschlands steckt man ein Stück vom Holze eines schon begraben gewesenen, benutzten Sarges in den Boden des befallenen Ackers.

Wie Rösel von Rosenhof erzählt, pflegten die Gärtner und Landleute zu seiner Zeit, also in der Mitte des 18. Jahrhunderts, die Raupen der Kohleule oder die Herzwürmer zu sammeln und zu vergraben, was ihm, wie er sagt, so vorkäme, als wolle man einen Krebs durch Ertränken töten. Das ist für ausgewachsene Kohlraupen vollkommen richtig, denn die suchen, um sich zu verpuppen, selbst die Erde auf.

Ich fürchte wir haben als echte Kinder der Welt der Welt, und wäre es nur der der Frau Geßert, wieder einmal zu viel Zeit gewidmet, und nun wird uns für die Hölle Vater Geßerts um so weniger übrig bleiben.

Welt und Hölle sind hier übrigens durch ein, charakteristisch genug, nur schmales, aber den ganzen Garten der Quere nach teilendes Dickicht von Haselbüschen getrennt, das bloß in der Mitte einen Durchlaß für den Blumen-, Gemüse- und Grasgarten ihrer ganzen Länge nach halbierenden Hauptweg hat. Der deutsche Bauer, wenigstens der Thüringer, hat eine auffallende Vorliebe für die Hasel. Der Grund hierzu scheint sehr alt zu sein und dürfte auf vorchristliche Zeit zurückgehen. Dieses Gewächs hängt offenbar mit Zauberwesen eng zusammen: die Wünschelrute wird aus ihm geschnitten und es hat Gewalt über Schlangen.

Nun, dem sei, wie ihm wolle, was uns an dem schönen Strauch merkwürdig ist, das ist die an ihn gefesselte Tierwelt, die einige sehr belangreiche Arten und zwar aus der Familie der Rüsselkäfer enthält. Wir wollen uns drei davon ein wenig näher ansehen, von denen wir jetzt zwei als Käfer, die dritte als Larve finden können. Jene sind: der Haselnußbohrer (Balaninus nucum) und der Afterrüsselkäfer (Attelabus curculionoides), diese ist der Haselbickmaulrüßler (Apoderus coryli).

Der Haselnußbohrer fällt sofort durch seinen sehr dünnen, aber sehr langen Rüssel auf, der beim Männchen zwei Drittel, beim Weibchen fast ganz so lang wie der Körper ist, und in beiden Fällen die geknickten Fühler ungefähr in seiner Mitte trägt. Abgesehen vom Rüssel ist der Umriß des Körpers etwa gestreckt rautenförmig, indem seine breiteste Stelle quer über die Schultern 4,5 mm, seine Länge, ohne den 5 mm langen Rüssel, 7,5 mm mißt. Das Halsschild ist vorn schmal, wird aber hinten fast so breit, wie die sich hier anschließenden, zusammen herzförmigen Flügeldecken sind, die den Körper nicht völlig bedecken, hinten vielmehr ein Stückchen von ihm, das sogen. Pygidium, freilassen. Das ganze Insekt ist, wenigstens am Körper, abgesehen von den Gliedmaßen, mit graubraunen Schuppen bedeckt, die auf den Flügeldecken hellere und dunklere, schräge Querbinden bilden.

Das befruchtete Weibchen nagt im Juni oder Juli, bevor die Schale zu hart wird, ein feines, bald vernarbendes und kaum mehr aufzufindendes Loch in die halbausgewachsene Nuß, an dessen Eingang sie ein einzelnes Ei legt, das sie dann mit dem Rüssel, dessen Länge dadurch erklärlich wird, tief hineinschiebt. Im Spätherbste, wenn die dicken, halbwalzigen, eingebogenen, fußlosen Larven, die gelbweiß von Farbe sind und einen braunen, glänzenden Kopf haben, ausgewachsen, und die Nüsse ausgefressen sind, fallen diese zur Erde. Darauf nagen sich jene runde, entsprechend große Löcher durch die Schale, verlassen die Nuß und dringen ziemlich tief, bis 45 cm, in den Boden, wo sie ohne sich zu verwandeln, ruhen. Die Verpuppung erfolgt erst im nächsten Frühjahre und während des Juli und August erscheinen die Käfer. Merkwürdig ist bei dieser Verwandlung, daß die Nuß, in deren Innern der „Wurm“ den Kern nach und nach gefressen und an seiner Stelle den braunschwarzen, krümligen, unangenehm riechenden Kot gelassen hat, ihre normale Größe erlangt, also ohne Störung ernährt wird, als ob sie durch und durch gesund wäre.

Der auf der Hasel lebende Afterrüsselkäfer hat ein durchaus anderes Aussehen wie die vorige Art und eine ebenso verschiedene Lebensweise. Von Farbe ist er schwarz und hat eine gedrungene Gestalt. Sein fast halbkugeliges, glattes Halsschild, die gewölbten, groß und tief punktierten Flügeldecken und die Fühlerwurzeln sind rot. Der Rüssel ist dick und noch nicht so lang wie der übrige Kopf. Das befruchtete Weibchen verfertigt aus einem Blatte der Eiche, der Hasel und gelegentlich der Erle einen kurzen, walzigen, hohlen Wickel oder eine Röhre und legt ein Ei hinein, aus dem eine schmutzigweiße Larve hervorgeht. Diese überwintert in ihrer Wohnung und begibt sich erst im nächsten Frühjahre in die Erde, um sich zu verpuppen.

Bei dem Haseldickmaulrüßler ist der Kopf hinten verlängert, verschmälert und halsartig entwickelt. Der Rüssel ist dick und kaum halb so lang als der übrige Körper. Wie der Kopf hinten, so ist das fast ganz glatte Halsschild vorn verschmälert, während es sich nach rückwärts wieder verbreitert. Es ist wie die tiefpunktierten Flügeldecken und wie auch oft die Schenkel rot oder rotgelb. Das Weibchen legt auch hier je ein Ei in eine von ihm selbst verfertigte, lange Blattröhre, in der die ganze Entwickelung binnen etwa acht Wochen sich abspielt.

In dem Grenzdickicht zwischen Welt und Hölle kann uns nichts mehr fesseln und wir treten in diese ein. Das erste, was uns in die Augen fällt, ist der geräumige Backofen, der den verschiedenen Geschlechtern der Familie Geffert vielleicht seit dem Friedensschluß nach dem dreißigjährigen Kriege Dienste geleistet hat. An seiner rechten Seite befindet sich eine Regentonne, die offenbar auch schon manches Jahr gesehen hat, und über ihr breitet ein prachtvoller Hollunderbusch, der recht gut mit dem Backofen jung gewesen sein kann, seine schön belaubten Zweige. Sonst wuchern da noch üppige Brennnesseln und es ist im ganzen ein etwas unheimliches Fleckchen, an dem ein Kind ohne Begleitung wohl ungern nahe vorübergehen mag.

Die Geheimnisse der Regentonne sind ohne Hilfe des Mikroskopes nicht zu ergründen, und es wäre eine wunderliche Sache, wollten wir ihnen zuliebe hier in Vater Gefferts Hölle eine fliegende zoologische Station errichten. Auch den in dem feuchten, moderigen Winkel hausenden Asseln und Weberknechten können wir hier nicht näher treten, so merkwürdig sie auch sind. Aber der Hollunder bietet uns eine interessante Tiergestalt in Menge, die zwar klein, aber doch groß genug ist, daß wir sie mit aller Bequemlichkeit untersuchen können. Wenn ich sage „Hollunder“, so meine ich damit die Sambucus nigra, die im Juni die großen, weißen Doldenblüten und im Herbst die schwarzroten, von Rot- und Blaukehlchen so sehr geliebten Beeren trägt. Der Deutsche nennt den Hollunder auch Flieder, und beide Namen bedeuten „hohler Baum“. Seine Zweige sind nämlich hohl, mit weißem Marke gefüllt, das wir vordem, als wir noch Schmetterlinge sammelten, benutzten, um länglich viereckige Stückchen daraus zu schneiden, auf die wir sauber mit Silberdraht die Kleinschmetterlinge steckten und die darauf an gewöhnliche Insektennadeln befestigt wurden. Noch früher hatten uns dicke Aststücke, aus denen dieses Mark entfernt war, zur Verfertigung von Spielzeugen gedient. Wir machten uns „Knallbüchsen“ daraus. Diese etwa 30 cm langen Röhren wurden oben und unten mit einem feuchten Wergpfropfen — es kam uns nicht darauf an durch Kauen feucht zu erhalten — verstopft. Dann wurde durch einen Holzstempel von entsprechender Länge der untere Pfropf gegen den oberen getrieben und die zwischen beiden befindliche Luft zusammengepreßt, bis der obere Pfropf mit starkem Knall heraussprang. Das war die Knallbüchse. Unser Volk nennt auch die Syringe, jenen im Mai in hellvioletten und weißen Trauben blühenden, in Anlagen allgemein verbreiteten Strauch, sowohl Hollunder wie Flieder, setzt höchstens noch „spanischen“ davor, und das gibt leicht zu Verwechselungen Anlaß.

Aus dem Wurzelstock des „deutschen“ Flieders sprossen lange, üppige oder, wie man zu sagen pflegte, „quabde“ Triebe, die man in Thüringen wohl „Geilinge“ oder „Wasserschößlinge“ nennt. Diese sind häufig, etliche z. B. auch hier, mit den schmierigen Kolonien einer schwärzlichen Blattlausart (Aphis sambuci) besetzt. Die Blattläuse sind merkwürdige Insekten, die mit den Wanzen und Cikaden in die Ordnung der Schnabelkerfe (Rhynchota) oder Halbflügler (Hemiptera) gehören und zusammen mit den Blattflöhen und Schildläusen die Unterordnung der Pflanzenläuse (Phytophthires) bilden.

Es gibt bei uns eine Menge Arten von Blattläusen, deren jede meist auch an einer ganz bestimmten Pflanzenart und zwar einer Phanerogame lebt. Sie sind sehr zarte, kleine, weichhäutige Insekten, die lange, dünne Beine besitzen, ungeflügelt sind oder zwei Paar dünnhäutige, glasig durchsichtige Flügel haben, die von gleicher Größe und mit nur wenigen Adern versehen sind. Ihre Freßwerkzeuge bilden einen in der Längsrichtung dreiteiligen Saugrüssel, den sie in Pflanzenteile senken, um deren Säfte zu genießen. Sie bleiben gewissermaßen an dem eingebohrten Schnabel vor Anker liegen und rühren sich nur sehr langsam und unbehilflich von der Stelle, wenn sie gestört werden oder sich häuten wollen.

In jedem Frühjahre gehen aus hartschaligen, gegen den Einfluß der Kälte widerstandsfähigen Eiern, die den Winter über irgendwo an einer geschützten Stelle, bei den Hollunderblattläusen in den Rissen und Spalten der Rinde der Futterpflanze, gelegen haben, kleine Blattläuse, die Insekten ohne getrennte Entwickelungsstufen sind, hervor, die sich sofort festsaugen, ernähren und, ohne sich sonst zu verändern, wachsen. Wenn sie ausgewachsen sind, fangen sie an sich fortzupflanzen. Sie sind alle vom weiblichen Geschlechte, Männchen gibt es jetzt noch gar nicht und sie werden vor dem Herbst, vor dem Eintritt kühlerer, längerer Nächte auch nicht erscheinen. Jene Weibchen können auch gar nicht begattet werden, da sie nicht vollkommen entwickelt und ausgebildet sind. Man hielt sie daher früher nicht für wahre Weibchen, sondern für Formen eigener Art, denen man den herzlich schlecht passenden Namen „Ammen" gab. Diese Ammen sind flügellos und gebären während des ganzen Sommers immer wieder Ammen. Die einzelnen Generationen folgen sehr rasch aufeinander, und eine Blattlaus kann daher, wie Weber in seinem „lachenden Demokrit" sagt, in einem Monate so viele Ahnen haben, daß sie stiftsfähig ist, d. h. mit Recht Anspruch auf die Aufnahme in ein adliges Fräuleinstift hat. Da hier vor uns auf den Hollundertrieben sind mehrere solche Blattlausstifte, von denen aber der Sinnspruch:

Hier in diesem Stift
Lebt man nach der Schrift,
Und befolgt zugleich das Wort:
„Mehret euch und pflanzt euch fort!"

nur in der zweiten Hälfte, in dieser aber um so emsiger „befolgt" wird.

Réaumur, Bonnet und de Geer haben vor etwa 150 Jahren die Erscheinungen der Jungfernzeugung oder Parthenogenesis, von der wir bei unseren Spaziergängen schon des öftern sprachen, bei den Blattläusen eifrig und genau untersucht, soweit ihnen das in jener Zeit möglich war. Réaumur hat ausgerechnet, daß eine einzige Blattlausamme nach fünf Generationen eine Gesamtnachkommenschaft von 5904900000 Stück haben könnte, was vorkommen könnte, aber in Wahrheit selbstverständlich niemals vorkommt.

Im Herbst erscheint die letzte Generation von Ammen, wir wollen den Namen der Bequemlichkeit wegen beibehalten, deren Angehörigen aber meist

Flügel haben. Das ist für die Verbreitung der Art von Wichtigkeit, denn diese geflügelten Blattläuse unternehmen Wanderungen, allerdings mehr passiver Natur. Diese außerordentlich leichten, jetzt vollends noch mit großen Flügeln versehenen Geschöpfchen werden, wenn sie den schüchteren Versuch machen zu fliegen, von dem leisesten Windhauch erfaßt, ja schon von dem aufsteigenden Luftstrom in ganz bedeutende Höhen entführt. Dann ist an schönen, klaren Septembertagen bisweilen die ganze Luft von ihnen erfüllt und ihre Flügelchen flimmern und flittern im Sonnenscheine. Bisweilen sind sie in geradezu ungeheuerer Menge vorhanden und belästigen die draußen weilenden Leute, denen sie in Nase, Mund und Augen geraten, in nicht geringem Grade.

Diese geflügelte, letzte Ammengeneration, die sich weit von ihrer Geburtsstätte entfernen, bezw. entfernt werden konnte, bringt nun geflügelte Männchen und ungeflügelte, sonst aber vollkommene, d. h. begattungsfähige Weibchen zur Welt. Diese geschlechtlich ausgebildeten Tiere begatten sich auch und die Weibchen legen jene hartschaligen Wintereier, die im nächsten Frühjahre die erste Ammengeneration liefern und damit den ganzen sommerlichen Entwickelungsgang wieder eröffnen.

Die Blattläuse sind durch und durch süße Geschöpfe, ich meine das in wirklichem, nicht etwa übertragenem Sinne, um das letztere behaupten zu können, dazu kenne ich sie denn doch nicht genau genug. Ihre Kolonien triefen bisweilen in des Wortes ganzer Bedeutung von Zuckersaft und die sich langsam bewegenden, weichhäutigen Tiere erfreuen sich daher vieler Liebhaber. Die meisten von diesen fressen einfach die ganze Blattlaus, töten somit die Henne, die die goldenen Eier legt, nur die Ameisen sind klüger und derenwegen haben die Aphiden ihre ganze Süßigkeit erworben.

Manche kleinere Vogelarten, und nicht nur Insekten- sondern auch Körnerfresser, naschen gern zwischen durch einmal von dem zarten Kompott, gemeine Wespen und Hornissen sind nicht blöde und langen zu, manche Insekten sind aber auf den Genuß von Blattläusen wesentlich, bisweilen fast ausschließlich angewiesen.

Da wären zunächst die Marienkäferchen, die in der Wissenschaft Coccinellidae heißen, zu nennen. Du kennst gewiß einige einheimische Formen der großen, über 1000 Arten umfassenden, besonders aber in Südamerika stark entwickelten Familie. Du bist doch auch ein „klassischer“ Weimaraner und hast so gut wie ich ein solches Käferlein auf dem ausgestreckten Zeigefinger kriechen lassen und es, um es zum Fliegen zu veranlassen, angesungen:

Mutschekiebchen fliege!
Dei Vater is im Kriege,
Dei Mutter in Pommerland,
Pommerland is abgebrannt!
Flieg, flieg, flieg!

Das ist das nämliche Verslein, mit dem bei ähnlichen Veranlassungen auch dem Maikäfer zugeredet wurde, nur hieß es in dem letzteren Falle „Kritzekrebs“ anstatt „Mutschekiebchen“. Beide Worte gehören dem weimarischen Volks- und besonders Kinderdialekt an. Über „Mutschekiebchen“ bin ich mir noch nicht ganz klar, wenigstens nicht über seinen ersten Teil „Mutsche“. Kiebchen ist einfach ein verunstaltetes „Kühchen“ und was Mutsche anlangt, so haben wir im Thüringschen ein seltenes Wort, das so heißt und auch Kuh bedeutet. Mutschekiebchen könnte aber auch aus vorreformatorischer Zeit stammen und Muttergotteskühchen bedeuten. Nach und nach mag dann in dem so lange schon protestantischen Weimar, und je mehr der Bevölkerung der Muttergottesbegriff und damit die Bedeutung des Wortes verloren ging, jene Umbildung zustande gekommen sein. Der Käfer hat außer zahlreichen anderen, auch eine ganze Reihe von Namen, die mit der Jungfrau Marie im Zusammenhange stehen, so: Marienwürmchen, Frauen- und Jungfernkäferchen, im Französischen bète, vache oder cheval de la Vierge und im Englischen Lady-bird.

Die Tierchen führen auch noch den gelehrten deutschen Namen „Blattlauskäfer“, der aus dem Jahre 1764 stammt und von Johann Peter Eberhard, Professor der Physik in Halle a. S., herrührt. Die Käferchen sind als Imagines und Larven grimmige Verfolger und Vertilger der Blattläuse, als solche auch seit sehr lange schon gekannt und geschätzt, weshalb Eberhard ihnen eben jenen Namen verlieh. Nach Ratzeburg glauben die Gärtner — wahrscheinlich in der Mark, denn in Thüringen und Sachsen habe ich nie etwas davon gehört, obwohl ich auf solche Dinge achte — die Marienkäferchen seien ganz besondere Freunde von Möhren. Sie pflanzen diese daher in der Nähe solcher wertvolleren Gewächse, die unter den Angriffen der Schmarotzer in hervorragender Art zu leiden haben, an, um jene Tierchen anzulocken.

Die Larven der Marienkäferchen sind lebhafte Wesen, die nicht nur mit ihren drei Beinpaaren flink zu laufen verstehen, sondern ihrem Laufe dadurch noch mehr Nachdruck verleihen können, daß sie die Spitze ihres Hinterleibs abwechselnd ausstrecken und einziehen und sie so als eine Art Nachschieber benutzen.

Unsere häufigste Art der Marienkäferchen, zugleich jene, die wir fliegen ließen, ist das Siebenpunktchen (Coccinella septempunctata), ein 5 bis 7,5 mm langes, ziemlich halbkugelförmiges, glattes Tierchen von schwarzer Farbe mit zwei gelblichweißen Stirnflecken und ebensolchem Vorderrande des Halsschildes. Die Flügeldecken sind zinnoberrot und auf jeder stehen drei runde, schwarze Punkte, ein siebenter gemeinsamer Punkt steht am vorderen Ende der Naht, in der die Flügeldecken aneinanderstoßen. Die höckerige, borstige Larve hat eine graue Grundfarbe mit gelber Zeichnung. Man könnte sagen, die Farben der Larve haben sich bei der Imago zu glänzendem Schwarz und glänzendem Rot gesteigert.

Gelegentlich unternehmen die Marienkäferchen große Wanderungen. Von einer solchen, an der Mündung des Humberflusses in die Nordsee im südöstlichen England, berichtet ein gewisser Cordeaux. Die in Rede stehende Käferart war das Siebenfleckchen und die Zeit vom 6. bis 12. September 1869 bei heftigem Südwestwind. An manchen Stellen waren ihrer 30 bis 40 Stück auf einer handgroßen Fläche und es war kaum möglich zu gehen, ohne bei jedem Schritte ihrer mehrere zu zertreten. Auf einer einzigen Schierlingsstaude zählte unser Gewährsmann gegen 1000 Stück, und die Pflanze sah aus, als ob sie über und über mit Scharlachbeeren bedeckt wäre. Kein Vogel nahm Notiz von ihnen, wohl aber Raubkäfer. Offenbar war die Mehrzahl der Käfer später durch den heftigen Wind ins Meer geweht worden und darin umgekommen. Am 16. September war das ganze Wasser an der Küste auf eine Strecke von 2,5 km Länge voll von ihnen. Durchschnittlich trieben auf dem Quadratfuß der Oberfläche 25 Leichen.

In dieser Mitteilung ist die Bemerkung wichtig, daß die Vögel die Marienkäferchen völlig übersehen hätten. Die lebhaften Farben dieser Käfer gehören offenbar zu den Schreck-, Warn- oder Ekelfarben, an denen insektenfressende Tiere erkennen, daß diese Wesen ungenießbar wären. Bekanntlich lassen die meisten Arten einen gelben, widerlich riechenden Saft aus den Öffnungen von in den Beingelenken gelegenen Hautdrüsen treten, wenn man sie anfaßt. Früher glaubte man, wahrscheinlich durch den Geruch verleitet, daß jener Stoff dem Opium chemisch nahe verwandt sei, was er nicht ist. Merkwürdig ist es aber immerhin, daß das Volk seit alten Zeiten, ohne vom Opium etwas zu wissen, zur Beruhigung von Zahnschmerzen zerquetschte Marienkäferchen auf das Zahnfleisch zu legen pflegte. Sogar Ratzeburg, der nicht nur Forstzoologe war, sondern auch mit Brandt eine große zoologische Medizin herausgegeben hat, glaubte noch an die Heilkraft dieses Mittels.

Offenbar handelt es sich bei jenem Safte um ein Verteidigungsmittel. Forbes stellte gleichfalls fest, daß die Vögel den Genuß dieser Tierchen verschmähen. Jedoch erleidet diese Angabe nach Poulton gewisse Einschränkungen: hungrige Vögel fraßen sie wohl, auch Laubfrösche, wenn sie nichts anderes bekamen. Newstead beobachtete, daß Lachmöven sie massenhaft vertilgten, und ich selbst fand die Reste von vielen in dem Magen mehrerer Turmschwalben. Auch Cordeaux machte, wie vorher gesagt wurde, die Beobachtung, daß Raubkäfer sich von ihrem Genusse durch die übelriechende und übelschmeckende Feuchtigkeit nicht abhalten ließen.

Das nützliche Vorgehen der Marienkäferchen gegen die Blattläuse verdient alle Anerkennung. Der eben erwähnte Ratzeburg beobachtete, daß auf einem Baumschoß, der dicht mit den letzteren bedeckt war, zwei Tage, nachdem sich ein einziges Siebenpunktchen auf ihm eingestellt hatte, keine einzige mehr vorhanden war. Auch andere Käferarten fressen jene argen Schmarotzer, so nach Kawall gewisse Schnellkäfer (Ampedus ephippium, Corymbites tesselatus und Elater elongatulus), von denen man es eigentlich nicht erwarten sollte.

Ganz besonders große Freinde der Blattläuse sind auch die Larven der „Blattlauslöwen" genannten, zu den Netzflüglern gehörigen Florfliegen (Chrysopa perla). Man findet wohl auf von Blattläusen bewohnten Blättern eigentümliche weiße Gebilde, bestehend aus einem eirunden, etwa 2 mm langen Knöpfchen auf einem geraden, haardünnen, 6 mm langen Stiele, die aussehen wie Schmarotzerpilse, eine Art Schimmel etwa und auch als solche einmal, nach jedenfalls sehr oberflächlicher Untersuchung beschrieben worden sind. Das sind die Eier der Florfliege. Das Weibchen setzt sich bei der Eiablage auf das betreffende Blatt, berührt dessen Oberfläche mit der Hinterleibsspitze, während aus dem After ein Tröpfchen zähen Schleims tritt, hebt jene dann so hoch sie kann, wodurch sie dieses zu einem sofort erstarrenden Fädchen auszieht, an dessen oberem Ende das Ei sich befindet. Die ganz junge Larve häutet sich beim Ausschlüpfen noch im geöffneten Ei und läßt in diesem die abgestreifte Haut zurück und an ihr befestigt eine Art Säge am Hinterleibe, mit der sie das Öffnen der Schale vollzogen hat. Sie soll dann nach Hagen an dem Stiele herabkriechen, nach anderen Angaben sich von ihrem hohen Sitze herabschnellen. Sie ist gestreckt blattförmig, bunt, hat drei Beinpaare und kein Maul, sondern, wie die Larve des Ameisenlöwen, ein Paar hohler aus den zusammengefugten, jederseitigen Ober- und Unterkiefern gebildeter Zangenbacken an dem großen Kopfe, die sie den Blattläusen in den Leib schlägt und sie durch jene vollkommen aussaugt. Die leeren Bälge ihrer Schlachtopfer benutzt sie um sich damit zu bedecken, „wie," sagt Kirby, „Herkules mit dem Felle des von ihm erschlagenen nermäischen Löwen". Sie fügt zu ihnen noch ihren eigenen Kot und baut aus ihnen ein Futteral. Wenn sie ausgewachsen ist, spinnt sie sich an Blätter oder Ästchen einen erbsengroßen, weißen Kokon, zu dem im Mastdarm gelegene Spinnorgane den Stoff liefern. In dem Kokon wird sie zu einer grünlichen Puppe, die nach zehn Tagen die Imago liefert. Die ganze Verwandlung dauert durchschnittlich fünf Wochen, so daß mehrere Generationen in einem Jahre auftreten können.

Nach Asa Fitch leben in Nordamerika nicht alle Arten von Florfliegen von Blattläusen. Die Larve von Chrysopa Novae-Baracensis frißt erst die Eier, dann die Raupen einer Spannerform, auch Spinneneier und junge Spinnen. Die Larven anderer Arten öffnen die Gallen von Gallmücken und verzehren deren Inhalt. Fitch beobachtete auch, daß die hohen Stiele die Eier der Chrysopa gegen die Angriffe der eigenen Larven schützen. Eines, das umgefallen war, wurde sofort von einer solchen ohne weiteres verspeist.

Zu den Feinden der viel verfolgten Blattläuse gesellen sich auch noch Larven der meist bunten, wespenähnlichen, schnellfliegenden Schwirrfliegen (Syrphus), die aussehen wie kleine Blutegel von grüner Farbe. Réaumur sah einmal, wie eine solche binnen 20 Minuten 20 Blattläuse fraß!

Diese Tiere haben aber auch ihre Freunde, das sind die Ameisen. Die Freundschaft ist auf Selbstsucht von beiden Seiten gegründet, und das sind bekanntlich die gediegensten, am längsten standhaltenden Freundschaften! Die Ameisen sind große Süßmäuler und Süßigkeiten sind, wie schon bemerkt, bei jenen schlimmen Pflanzenfeinden reichlich genug zu finden.

Die Blattläuse haben auf dem sechsten Hinterleibsringe ein Paar mehr oder weniger lange, gerade Röhren, deren jede am Grunde mit einer Drüse zusammenhängt. Man bezeichnete jene früher mit dem Namen „Honigröhren" und glaubte, daß durch sie ein in den Drüsen bereiteter, süßer Saft nach außen trete, und daß die Ameisen ihre „Kühe", wie Linné sagt, durch liebkosende Berührungen mit den Fühlern veranlaßten, diesen Stoff abzusondern. Ein Stoff wird allerdings hier abgesondert, aber kein süßer, Ameisen anlockender, sondern vielmehr ein sehr bald an der Luft erhärtender, wachsartiger, der zur Verteidigung gegen die Angriffe der Larven der Flor- und Schwirrfliegen, sowie gegen die Marienkäferchen dienen soll. Ich bezweifle das. Der Stoff ist, soweit meine Erfahrungen reichen, geruch- und geschmacklos und versieht die Körperoberfläche, wie überhaupt bei vielen gleichflügeligen

Schnabelkerfen mit einem Überzug gegen die Nässe, dessen die fast bewegungslosen, wenigstens zur Flucht unfähigen Blattläuse gar sehr bedürfen.

Und doch haben die Ameisen einen guten Grund für ihre Besuche, auch einen süßen, der aber nicht durch die Honigröhren, sondern — äußerst prosaisch! — durch den After zu Tage tritt. Jener Stoff ist nicht mehr und nicht weniger als der Kot der Blattläuse! Die Ameisen stelzen langsam und vorsichtig zwischen ihrer Herde herum und beklopfen allerdings bald einmal hier, bald einmal da ein Stück von ihrem Vieh sanft mit ihren Fühlern. Ist nun eine solche Blattlaus gerade in der Lage den Wünschen einer Ameise zu entsprechen, so hebt sie ihr Hinterteil und läßt aus der Afteröffnung einen wasserhellen, klaren Tropfen treten, den die Hirtin und Beschützerin gierig aufschlürft.

Ein großer Teil von diesem Stoff wird nicht von Ameisen genossen, denn wenn diese auch viel umherschnüffeln, überall können sie nicht sein, und der Überschuß des Blattlauskotes fällt als sogen. „Honigtau“ auf die Blätter der Futterpflanze und auf den Boden unter ihr. Die Ameisen verteidigen ihren Viehstand gegen alle fremden, räuberischen Eindringlinge und werden gegen die verschiedenen angeführten Larven wohl genug ausrichten können, den Imagines der Marienkäfer gegenüber aber ziemlich machtlos sein. Denn diese sind erstens so glatt, daß sie derartigen Feinden nur wenige, unbedeutende Angriffspunkte bieten, zweitens haben sie ihren gelben „Saft“ und wenn drittens alle Stricke reißen, und die Ameisen mit ihren Zudringlichkeiten gar nicht nachlassen, fliegen sie kurz entschlossen davon. —

Doch da steht auch der bewußte, kranke Birnbaum, wegen dessen wir überhaupt den Garten nur besucht haben. Nun ich sehe es schon, worum es sich handelt, wußte es eigentlich schon vorher. Dem Baume ist es offenbar gar nicht wohl in seiner Rinde: einzelne Zweige sind abgestorben, die Blätter sind im Wachstume zurückgeblieben und hängen schlaff herunter, und obgleich er, wie Geffert sagt, im Frühling übermäßig geblüht hatte, hat er doch fast gar keine Früchte angesetzt. Das kann man öfters bei kranken Obstbäumen beobachten. Dieser hier steckt voll von Raupen des Weidenbohrers (Cossus liquiperda), die durchaus nicht etwa allein Weiden angehen, sondern auch Pappeln, Ulmen, Eichen, Linden, Eschen, Erlen, Buchen, Ahorn, Obstbäume und unter ihnen besonders gern Birnbäume.

Das sehr träge, durchschnittlich 40 mm lange und 87 mm klafternde Weibchen des Weidenbohrers legt seine Eier mittelst eines langen Legebohrers in jetziger Jahreszeit während der Nachtstunden gruppenweise in die Spalten,

Ritzen und gesprungenen Stellen der Rinde. Die Männchen fliegen nach Weibchen suchend umher, und ich habe sie mehrfach mitten in Leipzig an elektrischen und anderen Lampen in den Wirtshausgärten beobachtet. Die Raupen, die aus jenen Eiern hervorgehen, sind rotbraun, bis 90 mm lang und bis 18 mm breit. Sie verpuppen sich im April oder Mai des übernächsten Jahres in einem durch Bohrspäne verstärkten Gespinste, bisweilen verlassen sie aber auch den Wohnbaum und gehen in die Erde zu diesem Behufe.

Bechstein fand einmal 266 Stück solcher Raupen in einem einzigen gefällten Birnbaum und der bekannte Schmetterlingsforscher Freyer ihrer 200 in einer mitten in der Stadt Augsburg in einem Garten gefällten alten Weide. Im letzteren Falle roch der ganze Garten nach dem unangenehmen, salicylartigen Duft der Tiere. Diese spritzen auch zu ihrer Verteidigung eine widerliche Flüssigkeit aus dem Maule. Was ich Gefferten für ein Mittel vorschlagen will dem Baum zu helfen? Ein sehr einfaches, radikales und zugleich das einzige: ihn zu fällen, zu zerkleinern und das Holz zu verbrennen!

Die Obstbäume hier werden noch von einer gar großen Zahl von feindlichen Insekten aus allen Ordnungen heimgesucht. Viele von diesen sind allen Arten von jenen oder doch mehreren gemeinsam, andere wieder befallen nur einzelne. Gerade in der jetzigen Zeit könnten wir in ihrer Betrachtung geradezu schwelgen, — wenn sie nicht als Imagines vorhanden sind, dann als Larven und diese sind oft merkwürdiger als jene. Wir würden aber nicht zu einem Schlusse kommen und wenn wir uns wochenlang hier herumtreiben wollten anstatt während zweier oder dreier Nachmittagstunden. Das wäre langweilig! Wenn es die Pflicht nicht fordert, darf man nicht zu lange an einem Stücke Holz herumschnitzen. Wir wollen einmal Umschau halten, ob uns nicht noch eine andere Tierform beschäftigen kann als gerade ein Insekt!

Siehst du dort den grauen, lerchengroßen Vogel im Eingange zur Höhlung des alten Apfelbaumes sitzen? Weißt du, was das für eine Art ist? Es ist ein Wendehals! Wenn der mit seiner Sippe der Wissenschaft noch ganz unbekannt wäre, und es käme ein präparierter Balg von ihm ohne alle näheren Angaben aus Neuguinea, so ist zehn gegen eins zu wetten, daß die meisten Ornithologen glauben würden, es mit der Haut eines nächtlichen Vogels zu tun zu haben. Das wäre auch durchaus gerechtfertigt, denn das Gefieder ist auffallend weich und seine Farben ähneln im ganzen und namentlich in ihrer Verteilung auffallend denen einer Eulen- oder Nachtschwalbenart. Ich könnte dir die Färbung des Tieres ohne eins in der Hand zu haben, nur mit einem großen Aufwande von Worten beschreiben, darum will ich die kostbare Zeit nicht damit vergeuden, und von seinem Gefieder nur so viel zunächst erwähnen, daß es auf dem Scheitel in Gestalt eines Häubchens gesträubt werden kann.

Der Wendehals ist eine, allerdings nicht unwesentlich von anderen Arten abweichende Spechtform, und daher sind zwei von den vier Zehen des kurzläufigen, gelblichgrünen Fußes, nämlich die Außen- und die Innenzehe, nach hinten gewandt. Sonst hat er äußerlich nur wenig Spechtartiges an sich; sein weichfederiger, hinten abgerundeter Schwanz ist kein Stemmschwanz, dessen Steuerfedern hervorragende, nackte, elastische Schäfte hätten, auch hat er keinen starken, kantigen, zum Zerschmettern der Rinden und des Holzes der Bäume geeigneten Meißelschnabel und ist kein Kletterer und Baumsteiger.

Seine Zunge freilich ist eine echte Spechtzunge, und eine solche ist es wohl wert, daß wir ihr ein paar Minuten widmen.

Eine jede wirkliche Wirbeltierzunge — bei den Fischen ist sie das eigentlich nie — hat ein Zungenbein zur Grundlage, das bei den Vögeln aus einem unpaaren mittleren und einem paarigen, in zwei Hälften, je eine rechts und links, symmetrisch verteilten, seitlichen Abschnitte besteht. Jener ist der Zungenbeinkörper, diese sind die Zungenbeinhörner. Alle drei bestehen aus mehreren hintereinander gelegenen Knochen- oder Knorpelstückchen, von denen die der Hörner bei den Spechten und auch bei den Wendehälsen ganz bedeutend verlängert sind. Bei den meisten Vogelordnungen reichen diese Hörner bis zu den hinteren Enden des Unterkiefers, aber bei den meisten Spechtarten sind sie beträchtlich vergrößert, nähern sich mit ihren hinteren Enden einander mehr und mehr, schlagen sich über das Hinterhaupt weg unter der Kopfhaut auf den Scheitel, legen sich auf der Stirn unmittelbar aneinander und reichen mit ihren freien, fast fadenartig entwickelten Enden bis auf den Oberschnabel. Auf der Oberseite der Schädelknochen entspricht ihnen, soweit sie nebeneinander liegen, eine Rinne, in der sie, durch eine besondere, sehr kräftig wirkende Muskelvorrichtung bewegt mit der größten Leichtigkeit rückwärts und vorwärts gleiten. Die eigentliche Zunge wird nur vom vorderen Abschnitt des Mittelteils des ganzen Apparats gebildet. Sie ist nur klein, pfriemenförmig und bei den echten Spechten, aber nicht bei den Wendehälsen an jeder Seite mit einer Reihe von flachen, dreieckigen Vorsprüngen, wie mit Zähnen oder Widerhaken besetzt. Mit seinem hinteren Ende steckt der Zungenbeinkörper in einer Hautscheide, die sich nach rückwärts an dem Boden der Rachenhöhle in dessen allgemeine Schleimhautauskleidung fortsetzt, und derart faltig zusammengeschoben ist, daß sie nicht wenig an die Schiebvorrichtung des „Langhalses“, jener wohlbekannten dramatischen Figur des Puppen- oder Kasperltheaters, das wir Thüringer die „Katzenbude“ nennen, erinnert. In jener Hautscheide liegt, wie im Leibe und Halse des Langhalses ein langer Stab, eben der hintere, verlängerte Abschnitt des schlanken Zungenbeinkörpers. Wird die Zunge plötzlich und mit beträchtlicher Gewalt hervorgeschleudert, so gleiten die langen Zungenbeinhörner über den Scheitel weg nach vorn, dringen, den Zungenbeinkörper vor sich herschiebend und dicht nebeneinander liegend, in die Hautscheide, deren Ringfalten dabei verstreichen und die eine glatte Oberfläche erhält. Sie erscheint dann walzenförmig, schwach in der Richtung von oben nach unten zusammengedrückt.

Die aus dem Schnabel hervorgestoßene Zunge reicht sehr weit. Bechstein sagt vom Wendehals: „Von seinem Vogelbauer kann man die Ameisenpuppen drei Zoll entfernt setzen, und er holt sie mit der größten Geschwindigkeit mit seiner Zunge heraus.“ Das Vorderende der Zungen der meisten Spechtarten ist vor den seitlichen Widerhaken, wie von einem hohen Herrn, dem Prinzen Ludwig Ferdinand von Bayern, nachgewiesen wurde, außerordentlich reich an mikroskopischen Nervenendkörperchen und so ist es auch die des Wendehalses. Hierdurch wird sie zu einem überaus empfindlichen Tastorgane. Brehm bemerkt sehr richtig von ihr: „Sie ist außerordentlich beweglich und schlängelt sich nach allen Seiten“, und „bewegt sich mit einer unvergleichlichen Geschwindigkeit tastend nach allen Richtungen.“

Wenn man einen gefangenen Wendehals dazu veranlaßt, seine Zunge durch ein enges Brettloch zu stecken, was mit Hilfe von Ameisenpuppen nicht sehr schwierig ist, so kann man sich ein merkwürdiges Schauspiel verschaffen: die an der anderen Seite des Brettloches zum Vorscheine kommende Zunge macht, nach allen Seiten sich untersuchend drehend und wendend, ganz den Eindruck eines selbständig handelnden Wesens, eines Wurmes etwa.

Mit den Zungen der Spechte und auch mit der des Wendehalses sind zum Teil umfangreiche Mundhöhlendrüsen verbunden. Bei den Vögeln sind diese im allgemeinen nur gering entwickelt. Zu was sollten sie auch stark ausgebildet sein? Vögel pflegen ihre Nahrung nicht zu kauen, speicheln sie also auch nicht ein, sie verschlucken sie vielmehr ganz oder nur grob zerkleinert, wenn sie ihnen zu groß ist. Nur die Segler, zu denen unsere Turmschwalbe gehört, und die meisten Spechtformen, unter ihnen der Wendehals, machen eine Ausnahme. Sie haben sehr große Speicheldrüsen, brauchen auch vielen Speichel, für den sie aber besondere Verwendungen haben: die Segler benutzen ihn beim Nestbau, am umfassendsten die Salanganen, die Verfertigerinnen der berühmten, ganz aus solchem Speichel bestehenden „ostindischen Vogelnestchen“. Bei den Spechten, wo er ein ziemlich dünnflüssiger Leim ist, dient er dazu, die Zunge tatsächlich in eine Leimrute zu verwandeln, und sie zum Insekten-, besonders Ameisenfange geschickt zu machen.

Die betreffenden Drüsen, die umso umfangreicher sind, je länger die Zunge einer Spechtform entwickelt ist, und je mehr diese auf Ameisen als Nahrung angewiesen ist, liegen jederseits je eine innen neben dem Unterkieferaste und unter dem entsprechenden Zungenbeinhorne, wo sie ein langgestrecktes birnenförmiges, bis zum Hinterkopfe reichendes Paket bilden. Jede öffnet sich mit mehreren Ausführungsgängen in die Mundhöhle. Es sind ihrer sieben bis neun jederseits: einer, der größte und vorderste, liegt neben der Vereinigungsstelle, die übrigen kleineren liegen dahinter. Die Zunge ruht in dem Unterkiefer fortwährend in einem Leimpfützchen und ist, wenn sie hervorgestoßen wird, ganz mit dem Klebstoffe überzogen.

Wenn ein Wendehals einen Ameisenhügel angeflogen hat, so kratzt er mit den Füßen ein Loch in ihn, worauf natürlich die Stelle von entrüsteten Bewohnerinnen des Nestes wimmelt. In dieses lebende Gedränge stößt nun der Wendehals auf gut Glück seine über und über klebrige Zunge, und zieht die mit Ameisen bedeckte Leimrute sofort wieder zurück. Andere einzeln lebende Kerbtiere fängt der Wendehals ganz wie andere gewöhnliche, insektenfressende Vögel ohne Zuhilfenahme der Zunge, bloß mit dem Schnabel. Von anderen Insekten liebt er besonders glatte, d. h. nicht behaarte Raupen.

Der Lockruf des Männchens in der Fortpflanzungszeit ist ein echtes Spechtgelächter und besteht in der Regel aus sechs bis acht in rascher Folge ausgestoßenen Silben: „wie, wie, wie, wie, wie, wie“. Diese Töne sind sehr aufdringlich. In Schlesien sagt das Volk „der Wendehals lacht, es gibt bald Regen“ und in der Gegend von Radolfzell heißt das Tier geradezu „Regenvögele“. Merkwürdig behaupten die Bauern nach Bechstein in manchen Teilen Thüringens, wenn der Wendehals bei schlechtem Wetter sein Weibchen rufe, gäbe es bald schönes. In der weimarischen Gegend stimmt man mit den Schlesiern und Schwaben überein. In der Erregung rufen die Männchen „Häh, häh“ und in der Angst lassen beide Geschlechter ein kurzes „Tschäck“ hören. Die Jungen im Neste schnurren und zirpen sehr laut und anhaltend — sehr zu ihrem Schaden, denn dadurch locken sie Katzen herbei, die sie mit abscheulicher Geschicklichkeit aus ihren Bruthöhlen herauszuhäkeln verstehen.

Mit lautem Gelächter gibt also der verliebte Wendehals den Zustand seines Herzens der Welt im allgemeinen, und dem Ziele seiner sehnsuchtsvollen Wünsche, den Weibern seiner Art im besonderen kund. Tritt ihm eins der letzteren glückverheißend entgegen, so hat er auch noch seine absonderliche Weise, ihm seine Werbungen und Huldigungen noch deutlicher, wenn auch weniger laut bemerklich zu machen. „Er sitzt gewöhnlich," sagt unser alter Waltershäuser, Bechstein, von ihm, „aufgerichtet, macht häufig langsame Verbeugungen, wobei er den Schwanz wie einen Fächer ausbreitet, und die Kopffedern wie ein Holzhäher in die Höhe richtet, auch sogar in die Höhe sträubt. Wenn sich ihm sein Weibchen nähert, oder wenn man ihn im Zimmer böse macht, so schiebt er den Körper langsam vorwärts, hebt die Kopffedern in die Höhe, verdreht die Augen, beugt sich, breitet den Schwanz breit aus und kullert hohl in der Kehle."

Sich nahenden Feinden und Störenfrieden gegenüber entwickelt der Wendehals in beiden Geschlechtern ähnliche Kunststückchen, nur macht er dabei seinen Körper möglichst lang und schmächtig, reißt den Rachen weit auf und dreht den Kopf dabei so, daß der Schnabel bald nach vorn, bald nach hinten, bald nach rechts und bald nach links gerichtet ist. Dann verdient er in der Tat den Namen „Wendehals" und besonders noch die uralten anderen „Otter- oder Natterwindel", denn er tut, freilich instinktiv und unbewußt, sein Möglichstes, einer Schlange ähnlich zu erscheinen. Ich kann mir wohl denken, daß ein Wiesel, das ahnungslos, aber beutelüstern in ein dämmerdunkles Baumloch blickt, über eine solche Gestalt gewaltig erschrickt und sich schleunigst zurückzieht, denn Scheu vor Schlangen ist allen höheren Tieren an- und eingeboren.

Hat sich der männliche Wendehals ein Weibchen durch Lachen und Possenreißen errungen, und ist der Liebesbund geschlossen, so handelt es sich zunächst um Beschaffung einer Wohnung. Das wird für ihn, wie für alle in Baumhöhlungen nistenden Vogelarten von Jahr zu Jahr schwieriger, denn das moderne Kulturleben duldet keine hohlen oder angefaulten Bäume mehr in Garten, Aue und Wald. Waldbäume kämen von vornherein am wenigsten in Betracht, allenfalls noch solche, die am Rande oder frei auf einer Wiese oder Schonung ständen, denn den eigentlichen Hochwald meidet der Wendehals: Obstgärten, Auenland und Parks, das sind die Gebiete, die er sich am liebsten zum Aufenthalte wählt.

Die Wohnungsnot veranlaßt ihn auch Nistkästen anzunehmen, seien es solche, die seinetwegen aufgehängt wurden, oder wohl auch gar nicht für ihn bestimmte und vielleicht von anderen Vogelarten schon bezogene. Von Nistkästen verschmäht er neue, noch völlig leere, denn er trägt selbst zum Nestbau keine Pflanzenstoffe ein. Das Weibchen legt seine zahlreichen — sieben bis zwölf —, wie bei allen echten Höhlenbrütern einfarbigen, in diesem Falle weißen, dünnschaligen Eier einfach auf den in den Baumlöchern vorhandenen Mulm oder auf das in den Brutkästen schon anwesende Geniste. Bisweilen zwingt wohl der Mangel an geeigneten Brutstätten den Vogel, der sonst mit Artengenossen und anderen Vogelarten im tiefsten Frieden lebt und froh ist, wenn sie ihm nichts tun, kleinere Höhlenbrüter zu verjagen. So beobachtete, um von anderen Fällen zu schweigen, Pfarrer Jäckel ein Wendehalspärchen, das ein Paar Feldsperlinge aus einem Nistkasten vertrieb, und dessen Eier ohne weiteres herauswarf. In England, wo das Aushängen von Nistkästen noch wenig üblich zu sein scheint, fand ein gewisser Butler fünf junge Wendehälse in einem Maulwurfsgange, und Alpin sah unseren Vogel in der alten Höhle einer Uferschwalbe brüten. In Deutschland hat man wohl schon seine Eier oben auf alten Kopfweiden entdeckt.

Schalow erzählt einen Fall, in dem ein Wendehalspärchen in dem Gasthofe eines Dorfes bei Berlin in einer offenen Kegelbahn in dem verwitterten Astloche eines alten Pfahles, der die Kugelrinne trug, nistete. Die Vögel brüteten hier trotz des Lärmes, den das Fallen der Kegel und das Geschrei des Kegeljungen machten, und trotz des Gepolters, das eine jede Kugel, die in die Rinne geworfen wurde, dicht über dem Neste verursachte. Schon der alte Gesner bemerkte vor etwa 340 Jahren, wo von Wohnungsnot für die Höhlenbrüter noch keine Rede war, der Wendehals niste gelegentlich an Bauernhäusern.

Das Weibchen brütet fast allein, nur während der Mittagsstunden vom Männchen abgelöst, vierzehn Tage lang und sitzt ziemlich fest auf den Eiern. Die flüggen Jungen streichen mit den Alten, die sonst ungesellige Vögel sind, herum und kehren während der ersten drei oder vier Tage, daß sie das tun, abends noch in das Nest zurück, um hier zu übernachten.

Die erst wenige Tage alten Nestjungen zeigen eine bemerkenswerte Eigentümlichkeit. Sie haben nämlich eine verdickte Fersenhaut, die eine 5 mm lange und halb so breite, mit stumpfkegelförmigen Wärzchen besetzte Schwiele bildet. Diese Vorrichtung hat eine bestimmte Bedeutung, nämlich die, es den zarten, kleinen Wesen zu ermöglichen, vom Boden der Nisthöhle bis zu deren Rand zu gelangen — sie stellt gewissermaßen ein Paar Steigeisen dar. Die Jungen benutzen beim Klettern weniger ihre Zehen, schieben sich dabei vielmehr auf den Hinterseiten ihrer Läufe vorwärts. Ähnliche Beobachtungen sind auch bei den Jungen anderer in Höhlen brütender Vogelarten gemacht worden, z. B. bei denen von südamerikanischen Bartvögeln (Bucconidae) und von einer ostindischen Eisvogelart (Pelargopsis gurial).

Die Art der Nahrung und des Nahrungserwerbs der Wendehälse bringt es mit sich, daß sie Zugvögel sind: sie sind auf Ameisen angewiesen und sind zu schwachschnäblig und zu schwachkrallig, um sich im Winter zu deren Quartieren Zugang zu verschaffen, wie andere, hauptsächlich von Ameisen lebende, einheimische Arten echter Spechte, die Grün- und Grauspechte, wohl vermögen, die nur bei hohem Schnee die verschneiten Gegenden verlassen und schneefreie aufsuchen, oder sich, wenn auch in beschränktem Maße, Holzinsekten fangen können.

Der Wendehals zieht im August von uns, nachdem er sich zu kleinen Gesellschaften zusammengefunden hat, und kehrt in der zweiten Hälfte des April oder in den ersten Tagen des Mai einzeln zurück. Er wandert nachts.

Der gewöhnliche Wendehals (Iynx torquilla) bildet mit drei anderen Arten nicht nur eine eigene Gattung, sondern auch eine besondere Familie (Iyngidae) der Spechtvögel. Er bewohnt fast ganz Europa bis etwa zum 62. Grad n. Br. und Asien ostwärts bis und mit Japan, südwärts bis zum 16. Grad n. Br. In Irland ist er nistend noch nicht beobachtet worden. In Afrika findet er sich als Brutvogel entlang der Nordküste von Marokko bis Ägypten und geht, immer als Brutvogel, im Westen bis zum Kongo und im Osten bis Abessinien. Er überwintert einzeln sowohl auf der Balkanhalbinsel wie in Italien. Seine Winterwanderungen erstrecken sich sonst ziemlich weit südwärts, z. B. bis in das Somaliland und bis Bismarcksburg im Togolande. Die übrigen drei Arten seiner Gattung finden sich ausschließlich auf dem afrikanischen Festlande.

Im ganzen hat die Menschheit vom Wendehals nicht allzuviel Notiz genommen. Daß er in verschiedenen Gegenden unseres Vaterlandes als Wetterprophet angesehen wird, sagte ich dir bereits im Laufe unserer Unterhaltung. In dem Aberglauben der Römer und in den Metamorphosen des Ovid fand er einen etwas breiteren Platz. Plinius bemerkt von ihm, er sei ein Liebesmittel. Auch Frau Venus gab ihrer Zeit dem Jason einen Liebeszauber, sich die Medea zu gewinnen, in dem der Wendehals die Hauptrolle spielte. Es ist einfach genug, für den Vogel aber jedenfalls nichts weniger als angenehm. Er wird nämlich mit seinen beiden ausgespreizten Gliedmaßenpaaren auf ein vierspeichiges Rad geflochten und in diesem Zustande langsam gedreht. Was sonst noch mit ihm geschah, also eigentlich die Hauptsache, erfährt man nicht.

Ovid, dieser liebenswürdige Franzose unter den römischen Dichtern, weiß zu berichten, Iynx, die Tochter des Pan und der Echo, sei Zofe der

Jo gewesen und habe ihre Herrin an Vater Zeus verkuppelt. Die darüber höchst entrüstete Frau Hera habe das allzu diensteifrige Kammerkätzchen in einen Wendehals verwandelt.

Der Vogel soll, um auch das noch zu erwähnen, im August, wenn er fett ist, nach Bechstein, der auch jeden Piepmatz in den Mund gesteckt zu haben scheint, vortrefflich schmecken. —

So sind wir denn plaudernd und schauend an die hintere Grenze von Ernst Gesserts großem Grasgarten gekommen, und ich bedaure es angesichts des schönen breiten Baches, der da vor uns im Schatten der Erlen und hohen Eschen vorbeirauscht, ganz besonders, daß ich nicht mehr ein Junge bin! Sonst herunter mit den Kleidern und hinein in das kühle Bergwasser! Wie wohl würde uns an diesem heißen Sommertage so ein erquickendes Bad aus dem Stegreif tun!

Am jenseitigen Ufer des Baches, dieses lieben Sohnes des Thüringer Waldes, steht dichtes Gesträuch, das sicher eine reiche Tierwelt birgt, doch es liegt nicht mehr innerhalb der Grenzen, die wir uns für den Schlendergang des heutigen Nachmittags gesteckt haben.

Aber da huscht ein Vöglein drüben durch die Weidenbüsche und durch die Brombeerranken, das tut uns vielleicht den Gefallen und schwirrt, unruhig und voller Lust, alles zu durchstöbern und zu durchkriegen, herüber zu uns. Wir wollen uns ein wenig zurückziehen und es vorsichtig beobachten.

Da ist es schon! Ein kleinwinziges Bürschlein, dunkel von Farbe, gedrungenen Leibes, mit fast senkrecht gehobenem Schwänzchen und gesenkten Flügeln. Bald wendet es sich mit einer raschen, kurzen Körperdrehung halb rechts, bald halb links, jetzt schnurrt es dicht am Uferrande hin und schlüpft zwischen das bloßgewaschene Wurzelwerk. Seine Majestät der Zaunkönig!

Lache nicht! er ist doch ein König, ein zwar nur kleiner, aber jeder Millimeter ein König! Der alte Fritz war körperlich auch klein und doch welch großer König, und Napoleon I. war nichts weniger als ein Riese, aber ein weltgeschichtlicher Gigant, dessen Scheitel bis an die Sterne reichte!

Der Zaunkönig heißt bei uns in Deutschland wohl auch, wie in Holland stets der „Winterkönig", und nach ihm wurde der unglückliche Kurfürst Friedrich V. von der Pfalz, der bekanntlich einmal ein Jahr lang König von Böhmen war, zum Hohne auch so genannt. Das Vöglein hat noch mancherlei deutsche Namen, ironische nach seiner Kleinheit, außer Zaun- und Winterkönig noch den in Norddeutschland üblichen „groot Jochen" und wegen seiner Gewohnheit, sich mauseartig dicht an der Erde hin, durch Hecken und

Gestrüpp huschend zu bewegen: Zaun-, Hecken- und Nesselschlüpfer oder -schliefer. Wir weimarischen Jungen von vor 50 Jahren nannten ihn „Zaunkrögel“, — Krögel heißt in Thüringen so viel wie ein kleiner Kerl, wofür man sonst wohl auch „Dreikäsehoch“ und Goethe „Kegel“ sagt.

Wir wollen uns den Zaunkönig zunächst einmal näher ansehen. Majestät sind freilich nur ein kleiner Herr, bei uns in Deutschland einschließlich des 4 cm langen Schwänzchens nur 10,5 cm lang. Die Statur des Vögelchens ist, wie ich sagte, gedrungen, namentlich deshalb, weil es den dicken Kopf stark eingezogen trägt. Sein Schnäbelchen ist spitz und am Vorderende ein wenig wie eine Ahle nach unten gekrümmt. Die Flügel sind kurz, zwölffederig, sanft abgerundet, oben ziemlich hochgewölbt, unten entsprechend ausgehöhlt. Das munter blickende Auge ist, da die Regenbogenhaut eine sehr dunkelbraune Farbe hat, nahezu schwarz und glänzt wie ein schwarzer Diamant. Auch der Schnabel ist oben schwärzlich und die stämmigen, für einen Bodenbewohner passenden, kräftigen Füße sind rötlichbraun. Das Gefieder ist schwierig mit wenigen Worten zu beschreiben, denn, wenn es auch aus einiger Entfernung einfach dunkelbraun erscheint, so zeigt es sich bei näherer Betrachtung doch recht mannigfaltig, wenn auch nicht bunt. Im allgemeinen ist es aber dunkelrostbraun, auf dem Scheitel fast schwärzlich, nach hinten zu wird seine Färbung lebhafter und ist allenthalben mit schwarzen, welligen Querlinien durchzogen. Das Köpfchen ist an den Seiten heller rötlichbraun, durch das Auge zieht sich ein schwärzlicher und darüber ein weißlicher Strich. Kehle und Brust sind weißlich, Bauch und Seiten dunkler und ebenso wie Flügel- und Schwanzfedern zart schwarz gewellt. Auf den Flügeln stehen zwei Reihen weißer Fleckchen. Im übrigen ist das Gefieder weich, locker und glanzlos. Das etwas kleinere Weibchen ist im ganzen matter und an der Unterseite dunkler gefärbt.

So klein der Zaunkönig ist, so laut ist seine Stimme. Kleine Kerle haben oft das größte Maul! — Das ist nun einmal so. Aber der laute, allerliebste Gesang, den das artige Vögelchen auch zur Winterzeit bei schönem, sonnigem Wetter erschallen läßt, hat beobachtenden Menschenkindern stets Freude gemacht, und der alte, obgleich gräflich pappenheimische, doch protestantische Pfarrer Zorn bemerkt in seiner schon 1742 erschienenen, aber viel Gutes enthaltenden, und von späteren Ornithologen meist ohne Angabe der Quelle eifrig ausgeschriebenen „Petino-Theologie“ oder „Versuch die Menschen durch nähere Betrachtung der Vögel zur Bewunderung, Liebe und Verehrung ihres Schöpfers aufzumuntern“: „ich höre ihn lieber singen als den Kanarienvogel." Das will in der damaligen Zeit, in der dieser Fremdling in Mitteldeutschland noch eine vielbewunderte, wertvolle Seltenheit war, etwas heißen.

Vater Naumann nennt den Gesang des Zaunkönigs lautpfeifend, ganz vortrefflich und höchst angenehm. „Er besteht," fährt er fort, „aus vielen anmutig abwechselnden Tönen, die sich in der Mitte der eben nicht kurzen Melodie zu einem vortrefflichen, gegen das Ende im Tone sinkenden Triller gestalten. Er hat Ähnlichkeit mit dem Gesange des Baumpiepers, noch mehr mit dem des Kanarienvogels." Das letztere kann ich nun freilich nicht so recht finden, aber es ist leicht möglich, daß ich zufällig noch keinen Kanarienvogel in der Weise habe singen hören, wie Naumann meint, denn der Gesang dieser Vogelart ist jetzt äußerst verschieden und das Geschmetter der gewöhnlichen Schreihälse ist mir in tiefster Seele zuwider, wenn ich auch das schöne, sanfte Lied der sogen. Rollenschläger sehr hoch schätze.

Der Zaunkönig singt das ganze Jahr, nur nicht vom August bis in den November, denn dann ist er in der Herbstmauser. Mir kommt sein Gesang wie der der Wasseramsel, die ja auch im Winter singt, sehr eigenartig und mit dem irgend einer anderen einheimischen Vogelart nicht so ohne weiteres vergleichbar vor. Das Tierchen singt namentlich in der ersten Hälfte des Tages, von kurz nach Sonnenaufgang an bis gegen Mittag, wenigstens in der Paarungszeit, in dieser auch lauter, gewissermaßen exaltiert und den Gesang mit lebhaften Bewegungen begleitend. Im Winter verlangt seine kleine Dichterseele des Sonnenscheins statt der Liebe zur Anregung. Es ist ein alter Jäger- und Volksglauben, den auch Vater Döbel in seiner klassischen „neueröffneten Jägerpraktika" vom Jahre 1746 teilt, daß sich das Wetter ändern werde, wenn der Zaunkönig besonders laut sänge.

Außer zum Singen benutzt der Vogel seine für seine Körpergröße ganz erstaunlich starke Stimme auch zum Locken und um allen seinen Leidenschaften Ausdruck zu verleihen. Da ruft er denn mit sehr verschiedenem, bald fröhlichem, bald ärgerlichem, bald ängstlichem, bald warnendem Ausdrucke sein „Zerr, zerr, tschit, zerererer, tschit, tschit", kaum jemals lauter und eindringlicher, als wenn er eine Katzenunholdin in seinem Gebiete entdeckt. Die läßt er gewiß nicht aus den Augen, er umfliegt und umhüpft sie, versteckt sich in angemessener Entfernung, bis er ihr bis an die Grenze seines Reviers das Geleite gegeben hat. Das tun viele Arten von Singvögeln und Vögeln überhaupt, die dabei ihre Stimme zu ganz eigentümlichen, dem Kenner aus dem Menschengeschlechte und aus der Vogelwelt leicht verständlichen Tönen entwickeln.

Dem Menschen gegenüber ist der Zaunkönig kein scheuer Vogel, er läßt ihn aber nicht leicht näher als 7 oder 8 m an sich herankommen und verschwindet, wenn ihm die Sache bedenklich wird, auf manchmal unbegreifliche Weise, in ein Mauseloch, in eine Steinritze oder Gott weiß wohin. Er hat von Kindesbeinen an eine ganz wundervolle Fähigkeit, sich unsichtbar zu machen und ist ja auch in der Jugend auf das Ausüben solcher Künste angewiesen. Es dauert lange, bis er sich auf seine Flügel verlassen kann und völlig kann er es nie. Wenn eine plötzliche Gefahr auftaucht, wissen die Zaunkönige sofort eine verborgene Zufluchtsstätte zu finden, und ein Raubvogel fängt wohl nur selten einmal einen. Um so zahlreicher fallen sie und ihre Nachkommen marodierenden Katzen, Wieseln, Igeln und anderem bodenschnüffelnden Gesindel zum Opfer. Von der angestammten Keckheit des Vögelchens sagt Naumann sehr richtig und treffend, sie sei von ganz eigener Art: „sie verschwindet beim geringsten Anscheine einer Gefahr und verwandelt sich plötzlich in grenzenlose Furcht, kehrt aber auch bald wieder.“

Die Haltung und die Bewegungen des Winterkönigs haben viel Eigenartiges, und sein Anblick ist so ungewöhnlich und von dem anderer kleinerer Vogelarten so abweichend, daß jeder, der ihn zu Gesichte bekommt, Notiz von ihm trotz seiner Nichtigkeit nimmt. Beständig trägt er, wie schon bemerkt, die Flügel gesenkt und das Schwänzchen gehoben und tut er letzteres nicht, so ist er sicher krank. Wenn er sitzt, so macht er, wie das Hausrotschwänzchen, aber ohne seine Stimme dabei hören zu lassen, Verbeugungen und die erwähnten Wendungen seitwärts. Bald wieder einmal hüpft er hurtig mit kurzen Flügelschlägen und ausdrucksvollem „tschit, zerr, zerr“ von Busch zu Busch, bald huscht er lautlos wie eine Maus durchs Gestrüpp, verschwindet hinter einem Schleier von Wurzelfasern am Überhang der Seite des Waldhohlweges oder schlüpft unter ein tief liegendes, über den Chausseegraben führendes Steinbrückchen. Macgillivray sagt, er krieche auch ganz nach Mauseart ziemliche Strecken weit unter hohlliegendem Schnee.

Vom Fliegen ist der Zaunkönig kein großer Freund und er ist, wie gesagt, auch kein Held darin. Wenn man ihn auf eine freie Fläche, etwa auf eine Waldwiese treibt, so schnurrt er nahe über dem Boden dahin und hat dabei die Äuglein allenthalben um einen Schlupfwinkel zu entdecken. Er bewegt bei seinem geraden, nicht welligen Fluge die Flügel rasch und anhaltend aus dem Schultergelenke.

Bei uns ist der kleine Bursche zum Teil Stand-, zum Teil Strichvogel. Alte Pärchen, sie sind und bleiben fest gepaart, bis der Tod sie scheidet, sind

Standvögel und entfernen sich selten weiter von der Stelle, an der sie einmal ihre Brut in Sicherheit groß brachten, als eine halbe Stunde Gehens im Umkreis. Jüngere Individuen aber streichen und verzetteln sich von dem Gebirge und aus den Wäldern in die Gärten und Anlagen der Dörfer und Städte. Wenn die Zaunkönige auch nicht gerade gesellige Vögel sind, so treten sie doch im Herbst, im Oktober und November in kleinen Trupps, wohl familienweise in der Nähe ländlicher Wohnungen auf. Hier durchstöbern sie die Schuppen und das aufgeklafterte Holz und schlüpfen selbst in Scheunen und Ställe, um nach überwinternden Insekten und Spinnen zu suchen. Wie den Fledermäusen hat man dem Zaunkönig wohl nachgeredet, er dringe in die Räucherkammern ein, um hier Schinken und andere geräucherte oder im Geräuchertwerden begriffene Fleischwaren anzupicken. Ich will keineswegs bezweifeln und in Abrede stellen, daß er sich bei seinen Winterstöbereien auf Hausböden wohl einmal in eine Räucherkammer verirren kann, aber das bestreite ich ganz entschieden, daß er sich an den dort vorhandenen Vorräten vergreift.

Die Nahrung des europäischen Zaunkönigs und wahrscheinlich die aller anderen Arten, besteht wesentlich aus Kerbtieren, unter denen Spinnen, die ja allen derartige Geschöpfe fressenden Vogelarten ganz besondere Leckerbissen sind, bevorzugt werden, was seine Nützlichkeit nicht gerade vermehrt. Im Herbst genießt er Hollunderbeeren und wahrscheinlich andere Beerenarten mit Vorliebe. Ängstliche Bienenväter, die ja in jedem Tiere, das sich nur ihren Stöcken nähert, sofort einen Feind ihrer Schützlinge erblicken, werfen auch dem Zaunkönig vor, ein solcher zu sein. Bewiesen ist das durch nichts und es ist auch nicht wahrscheinlich. Ich bin vielmehr der Ansicht Naumanns, daß sich der Vogel den Bienenständen und -stöcken bloß nahe, um an ihnen nach Spinnen und Motten zu suchen.

Das Weibchen legt meist zweimal im Jahre, das erste Mal im April, das zweite Mal im Juli, sechs bis acht weiße, in der Regel rotpunktierte, häufig aber auch einfarbige Eierchen, die von beiden Gatten abwechselnd innerhalb dreizehn Tagen ausgebrütet werden.

Das Nest des Zaunkönigs kann sich an sehr verschiedenen Stellen befinden und aus sehr verschiedenen Stoffen bestehen, so daß es kaum möglich ist, ohne Aufwand vieler Worte eine allgemeingültige Beschreibung von ihm zu geben. Unter allen Umständen ist es aber im Verhältnis zu einem so kleinen Vögelchen sehr umfangreich und dabei ein großes Kunstwerk. Häufig befindet es sich unter dem überhängenden Rand eines einsamen, alten, nicht mehr benutzten Hohlweges im Walde, aber häufiger im Laub- als im Nadelwalde. Oft steht es auch in Spalten von Felsen und in Klüften zwischen Steinen, in Mauer-, Erd- und Baumlöchern, im Dachstroh alter Hütten und wenig benutzter Scheunen im Walde. Auch in dichten Büschen wird es angelegt oder in dem Gewirre, mit dem verschiedene Kletter- und Schlingpflanzen altes Mauerwerk kirchlicher und weltlicher Gebäude überspinnen.

Die Gestalt des ganzen Nestes ist, wenn es frei auf dem Boden steht, die eines Balles oder eines kurzen, stumpfpoligen Eies. Das eigentliche Nest, d. h. der zur Aufnahme der Eier und Jungen bestimmte Innenraum, hat die Gestalt einer kleinen, tiefen Schüssel, besteht aus zarten Pflanzenteilchen, feinsten Wurzelfäserchen, verfilztem Moose und dergleichen und ist mit Säugetierhaaren und besonders allerlei Vogelfedern ausgefüttert. Dieses eigentliche Nestchen ist umgeben und überdeckt von einem aus anderen und derberen Pflanzenstoffen verfertigten Mantel, in dem sich oben ein rundes, etwa 3 cm breites Schlupfloch befindet.

Der von uns oft erwähnte Schotte Macgillivray untersuchte das Nest eines Zaunkönigs, das er geradezu ein kleines Herbarium nennt. Es bestand aus Laub der Hainbuche, aus Blättern und Stengeln des Bandgrases und anderer Grasarten, aus Teilen zweier Farrenkrautsorten und anderer niederen Pflanzen, aus feinen Zweiglein der Lärche und sonstiger Baumformen und aus Stückchen von vier oder fünf verschiedenen Arten von Laubmoosen. Die innere Auspolsterung enthielt Federn der Waldtaube, des Fasans, der Haustaube und der Amsel. Das ganze Bauwerk war im Verhältnis zur Größe des Verfertigers sehr umfangreich, aber von ungewöhnlich niedriger Gestalt, indem es bei 15 cm Höhe fast 21 cm Durchmesser hatte. Der Durchmesser der eigentlichen inneren Nesthöhle betrug 9 cm und ihre Wandung bestand aus Bündelchen jener Laubmoose, die sorgsam mit Wurzelfäserchen durchwoben waren.

Naumann weiß hingegen von einem aus Moos hergestellten Neste zu berichten: „In diesem merkwürdigen Nest ist keine einzige Feder, dem ohngeachtet scheint es ganz fertig zu sein, weil das Moos an den Wänden seiner inneren, schön gewölbten Aushöhlung so verbissen ist, daß es aussieht, als wäre es mit dem schärfsten Instrumente geebnet und jedes hervorstehende Moosspitzchen abgestutzt. Keine menschliche Kunst vermag ein ähnliches Gebilde mit so einfachem Material hervorzubringen; und hier ist der kunstreiche Baumeister bloß ein winziges Vögelchen.“

Die Beschreibungen dieser beiden Zaunkönignester mögen dir als Beispiele genügen. Die einzelnen Bauwerke dieser Vogelart haben eine so große

„Individualität", um es so zu nennen, daß keins dem anderen, namentlich was den feineren Bau anlangt, völlig gleicht.

Eine sehr merkwürdige Erscheinung im Künstlerleben unseres Winterkönigs sind die sogen. Spielnester. Die Männchen verschiedener in- und ausländischer Vogelarten haben die Neigung, während die Weibchen brüten, auf eigene Faust noch weitere Nester zu bauen, die mit der Brutpflege jedenfalls in keinem unmittelbaren Zusammenhange stehen. Es sind das aber, wie es scheint, immer die männlichen Individuen solcher Arten, die sich durch ihre Baukünste besonders hervortun. Auch unser Zaunkönig gehört zu ihnen. Diese von dem nämlichen Vogelexemplare verfertigten Nester können unter sich dem Stoffe, dem Baustile und dem Grade der Vollendung oder Fertigstellung nach sehr verschieden sein, und es macht fast den Eindruck, als ob das betreffende Tierchen Versuche mache, um zu sehen, was es im Punkte der Baukunst gegebenenfalls wohl leisten könne. Man hat auch gesagt, es baue solche Nestchen zum Zeitvertreib oder aus Spielerei und hat sie daher „Spielnester" genannt. Von anderer Seite wurde die Vermutung ausgesprochen, es handle sich bei diesen zwischendurch angelegten Bauten darum, durch sie die Aufmerksamkeit von Menschen und Tieren von dem eigentlichen, wahren Nestchen, das die Eier oder Jungen enthält, abzulenken. Ein Ding ist richtig, während dieses wirkliche Brutnest mehr oder weniger versteckt ist, sind jene Spielnester das durchaus nicht, sie sind sogar in vielen Fällen geradezu im Gegenteile wie mit Absicht an recht leicht bemerkbaren Stellen angelegt.

Andere Naturforscher meinen, solche Männchen, — sie sind die hauptsächlichen Nestbauer bei den Zaunkönigen, — die keine Weibchen gefunden hätten, würden durch ihren Bauinstinkt gleichwohl zum Bauen angetrieben. Ein amerikanischer Ornithologe sagt über den gewöhnlichen, unserem europäischen nahe verwandten Zaunkönig (Troglodytes Aëdon) der Vereinigten Staaten: „Die große Betriebsamkeit des Vögelchens und sein Entgegenkommen für sein Weibchen äußern sich besonders auffallend darin, daß es sehr oft einen Bau ohne dessen Beihilfe ausführt und sich nachher erst eine Gattin aussucht, um ihr jenen zu übergeben. Das gelingt ihm freilich nicht immer, bisweilen mag der Ausgewählten seines Herzens die Leistung nicht zusagen, und dann war seiner Liebe Müh' umsonst."

Es ist beobachtet worden, daß ein einziges Männchen von unserem Zaunkönig nicht weniger als sieben Spielnester anlegte. Die Bedeutung dieser seltsamen Eigentümlichkeit ist trotz aller darüber aufgestellten Vermutungen bisher noch recht unbestimmt und nichts weniger als klar.

Ich habe schon wiederholt darauf hingedeutet, daß der Zaunkönig zu den Vögeln gehört, die eine entschiedene Vorliebe für die Gesellschaft des Menschen haben und sich, wenn sie können, ihm gern anschließen und der Mensch kommt ihm seinerseits mit einem gewissen humoristischen Wohlwollen entgegen. „Sein herrlicher Gesang," sagt der biedere Naumann vom Zaunkönig, „erfreut die Menschen, und der Landmann hält viel auf dieses Vögelchen, weil es in seiner Nähe wohnt, auch im Winter singt, und weil er, wenn dieses dann häufig und recht laut geschieht, es für eine Vorbedeutung von einer Veränderung des Wetters hält." Dazu kommt noch, daß man in den meisten Gegenden unseres Vaterlandes vielfach glaubte und stellenweise wohl vielleicht jetzt noch glaubt, obgleich derartige gemütvolle, poetische Vorurteile zur Zeit den Leuten von mehr wie von einer Seite leider gründlich ausgetrieben worden sind, daß es einem Anwesen Glück bringe, wenn ein Zaunkönigpärchen darauf niste. Auch hatte man ihn aus anderen, weniger gemütlichen als vielmehr selbstsüchtigen Gründen gern zur Hand. Man fing nämlich ab und zu eine solche kleine Majestät und verbrannte sie zu Pulver, das man den Kühen eingab, wenn sie schwer kalbten. Auch der Mensch nahm es ein, und wie wir durch Plinius wissen, schon im Altertume gegen Nieren- und Blasenleiden.

Doch wir haben unsere Aufgaben, die wir uns für den heutigen Nachmittag gestellt hatten, glücklich gelöst, Ernst Gesserts Garten durchwandert ihm wegen des alten Birnbaumes Bescheid gegeben und können ihm und seinen Angehörigen Lebewohl sagen. Hoffentlich führt Frau Gessert nichts Böses gegen uns im Schilde! Thüringer Bauernweiber leiden an der schrecklichen Krankheit, ihren Besuchern unendliche Tassen eines gefährlichen Getränkes aufzuzwingen, das sie in unbegreiflicher Selbsttäuschung für Kaffee halten und ausgeben!